臺灣的國家與社會

徐正光
蕭新煌　主編　東大圖書公司 印行

國立中央圖書館出版品預行編目資料

臺灣的國家與社會／徐正光，蕭新煌
主編 . -- 初版 . -- 臺北市：東大發
行：三民總經銷，民84
　　　面；　　公分 . --（滄海叢刊）
ISBN 957-19-1806-7（精裝）
ISBN 957-19-1807-5（平裝）

1.社會-臺灣-論文，講詞等　2.政
　治-臺灣-論文，講詞等

540.9232　　　　　　　　84011524

ⓒ臺灣的國家與社會

主編者	徐正光　蕭新煌
發行人	劉仲文
著作財產權人	東大圖書股份有限公司 臺北市復興北路三八六號
發行所	東大圖書股份有限公司 地　址／臺北市復興北路三八六號 郵　撥／〇一〇七一七五——〇號
印刷所	東大圖書股份有限公司
總經銷	三民書局股份有限公司
門市部	復北店／臺北市復興北路三八六號 重南店／臺北市重慶南路一段六十一號
初　版	中華民國八十五年一月

編　號　E 54098

基本定價　伍元肆角

行政院新聞局登記證局版臺業字第〇一九七號

ISBN 957-19-1807-5（平裝）

編　序

徐正光・蕭新煌

　　本書收集的論文主要是在1992年2月由國立清華大學社會人類學研究所、中國社會學社、中央研究院民族學研究所聯合舉辦的研討會中發表的。研討會的名稱爲「臺灣民主化過程中的國家與社會」。「民主化」是1980年代以來，臺灣社會變遷中的一個主要趨勢，也是許多政治運動和社會運動所共同追求的目標。在出書的時候，我們以「臺灣的國家與社會」爲題，以凸顯我們當初籌辦此一研討會的基本關懷，亦即以社會科學的觀點來觀察二次戰後，在國民黨政府統治下臺灣社會變遷的歷史過程，以及在此一過程中，國家和社會間的動態關係。

　　舉辦此一研討會，從事學術性的探討是我們的基本目的，但是如何透過學術性的瞭解來思考和建構一個新的社會秩序才是我們更深一層的期望。就學術性的動機而言，我們希望能以對臺灣獨特的歷史與社會發展經驗的深入瞭解爲基礎，進一步與西方社會科學界有關「國家與社會」的研究文獻對話。從西方或非西方社會發展經驗所建構出來的「國家理論」或是有關「國家與社會關係」的研究觀點，在那些方面有助於瞭解臺灣獨特的歷史經驗，那些方面又呈現出它的限制，臺灣的經驗又在那些歷史和結構性的層面上顯示出它的共同性和特殊性，這些都是值得我們探討的問題。

　　就實踐性的目的而言，我們知道臺灣社會歷經各種不同政權的統

治，特別是百年來在日本殖民統治和國民黨政府的統治下，強大的國家機器一直自主超然於社會之上，而社會則處於一種無組織、無主體的狀態下。這樣的一種社會型態是不民主的而且在許多方面社會人權是遭受到壓迫的。對於臺灣社會以及駕臨其上的國家機器的深入瞭解，是改造舊體制、重新建構一個新的社會秩序的起點。此次研討會的論文希望能夠讓我們從不同的社會領域來瞭解我們身處的社會，並對改變目前的國家與社會的關係有所助益。

對於國家與社會關係的瞭解，基本上我們要將其放在歷史的、國際的和國家的脈絡來加以探討；同樣的，在不同的社會領域，國家與社會的關係也會呈現出不同的面貌。因此，本書的論文在寫作策略上，大都兼顧了歷史結構取徑以及不同社會領域的特色。

任何一次研討會的舉辦，都需要經費和人力上的支援。在經費方面，我們要感謝教育部和中央研究院民族學研究所的支持，在人力方面，民族所行為組主任章英華教授在行政上的鼎力相助，民族所行政助理范敏眞小姐、清華社人所的蔡偉慈小姐以及中國社會學社的兼任助理劉蕙芳小姐在事務上的協助，我們也在此表達感謝之意。

論文是研討會的核心，我們感謝每一位作者所作的貢獻。論文的評論人提供了精彩的批評和建議，很遺憾的是我們無法將她／他的貢獻完整呈現，但她／他的意見應該已被納入論文的修改。

如果這本論文集能對臺灣的社會與學術作出貢獻，則我們不能不感謝慷慨同意出書的東大圖書公司。書局是用另外一種方式在為臺灣社會的進步而努力。

臺灣的國家與社會

目　次

編　序 …………………………………徐正光……… 1
　　　　　　　　　　　　　　　　　蕭新煌

導　論　瞭解臺灣的社會與國家 …………徐正光……… 1
　　　　　　　　　　　　　　　　　蕭新煌

第一章　農民、國家與農工部門關係
　　　　——臺灣農業發展過程中家庭農場之
　　　　　存續與轉型(1895–)…柯志明………15

第二章　臺灣的公營企業與
　　　　國家資本主義之問題 …………李碧涵………39

第三章　臺灣新政商關係的
　　　　形成與政治轉型 ………………王振寰………71

第四章　1987年的臺灣工會、國家與工運
　　　　——以遠化工會的個案為例
　　　　………………………………趙　剛…… 115

第五章　婦女運動與公共政策的互動關係
　　　　——墮胎合法化和平等工作權
　　　　　　策略分折⋯⋯⋯⋯⋯⋯⋯⋯顧燕翎⋯⋯ 151

第六章　查禁與解禁一貫道的政治過程
　　　　⋯⋯⋯⋯⋯⋯⋯⋯⋯⋯⋯⋯⋯瞿海源⋯⋯ 175

第七章　日常實踐與媒體論述
　　　　——兩岸關係爲例 ⋯⋯⋯⋯⋯李丁讚⋯⋯ 199

第八章　國家與社會政策
　　　　——臺灣與瑞典的比較 ⋯⋯⋯林萬億⋯⋯ 253

第九章　國家與地方都市的發展
　　　　——以板橋爲例 ⋯⋯⋯⋯⋯蔡采秀
　　　　　　　　　　　　　　　　　章英華　　309

第十章　多元化過程中社會
　　　　與國家關係的重組 ⋯⋯⋯⋯⋯蕭新煌⋯⋯ 355

導 論

瞭解臺灣的社會與國家

徐正光・蕭新煌

　　1980年代以來西方社會科學研究的一個重要課題，是如何將「國家（機器）」重新帶進來瞭解社會結構、社會行為以及社會成員的意識型態和思想模式。將國家視為影響社會文化現象的一個重要因素，在社會科學研究上代表認識論上的典範變遷。前此的社會科學研究，大多從被研究者的社會背景特徵（例如年齡、性別、種族、族群、教育、居住環境等）或是從人們所處的生產方式、階級關係或市場位置，來瞭解社會現象或社會行為。這種研究的取徑對於建立有關社會的知識無疑是基本而且是必要的，但無可否認也會忽略掉影響人類生活的重要部分。在這些被忽略的因素中，國家機器的性質、國家為了維持其制度性存續的動機和邏輯、國家透過立法和政策所採取的行動，就是最主要的。自從人類形成群體生活以來，權力的運作、資源的分配，以及牽涉到權力和資源鬥爭的事件，無不直接和間接的影響到我們的日常生活。因此離開了政治、忽略了國家機器所主導的作用，我們對於社會、對於生活世界的瞭解將會是嚴重不足的。

　　這種將「國家（機器）」帶進來的研究取徑對於社會現象的瞭解有那些啟示呢？我們認為下列幾點是重要的。第一，「國家」在社會生活上雖然有其不可否認的重要性，但是「國家」與「社會」的關係卻是動態的，國家與其他社會文化因素之間有其相對的自主性，是同

時在決定和影響社會秩序的形構和運作。將「國家」帶進來的意思，並非意指它是解釋社會的萬靈丹。第二，國家因素的重要性，必須視其組織結構、它所掌握的物質和權力資源以及它所處的國際性與內部條件而定。換言之，要探討國家與社會的關係，我們必須對於國家機器的特質有深入的瞭解。第三，無論是對於社會、對於國家，或者是對於兩者之間關係的探討，都必須放在歷史與結構性的脈絡下來加以考查。是那些歷史條件提供了社會或國家發展的空間，又是那些歷史因素限制了人類生活的可能的選擇？社會與國家是存在於那種生產方式和政經脈絡中，這些結構性的因素又產生了那些有利或不利的條件？

以上是西方的「國家理論」或「國家與社會關係」研究所提供的啟示。然而，這些理論或觀點是從對於西方或其他非西方社會的研究所發展出來的，以臺灣社會的特定時空條件來考查，上述的啟示也許有幫助，但是並不一定切合實際。本書的目的之一，即是以臺灣社會的研究，提供與外來理論對話的基礎。

從「國家與社會」的關係是瞭解臺灣社會發展的一個有意義的切入點。臺灣有文獻的歷史雖然不長，但是它經歷了原住民的初民社會、移墾社會、定耕農業社會、殖民式的帝國主義社會和威權式的資本主義社會。這些不同的生產方式和社會形構，為臺灣社會的研究提供了多元且複雜的觀察現象。更重要的是（就本書的主題而言），臺灣社會發展史上曾經歷各種政權的統治，例如重商時期的荷蘭、西班牙政權、鄭氏及清朝的移墾政權、日本的殖民政權以及戰後的國民黨政權。這些政權有相異的統治邏輯、有不同的物質基礎，甚至統治者的種族背景也不一樣。這些政權的性質如何？它們如何在臺灣建立其國家機器？在不同歷史階段，這些政權與人民和社會的關係為何？這

些課題都是值得臺灣的社會科學家深入去探討，也是可以作爲建立本土研究特色的重要問題。

　　本書可以看作是有關臺灣的國家與社會關係的初步嘗試，它的焦點在探討第二次世界戰後，國民黨主政時期的國家與社會。主要目的是從不同的社會領域（公營企業、政商關係、農民、宗教、勞工、社會福利、都市發展、兩岸關係和社會運動）來考查現階段國家如何運作，社會又以何種方式和國家互動。具體而言，我們探討的主題有二個：1.國民黨的黨國體制（國家機器）如何形成，這種體制是建立在那些政治、經濟、社會和文化的基礎上，它又是透過何種的機制來掌控社會而維持其政權的運作；2.探討在國民黨政府統治下社會的型態爲何，社會對國家機器的運作採取何種反應，並透過何種行動和實踐過程，來突破國家機器的支配與宰制。以下根據這兩大主題，將本書論文的分析作綜合性的摘要。最後，我們將就未來可以作進一步研究的問題和方向作一些討論。

一、國家機器：黨國體制的形成、基礎與對社會的控制

　　國家機器在本書是指在一個政治領域內，具有壟斷合法暴力的一套權力與權威組織和制度。國民黨的國家機器，一般通稱爲黨國體制。相對於臺灣社會而言，此一國家機器具有如下的特徵：

　　第一，它是移植自中國大陸的統治機器，而非由臺灣社會長期孕育的產物。由於國家機器運作的空間已經變異，所以在臺灣它顯得臃腫且過度的官僚化 (over-bureaucratization)。這套龐大的黨政官僚系統，在臺灣快速的變遷過程中，成爲腐化和僵化的象徵，也成爲

政治改革的絆腳石。

第二，這套黨國體制具有列寧式的政黨組織特色。黨在政府組織運作、國家立法和決策以及社會部門的組織和行動上都扮演了指導和監控的角色。所謂「以黨領政」、「以黨治國」，即在凸顯黨國一體的國家機器的特色。在蔣家兩代強人主控的時候，又具有軍事型威權體制的特徵，強人更超然於黨、政機器之上，形成了「國」、「家」不分的現象。

第三，國民黨的國家機器除了掌握了行政、立法、情治、警察、軍隊等政治工具外，它又擁有龐大的公營和黨營事業。因此它可以同時運用政治權力和經濟資源的分配將可能對政權有威脅的社會勢力予以收編和分化。

本書的若干論文主要的分析方向即在探討此種黨國體制在不同的社會領域的表現。王振寰的論文是從政治轉型的觀點來分析政商關係的變化。在臺灣資本主義發展的過程中，資本家並未扮演打破舊體制的自主階級的角色，反之，資本的積累是建立在緊密的政商關係上。國民黨對於資本家的操控主要透過兩種機制：一種是侍從主義的，以經濟和資源的分配來獲取特定資本家或地方派系的政治支持；另一種是國家統合主義的，對資本家的組織在人事和行動上加以干預。這兩種滲透及操控社會部門的機制，其實在所有的「人民團體」或「社會團體」都隨處可見，並不限於資本家。王振寰指出在新的政商關係中，國家機器的自主性有降低的趨勢，但控制的本質並未改變，只是國民黨必須在利益和資源對資本家作更多的讓步，以便進一步的結盟而已。

擁有龐大的公營與黨營事業，是國民黨得以主導臺灣經濟發展方向，並維持其政權於不墜的物質基礎。許多人指稱國民黨政府掌握國

家資源又扮演直接介入生產領域的資本家的現象爲黨國資本主義。李
碧涵的論文則認爲許多人以經濟效率低落來批評公營事業並不合適，
因爲公營事業肩負著解決資本積累和正當性危機的策略性使用，因此
必須正視其社會經濟意涵。其次，李文也認爲臺灣的公營事業並不
符合一些學者 (Petras, Sorz) 的定義，因此不能稱其爲國家資本主
義。但是不管我們稱其爲國家資本主義也好，或是公營事業也罷，龐
大的公營、黨營事業的確造成國家力量過份強大，不僅扭曲社會資源
的合理分配，也阻礙了國家與社會關係的良性發展。

　　除了擁有龐大的經濟利益資源，並和資本階級形成結盟關係外，
國家機器亦深入教育體制和宗教領域，使其成爲教化和規制社會的意
識型態工具。瞿海源在〈查禁與解禁一貫道的政治過程〉論文中，指
出在威權體制下，國民黨對於可能妨害政權穩定的社會力量，一直持
著父權性的保守心態，對於宗教信仰自由也欠缺尊重。威權國家對於
宗教的態度常以法律和社會治安爲主要考慮，企圖介入各種宗教，以
便於領導、監督並爲其所用。一貫道的解禁過程，除了受到社會抗議
的壓力，如何使其接受法律的約束並成爲國家可以運用的社會資源，
才是最重要的目的。

　　國家統合主義是威權國家用來操縱社會團體的主要機制。它設定
某一社團爲代表該群體利益的社團，然後利用經費補助、干預人事和
組織運作，使其失去自主性，成爲國家機器伸向社會的手臂。趙剛的
論文討論了在統合政策下，工人與工會的一般狀況，並以1987年遠東
化纖工會爲例，探討工會幹部如何取得該廠的工會機器使其成爲自主
性的組織。趙剛認爲解嚴所導致的國家機器暫時的失向，雖然是使工
運得以興起的結構性因素，但遠化工會能夠成爲自主性工會運動的龍
頭，還必須考慮遠化工會所處的內部和外部的人際社會網絡，以及工

運行動者與國家機器之間的互動關係。

　　柯志明的論文，一方面從長期的觀點探討在高度商品化經濟和資本主義生產方式發展的過程中，家庭農場存續的問題，另一方面則分析二次戰後家庭農場的轉型和分化的過程。就後一個主題而言，柯文指出在戰後到1960年代以前，是透過國家主導的部門擠壓，維持小農部門的同質性；1960年代以後，則由於都市資本主義經濟的快速發展，家庭農場的小商品化及農戶勞動的兼業化，成爲當前臺灣農村生產關係變化的主軸。柯志明的論文提醒我們，對於國家和社會關係的分析，不僅要考慮歷史發展的脈絡，同時也要仔細去考查在不同的階段，又是那種結構性的機制在產生主導作用。

　　佔有一半人口的婦女一向是國家機器特別關注的對象，因此國家的介入隨處可見。顧燕翎的論文以「墮胎合法化」和「平等工作權」兩個議題爲例，分析婦女運動與公共政策之間的互動關係。顧文指出國民黨的婦女政策只是以動員婦女的潛在資源來維護父權式的政治經濟秩序，而不是體認到婦女在性別體制中的弱勢位置，以婦女爲主體來改革體制。在國家機器的壓制下，婦女運動者除了要面對統合化的婦女組織外，還要在根深柢固的性別體制的壓力下作行動策略上的調整。因此，婦運雖然在法律和政策層面上獲得了對婦女的制度性的若干保障，但父權體制並未遭受根本的改變。

　　在國家機器全面性的主導和控制下，如何達成政權的穩定和經濟發展是國民黨政府的兩大目標。在這種政經目標下，社會福利在國家政策中就成爲相對落後及低度發展的一個環節。林萬億的論文從國際比較的觀點提出了下列的質疑：爲何臺灣國家的自主性可以帶動頗爲成功的經濟發展，卻壓抑了社會福利的實施？林文以「國家中心觀」來解釋這種現象。國家中心論者認爲國家在形成和追求國家目標時，

具有相對的自主性，而非單純反映社會團體、階級或民間部門的利益需要。林萬億指出瑞典可以成爲福利國家的典範，而國民黨政府不能的主要因素，在於兩個國家在國家目標、國家結構以及國家精英的意識型態都有甚大的差別。臺灣的各種社會政策或機構基本上是以國家科層體制的偏好爲主（例如比較照顧有助於政權穩定的軍公教階級爲主），甚少反映社會的需求，社會運動在爭取國家資源的重分配上也尚未見出有效的成果。

蔡采秀、章英華的論文則以板橋市爲個案，比較日據及戰後兩個時期國家與社會在空間規劃上的關係。論文指出，我們不能以僵化的理論來界定「國家」或「國家機器」所扮演的角色，都市的規劃和發展應該放在國家、資本與空間條件的互動脈絡中來加以考查。蔡文特別指出戰後國民黨政府的合法性危機是影響國家都市規劃的重要因素，同時，既存的空間結構也限制了國家的行動。

二、社會的反彈：國家與社會關係的變遷？

在上節我們討論了國家機器的特徵以及其對於社會的干預。我們發現國家機器已透過政治控制和利益分配機制將社會中的主要領域統合進國家部門，因此使得國家與社會的關係是處於前者強勢、後者積弱的狀態。這樣的社會型態具有如下的特徵：

第一，它是低度政治化和高度政治化並存的社會。所謂低度政治化是指社會中很少由民間自主成立的集體組織，由於此種公共領域的缺乏，使得民間的意志或利益透過相互的溝通和討論來予以凝聚，社會只呈現了原子式的、個體主義式的成員的聚合。過度政治化則是指黨國體制透過黨的組織、動員和介入，使所謂的人民團體或社會團體

嚴密受到國家的控制，成爲政治動員或宣導政令的工具。

第二，由於國家機器超然自主於民間社會之上，所以國民黨政府可以按照其自我的邏輯而行動，而不必反映社會的需求和利益。這種處於沒有強有力的社會和政治力量制衡的國家機器，必然導致權力的濫用及體制的腐化和僵化，因此造成政治上不民主、經濟上不公平、社會上不公義的結構性弊端。這些弊端的持續存在因而引發了1980年代來自臺灣社會的反彈，臺灣因而也在這一時期出現了國家與社會關係調整的契機。

1980年代的臺灣，我們在各種不同的社會領域都看到了集體抗議和社會運動的風潮；在政治層面，我們看到了反對政治勢力正式成爲政黨而成爲制衡國民黨的力量。既存的黨國體制在外在力量與內部新舊勢力鬥爭的衝擊下，而在國家體制、立法政策以及在面對社會的策略上有所調整。在學術界，一般稱此種政治轉型的過程爲「自由化」或「自主化」。這樣的政治過程，對於國家與社會關係的變化有何意義，是否有助於社會的自主行動能力的提昇？臺灣的民間社會未來將如何發展？這些是本節要討論的問題。

對於1980年代臺灣的社會變遷，蕭新煌從社會運動的角度加以探討。蕭文認爲社運的興起並非開始於1987年的解嚴，只是解嚴更有助於新的運動的興起以及原有的社運組織的持續，並使得許多結構性的弊端和社會性的公共議題更爲凸顯而已。例如在他所舉的十九種社會運動，有七種事實上是發生於解嚴之前，而另外七種則出現在解嚴的前後。要如何透過社會運動來重組「社會與國家」的關係呢？蕭新煌認爲應該同時從國家和社會兩個層面著手：在國家方面，應該更嚴格的督促和迫使國家機器去進行大幅度的改造；在社會方面，則要以具有「主體性」的立場進行社運結盟以凝聚力量，並在個別和共同的議

題上提昇制訂公共政策的專業能力。

王振寰的論文也認爲政治反對運動和社會運動是導致政治轉型的最重要的力量，但是在何時或將往那種方向轉型，則掌握在統治者的手上。例如，1980年代後期新的威權政體出現導致國家機器與特定的社會政治力量進一步結盟，前者的支配性本質並未改變，只是在政治和經濟資源的分配上對這些社會群體作了進一步的讓步與妥協。王振寰的論文給我們的提示是：國家機器並非是頑固不變的，它會隨著環境的改變，按照自己的利益，來調整應變的方向。

對於造成「國家和社會」關係的變遷，我們可以從制度和結構層次來探討，這是一種由上往下看的研究取徑；另一方面，我們也可以從行動者對於行動和意識的主觀建構，或是生活世界的日常實踐中，由下而上的來考查行動者與國家機器之間的互動關係。

李丁讚的論文以有關兩岸關係的七個案例來觀察人類生活中的日常實踐如何透過媒體的轉化過程（故事的報導和論述的創造）而使系統（即國家的規章、法令和政策）解構的過程，李文指出許多結構性的實踐是發生於體制的邊緣地帶或外圍。實踐的行動者是透過「表演」，而與系統的原則相乖離，而不是系統原則的運用或複製。由於這些實踐具有濃厚的人倫或人道意涵，或是凸顯了法律的模糊性和過時性，所以引發了媒體的交相報導和討論，在此種過程中，媒體呈現了作爲「公共空間」的積極意義，迫使國家體制的系統原則遭到解構和修正。

趙剛的論文，則是從工會或工會幹部這一層面，探討在解嚴後國家失向所提供的機會中，工會幹部如何利用工作場所的非正式網絡爲基礎，在一些知識分子的協助下，在與國家法律的互動過程，發展自己的組織及積極的行動取向。換言之，在趙剛看來，制度與結構條件

的改變只是提供了工會運動的空間，但積極的行動主義則需依賴行動者的主觀詮釋和意義的建構。

在民間社會部門採取集體行動來達到集體目標的過程中，常常必須借由外在的助力或是依循既存的規範來運作。例如瞿海源指出一貫道的解禁，除了得助於解嚴後的宗教抗議的壓力外，也得到信徒中有聲望的人或一些政治人物作為與國家機器溝通的管道，才能得到解禁。顧燕翎在討論婦女權益的立法時，也指出為了達到目的，不得不與現有的意識型態和性別結構作若干的妥協。社會運動與現實社會秩序作若干妥協所發展出來的行動策略，有時也會扭曲了社會運動想要改造社會的一些基本目標。例如一貫道雖然解禁了，但也「國家化」了，政治與宗教信仰相互尊重、自主運作的精神並未得到確立。同樣的，婦女權益雖然透過婦運而取得了一些制度性的保障，但婦運行動者所追求的婦女意識的覺醒、改變父權體制的目標，還是沒有達成。

1980年代以來的社會運動雖然挑戰了國家機器的一些系統規則，但「國家與社會」間的既有的關係並未有根本的改革。此中原因，本書的作者提供了一些看法：

1.王振寰認為政治轉型的動源雖然來自政治反對勢力或社會運動，但主導轉型的還是握有國家機器、擁有雄厚政經資源的統治階級。而且社會在變，國家機器也在調整主動或應變的策略，它可以在退讓的行動中，達到與社會勢力進一步結盟，並借此鞏固國家機器的運作於不墜。

2.國家機器所運用的統合政策長久以來已經成為民間社會團體運作的規範，因此民間社會的自我組織和自主行動的能力一直未能得到適當的發展。在這樣的社會條件下，民間改革運動的阻力往往是來自社會本身。例如，在教育改革運動中，教育工作者的保守心態以及社

會中利益的不一致，成爲最大的干擾因素；同樣，在婦運，在工運中，行動者所面對的不只是性別的壓迫者（國家機器、性別體制），階級的壓迫（資本階級），它同時更要面對已經完全被國家機器統合收編的半官方的婦女組織和工會組織。

3.對於社會運動無法成爲強大的反體制的力量，趙剛認爲是由於臺灣社會中缺欠公共生活和反抗的次文化，這種缺乏，一方面是由於臺灣的國家主義、父權家庭的拘限，另一方面則由於社會欠缺民間相對自主性與權利論述的傳統。

由上面的討論，我們可以發現1980年代以來，由於政治反對勢力及社會運動的衝擊，而使國家機器的系統規範受到了若干的挑戰，但「國家與社會」間的既存關係並未有所動搖。展望未來，社會的行動者還是得雙面作戰：在國家機器方面要繼續解構其對於社會的壓制與滲透力量；在社會方面，不只行動者要建立更具民主和自主的行動次文化，同時要付出更多的心力來改造社會。

三、結語：值得進一步研究的問題

本書所呈現是二次戰後國民黨當政時期的臺灣的「國家與社會」的樣態。我們企圖從不同的社會領域來觀察國家機器的運作、社會秩序的性質以及社會行動者透過何種的策略來改變國家與社會的關係。從「國家和社會」的關係來瞭解臺灣社會的形構雖然是一個有意義而且是重要的切入點，但是一本論文集所看到的現象必然只是片斷的、甚至是機械的圖像。如果我們要從學術性的研討轉化爲建構臺灣未來社會新秩序的基礎，則我們對於「國家與社會」的複雜的動態關係還需要更深入，更有系統的研究，以下的幾點是值得進一步思考和研究

的問題。

第一，對於社會現象的完整的觀察一定要從長期的、歷史的角度出發。就這一觀點而言，臺灣在不同階段、不同政權統治下的複雜多變的歷史，是社會科學家研究「國家與社會」關係的最好的題材。有些學者可以努力窮究某一個歷史階段「國家與社會」關係的型態與特質；有些人則可以從歷史比較的角度觀察「國家與社會」關係互動演變的歷史過程。這兩種研究策略都不可偏廢，唯有在「個案」式的深入研究基礎上，比較研究才能獲得更有價值的研究成果。

第二，在臺灣的歷史發展上，不只經歷政權的遞變，同樣也可以看到不同的生產方式在提供社會發展的物質基礎。生產方式與國家機器的運作有密切的關係，但兩者也可能是相對自主發展的領域。未來的研究有必要對生產方式與國家機器之間的複雜的關係作更細緻的分析，但同時也要考查其在不同的歷史階段相對自主發展的過程，以及在這樣的過程中檢查其與社會秩序、行為模式和人類自主行動的影響。

第三，過去的研究文獻提醒我們，國家機器的性質及其行動，以及國家和社會間的動態變化，不能忽視國際政經體系的影響和制約。過去的一百年，日本與美國曾經是最重要的國際因素，而中國與臺灣的關係始終是深層難以切斷的結構背景。社會科學家必須盡快擺脫意識型態的糾結，以理性、冷靜的態度來分析兩岸關係的發展。將臺灣的國家與社會的演變放在國際脈絡下來加以考查，才能免於一偏之見。

第四，社會科學家雖然以瞭解和研究「社會」為職志，但社會中的某些面向，仍有待更深入的研究。例如，我們對於「家庭」在社會中所扮演的角色仍然所知甚少。家與國家機器之間有何關係；家庭培

育了何種的意識型態與社會圖像；家庭對於公共領域或社會自主性的建構有那些影響；這些都是值得進一步研究的問題。其次，我們對於社會行動者的瞭解也不夠充分。行動者是推動社會變遷的重要因素，這些人也許位居體制的低層，也許身處社會的邊緣，但是他／她的角色是不可忽略的。這些行動者如何與國家機器、階級結構產生互動、他／她如何在矛盾和衝突的場域中，賦與行動以積極的意義，他／她在行動中展現了那些新的社會關係、建構了何種另類的社會圖像，他／她遭遇了那些行動上的困境，又發展了那些行動策略，這些也都值得我們關懷與思考。

第一章

農民、國家與農工部門關係

——臺灣農業發展過程中家庭農場之存續與轉型 (1895-)

柯志明

本文試圖從長程歷史結構變遷的視角分析臺灣農業發展過程中持續作爲農業基本生產單位的家庭農場(family farm)如何被國家(the state) 及資本主義經濟模塑爲廉價農產品或 (/及) 廉價勞力的提供者。爲達成此目的，本文先發展出比較明細的農民分類概念，再從這個分類基礎上出發，去掌握在臺灣資本主義經濟的不同發展階段以及國家農工部門政策兩者的交互影響下，臺灣農業生產方式變遷的過程。

從政治經濟學的觀點出發，在農業發展理論上，有幾種與臺灣經驗密切相關的家庭農場類型，分別如下：

1.從事維生生產 (subsistence production)的家庭農場 (Wolf 1966) —— 基本上生產自家消費所需，有剩餘才出售，並未受到市場價格規律的宰制。農業剩餘被轉移到非農業部門主要靠租稅。

2.商品化的家庭農場 —— 基本上從事商品生產，已喪失自給自足的能力。可細分爲兩種類型：

a.垂直集中式 (vertical concentration) 的家庭農場(Bernstein 1979)：生產受政府或農企業資本規約的商品作物，政府與資本透過水利系統、農業技術的投資以及行政與經營

上的督導掌握此類型農戶的生產，並運用市場控制操縱交易條件而把農業剩餘轉移到非農業部門。

b.小商品生產 (petty-commodity-production) 式的家庭農場 (Friedmann 1980)：爲自由市場而生產，承擔市場風險，服膺價格規律及競爭的法則，敏於計算盈虧。

3.半普羅化的 (semi-proletarian) 家庭農場 (Kautsky 1988; de Janvry 1981) —— 農家成員兼業從事自家農場以外的工作，收入主要來自受雇的薪資所得。農業生產方式雖然仍維持家戶式生產 (household production) 的外貌，但農村主要的經濟活動其實已經是薪資勞動，甚至透過農外兼業成爲工業勞動力的一部分。

作者運用上述政治經濟學內相關的農民分類理論重新檢討臺灣農業生產方式轉型的長期過程，並探討臺灣不同資本主義發展階段與國家政策下商品化及兼業化所致生的農民異質化之具體過程。在上述農民分類概念的基礎上，臺灣農業發展過程依家庭農場性質之變化大略可分爲三個階段，各有對應的農工部門關係及國家角色。

一、家庭耕作式農業之確立與商品化 (1860s-1900s)

伴隨著通商口岸的開放（1860），外資的進入，以及殖民統治 (1895)，本時期農業生產的特色首先是從維生式生產到商品生產的轉換。在被納入世界市場以及殖民政府強制商品化政策的衝擊下，以自給自足爲主要目的的農業生產逐漸爲現金作物的生產所取代。而且，不只是農產品逐漸商品化，農業其它的生產要素，如土地、肥料、工具等也一樣被商品化，開始仰賴市場供給（詳見柯1990a）。

臺灣土地所有關係在殖民統治下的演變乍看之下是個革命性的變化。然而，仔細分析日據前演變的趨勢不難發現兩者間的連續性。日據下的土地改革可說是循著十九世紀末臺灣土地關係演化之方向，而以更完整的形式落實。清末臺灣的多重地權制度其實已經面臨著轉捩點。原來是永佃農的小租戶由於直接掌握經營權而逐漸變成土地的實際擁有者。相對地，原本位居墾戶地位擁有官方承認之所有權的大租戶，卻因不事經營坐收租金而與土地日益分離。隨著土地控制權的喪失，大租戶的土地所有權也日漸削弱（戴炎輝 1963; Chen, C. K. 1987; 張勝彥 1983; Ka 1988: 23-38）。清末劉銘傳的土地改革雖然是個未完成的工作，卻充分反應出小租權興起大租權沒落，以及單一地權（接近現代土地絕對所有權）逐漸形成的事實。

從劉銘傳土地改革的失敗，我們看出即使在當時一個手頭上掌有剩餘可以從事市場交換的富農階層 —— 小租戶 —— 已經形成，然而由於清治下的社會條件仍未成熟，該階層力還不足以給殘存的多重地權制度告終的一擊。殖民者提供了這個最終的打擊。不過，應該提醒一下，殖民地臺灣土地關係的變化大致上仍是以和平的方式進行。殖民者看出小租戶是傳統既得利益者 —— 大租戶 —— 的對手，而且具有取而代之的潛力，故特別助以一臂之力，藉由重新安排農村的政治及法律秩序以方便正在興起的小租戶階層。在這個可以稱作改革（而不是革命）的過程中，殖民者快速有力地（雖然可能是不自覺地）貫徹劉銘傳所勾繪出來的草圖。殖民政府建構了現代絕對所有權制度所需的法律架構，完成了早已接近成熟的轉型過程。

順應臺灣土地所有權制度演變的趨勢，殖民政府透過土地制度的改革把日益沒落的大租戶所有權取消而確立真正經營者 —— 小租戶 —— 的所有權。昔日混淆不清的各種所有權關係以及加諸土地的人際

束縛乃得以解除。土地得以自由買賣而且受到法律的保障。對當地傳統的土地制度做漸進式的改革與調適，也有助於保存以家戶式生產的形式普存於鄉間的家庭農場。在殖民初期由於日資不足以及土著農業生產者對集中土地雇工經營的栽植農業極力抗拒，殖民政府只好保留原有家庭耕作式 (family-farming) 的生產方式，加以商品化，而仰之爲財政收入及政治穩定的重要基礎。

現代土地私有制雖然大大擴展了農村的商品生產，但長程來看，卻成爲日本資本家直接滲透臺灣農業生產的障礙。現代土地私有制只允許在一種情形下強制剝奪所有權，那就是不履行債務。只要農民照規定繳賦稅納利息，他的田地是受到法律保障的。此外，要一個資本主義雇工農場能有效率營運，從各個小家庭農場手上剝奪而來的土地必須能連成一大整片。儘管資本家可以從許多無法償還債務的農民手上取得土地，但要把零星分散在各地的小塊土地湊成一整塊，實在相當困難。

保護土地私有權的法律體制建立後，日本農業資本家很難再使用市場交易以外的手段或甚至赤裸裸的暴力把農民逐離土地以建立大農場。這絕不是件輕鬆容易的事。少數幾件強制收買的事件都激起嚴重的政治後果。1909年時，反抗林本源製糖株式會社強制收購土地的事件導致當時民政長官大島久滿次引咎辭職（矢內原 1929: 23; 蔡焙火 1928: 62-63; Chen, C. C. 1984: 288; 持地六三郎 1912: 122）。

當日本糖業資本家想要如矢內原忠雄說的，單靠「純粹的經濟交易」來取得土地時，也不是那麼順利的。根據根岸勉治的資料（1962: 539），在1941年，六家主要壟斷性製糖會社所擁有的有耕地中有82%是購買的（淺田，1968: 16）。製糖會社收買地內雖有47%是低價購自政府，剩下的乃是購自民間。土地的價格是以成爲影響土地取得的

重要因素。然而，從資本家的眼光來看，農民購買土地的價格是偏高的。Kautsky 提醒我們，農地的價格往往不是由經濟的規律所決定，而是取決於農民依附土地作為維生工具的程度 (1976: 35)。農民不以追求利潤為生產目的（或者明確說，不是以資本主義的經濟理性來計算盈虧）以及不把自家勞動算入成本的家戶式生產（詳見 Chayanov 1966 以及 Friedmann 1980)，也是說明他們何以能以資本家視為無利可圖的價格購買土地的重要面向。農民對自己維生手段的依附以及家戶生產特異的經濟理性，導致殖民地臺灣高昂的地價，同時也造成糖業資本家透過購買方式取得土地的障礙（柯 1990a: 18）。●

高地價再加上農民的抗拒使得製糖會社在掌握土地上（以購買或租用方式取得）倍增困難。會社所控制的土地或以資本主義雇工大農場的形式自營，或出租給佃農從事小規模的家戶生產，兩者加起來其實為數不多。從1925到1940年，會社控制地包括自有地及租來的土地

● 除農民依附土地愛惜如命之外，在這個人口稠密一地難求的島上，土地所有者所享有的特權也是促使地價高昂的原因之一。地租往往是口頭約定的，而且是短期性的，隨時可以取消；土地所有者有很強的議價能力 (bargaining power)（臺灣總督府殖產局 1930: 73, 76-77; 川野1941: 117-19）。地租率維持一個固定的比率，平均接近收穫量的一半 (Ka 1988: 296)。由於地租率固定，土地生產率的提高也帶來地租的增加。隨而發生的是，地租上升刺激土地投資，更推高了土地價格。

當然，土著資本所以熱衷於土地投資並不全然只是因為地租收入，工業部門被日本資本霸佔以致投資機會受限也是另外一個重要原因。以日資為主的製糖工業，在1932年時，佔了全島工業產值的75.7%（臺灣省51年來統計提要 1946: 778, 786, 802）。在缺乏投資管道之下土著資本過度投資於土地而拉高地價。1914-1937年間，水田地價從823圓／甲上升至3385圓／甲；換算成實物則水田地價從每甲值 150 公石米上升至 290 公石（羅明哲1977: 271）。

成長了44%，從81,912公頃增至117,945公頃。然而，其佔全島耕地的比率並沒有顯著增加。只不過從全島總耕地的10.56%增加到13.71%（詳見柯 1989，表3）。長期來看，全島土地所有的分配也趨向零散化（Ka 1988: 199-204；涂照彥 1975: 464-74）。

日據初在烽火不停，軍費支出沈重以及日本資本（由於尚處於工業化初期階段）資力不足以徹底改變臺灣的前資本主義生產關係這兩種情形下，殖民者為了鞏固支配權選擇了保留小租戶所有權，從而與小租戶形成階級聯盟的妥協策略。這個策略同時有它經濟上的意涵。它幫助殖民政府在短期內恢復生產以及達成財政上的獨立，解除了母國國庫的負擔。保護土地的實際經營者 —— 小租戶 —— 並在這個基礎上推展商品化，作為權宜之計實大有助於殖民政府解決燃眉之急的財政以及社會治安問題。然而，從長遠來看，土地改革卻變成日資大農場擴張的障礙。土地改革為家庭耕作式農場提供良好的發展條件，卻也製造出與雇工大農場競爭的對手。面對小家庭農場的抗拒，日資雇工大農場的擴展受到了限制。

二、家庭耕作式農業的垂直集中化 (1910s-1950s)

家庭耕作式農業的垂直集中化指的是國家與資本家透過土地制度之變革、公共及私人（農企業）投資、農業科技之開發與引進、行政強制，以及信貸控制等方式，督導以家庭農場為主體的農業生產，同時透過控制農產品市場，把剩餘轉移到工業（包括農產品加工業）及政府手上。

(一)殖民體制下農企業資本支配的農業垂直集中 (1910s-1940s)

商品化是資本活動的先決條件。伴隨商品化的過程，資本主義式的生產關係 —— 雇傭勞動的關係 (capital/wage labor relation) —— 正如古典理論預測的，往往會逐漸滲入生產的各個領域，分解而同質化其他非資本主義式的生產方式。在殖民初期農村商品生產和交易還相當有限的時候，最早來臺的日資卻沒有直接介入農業生產，而是選擇投資在比較有利可圖的農產加工業 —— 一個對資本家而言比較容易掌握的產業。然而，與古典理論的預測（尤其是矢內原忠雄先生的）大相逕庭的是，即使在臺灣農村高度商品化之後，日本資本家也沒有直接接手農業的生產過程。家庭農場頑強的存活力與抗拒，配合殖民政府在統治初期的保存政策，使得摧毀及替代家庭農場的代價變得異常地高昂（暴力脅迫可能造成的代價也一併估算在內）。在臺灣家庭農場式農業難以動搖已成定局之後，對日本資本家而言，關鍵的農業問題已經不再是剝奪農民田產並將他們轉化爲無產勞動者。眞正重要的問題是如何發揮資本壟斷的力量，把土著小農生產者的剩餘搾取出來以助資本積累。明確的說，是如何透過對農業生產外部條件的控制，迫使農民在低生活水準之下更努力且更有效率地生產更多的商品以供應市場，而又如何透過市場的控制，使剩餘流入日本資本家的口袋。

糖業資本家協同殖民政府奠下技術的條件、發配肥料與種子、決定農作物的輪作方式；總的來說，把資本家的交易對象 —— 農民 —— 轉變爲製糖公司經濟設計之專業執行者。同時，資本家也滲入農村的生產過程，但並不是介入個別家庭農場的生產過程，而是把加工製造

的生產活動分離出來（例如，製糖與碾米在日據時被從農家副業的角色分化出來成爲工業的一部分）。資本家對農業生產過程的接管主要是集中在加工上，也就是那些比較有可能機械化的經濟活動。至於其他基本的農業活動，資本家有無數種方法可以加以滲透及支配：比如典押、農家流動資金的貸放、在水利灌漑、運輸和貯藏等上面的投資、以及市場的控制。透過這些方法，農民雖然維持著分散以及獨立生產的外貌，但實際上已被納入一個從上而下垂直集中（而不是土地水平集中）的大經營體內（詳見 Ka 1991）。

從以上的角度來瞭解，家庭農場生存的經濟基礎事實上是：在國家和壟斷資本家的支持與督導下，家庭農場得以在更高的生產力層次上再造自己（相對地，資本主義雇工大農場在生產力上卻沒有呈現出若一般所認爲的顯著優越性）。在龐大的公共投資下，農業生產獲得革命性的轉變，因土地改善而受益的土地所有者因而與殖民政府之間形成近似聯盟的關係，而政府也明顯地仰之爲社會安定的支柱。除了上面一再提到的土著既存社會經濟體系的頑抗，以及殖民政府在殖民初期由於資本不足及政治安定的目的而採取妥協式的保存政策之外，從另一個角度來看，資本主義內部「謀取最大利潤」(profit maximization) 的運作原則，未嘗不是助成家庭耕作式農業存續下去的原因。只要被聯屬 (articulated) 的土著生產方式能提供讓外來資本家滿意的利潤，這就構成它被保留下來的必要理由。

「殖民者一定得把殖民地非資本主義農業生產方式轉化爲資本主義式雇工生產的方式，才能有助於資本積累嗎？」就臺灣的例子來看，顯然並不見得如此。殖民者在有限的歷史選擇下，爲日本資本主義之發展所提出的農業方案是保留可以把「自我剝削」(self-exploitation) (Chayanov 1966) 發揮到極致，以及在毫無利潤的

情況下仍然可以生產下去的小家庭農場。殖民地臺灣的例子顯示，國家與壟斷資本支配下的家庭農場，在重稅以及市場操控之下可以有效地幫助殖民者積累資本。日據臺灣垂直集中式的現代小農經濟顯示出農業發展另一個可能的途徑（alternative）。

（二）原始積累下國家主導的農業垂直集中 （1950s）

戰後以耕者有其田為中心的土地改革，可說是日據時期土地零散化長期趨勢的延續，與垂直集中式家庭耕作農業的完整化。戰時經濟對農產品價格、交易與對地租、地價的管制，基本上排除了地主作為徵稅中介的角色，並且對地主（相對於佃農）的議價能力造成嚴重的打擊。強制性的餘糧徵購及二二八事件後國民政府的鎮壓更大幅削弱了地主的力量，去除了土地改革的主要阻力。耕者有其田（1953-54）基本上消除了地主，鞏固了三公頃以下的自耕農，使其成為臺灣農業生產的主幹。土地改革強化了一個自有、自耕的小家庭農場制，切斷過去地主階級對農村剩餘的控制。政府在農村所面對的主角不再是地主，而是無數零細的小自耕農。地主作為農村主要有組織的力量已被分解，國家在面對無組織的小自耕農時，力量顯得更為強大。在土地改革所模塑的農村社會經濟結構下，政府得以更直接的支配農村剩餘，在有形轉移的手段（例如徵稅、徵購）上不用再經過地主的中介抽成，在間接手段（如操縱市場價格）上則以獨大壟斷者的角色面對毫無市場議價能力的個別小農遂行更徹底的市場控制（詳見 Ka 1986）。

雖然這次土地改革對整個臺灣社會結構的影響非常深遠，但是50年代原始積累時期的每年農業成長率（1952-60）與殖民時代（1920-39）比較起來並不出色（Lee 1979: Table T-3計算；Myers 1984:

442)，農民的消費水準也低於 30 年代的日據農村 （Chang 1969: 40-43; Apthorpe 1979: 525; Lee 1971: 13），同時農產品的商品化 （銷售比率） 與 30 年代比較也顯著下降（從 74% 降爲 45-50%）（Ka 1986: 1298）。我們注意到殖民時代的農業成長主要是由大量的公共投資所帶動，而土地改革後的農業成長卻主要仰賴農民更密集的勞力投入，表現在複種指數及農戶勞動日數的顯著提高上。新獲土地的小自耕農透過節制自家消費、強化勞動 （所謂的家戶生產方式的自我剝削） 所增加的農業剩餘，並未經由自由市場流入非農業部門以改善農民收入。實際上發生的是，政府透過直接及間接的徵稅以及市場控制，掌握大量農業剩餘，造成農產品商品化的倒退但農業資本外流卻顯著增加的情形。

戰後臺灣資本主義發展初始階段 （1950s） 的資本積累是建立在保存家庭耕作式農業的基礎上，政府運用行政強制 （有形手段） 及市場控制 （無形手段） 的搾取機制，把農業部門的剩餘轉移到都市的工業部門，限制了農產品自由市場的發展。在此原始積累時期，國家從外部控制農業的交換兼及生產條件(conditions of production and exchange)，不過卻沒有直接介入農業生產本身。農業生產的過程大致上仍然掌握在農戶自家手上，非農業就業的機會也相當有限，農業生產者內部的異質化因此並未明顯出現。

三、家庭農場之非農兼業化與小商品生產農業之擴展 （1960s-）

進入 60 年代以後，都市資本主義由於工業化而站穩腳跟，大部分所需的資本積累基本上可以從都市工業本身自給。壓抑農業以取得廉

價糧食作為農業政策的基調雖仍殘存到 70 年代，但由於工業自身積累能力及在國內資本形成上所佔比率日增，從農業部門轉移過來的剩餘，相對而言，重要性日益減低。

後原始積累時期的農工部門關係隨而起了根本變化。都市工業資本主義對農業部門的需求不再局限於廉價糧食。潛存於農村地區的豐富勞動力變成工業資本的主要目標。在有限的農業公共投資及壓抑農產品價格的政策下，農業生產力發展受限、城鄉收入差距擴大（推的力量），同時出口導向勞力密集的工業化對勞力的需求增加（拉的力量），兩種力量交互作用之下不只導致農業人口外流，而且（這是本文所要處理的議題）家庭農場內的勞動力逐漸脫離農業生產活動而成為工業勞力市場的補助角色。資本家與國家聯手不只把農村的勞動力擠壓到都市工業部門，留在鄉村地區的農業生產者也無法逃避普羅化的命運。兼業化成為動員農村居民勞動力參與工業生產的主要方式。

與此同時，都市工業部門利用家戶式生產自我剝削的性質來取得廉價農產品的手段仍然繼續發揮作用。與垂直集中式農業時期不同的是，家戶式生產逐漸被納入自由市場（而不是受管制的市場）的生產，以滿足伴隨工業化而日增的非農業人口日漸多樣化的消費需求。透過市場競爭的機制，以家庭為生產單位的小商品生產農被迫運用不付薪的家庭成員，以低於雇工方式的勞動成本及在不計利潤（或低於資本平均利潤率）的情況下，供應廉價農產品。

在土地改革後飽受資本主義經濟滲透的今日臺灣農村，建基於租佃關係及雇傭關係的傳統階級分類法 —— 把農村居民分類為地主、富農、中農、貧農、雇農 (Huang 1975; Patnaik 1976; Budhan 1982; Lenin 1899) —— 已嫌不足。在後原始積累時期的臺灣農村，我們注意到幾種類型性質的變化以及新類型的出現：

1.在耕者有其田後的臺灣農村，租佃關係很難作爲決定農民層級高下的判準。農村基本上是以小自耕農爲主。租田耕種的反而有不少是從事企業式的經營、生產高價值市場作物的農業生產者。他們在能力及收入上都迥異於貧農階層。若干的佃農甚至可以被稱爲資本家扭農 (capitalist tenant)，因爲他們承租大片耕地雇工經營。此外，我們也必須考慮以租佃的形式接受離農之親友委託代管耕地的佃農，他們也不見得屬於下層的農戶。

2.若以今日臺灣特殊的農業結構來看，上面提及的傳統階級分類法中被列爲富有階級的類型（地主與富農）都應該被重新考量。首先，傳統擁有大量土地靠地租收入及雇長工經營的地主階層已不復存在。但卻出現了不少因爲兼農業以外的工作而把土地交給別人經營的小地主，幾乎可以被稱爲普羅小地主。在等級上實在無法把他們劃爲富有的階層。其次，不少農民已經老化，兒女脫農無法再從事部分粗重的田間勞務，他們往往以包工的方式由擁有農機的年輕農民代耕。這群老年農民在分類上能否因其生產關係上雇主的身分而被列爲資本主義農業家，納入富有農民的階層呢？答案是否定的，實際上存在的是一群年老貧窮的小雇主。

3.隨著政府對農產品市場控制的減輕以及（糧食作物以外之）現金作物市場的擴大，從事勞力密集或（／及）資本密集的市場作物經營的農民自成一類型，與生產糧食作物、受政府收購政策及貼補政策規約的傳統農民成明顯對比。

4.臺灣農民從事農業以外之兼業的現象已經非常普遍，新的分類法勢必要考慮農外兼業的性質以爲分類的重要標準。而今，資本主義經濟對鄉村住民的影響已不再局限於交易上的操控。透過農外兼業的方式，農村勞力大部分已被納入資本主義的生產體系內；資本主義經

濟不再像過去一樣只是從外部影響農村，而是已經變成農村生產關係內無法劃分出去的一部分。上面提到的傳統階級分類法沒有仔細考慮到這一點。此外，受雇的身分也不見得在分類等級上屬於貧農階層，必須要考慮到其兼業的性質。若所兼之工作爲臨時性的，無疑是可以被列入貧下農民的階層，若爲經常性的而以農業工作爲輔的，則反是。另有從事機械代耕的雇農，其自有農機（昂貴生產工具）受雇代耕也很難被列入貧窮的階層。

　　針對以上的問題，作者根據兩個主要的判準──生產關係與市場

臺灣農戶的分類

生產關係			市　場　關　係（商品化程度）	
			有限或受規約的市場◀━━━━━▶自由競爭市場 (limited or regulated market)　(free market)	
	自雇		農　民（原型） (peasant)	小商品生產農 (petty-commodity-production farmer)
	雇關係工	外包	全職外包農 (full-time sub-contracting farmer)	——
		薪資勞動	——	資本主義農業家 (capitalist farmer)
	受雇	臨時性	半普羅農民 (semi-proletarian peasant)	
		經常性	兼職外包農 (part-time sub-contracting farmer)	

附註：——指該類型極為罕見。

關係——，以及二個次要的判準——雇用性質與受雇性質——來分類目前臺灣的農業生產者（請參見附表），並深入剖析下面幾種新出現而且擴展中的類型。

(一)市場的自由化與小商品生產農的擴展

生產關係粗略可以分為自雇、雇工與受雇三大類。在自雇者這一大類內，我們就市場關係，也就是商品化的程度，將小商品生產農與傳統（原型）農民作區分。商品化的程度指的是農業生產者與市場的關係到底有多自由。當今的臺灣已不存在無需市場交換、基本上能自給自足的維生式經濟 (subsistence economy)。商品化程度低的農業生產在今日臺灣特定的社會經濟條件下，指的是生產受到政府規約 (state-regulated) 的作物，一般特指糧食作物（米、雜糧）以及提供國營糖業作為原料的甘蔗，其價格的形成並非透過市場價格機制的自由運作，而是取決於政府的政策性介入，受政府的價格操控及貼補的影響。傳統的農民只是部分的被納入市場生產，其面對的是受國家規約及受制於人際（或村落）紐帶 (personal ties) 的不完全市場。相對的，小商品生產農面對的是自由競爭、自主形成價格的市場〔price-making market (Polanyi)〕，他們接受的是非人際的市場規律 (impersonal market rule) 而較少受到人際的束縛。除了勞動力沒有商品化之外，小商品生產幾乎與一個典型的資本主義企業無異。小商品生產農生產的目的固然在求收入的極大化，但是在不景氣時也可以在毫無剩餘的情況下繼續生產，發揮其家戶式生產簡單再生產 (simple reproduction) 的特性。在不景氣的情況下一般會比資本主義雇工經營的農場有更強韌的生存力。

(二)老年化、兼業化的農業與外包關係的擴大

　　不只農業資本家透過付薪的方式（雇工）取得多於自家家庭成員提供的勞動力（家工），許多老化及無暇顧及農事的農戶也日益仰賴雇工。同樣是雇工的部分超過家工，兩種雇工類型的農戶間卻有重要的區別存在。若受雇者自備生產工具、按面積計酬，雇主往往不會在現場督工，不直接控制勞動過程，這種雇工方式比較接近外包制度（sub-contracting system）。農戶把農事工作發包出去，自己只負責協調的工作。這麼做使他不能成為真正的資本家，因為這種性質的雇用關係下，雇主的控制能力非常有限（不提供生產工具、不介入勞動過程），以至於議價能力也大受限制。採用外包方式的雇主往往不是意圖藉由雇工生產來謀取最大利潤，而是家庭農場自家勞力短缺的結果，代表農民「賺自家工」之部分的減少，導致農業收入的降低。

　　外包化代表家庭農場收入中最重要部分 —— 家工「勞動」的收入 —— 為包工者所取代，若沒有其他可以替代勞力的投入（input）或轉業的可能，年紀大了的農民只能依賴生活支出的減縮、都市兒女親戚的支助，以及政府價格的貼補來支撐下去。臺灣農業主要工作者中，45歲以上的占75％〔中華民國78年（1989）臺灣地區農業基本調查〕。對年老的「全職外包農」而言，農業微薄的收入似乎扮演著退休金的作用，農業活動則當成活動筋骨的「運動」來做。

　　依臺閩地區農漁業普查報告內兼業的計算方式 —— 全年自家農場外收入超過新臺幣一萬元或工作天數超過30天 —— 在1989年兼業農戶占臺灣農戶的 89.73％（中華民國 78 年臺灣地區農業基本調查）。經營田地過小或農業收入過低（家庭依賴人口比率過大），使許多農民必須仰賴兼業收入維生，但兼業者若技術及教育程度不足，則只能從

事臨時性 (casual)、邊緣性 (marginal) 的工作，也無法單靠兼業維生。這種低收入的兼業，在農業工作方面大部分是季節性及臨時性的短工，在非農業工作方面則集中在非正式部門 (informal sector) 裡，也就是沒有工會也不受勞基法保護的工作，大多為臨時性質，沒有固定勞動契約保障（可以隨時解雇），甚至是工廠外包制度下的家庭代工 (home-worker)。這種「一腳踩在自家田地，一腳踩在工廠（或別人田地）」缺一不可的「半普羅農民」現象在降低勞動成本（以小塊自耕土地之收入貼補工資）以及維持低價農產品（農民以兼業工資貼補農業收入）上產生顯著的作用。在生存邊緣半農半工的半普羅農民並不見得如許多學者預測的正處於脫農普羅化的過程。國家對農產品價格不利的政策（如開放競爭產品的進口）及對逸於勞動法規之外的非正式經濟活動的縱容，都可能促使半普羅農民的現象持續下去。

相對於半普羅農民式的兼業農，有一部分的農村居民已經順利的轉化為經常性的受雇者，受到相關勞動及工廠法規的保護，而成為正式部門 (formal sector) 裡的勞工。比較常見到的是擁有專門技術或較高學歷的農村居民才能取得一分經常性的工作。這些擁有一分全職工作的兼業農，其薪水其實已經足夠維持生計，正如其他同性質的經常性受雇者一樣。他們從保留的自家農場上得到的是額外的收入。自家農場的經營已經不是維生必須的手段，而是一種增加收入的機會。不像半普羅農民以農業收入為生存必要的收入，擁有經常性工作的兼業農基本上是以非農的收入為主，而以農業為可有可無的副業。由於農場收入只是作為補充性的，因此在經營上也不見得投入多大心力。一般情形是，年紀較大的家人及婦女成為以農為副業的兼業農戶的勞動主力，青壯年的男性勞力只在下班及假日幫忙。在沒有緊急消

費壓力之下，這種農業生產會相當粗放，其粗放程度隨著非農收入之增加而提高。粗放的經營往往透過外包的方式，不用自己處理粗重的工作，也不用花太多時間，所以又稱呼此類有經常性工作、以農為副業的兼業農戶（其實是工人以農為兼業）為「兼職外包農」。他們不是農民到普羅階級的過渡形式，而是完全的普羅階級但兼營農業以取得額外收入。

　　以上作者試圖因應臺灣特殊的經驗發展出適切的分類概念，以探討目前臺灣農村生產方式異質化的現象。此處農民分類的重心放在生產關係及市場關係上，並在生產關係內引入受雇性質作為次分類的標準（參見上面附表）。針對資本主義經濟下農村自雇性質的家戶式生產方式如何運作的問題，本文引用小商品生產概念以市場關係（商品化程度）之深淺區劃出「小商品生產農」與「原型農民」，用以釐清在競爭性的自由市場下運作的家戶式生產（小商品生產）與維生式單純再生產（ simple reproduction ）的家戶式生產（或稱農民生產 peasant production）兩者間的差異，俾能避免如新民粹派（neo-populist）一樣把兩者通通含糊地視為同一類，而忽略了商品生產對家戶式生產內部經營運作所造成的基本變化，以及小商品生產農透過積累而走向雇傭生產方式的可能性。在雇用關係上，本文仔細區分出典型勞動力自由買賣式的雇工與外包式（sub-contracting）的雇工，視後者為準包工制度（quasi putting-out system），是農業勞動人口老化及兼業化下粗放經營的結果，而避免不當地把外包式雇工的現象直接視為農村勞資階級兩極分化的指標。文內從受雇性質就兼業化的面向作進一步澄清，區分出「兼職外包農」形式的兼業化與「半普羅農民」形式的兼業化，用意在檢討半普羅農民說（例如 Kautsky (1988) 與 de Janvry (1981)）暗示「兼業化＝貧窮化＝

普羅化」的說法。本研究指出，在正式部門有經常性工作的普羅階級
爲了額外的收入機會而以農爲兼業，與半普羅農民爲了生存而兼業受
雇於非正式部門從事臨時性工作，兩者在外表上雖同爲兼業農，但是
在階級分化上卻有著相反的含意，不能一概以普羅化視之。

(三)外來驅力與家庭耕作式農業之異質化

大社會（wider society）對鄉村農業生產者的影響以國家的農
工部門政策及資本主義經濟發展之性質及階段爲首要的考慮。 就外
來驅力（external pressures）的部分作者以爲可以依其是否造成
農村內部相對社經地位的變化而分成兩種驅力。 與農民分化無關的
驅力一般以集合性的、 平均分攤於每一鄉村居民身上的部門擠壓
（squeeze）爲代表。農民在集合性的農工部門矛盾下可能不是走向
分化而是維持同質性，以求取集體的生存〔如 Lipton（1977）與
Vergoupulous（1978）所描繪的小農制，及垂直集中下臺灣同質性
的家庭農場（Ka 1986）〕。在50年代土地改革後的原始積累時期，臺
灣農業部門受到的外來擠壓雖然極其嚴酷，但農民之間收入的差異卻
未擴大，在農業部門外就業可能性稀少的情形下，農戶間相對的社經
地位並不因部門擠壓而產生急遽的變化。但是，一旦都市資本主義經
濟起飛發展，工業化所提供的就業機會以及都市迅速增加的非農業人
口所提供的農產品市場，使收入相對偏低的臺灣農業部門自60年代以
來急速的兼業化及商品化，促使兼業農及小商品生產農突增，直接影
響到農村內部相對之社經地位。都市資本主義經濟不只提供了機會，
它也給予限制，凡是不能配合市場規律不符合工業勞動力市場要求的
農戶（例如上面提到的老年農民、傳統型農民及半普羅農民）都走向
往下流動的方向，擴大了農業生產者間相對社經地位的差距。外來的

驅力在60年代後把臺灣農村推向異質化的過程。異質化雖然未循古典理論土地集中兩極化的途徑，但卻在家庭農場小自耕農的外貌下繼續進行。

四、結論

　　資本對臺灣農村的支配迂迴過古典的土地集中模式，並未造成「農村資產階級大量剝奪農民小生產者的土地且運用後者的勞動力以從事大規模雇工生產」的情形，也因此古典資本主義轉型期農村內部資本／勞動 (capital/labor) 兩極分化的情形並未發生。家庭農場在當今的世界（甚至在歐美先進國之內）仍然頑強存在的事實，提醒我們不可盲目追隨古典理論的抽象邏輯把家庭農場視為暫時性的現象，而疏於建構一套有系統的理論來了解在資本主義經濟之下，家庭農場以何種形式繼續存活。

　　誠如前面指出的，即使進入二十世紀以來，農民兩極分化的情形也不普遍，古典分化說的預測落空。但我們也不該走入另一個極端去全盤接受新民粹派 (neo-populist 或稱 Chayanovian) 的說法，認為家庭農場運用自我剝削式的生產及低度消費 (under-consumption) 可以比資本主義大規模雇工農場更有競爭力，而得以頑存。我們在文內已經提及垂直集中式家庭耕作農業之形成不能單單歸因於家庭農場的頑抗。正如日據時代及50年代垂直集中式之家庭農業所顯示的，資本及國家可以不用直接進入農業的生產過程（把直接的生產留給個別的家庭農場），但透過垂直集中的方式有效的控制生產，並在生產力提升的過程中取得更多的農業剩餘（及更高的利潤率）。本文強調應從整體觀 (totality) 分析大社會（主要是從臺灣資本主義經

濟的特質與發展階段以及國家的農工部門政策兩大面向來看）與家庭
農場間的互動過程才能了解臺灣家庭農場存續的問題。

　　新民粹派的農民生產模式（peasant mode of production）理
論視農民爲維生式的（相對於市場取向的）而且受到外來支配的同質
性團體，傾向於探討家庭農場內部基於生命週期所致生的循環性人口
分化（cyclical demographic differentiation）。這種說法預設農
民間沒有階層的分化只有循環性的分化，農民是同質性的，彼此間的
差異僅只反映農家生命週期不同的階段。新民粹派這種看法局限於探
討農家內部的結構特性（尤其是人口結構），無法就農民被納入資本
主義經濟後所致生的異質化過程提供一個全貌性的了解，不能解釋臺
灣農村在商品化及工業化過程中以兼業化及小商品生產化爲主軸而日
益異質化的轉型過程。相對的，古典理論雖然強調農民分化但卻局限
於探索農業生產本身資本／勞動（capital/labor）關係的分化，而
疏於認識到資本主義經濟對臺灣農民分化的影響非循此途。不僅被古
典理論視爲過渡現象的小商品生產農繼續頑存而且擴大，臺灣農村地
區的勞動力其實已逐漸透過兼業化被納入成爲工業勞動力的一部分。
家庭農場的小商品生產化及農戶勞力的非農兼業化這兩個面向，正如
上面指出的，構成目前臺灣農村生產關係變化的主軸。

　　爲求能更精確的掌握臺灣家庭農場存續及轉型的歷史過程，作者
透過農民生產、農業垂直集中、小商品生產、半普羅農民、外包關
係，以及正式／非正式就業等概念提供比較明細的分類判準，以分析
不同類型的農村居民及類型間的變化。根據對上述類型的區分及變化
的分析，作者將以家庭農場爲生產主體的臺灣農業劃分爲三個階段:
家庭農場之商品化（1860s—），家庭農場之垂直集中化（1910s—
1950s），及家庭農場之兼業化與自由市場化（成爲小商品生產農）

（1960s—）。在這個分類及分期的基礎上，作者進一步分析資本家與國家為把家庭農場模塑為廉價農產品或（／及）廉價勞力的供應者所施加的各種制度設計，並探討農工部門關係的性質與變化以及其背後所存在的社會經濟機制，以求釐清家庭農場存續及轉型所受到的影響。

參 考 書 目

中文:

川野重任: 1941《臺灣米穀經濟論》（林英彥譯 1969），臺北: 臺銀。

矢內原忠雄: 1929《日本帝國主義下之臺灣》（周憲文譯 1985），臺北: 帕米爾書局。

江丙坤: 1972《臺灣田賦改革事業之研究》，臺北: 臺銀。

柯志明: 1989＜農民與資本主義: 日據時代臺灣的家庭小農與糖業資本＞，《中央研究院民族學研究所集刊》，第66期: 51-84。

_____: 1990a＜日據臺灣農村之商品化與小農經濟之形成＞，《中央研究院民族學研究所集刊》，第68期。

_____: 1990b＜所謂的「米糖相剋」問題──日據臺灣殖民發展研究的再思考＞，《臺灣研究季刊》，第二卷，第三、四期。

_____: 1992＜臺灣農民的分類與分化＞（*Identifying Agrarian Classes the Classification and Differentiation of Taiwanese Farmers*），《中央研究院民族學研究所集刊》，第72期。

張勝彥: 1983＜清代臺灣漢人土地所有形態之研究＞，《臺灣文獻》，第34卷，第2期，6月號。

戴炎輝: 1963＜清代臺灣之大小租業＞，《臺灣文獻》，第4卷第8期，6月號。
1979《清代臺灣之鄉治》，臺北: 聯經。

羅明哲: 1977＜臺灣土地所有權變遷之研究＞，《臺灣銀行季刊》28 (1): 245-276。

日文:

持地六三郎: 1912《臺灣殖民政策》，東京: 富山房。
涂照彥: 1975《日本帝國主義下の臺灣》，東京: 東京大學。
臺灣總督府殖產局編著: 1927《臺灣糖業概觀》，臺北: 總督府。
　　　　　　　　　: 1930《小作制度の改善》，臺北: 總督府。
　　　　　　　　　: 1930《臺灣の糖業》，臺北: 總督府。
　　　　　　　　　: 1939《臺灣の糖業》，臺北: 總督府。
　　　　　　　　　臺灣糖業統計各年。
蔡培火: 1928《日本本國民を與う》。

英文:

Apthorpe, Raymond
　　1979 "the Burden of Land Reform in Taiwan: An Asian Model
　　　　 Land Reform Re-analysed", World Development, Vol. 7,
　　　　 pp. 519-30.
Bernstein, Henry
　　1979 "African Peasantries: A Theoretical Framework", Journal
　　　　 of Peasant Studies, Vol. 6, No. 4, pp. 419-43.
Bardhan, P.
　　1982 "Agrarian Class Formation in India", Journal of Peasant
　　　　 Studies, Vol. 10, No. 1.
Chang, Han-yu
　　1969 "A Study of the Living Conditions of Farmers in Taiwan,
　　　　 1931-1950", The Developing Economics, Vol. 7, No. 1
　　　　 (March).
Chayanov, A. V.
　　1966 "The Theory of Peasant Economy", ed. by D. Thorner,
　　　　 R.E.F. Smith B. Kerblay. Ilinois: Irwin.
Chen, Ching-chih
　　1984 "Police and Community Control Systems in the Empire",
　　　　 in Ramon H. Myers and Mark R. Peattie ed. The Jap-

anese Colonial Empire, 1895-1945. Princeton: Princeton University Press. pp. 213-239.

Chen, Ch'iu-K'un

1987 *"Landlord and Tenant: Varieties of Land Tenure in Frontier Taiwan", 1680-1900,* Ph. D dissertation, Stanford University.

Friedmann, H.

1980 *"Household Production and the National Economy: Concepts for the Analysis of Agrarian Formations",* Journal of Peasant Studies, Vol. 7, No. 2, 158-184.

Huang, Philip

1975 *"Analyzing the Twentieth Century Chinese Countryside",* Modern China, Vol. 1, No. 2, pp. 132-159.

de Janvry. Alain

1981 *The Agrarian Question and Reformism in Latin America.* Baltimore: John Hopkins University.

Ka, Chih-Ming

1991 *"Agrarian Development, Family Farm and Sugar Capital in Colonial Taiwan",* Journal of Peasant Studies, Vol. 18, No. 2.

1988 *"Land Tenure, Development and Dependency in Colonial Taiwan (1895-1945)",* PhD thesis; SUNY-Binghamton.

1986 and Mark Selden *"Original Accumulation, Equity, and Late Industrialization: The Cases of Socialist China and Capitalist Taiwan",* World Development, Vol. 14, No. 10/11, pp. 1293-1310 (Oct.).

Kautsky, Karl

1988 *"The Agrarian Question",* trans. by Pete Burgess (London: Zwan Publications).

1976 translated by Banaji, J. *"A Summary of Selected Parts of Kautsky's 'The Agrarian Question'",* Economy and Society (February).

Lee, Teng-hui and Yueh-eh Chen

1979 *"Agricultural Growth in Taiwan, 1911-1972"* in Agricultural Growth in Japan, Taiwan, Korea, and Philippines, eds. by Hayami, Yujiro and others. Honolulu: The University Press of Hawaii.

1971 *Intersectoral Capital Flow in the Economic Development of Taiwan, 1895-1960.* Ithaca: Cornell University Press.

Lenin, V. I.

1899 *The Development of Capitalism in Russia* in Collected Works, Vol. 3. Moscow: Progress Publishers, 1977.

Lipton, M.

1977 *Why Poor People Stay Poor: A Study of Urban Bias in World Development.* London: Temple Smith.

Myers, Ramon H. and Yamada Saburo

1984 *"Agricultural Development in the Empire"* in the Japanese Colonial Empire, 1895-1945, eds. by Ramon H. Myers and Mark R. Peattie. Princeton, N. J.: Princeton University Press.

Patnaik, Utsa

1976 *"Class Differentiation Within the Peasantry: An Approach to Analysis of Indian Agriculture",* Economic and Political Weekly, Review of Agriculture (Sep.).

Vergopoulos, K.

1978 *"Capitalism and Peasant Productivity",* Journal of Peasant Studies, Vol. 5, No. 4, pp. 446-65.

Wolf, Eric R.

1966 *Peasants.* Englewood Cliffs, NJ: Prentice Hall.

第二章

臺灣的公營企業與國家
資本主義之問題[1]

李碧涵

一、緒論

在臺灣經濟發展過程中，公營企業一直扮演著重要角色。雖然自
1984年政府提出「經濟自由化、經濟國際化與經濟制度化」的策略，
且因而推動公營企業民營化，但是仍然沒有否定公營企業的重要性，
尤其沒有否定公營企業仍是一個重要的議題，因為就算要民營化而降
低公營企業的重要性，我們仍須瞭解公營企業的整體現況與影響，才
能進行妥當的民營化調整。

然而，在過去對於臺灣經濟、社會發展的研究中，相對而言，我
們都忽略公營企業一環，因而對於整體公營企業在臺灣長期社會經濟
發展中的定位和影響，難以做出深入而完整的分析。因此，在近年來
討論公營企業民營化的文獻中，我們所看到的主要仍限於管理學者和

---

[1] 本文之初稿＜臺灣的公營企業與國家資本主義之論爭＞發表於《臺灣民主化
過程中的國家與社會》學術研討會，清華大學社會人類所、中央研究院民族
學研究所與中國社會學社合辦，1992年3月7-8日。本文之修正得利於評
論人張清溪教授，以及徐正光教授、蕭新煌教授、徐振國教授、鄭為元教
授，和杜震華教授等之批評意見，在此特別致謝之。當然作者自行負責本文
之所有看法與任何可能的錯誤。

經濟學者從生產、管理、績效等技術和經濟層面的批評和檢討（顏吉利，1989；石齊平和蔡妙姍，1990；楊子江，1989；韋端，1990），或對於個別公營企業的探討（陳沖，1990；陳武正等，1990），而缺乏較整體性的分析。

綜合而言，過去對於臺灣的公營企業較具整體性的分析者，主要有三本著作：其一是劉進慶（1975）的《戰後臺灣經濟分析》；其次是劉鳳文與左洪疇（1984）的《公營事業的發展》；其三是陳師孟等（1990）的《解構黨國資本主義》。基本上，劉進慶從公營企業和國家的關係、資金來源、在產業結構中的地位、營運狀況和利潤繳庫等層面，探討「專賣性國家資本主義」的形式與運作過程，尤其是在分析它和美援之間的關係，確實有其貢獻。但是，他根據馬克思主義從封建主義到資本主義的線型發展史觀，而將戰後臺灣界定為「半封建體制」，並分析「半封建的國民黨政權」如何形塑且發展「專賣性國家資本主義」的論點，卻難免出現意識形態上的偏誤；同時，他的分析亦限於1960年代中期前的臺灣，顯然未能涵蓋「專賣性國家資本主義」相對沒落，甚至即將被解體的時期。

劉鳳文和左洪疇的分析，主要是涉及戰後臺灣主要公營企業的發展過程，但是幾乎都限於官方的標準說法。陳師孟等的《解構黨國資本主義》一書，基本上承襲劉進慶所論黨國一體的國家資本主義遺緒，然而卻跳脫劉氏所強調公營企業在國內外政治與經濟結構上的定位和分析，而直接引用強調資源有效利用的自由經濟理論，批判「黨國資本主義」的政商勾結、特權、政治酬庸、虧損、無效率等弊端，並主張要民營化。無論是就公營企業的整體分析，或就其妥當的民營化策略而言，本書的上列論點都稍嫌簡略；但是，毫無疑問地，本書就公營企業的相關資料蒐集，雖然大部分來自一般報章雜誌，確實是

貢獻良多而值得肯定，更可彌補劉進慶的不足。另外，本書對於政府當前推動民營化的政策，亦進行相當周全的分析、檢討和建議，這是值得肯定的另一貢獻。

公營企業並非只存在於今天，亦非臺灣所獨有。清末的官督商辦就是一種公營企業；而今天的各開發中國家和已開發國家，亦存在著各式各樣的公營企業。然而，表現一種特定所有權、經營權和政治經濟權力關係，而且對於社會的生產、交換和消費過程產生特定影響的公營企業，必然和其直接相關的政治、經濟、社會結構及此等結構的動態發展息息相關。臺灣公營企業的發展，當然也無法脫離於其社會經濟發展的過程之外。

在社會學文獻中，很多學者曾論及開發中國家的公營企業。其中較為重要的，包括 James Petras 的國家資本主義（state capitalism）說（Petras, 1976），及 Bernardo Sorj 的公營企業（public enterprise）論（Sorj, 1983; Canak, 1984）等。這些理論都以總體社會學（macrosociology）的觀點，探討公營企業在發展過程中的角色與變遷，頗值得我們參考；同時，從另一角度看，臺灣公營企業的發展經驗，亦足以當成檢證這些理論的有用個案，並說明臺灣到底算不算是一種國家資本主義。

本文第二節將從理論檢討中提出一個分析架構。首先，本節將分析開發中國家，其國家與經濟、社會之間的一般關係；其次，將從國家介入（state intervention）的方式中為公營企業定位，並討論有關國家資本主義的理論。

本文第三節將介紹臺灣公營企業的組織與發展；第四節將討論公營企業與中央政府之間的關係；第五節則在分析公營企業和民營企業間的關係；而最後第六節將做一簡單的結論。

二、分析架構

任何一個國家都存在於國內外政治、經濟與社會的矛盾和衝突中。爲了化解這些衝突與矛盾以維持社會的整合，國家必須順應各種經濟和社會變遷，而以各種政策進行介入，或直接進行投資。公營企業即表現爲政府的一種直接投資和特定管理政策。因此，公營企業的分析，必須從表現做爲政府投資和做爲政府的經濟社會管理政策的焦點出發，並剖析其在國內外社會經濟變遷中的動態發展。

國家資本主義的觀念，基本上，與公營企業的發展亦有相通之處，只是一般以拉丁美洲國家經驗而發展出的國家資本主義理論，和臺灣經驗所表現者有些不同。

(一)國家、經濟與社會的關係

首先，國家 (the state) 是由一組主管行政、治安和軍事的組織所構成，其中並由最高行政當局負責領導與協調。任何國家組織均首先由社會汲取資源，並用於支助其行政與強制性的組織。國家運作於國內階級分化的社會經濟結構中；同時，它也必須面對國際上的競爭性國家體系與世界性經濟分工動態而有所行動 (Skocpol, 1979: 29, 32)。對一個邊陲國家 (peripheral state) 而言，除必須針對國內不同社會團體的直接、間接要求和壓力有所反應外，它還必須面對國際上各種強大政治、經濟勢力的的挑戰與制約。它必須在不斷變遷的國際政治經濟局勢中有所行動：無論是抗拒或利用依賴關係，或與其他國家進行競爭，它都必須在世界體系中選擇它的最佳發展途徑。因此，邊陲國家的行動與政策，可以被視爲是針對世界體系中政治經濟

結構與壓力下的選擇，同時也是對國內社會團體間和國家內部等之爭鬥的回應 (B. Lee, 1991:37)。而且，國家本身並不是一個內部毫無利益衝突的整合體。事實上，國家內部的不同單位或部門之間都存在著各種利益衝突，例如中央與地方政府之間，軍人與文官之間，生產部門與非生產部門之間，甚至不同籍貫的政府官員之間，都可能存在著各種利益衝突 (B. Lee, 1991:37-38)。國家內部的結構和爭鬥，有時是解釋國家政策，或瞭解國家與社會之間關係的關鍵。

　　換言之，一般而言，我們不應該像多元主義者 (pluralist) 一樣，將國家視為是享有很多自主性，而且是專門在調和各利益團體間衝突的中立性實體 (Dahl, 1961)；國家也不應該被視為只是權力菁英所控制的傀儡 (Mills, 1956; Domhoff, 1967; 1968)，或是統治階級的資本家之工具 (Miliband, 1969; Weinstein, 1968)。只有結合其他的社會團體和國家本身，我們才能解釋國家行動的大部分實況。

　　其次，對一個邊陲國家而言，任何重大的國際因素，都可能限制或促成邊陲地區的社會經濟發展，而其所採取的行動，也不限於經濟性的，也可能是政治性或意識形態的 (Cardoso, 1972; Amsden, 1979; Gold, 1986; Deyo, 1987; Pang, 1988)。在過去的近五十年間，國際政治經濟局勢已經歷很多重大的變遷，這些全球性的動態變遷，透過與特定發展中國家現存經濟、社會和政治結構的影響與互動，而塑造該國的發展歷程。對臺灣而言，圍堵時期的美援即是典型例子。

　　再者，任何社會都有其歷史特殊性和不同的社會經濟結構。國內的社會經濟勢力不但會影響國家行動，也可能和外來勢力聯合或衝突。這些社會經濟勢力在解釋國內層次或國際層次的國家與經濟、社

會之間的關係和變遷，經常扮演著重要角色。在各種社會經濟勢力中，經濟上的支配團體經常被國家視爲是一種不可或缺的重要勢力，因爲國家主要靠它來維持合理水準的經濟累積和經常性歲入。假如這個團體夠強，可能減損國家的潛在自主性 (potential autonomy)，而使國家難以執行任何有害這個團體的政策。相對地，假如國家能聯合其他社會團體，它將可以增加其權力，或甚至執行不利於經濟上支配團體的政策。因此，社會經濟結構的特質，顯然影響國家能否在不同社會團體、外來國家和資本家間舉足輕重的程度 (B. Lee, 1991: 43-44)。

　　基本上，國家有其獨立於不同社會團體的特定利益，例如增加歲收和經濟發展，或社會穩定和政權維繫 (Block, 1977; Skocpol, 1979)。事實上，國家面對各種不同社會團體和外來勢力的挑戰與壓力後的反應，亦可視爲追求其自身利益的行爲。一般而言，國家最底限的利益，在於避免因資本累積或正統性 (legitimacy) 問題而導致的重大危機 (O'Connor, 1973; Block, 1977; Skocpol, 1979)。爲了避免資本累積危機或正統性危機，國家經常必須提出各種合理化管理社會經濟的改革政策，例如憲政改革、行政改革、土地改革、福利政策、獎勵投資政策等。政府的這些介入行爲，在經濟層面上，除如 James O'Connor 所論能增加勞動生產力的社會投資 (social investment)，能降低勞動成本的社會消耗 (social consumption)，和能增進社會和諧的社會支付 (social expense) 外 (O'Connor, 1973)，還可能包括公營企業的直接投資生產。

(二)公營企業與國家資本主義

　　經濟學上對於企業是否必須採取公營的討論莫衷一是。在規範層

面上，市場經濟學者都認為，只有出現公共財、外部效果、規模報酬遞增、資訊不完全、風險與不確定性等市場失靈現象時，國家才能介入經濟活動，但仍不必然以直接投資的公營方式進行。福利經濟學者更進一步從實存層面，比較國家採取公營與否的利弊得失，而管理經濟學和公共經濟學更從管理者的動機和組織結構等層面，企圖較完整建構相關理論（陳師孟等，1991: 118-123）。

經濟學上的這些論點，通常只限於經濟層面的考慮，尤其是經濟效率的追求。然而，誠如上述所言，公營企業做為國家的一種直接投資，可能隱含多重質與量上而不能完全用經濟效率表現的動機；同時，對一個邊陲國家而言，公營企業又經常是其解決資本累積或正統性危機的策略之一，或必須配合國家的其他社會經濟管理政策，而負擔各種政策性使命。因此對於公營企業的討論，勢必不能脫離其社會經濟內涵。

Petras 與 Sorj 等人在論及國家資本主義與公營企業時，都強調其社會經濟內涵。Petras 認為開發中國家的國家資本主義，因為進口替代工業策略失敗而發展，其間由於民間企業或說布爾喬亞（bourgeosie）太弱，故由國家出面結合企業、軍事領袖和知識分子，提倡擴大國內市場的農業改革，並推動工業化發展；在推動工業化發展過程中，接收自外國企業而改組的公營企業即扮演關鍵性的資本累積角色（Petras, 1976）。

在論及邊陲國家的經濟角色時，Sorj 認為：為避免經濟危機，邊陲國家通常必須積極介入經濟活動，而加強基本設施，並對工業生產提供融資或補貼；同時，在外資只選擇有利可圖的行業而且當國內私人企業又太弱時，邊陲國家必須扮演企業家的角色，而直接投入策略性部門的產業發展。Sorj雖然沒有直接反對國家資本主義的理論，

但他認為唯有公營部門的資本累積和私人部門產生衝突，而且局部或全部性消除私人部門時，才能稱為是國家資本主義；另外，就公營企業的長期發展而言，公營企業經營者必須能獨立於國家官員而有自主的經營權，而且甚至必須能控制國家，否則將只能附屬於擁有所有權的國家，而只扮演功能性的角色 (Sorj, 1983)。

就 Sorj 而言，Petras 的國家資本主義說顯然流於空洞而不夠嚴謹，而公營企業的經濟角色有不當被誇張，而其他政策性的角色卻有被貶抑的可能。基本上，公營企業是國家管理或改革社會經濟體制的一部分，其實際角色是由相關社會勢力所決定 (Sorj, 1983)。證諸於臺灣的經驗，公營企業的背景自非 Petras 所言，是對進口替代工業化政策失敗後的轉向，而公營企業的來源亦非全是對外資企業的徵收；至於公營企業的功能，亦不完全表現在資本累積上。

本文則將公營企業視為是國家之社會經濟管理政策和直接投資的混合，並進而從公營企業的發展過程中，探討其分別與中央政府和民營企業間的關係，並從總體層面檢討其資本累積功能（參見B. Lee, 1991: 82-103）。

三、臺灣公營企業的組織與發展

戰後臺灣地區的公營企業，共有四種不同的發展來源。其一是來自於1945年臺灣光復時，國民政府所接收的殖民時代公民營企業；其次，有些公營企業是戰後新行設立的；其三，某些企業是國民政府撤退時，自大陸遷來的；最後，有些是政府所接收具有財務上問題的民營公司。

臺灣的公營企業，可分為中央政府所擁有的國營企業，行政院退

除役官兵輔導委員會所擁有的退輔會企業，及由省政府和縣市政府所擁有的省營企業和縣市企業。以1987年為例，扣除銀行和其他各種金融機構，共有三十家國營企業，二十三家退輔會企業，二十四家省營企業和十二家縣市營企業。從產業別看，其中十三家屬農業，二家屬礦業，三十七家屬製造業，四家屬水電、瓦斯等公用事業，二家屬建築業，六家屬商業，十九家屬交通、通訊業，還有六家屬其他行業（中央銀行，1987: 57-59）。在此附帶說明，本文所分析的公營企業並不包括公營事業之轉投資事業以及黨營事業，因後面這兩種事業之特質與以上之公營企業並不盡相同，故予以排除之。

　　從臺灣經濟發展的過程看，公營企業在不同的歷史階段，具有不同的重要性。在進口替代工業化、出口導向工業化、第二次進口替代工業化，及經濟自由化時期，臺灣的公營企業分別扮演不同的角色。一般而言，它們一方面執行政府的政策；同時，根據相關政治、經濟、社會、國防和外交上的變遷，也嚴格約束它們自己的策略。然而，以生產和投資的規模而言，它們都算是龐大的單位，但卻沒有變成經濟體制中產生剩餘的主要部分（B. Lee, 1991: 83-84）。

　　在 1950 至 1959 年的進口替代工業化時期，公營企業的工業產值和資本投入，都占國內經濟體制中相關層面的主要部分（見表一）。1952年，在國內資本形成上，公營企業占 42.6%；這個比率在1955年是33.9%。而在公營企業所占比率中，屬國營企業的部分，在1952年是19.9%；在1955年是26.8%。在工業產值方面，公營企業所占的比率，在1952 年是 56.6%，1955 年是 51.1%；而其中屬於製造業的比率，在 1952 年是 56.2%，在 1955 年是 48.7%。另外，公營企業所占國內生產毛額（GDP）的比率，在 1952 是 14.7%，1955 年是13.9%；其中，屬於國營企業所占的比率，在1952年是 5.0%，1955

表一　公私部門在臺灣經濟所占的相對比重，1952-88

單位：%

年次	占國內生產毛額 (GDP) 百分比				占國內資本形成毛額 (GDCF) 百分比			
	一般政府	公營企業		民營企業	一般政府	公營企業		民營企業
		全部公營	國營			全部公營	國營	
1952	9.6	14.7	5.0	75.7	13.1	42.6	19.9	44.3
1955	11.0	13.9	6.8	75.0	13.8	33.8	26.8	52.4
1960	10.7	16.6	7.8	72.7	11.4	33.9	17.5	54.7
1965	10.2	16.1	8.0	73.8	9.4	21.9	15.1	68.7
1970	11.5	17.6	9.4	70.9	11.4	28.7	17.7	59.9
1973	9.5	14.8	8.9	75.6	8.2	26.5	18.8	65.3
1974	9.3	14.7	8.1	76.0	8.5	29.6	18.2	61.9
1975	10.5	16.4	9.9	73.1	14.3	43.4	39.6	42.3
1976	9.8	16.8	10.6	73.4	15.2	38.1	26.1	46.7
1977	9.7	16.4	9.4	73.9	18.9	31.8	22.5	49.3
1978	9.6	15.4	8.8	75.0	14.7	30.3	18.2	55.0
1979	9.7	15.4	9.0	74.9	12.1	27.3	18.5	60.0
1980	9.7	15.2	8.5	75.1	13.3	35.2	27.6	51.5
1981	10.4	16.0	10.0	73.6	14.2	35.2	30.1	50.6
1982	10.9	15.4	10.5	73.7	18.0	35.6	29.3	46.4
1983	10.6	15.6	10.7	73.8	16.7	32.2	27.3	51.5
1984	10.2	15.2	11.0	74.6	16.9	25.9	22.4	57.2
1985	10.3	14.9	10.6	74.8	20.4	26.3	17.2	53.3
1986	9.4	14.3	9.6	76.2	22.5	21.9	20.5	55.6
1987	9.1	13.9	9.1	77.0	18.4	22.5	20.8	59.1
1988	9.6	13.7	8.8[a]	76.7	17.5[a]	17.1[a]	18.2[a]	65.4[a]

表一 公私部門在臺灣經濟所占的相對比重，1952-88（續表一） 單位：%

年次	占工業產值百分比		占製造業產值百分比		占水電、瓦斯產值百分比	占受僱人員報酬百分比		
	公部門	私部門	公部門	私部門	公部門	一般政府	公營企業	私部門
1952	56.6	43.4	56.2	43.8	100.0	25.3	16.8	57.9
1955	51.1	48.9	48.7	51.3	100.0	28.1	12.5	59.4
1960	47.9	52.1	43.8	56.2	100.0	27.1	11.1	61.8
1965	41.3	58.7	36.8	63.2	100.0	24.6	10.5	64.9
1970	27.7	72.3	20.6	79.4	99.8	26.3	9.9	63.8
1973	21.1	78.9	13.8	86.2	99.9	21.5	9.6	68.9
1974	21.9	78.1	14.1	85.9	99.9	19.7	11.1	69.2
1975	22.1	77.9	14.2	85.8	99.9	21.5	12.2	66.3
1976	22.5	77.5	15.2	84.8	99.9	20.3	11.9	67.8
1977	22.8	77.2	15.8	84.2	99.9	19.8	11.9	68.4
1978	21.5	78.5	14.9	85.1	99.9	19.6	11.7	68.8
1979	21.2	79.1	14.7	85.3	99.9	19.5	11.4	69.1
1980	20.9	79.0	14.5	85.5	99.9	19.1	11.1	69.9
1981	20.1	79.9	13.5	86.5	99.9	19.9	11.3	68.8
1982	20.0	80.0	13.3	86.7	100.0	20.5	11.2	68.3
1983	19.8	80.2	13.0	87.0	100.0	20.1	10.4	69.5
1984	18.8	81.2	12.2	87.8	100.0	19.2	9.9	70.8
1985	18.8	81.2	12.0	88.0	100.0	19.1	10.0	70.9
1986	17.5	82.5	10.7	89.3	100.0	17.9	9.4	72.8
1987	17.3	82.7	10.5	89.5	100.0	17.3	8.9	73.8
1988	18.1	81.9	11.1	88.9	100.0	17.9	9.1	72.9

a 估計值

來源：1.行政院主計處，中華民國國民所得(1989)。
2.行政院主計處，中華民國78年度中央政府總預算案附屬單位預算及綜計表——營業部分，丁1.
3.Council for Economic Planning and Development, R.O.C., Taiwan Statistical Data Book (1989): 47, 89.

年是 6.8%。若與私人企業相比，公營企業在1950年代仍屬賺錢；在整個1950年代，國營企業的利潤繳庫額，平均約占中央政府每年歲入的5.5%（見表二）。

在1950年代，公營企業對土地改革的完成和進口替代工業化政策的推展，具有重大的貢獻（T. Lee, 1971; Kuo, 1983）。土地改革的第三階段，即耕者有其田政策，事實上就是依靠四大公營公司的開放民營，才順利移轉地主的土地所有權。該四大公營公司，包括國營的臺灣紙業公司和臺灣水泥公司，及省營的臺灣工礦公司和臺灣農林公司。政府即將此四大公司的大部分股權，抵償政府所徵收土地地權的70%。此外，主要屬公營的紡織、肥料工業，又是進口替代工業化時期的兩大策略性工業。1950年代初，臺灣的紡織業只有五家公營公司和四家民營公司。為了節省外滙並利用自大陸撤退的機器和設備，政府在撤退後即重視紡織業的發展。後來在美援資助而進口大量棉花和紗錠下，臺灣的紡織業在1950年代，對社會經濟的穩定及產業的發展貢獻良多（李碧涵，1987: 210-211）。

另外，完全屬公營的肥料工業，在1950年代，對擠出農業剩餘和維持稻米的穩定供給都扮演重要角色。透過肥料換穀、田賦徵實和隨賦徵購，政府自農業部門汲取大量的農業剩餘；其中尤以肥料換穀的貢獻尤大。在這些政策中，稻米的徵購價格遠低於市場的現貨價格；而肥料與稻米間的價格交換比率，竟然相當於這兩種貨品在國際市場上價格比率的兩倍而非常不利於稻農（Wu, 1971: 155-159）。政府所徵集的稻米，主要是用來供給軍公教人員及其眷屬的糧食需要，其次是出口以賺取外匯（毛育剛，1972: 251）。然而，在1950至1960年間，政府經營的肥料工業，卻因根據中日貿易協定自日大量進口肥料（CHEB, 1951），而嚴重受到打擊。因此，在1946至1966年間，臺灣

表二　中央政府歲入總決算——按來源, 1950-89

單位: %; 新臺幣百萬元

會計年度	總計 %	金額	課稅收入 總計	所得稅	關稅	貨物稅	其他	公賣收入	公資收入	公營企業罰款與賠償收入	規費收入	財產收入	公債收入	其他收入	美援相對基金協助	地方政府協助收入
1950	100.0	983	32.2	—	—	—	—	10.8	2.6	0.5	0.8	18.4	9.8	24.9	—	4.5
1951	100.0	1,278	35.9	—	—	—	—	—	14.0	0.6	1.0	9.8	15.3	15.8	3.1	2.5
1952	100.0	1,849	54.1	—	—	—	—	20.3	4.0	0.6	0.9	3.1	5.7	13.4	15.7	8.7
1953	100.0	2,362	48.6	—	—	—	—	21.5	3.7	0.5	0.9	0.7	1.2	6.5	8.9	7.6
1954a	100.0	5,156	54.6	—	—	—	—	18.1	1.5	0.6	0.7	0.8	1.0	3.4	8.3	1.8
1955	100.0	3,949	56.7	—	—	—	—	17.2	3.5	0.7	0.8	1.8	0.1	6.1	10.4	2.6
1956	100.0	4,051	58.7	—	—	—	—	15.3	7.4	0.7	1.0	2.8	0.0	5.3	—	0.1
1957	100.0	5,454	59.6	—	—	—	—	16.6	7.4	0.7	0.9	0.5	—	6.6	7.1	1.9
1958	100.0	7,068	52.4	—	—	—	—	17.2	5.8	0.7	1.0	2.0	5.7	10.0	5.3	1.8
1960b	100.0	7,765	55.7	—	—	—	—	19.1	8.4	0.7	1.0	1.9	—	1.9	12.5	0.7
1961	100.0	8,648	43.7	6.0	19.0	14.7	7.8	16.6	7.2	0.9	0.9	1.5	4.6	4.3	14.9	1.3
1962	100.0	9,329	47.5	7.3	18.9	15.0	7.5	15.5	9.8	0.9	1.0	6.1	5.4	3.8	11.3	1.3
1963	100.0	9,506	48.7	7.3	19.0	13.6	7.0	13.9	5.7	1.0	0.9	5.5	6.1	1.1	11.2	1.2
1964	100.0	11,903	46.9	6.2	21.1	14.7	8.2	14.8	11.6	1.0	1.4	5.2	6.7	1.0	7.6	0.8
1965	100.0	15,272	50.2	5.4	17.9	14.2	7.2	13.3	14.1	1.1	1.3	8.4	7.9	0.7	5.0	0.8
1966	100.0	16,231	44.7	6.9	21.0	16.3	9.9	13.8	10.6	0.9	1.3	3.3	12.9	1.2	3.9	0.8
1967	100.0	20,654	54.1	7.6	25.8	19.7	6.9	12.3	15.9	1.7	1.8	6.0	13.6	0.8	2.3	0.7
1968	100.0	22,468	60.8	9.1	26.5	19.4	5.8	12.1	9.9	0.9	1.7	3.1	13.4	1.2	1.6	0.6
1969	100.0	28,701	60.8	10.7	26.2	19.4	5.4	11.6	10.9	1.1	1.8	3.7	7.3	1.2	0.8	0.6
1970	100.0	32,382	60.8	12.9	25.2	19.7	5.2	13.6	13.6	1.2	1.7	1.7	7.7	1.5	—	0.7
1971	100.0	36,141	63.9	11.7	26.2	20.0	4.9	10.8	11.6	1.2	1.6	1.6	7.7	2.2	—	0.3
1972	100.0	41,749	61.8	16.4	34.5	19.2	5.5	8.7	15.0	1.5	1.5	2.5	3.4	2.5	—	0.1
1973	100.0	56,967	75.6	17.3	28.8	17.1	5.5	7.2	18.2	1.4	1.2	1.8	3.5	2.3	—	0.1
1974	100.0	72,158	68.2	16.6	30.2	18.3	5.0	10.4	10.5	1.3	1.7	2.1	—	2.7	—	
1975	100.0	81,808	70.8	17.3	28.3	17.3	5.7	10.0	13.5	1.4	1.5	1.6	—	2.8	—	
1976	100.0	96,186	68.7	17.1	28.9	17.3	5.7	9.5	14.1	1.5	1.5	1.9	1.1	2.8	—	
1977	100.0	113,021	69.0	17.9	30.3	18.5	5.8	9.0	13.7	1.8	1.5	2.9	3.9	2.5	—	
1978	100.0	138,485	72.0	18.5	26.1	18.1	6.6	7.8	11.6	1.8	1.4	2.9	6.3	2.1	—	
1979	100.0	176,922	69.7	21.2	21.2	18.1	6.8	7.2	12.1	1.6	2.7	4.4	1.6	2.3	—	
1980	100.0	218,669	64.6	18.1	18.1	15.6	3.9	8.1	12.1	1.6	2.5	4.4	5.0	3.4	—	
1981	100.0	272,381	58.8	20.3	17.4	15.0	4.0	7.9	15.2	1.4	2.4	4.0	6.2	3.0	—	
1982	100.0	310,445	56.7	21.5	21.4	17.2	4.5	8.1	15.4	1.6	3.2	4.0	8.9	2.9	—	
1983	100.0	319,518	64.6	21.0	18.5	17.2	4.0	8.3	15.4	2.1	3.0	2.8	11.0	2.9	—	
1984	100.0	316,192	64.6	19.6	15.7	13.7	3.9	7.5	19.6	2.0	3.0	1.8	8.1	2.5	—	
1985	100.0	361,987	58.5	20.3	16.9	12.2	4.6	7.2	22.8	1.9	2.8	1.9		2.8	—	
1986	100.0	405,721	51.4	22.8	14.6	11.5	6.3	6.6	21.3	1.4	2.9	3.5		3.0	—	
1987	100.0	451,036	53.3	25.6	14.6	12.2	9.1	6.6	18.7	0.7	2.8	2.7		5.0	—	
1988	100.0	539,753	55.9			13.0		5.6	15.5	0.7	2.8	0.3		5.0	—	
1989	100.0	612,843	62.3					5.0				3.1		2.5	—	

a 與b: 1954年與1960年政府改變會計年度, 1954年度包括1954年1月至1954年6月, 又1959年7月至1960年6月改稱為1960會計年度。

來源: 1.財政部,財政統計年報 (1975–76): 36–37。
2.財政部,財政統計年報 (1987): 110–113。
3.財政部,財政統計年報 (1990): 111–115。

肥料公司只提供臺灣所需化學肥料的40％，而其他的60％則由臺灣省糧食局直接進口，並配銷給農民 (Wu, 1971)。

在美援及因而產生的美國強大壓力下，政府在1950年代末期，開始強調民營企業的發展，尤其是出口導向民營企業的擴張；另外，亦加強公營企業營運的改善。就強調民營企業的發展而言，美援與美國壓力所以堅持發展民營企業，反對國家資本主義化，是為執行1951年美國國會所通過的共同安全法案 (the Mutual Security Act of 1951) 的規定，以促成民營企業為中心的資本主義擴張，納入美國所支配的新世界體系 (即 the Bretton Woods System)，而且美國鼓勵臺灣從進口替代轉向出口導向政策，也是因為1956、1957年美國國內經濟不景氣，工資上漲，利潤率下降，1958年國際收支顯著惡化等，而急於為美國資金尋找出路與海外投資地而設想(李碧涵，1987：212)。此外，為了執行公營企業營運的改善工作，經濟部在1965年設立公營事業企業化委員會，並在1969年改組為目前的經濟部國營事業委員會。由於民營企業在1960年代的快速發展，公營企業在工業產值中的比率急劇的下降，從 1960年的 47.9％降到 1970年的 27.7％；其中，在製造業方面的產值，從1960年的43.8％，跌到1970年的20.6％（見表一）。

同時，隨著美援在1965年的正式停止，中央政府撥給國營企業的支出亦形增加，尤其是1965年與1967年（見表三）。公營企業所占國內資本形成的比率，雖在1960至1965年間，從33.9％降為21.9％，卻在1970年升為28.7％（見表一）。

政府在1970年代，曾在公共建設與重化工業的生產活動中扮演比以前更為重要的角色。這種角色擴張所以成為必要而且可能，是因為1970年代初以來，連串的外交挫敗及兩次石油危機，導致企業信心

表三　中央政府歲出總決算——按政事別, 1950-89

單位: %; 新臺幣百萬元

會計年度	總計 金額	總計 %	一般政務支出	國防外交支出	教育科學文化支出	經濟建設與交通支出	公營企業與投資支出	社會事務,基金與公共衛生支出	社會救濟支出	債務支出	雜項支出	地方政府轉移支出
1950	1,296	100.0	6.8	89.4	0.7	1.2	0.2	0.1		1.4	0.3	—
1951	1,432	100.0	9.6	80.3	0.7	0.4	2.2	0.1		6.4	0.1	—
1952	1,918	100.0	8.9	73.8	1.0	0.7	1.3	0.1		7.1	6.9	20.8
1953	2,309	100.0	9.9	63.0	0.9	0.7	1.3	0.2		2.9	0.5	18.7
1954a	5,387	100.0	8.5	65.1	1.5	0.4	0.5	0.1		1.8	3.5	—
1955	3,895	100.0	10.3	80.7	2.1	0.7	2.7	0.2		2.0	1.3	2.8
1956	4,226	100.0	11.2	78.5	3.5	0.1	2.5	0.9		1.5	1.1	5.9
1957	5,408	100.0	9.9	78.7	3.2	0.5	2.4	0.4		1.1	1.1	7.0
1958	7,019	100.0	10.1	74.9	2.6	0.5	2.3	1.9		0.8	1.0	0.7
1959	7,885	100.0	10.3	76.3	2.8	0.7	1.5	1.5		1.4	1.2	0.4
1960b	8,714	100.0	11.0	74.0	3.0	0.8	1.2	1.8		4.3	0.8	1.3
1961	9,719	100.0	11.4	70.5	3.2	0.9	4.4	2.7		5.7	1.2	0.7
1962	10,133	100.0	12.4	72.9	2.8	0.9	3.4	2.7		3.6	0.9	0.3
1963	11,688	100.0	14.3	68.2	2.8	1.0	3.2	2.8		5.5	0.9	0.4
1964	15,010	100.0	13.2	59.5	2.5	0.9	13.9	2.8		6.2	0.9	3.5
1965	15,157	100.0	10.4	66.9	4.1	1.4	3.6	2.8		4.8	5.4	2.2
1966	20,034	100.0	8.6	57.3	4.5	2.1	13.9	7.3		7.3	0.5	1.9
1967	20,773	100.0	8.5	64.0	4.8	1.7	2.3	7.8		6.8	4.8	1.0
1968	26,787	100.0	8.5	57.2	5.3	2.2	6.6	9.4		9.7	1.6	1.7
1969	30,667	100.0	7.1	57.5	6.0	3.1	3.6	10.0		7.5	0.9	2.0
1970	34,948	100.0	6.4	55.1	6.6	1.8	6.0	11.0		10.0	1.3	3.9
1971	39,828	100.0	12.4	46.3	7.6	2.4	8.1	14.9		8.4	2.4	5.9
1972	48,229	100.0	6.7	47.3	6.8	2.2	13.7	12.8		6.4	1.2	5.6
1973	53,121	100.0	7.8	44.2	8.1	2.3	9.0	12.2		5.4	1.3	4.2
1974	74,830	100.0	4.3	45.2	5.7	3.9	15.7	13.0		3.6	1.0	3.9
1975	86,976	100.0	4.2	49.3	6.3	5.5	16.4	11.7		2.6	0.9	4.6
1976	107,289	100.0	4.0	47.3	6.4	4.7	15.7	12.2		2.0	0.8	7.3
1977	130,077	100.0	4.1	40.2	6.0	5.3	18.1	12.8		9.1	0.7	4.9
1978	153,046	100.0	4.4	40.1	6.6	6.8	18.6	12.5		0.4	0.6	4.4
1979	201,793	100.0	4.7	43.6	6.8	12.8	19.2	14.7		2.2	1.6	4.3
1980	272,381	100.0	4.9	40.7	8.3	9.5	15.1	15.7		1.8	1.5	3.1
1981	310,445	100.0	4.0	39.8	9.2	7.8	15.4	17.5		1.7	1.1	3.4
1982	319,518	100.0	5.2	39.5	10.7	8.4	9.6	16.7		2.0	1.2	3.1
1983	316,192	100.0	5.1	35.5	10.9	9.5	9.2	16.8		3.8	1.3	3.4
1984	333,871	100.0	6.9	34.1	11.5	9.6	8.4	17.3		4.5	1.3	2.7
1985	353,871	100.0	6.7	34.2	12.7		8.8	18.9		3.0	1.0	3.7
1986	405,721	100.0	8.4		12.6			18.2		4.1		2.2
1987	418,962	100.0			13.8	19.5				4.9		
1988	470,255	100.0				17.8				5.5		
1989	549,932	100.0				16.7						

來源:
1. 財政部, 財政統計年報 (1968): 36-37。
2. 財政部, 財政統計年報 (1987): 116-119。
3. 財政部, 財政統計年報 (1990): 118-121。

a與b見表二說明。

(business confidence) 的下跌和經濟的不景氣。自1974年以來，公營企業卽開始積極支援政府的十大建設計畫。在石油、鋼鐵、造船等策略性重工業的發展上，公營企業都是主要的投資者；而且它們又肩負爲國內出口導向或下游民營企業提供低價能源或上游原料的重任。在此時間，公營企業所占國內資本形成毛額的比率，從1970年的28.7％，增爲 1975 年的43.4％；此比率在 1979 年的第二次石油危機時，降爲27.3％，但在1980至1982年間，又升爲35.0％（見表一）。

在1980年代政府的經濟自由化與國際化的政策下，有些公營企業也轉向高科技產業，或進行海外投資，但也有些企業，例如臺鹽、臺糖與臺肥，亦因屬無效率的夕陽產業，而面臨龐大的競爭壓力。公營企業是造成環境污染的主要來源之一，它們的新建廠計畫，亦因而經常面對鄰近地區居民及各種環境保護團體的強烈反對抗爭。因此，公營企業每年的實際投資額，自 1982 年後卽逐漸下降（中國時報，1987）。它們在國內資本形成毛額的比率，從 1980 年的 35.2％，降到1987年的 22.5％。另外，它們在工業產值中的比率，從 1980 年的20.9％，降至1987年的17.3％；其中，製造業的產值比率，從1980年的 14.5％，降到1987 年的 10.5％。然而，一些獨占性的公營企業，例如中油、臺電、電信局、中鋼等，卻賺取非常可觀的盈餘。公營企業的繳庫盈餘，從 1981年占中央政府歲收的 12.1％，增爲 1986 年的22.8％，但1989年又降爲15.5％（見表二）。

總之，公營企業的最重要特色，在於其國內市場取向和全國性的獨占。公營企業爲其他公營企業、民營企業、國防工業及農業部門，提供能源、各種原料與服務。其中，中鋼公司、中油公司及其轉投資的中國石油化學開發公司，對於臺灣鋼鐵、石化的整合發展，更是具有特別的重要性。因此，在某些層面上，有些獲利高且具獨占性之公

營企業是稍具國家資本主義之特質，例如中油和中鋼控制石油和鋼鐵
之上游生產而且享有巨額盈餘，以及中鋼還擁有較有自主性的經營權
等。不過總體而言，臺灣之經濟仍是屬於一般的資本主義體制，而以
民營企業為主要之資本累積單位，它並非是以公營企業為主要資本累
積單位而形成之國家資本主義。

四、公營企業與中央政府的關係

如表四所顯示，中央政府在1989年擁有三十五家最大公營企業中
的二十一家。因此，整體而言，中央政府與公營企業間之關係非常密
切。 在二十六家被中央政府列入其預算中的國營企業（見表五），有
十家是由經濟部主管，七家屬財政部主管，五家屬交通部主管，三家
直接隸屬於行政院，而另一家由衛生署主管。另外，經濟部總共的控
制這二十六家國營公司80％的股權。

公營企業，特別是國營企業，經常在其營運目標與角色上，和中
央政府有所衝突。這些衝突主要涉及公營企業的營運標準，及企業本
身的自主程度等問題。因此，在公營企業、國營會、行政院、經濟部
及財政部間，經常出現相互糾葛的複雜關係 (B. Lee, 1991:91,94)。

在公營企業的營運標準上，在1982年離開中鋼而曾接任經濟部長
的趙耀東認為，為了「喚醒睡夢中的公營部門」， 故須以效率和利潤
取向，做為公營企業的運作標準 (Tanzer, 1982)。中鋼是少數採用
特別管理系統，且能擁有高效率和高利潤的公營企業之一。但是，大
部分的政府官員和特別是公營企業主管，卻認為公營企業應該關心社
會利益，而不是賺取利潤 (Tanzer, 1982: 50)。他們特別強調，民
營企業不會像公營企業一樣，提供這麼多的就業機會、社區服務和低

表四　臺灣前35大公營企業排名, 1989

單位: 新臺幣百萬元; %; 人

依營收淨額排名	公營企業名稱	註	營收淨額 (百萬元)	營收成長率 (%)	資產總額 (百萬元)	稅前純益 (百萬元)	資本額 (百萬元)	淨值 (百萬元)	員工總數 (人)	純益率 (%)	淨值報酬率 (%)	資產報酬率 (%)	負債比率 (%)
1	中國石油	E	190,757	2.0	216,821	64,874	28,000	148,837	21,922	34.0	46.3	31.3	45.7
2	臺灣電力	E	148,465	7.4	531,155	33,783	183,756	309,423	24,846	22.8	11.0	6.5	71.7
3	臺灣省菸酒公賣局	T	78,719	8.0	118,968	54,435	2,681	73,317	12,798	69.2	77.8	46.7	62.3
4	郵政儲金匯業局	C	68,662	0.3	991,952	1,852	N.A.	11,657	11,567	2.7	16.1	0.2	8,408.9
5	交通部電信總局	C	62,981	11.4	230,394	22,461	4,400	206,336	30,000	35.7	11.2	10.1	11.7
6	中國鋼鐵	V	62,375	34.5	136,061	19,135	67,052	100,508	9,716	30.7	19.2	14.1	35.4
7	榮民工程事業管理處	E	23,910	2.4	40,224	197	4,400	9,291	11,849	0.8	2.1	0.5	332.9
8	臺灣糖業	E	18,583	2.7	45,001	3,030	6,000	32,222	11,324	16.3	9.9	7.0	39.7
9	唐榮鐵工廠	C	17,923	27.6	23,350	3,699	5,860	13,136	2,688	1.6	32.2	17.0	284.5
10	陽明海運	C	15,880	-0.1	34,563	249	7,747	8,987	1,549	1.6	2.8	0.7	284.5
11	臺灣鐵路管理局	E	15,210	19.0	N.A.	N.A.	4,840	N.A.	20,091	N.A.	N.A.	N.A.	22.6
12	中國石油化學開發公司	E	10,882	-11.9	15,898	1,584	8,568	12,963	2,024	14.6	12.4	9.8	29.9
13	交通部國際電信總局	C	10,425	13.8	30,316	2,505	3,450	23,344	13,429	24.0	10.8	8.4	334.0
14	中華工程	E	10,381	15.0	20,249	621	3,000	4,666	2,172	6.0	14.6	3.7	272.8
15	中國造船	E	10,157	10.7	31,345	-2,139	12,801	8,408	7,044	-21.1	-32.8	-7.6	46.0
16	臺灣省自來水	E	9,009	9.5	50,633	275	9,200	34,687	6,942	3.1	0.8	0.6	
17	臺灣汽車客運	C	7,348	-8.4	N.A.	N.A.	N.A.	N.A.	13,976				32.4
18	臺灣肥料	E	6,042	3.0	11,651	504	4,000	8,801	3,102	8.4	5.9	4.7	595.6
19	臺灣產物保險	T	5,614	16.8	5,568	107	400	800	483	1.9	14.0	2.3	1,061.5
20	臺灣人壽保險	T	5,030	22.0	7,739	252	130	666	297	5.0	44.9	3.9	194.8
21	中央再保險	F	4,992	21.0	3,412	70	1,099	1,157	140	1.4	6.4	2.2	322.1
22	中國產物保險	F	4,734	5.3	4,371	419	750	1,035	302	8.9	43.5	9.8	195.8
23	臺灣中興紙業	F	3,604	7.0	7,725	256	2,624	2,611	1,074	7.1	-17.3	4.8	138.1
24	臺灣機械	E	3,194	-15.6	10,075	-801	6,417	4,231	3,161	-25.1	-17.3	-8.1	9.1
25	臺灣電影製片廠	E	1,505	9.4	8,450	122	980	7,748	895	8.1	1.6	1.4	42.0
26	中央印製廠	Y	1,492	17.2	2,379	191	800	1,676	1,364	12.8	11.5	8.7	
27	臺灣省農工企業	T	1,218	29.9	N.A.	N.A.	130	N.A.	266	N.A.	N.A.	N.A.	795.1
28	臺灣土地開發信託投資公司	T	1,208	26.1	15,856	384	1,000	1,741	233	31.8	23.4	3.0	128.7
29	行政院退輔會臺北鐵工廠	V	954	—	1,446	11	166	632	243	1.2	1.2		175.0
30	臺灣航業	T	939	16.0	3,705	24	2,165	1,347	599	2.6	2.0	0.6	9.7
31	高雄硫酸錏	T	777	30.1	1,910	782	1,500	1,741	401	100.6	57.9	46.6	308.2
32	臺灣鐵路貨物搬運公司	T	369	11.7	278	4	30	68	177	1.1	6.1	2.0	18.8
33	中國磷品編輯公司	C	187	8.9	776	104	300	653	206	55.5	17.1	14.8	
34	中央存款保險	F	177	—	N.A.	7	2,000	N.A.	100	4.3	N.A.	N.A.	18.0
35	衛生署藥品經理處	H	143	—	324	57	70	275	103	39.8	39.8	18.0	

(註: E: 經濟部主管　V: 行政院退輔會主管
C: 交通部主管　T: 臺灣省政府主管
H: 衛生署主管　Y: 財政部主管
F: 行政院主管)

來源: 中華徵信所, 中華民國大型企業排名, Top 500 (1990): 204-205。

表五 臺灣的國營企業所有權結構, 1988會計年度

單位: 新臺幣百萬元; %

國營企業及其主管機關	中央政府	地方政府	輔投資事業或機關	其他政府機關	私人股東	總計
行政院主管						
中央銀行	23,000(95.0)	—	—	1,200(5.0)	—	24,000(100.0)
中央造幣廠	23,000(100.0)	—	—	—	—	23,000(100.0)
中央印製廠	—	—	400(100.0)	—	—	400(100.0)
	—	—	800(100.0)	—	—	800(100.0)
經濟部主管						
臺灣糖業	240,164(75.3)	53,624(16.8)	8,424(2.6)	11,759(3.7)	4,920(1.5)	318,891(100.0)
臺灣製鹽總廠	3,365(56.1)	2,220(37.0)	—	311(5.2)	105(1.8)	6,000(100.0)
臺灣肥料	981(100.0)	—	—	—	—	981(100.0)
中國鋼鐵	3,167(79.2)	829(20.7)	—	4(0.1)	—	4,000(100.0)
臺灣機械	62,165(92.6)	—	—	1,859(2.8)	3,090(4.6)	67,113(100.0)
中國造船	10,653(96.4)	20(0.3)	—	114(1.8)	9(0.2)	11,052(100.0)
中華工程	3,000(100.0)	165(1.5)	—	7(0.6)	167(1.5)	6,419(100.0)
中國石油	3,000(100.0)	—	—	—	—	3,000(100.0)
臺灣電力	8,000(100.0)	—	—	—	—	28,000(100.0)
中國石油化學開發公司	122,560(66.7)	53,389(27.4)	8,424(98.3)	9,260(5.0)	1,549(0.8)	183,758(100.0)
				145(1.7)		8,569(100.0)
財政部主管						
中國輸出入銀行	30,102(94.4)	112(0.4)	—	1,011(3.2)	663(2.1)	31,889(100.0)
交通銀行	9,000(100.0)	—	—	—	—	9,000(100.0)
中國農民銀行	9,769(97.7)	—	—	—	231(2.3)	10,000(100.0)
中央信託局	3,977(90.1)	112(2.5)	—	—	325(7.4)	4,414(100.0)
中央再保險公司	4,675(100.0)	—	—	—	—	4,675(100.0)
中國產物保險公司	957(87.0)	—	—	36(3.3)	1079(9.8)	1,100(100.0)
中央存款保險公司	750(100.0)	—	—	1	—	750(100.0)
	975(50.0)	—	—	975(50.0)	a	1,950(100.0)
交通部主管						
郵政總局	25,898(100.0)	—	—	a	a	25,899(100.0)
電信總局	3,451(100.0)	—	—	a	a	3,451(100.0)
陽明海運	14,400(100.0)	—	—	—	a	14,400(100.0)
招商局輪船公司	7,747(100.0)	—	—	a	a	7,748(100.0)
陽明海運金融業務局	300(100.0)	—	—	a	a	300(100.0)
— (All postal assets as savings guarantees)						a
行政院衛生署主管						
顧藥製品管理處	70(100.0)	—	—	—	—	70(100.0)
	70(100.0)	—	—	—	—	70(100.0)
合計	319,235(79.6)	53,735(13.4)	9,624(2.4)	12,770(3.2)	5,584(1.4)	400,948(100.0)

a少於新臺幣一百萬元。

來源: 行政院主計處, 中華民國七十八年度中央政府總預算案附屬單位預算及綜計表——營業部分(1988): T16-T17。

價的工業原料，換言之，公營企業負有很多執行政府政策的任務（國營會，1989a：10）。

其次，公營企業一直努力於爭取更大的企業自主性，以擺脫官僚控制。在實際運作上，公營企業不但受到它們個別董事會的控制，還受到各種官僚組織的制約，包括行政、立法、司法、考試、監察等五院的相關部門。個別董事會的職權，事實上只限於上列五院各相關部門的委託。因此，來自五院相關部門的上級命令，不管是涉及人事，或政府價格政策與對外採購政策等，都很容易可以貫徹。另外，公營企業的運作還受限於公營事業管理法，該法規定公營企業的預算須受行政院主管，且受立法院審查通過，而採購受監察院審核，人事的增補則受考試院管轄（B. Lee, 1991：94-95）。

國營會與其頂頭上司經濟部之間，亦經常存在著權力衝突。一般而言，國營會對公營企業的預算編列和各種計畫的審查、評估都無權過問；而經濟部卻有十足的權力控制公營企業的運作，甚至包括它們的產品定價，因為經濟部長是國營會的主任委員。這些權力關係，曾在 1985 年 7 月王玉雲被指派為國營會副主委後發生改變。王玉雲曾認真地執行國營會的監督性角色，並有時不顧經濟部等官僚組織的存在，而動手整頓公營企業的管理和營運事務，這些作法曾使國營會獲得更多的自主性（B. Lee, 1991：95）。

在公營企業盈餘的處理上，經濟部和國營會的看法，亦與財政部相左。財政部為了便於中央政府的預算調度，要求公營企業分別在每年的 1 月與 6 月間，各預先提繳半數的估計盈餘給國庫。但是，經濟部站在支持公營企業的立場，卻堅持必須等到分紅給民間股東後，才能將盈餘繳庫。事實上，公營企業的民股非常有限，而經濟部才是那些最賺錢公營企業，例如中油、臺電、中鋼等之最主要股東。經濟部

的說法，其實是想儘量保持這筆龐大的盈餘（見表六），以便自行支配使用。另外，有些公營企業，例如中油和電信總局，又可依行政命令而免除營利事業所得稅。因此，這些賺取大量盈餘的公營企業，卽因其盈餘繳庫，而被視爲是中央政府每年歲入的重要來源（B. Lee, 1991:95-96）。

　　在官僚體系的這些影響與控制下，戰後的臺灣不曾在公營企業中出現如 Sorj（1983）所說的，形成自主的「國家布爾喬亞」（state bourgeoisie），因而也不能稱爲他所認定的國家資本主義。向來，公營企業的主管階層幾乎都完全無法自主的經營他們的企業，更不用說要擺脫國家的控制。因此，公營企業部門其實只是代表國家本身的不同利益中不可分割的一部分而已；換言之，公營企業只是國家創造歲入的一個來源，也是國家政策的部分延伸而已（B. Lee, 1991: 96, 98）。

五、公營企業與民營企業間關係

　　戰後臺灣公營企業的發展，粗略地說，並沒有削弱或強烈壓制民間的資本累積。事實上，公營企業也參與很多外國公司或本地民營公司的投資。雖然很多研究指出，公營企業的大量投資吸走民營部門所需要的資源，但是在大部分情況下，公營企業幫助或支持民營部門，只有少數情況下，它們確實阻礙民營企業的發展（B. Lee, 1991: 98）。

　　至 1987 年 6 月，公營企業參與四十七家民營公司的投資，其中七家是外國公司（所謂外國公司，指 50％以上的股權爲外國人所擁有），其他公司也有部分股權爲外國人所擁有。公營企業投資於這些

表六　臺灣國營企業盈虧與盈餘分配，1987會計年度

單位: 新臺幣百萬; %

國營企業及其主管機關	純　益／虧　損		盈　　　　　餘	
	稅前純益 ／虧　損	純益率 (%)	繳交國庫	企業保留 盈　餘
行政院主管	1,984	1.82	N A	N A
中央銀行	1,704	1.58	N A	N A
中央造幣廠	46	10.94	N A	N A
中央印製廠	234	21.96	N A	N A
經濟部主管	97,045	23.76	74,139	22,906
臺灣糖業	1,769	9.84	303	1,466
臺灣製鹽總廠	153	10.98	73	80
臺灣肥料	518	8.61	222	296
中國鋼鐵	7,795	18.93	3,575	4,220
臺灣機械	385	10.55	—	385
中國造船	-2,520	-35.30	—	
中華工程公司	36	0.39	21	15
中國石油	52,204	29.73	42,743	9,461
臺灣電力	34,733	25.80	27,204	7,529
中國石油化學開發公司	1,973	17.10	—	1,973
財政部主管	2,219	5.42	921	1,298
中國輸出入銀行	- 202	-21.96	N A	N A
交通銀行	1,153	8.64	377	776
中國農民銀行	348	4.83	151	197
中央信託局	519	3.15	136	383
中央再保險公司	51	3.09	27	24
中國產物保險公司	341	28.13	230	111
中央存款保險公司	8	5.23	N A	N A
交通部主管	22,294	15.58	8,656	13,638
郵政總局	1,421	18.45	682	739
電信總局	18,561	35.22	7,970	10,591
陽明海運公司	197	1.49	—	197
招商局輪船公司	37	27.43	3	34
郵政儲金滙業局	2,077	2.99	—	2,077
行政院衛生署主管	34	30.64	21	13
麻醉藥品經理處	34	30.64	21	13
合　　　　　計	123,576	17.61	83,737	37,855

N A: 數字不詳

來源: 行政院主計處，中華民國78年度中央政府總預算案附屬單位預算
　　　及綜計表——營業部分(1988): 乙 7，乙12。

民營公司的資本總額，約為新臺幣 190 億元，占此四十七家公司總資本額的19％（行政院主計處，1988：丁36-丁39）。這些民營公司大部分創立於1970年代中期以後。公營企業所以參與投資的理由，包括新技術的取得、配合國家政策（尤其是在石油和重化工業方面），和為了公民營企業的發展（經濟部國營會，1988b:42-43）。

　　然而，有人指出，由於過度投資、管理不善與缺乏效率，公營企業的大量投資已確實扭曲民營部門的資源取得（Tanzer, 1982:49）。在 1965 至 1973 年間，民營企業的本益比，整體而言，是公營企業的3.6 倍。另方面，公營銀行與公營企業間的緊密關係，又使大部分不賺錢的公營企業，從本地銀行大量貸款以彌補虧損，致使民營企業的資金取得大受影響。以 1986 年為例，國營企業有 58％的貸款來自本地商業銀行；省營企業則有77％是貸自本地銀行；對公營企業整體而言，全部貸款的 63％是來自本地銀行（見表七），民營企業的資金取得顯然會深受影響。

　　在所有公營企業中，中鋼、中油和臺肥對於臺灣民營企業的發展最具影響。它們的產品訂價方式，很清楚的反映它們以各種方式來執行政府政策。首先，在經濟部的行政管轄下，中油公司自 1970 年代起，即肩負產業升級和發展石化工業的責任。在1982至1987年間，中油賣給國內中下游廠商乙烯的價格，遠低於其生產成本，而且每公噸的價格約比南韓、日本和歐洲的價格低約100到200美元；其次，燃料油和其他石油原料，也被認為是價格偏低（B. Lee, 1991:99-100）。但是，另一方面，其彌補這些虧損的方式是，以遠高於生產成本的價格將汽油賣給一般消費者（行政院主計處，1988:丁19）。在1987年，中油公司95％的石化產品都屬內銷，這些產品主要是賣給國內石化業（其中很多是中外合資公司）、其他工業界和交通、運輸業（經濟部

表七 公營企業貸款，1986

單位：新臺幣百萬元；%

項 目	國營企業	省營企業	縣市營企業	退輔會企業	合 計
國內銀行借款	157,278 (58.2)	40,783 (76.9)	1,330 (68.6)	14,735 (87.2)	214,126 (62.6)
短 期	36,737 (13.6)	15,576 (29.4)	10 (0.5)	4,135 (24.5)	56,458 (16.5)
中 長 期	120,541 (44.6)	25,207 (47.5)	1,319 (68.1)	10,600 (62.7)	157,667 (46.1)
國 外 借 款	92,924 (34.4)	4,731 (8.9)	—	1,335 (7.9)	98,990 (28.9)
其 他 借 款	19,900 (7.4)	7,554 (14.2)	608 (31.4)	826 (4.9)	28,888 (8.4)
中 央 政 府	6,293 (2.3)	699 (1.3)	—	314 (1.9)	7,306 (2.1)
地 方 政 府	—	5,639 (10.6)	23 (1.2)	400 (2.4)	6,062 (1.8)
美援相對基金	7,282 (2.7)	1,144 (2.2)	584 (30.1)	a	9,010 (2.6)
公 營 企 業	2,727 (1.0)	71 (0.1)	—	31 (0.2)	2,829 (0.8)
私 人 企 業	—	—	—	—	—
家 庭	3,598 (1.3)	—	—	80 (0.5)	3,678 (1.1)
合 計	270,102 (100.0)	53,068 (100.0)	1,938 (100.0)	16,896 (100.0)	342,004 (100.0)

a: 少於新臺幣一百萬元。

來源: 中央銀行經濟研究處，中華民國臺灣地區公民營企業財務狀況調查報告(1987): 12。

國營會，1988b:62)。

中鋼的例子是稍微有點不同: 88％的鋼品屬內銷，12％屬外銷;
而有85％的鋁材屬內銷，15％屬外銷（經濟部國營會，1988b:109)。
中鋼將很多中下游工廠納入其生產、行銷體系，而成為其衛星工廠，
並且幫助它們促成產業升級。中鋼在1988年4月擴建冷軋鋼片設施
時，曾被民營鋼廠批評為與民爭利; 後來，中鋼和這些業者達成協
議，並且答應只為汽車工業生產高級鋼鐵，而建築業所需之一般鋼板
則由民營鋼廠生產 (B. Lee, 1991:101-102)。

然而，另一方面，公營和民營肥料業間的衝突卻似乎較大。臺肥
公司所以存在的理由，根據曾任臺肥董事長的王玉雲之說法，是在
協助政府照顧農民（中國時報，1987年1月23日)。為了配合政府政
策，臺肥降低數種國內農民所用肥料的價格，同時計畫以增加工業投
資來彌補損失。因此，臺肥設立了磺胺酸工廠，其產品完全運銷西
德，而其原料，即尿素，則自與沙烏地合資設廠於杜拜的沙烏地基本
工業公司 (the Saudi Basic Industrial Corporation) 進口。臺
肥公司卻因而被三家國內民營的磺胺酸工廠（廣明、貝民、益耀）批
評為與民爭利，且涉嫌以高價進口原料。他們宣稱，以前在尿素禁止
進口時，臺肥公司以國際市場行情1.5倍的價格賣給他們尿素; 而當
臺肥公司因與沙烏地合資而須強制消化大量尿素卻又遇國際價格大跌
時，政府同時又解除管制，准許進口（中國時報，1988年4月7日)。
後來，臺肥公司又被指控，以進口價格的兩倍，將液氨賣給民營肥料
業（中國時報，1988年6月1日)。結果，臺灣民營肥料業的發展，
就在照顧農民的名義之下深受限制。

六、結論

主要是由於戰後的對日接收，國民政府一開始即在臺灣擁有大量的公營企業，以做爲日後統治的重要經濟基礎。這些企業橫跨當時社會經濟結構中最重要的生產、流通與金融產業，而且在規模、產值上都占有相當重的分量，故一直成爲政府有效管理社會經濟結構的有效工具，或用直接投資而賺取國庫收入的主要管道。

在配合政府的社會經濟管理政策上，公營企業曾支援土地改革而將四大公司民營化，也曾透過臺肥而幫助汲取農業剩餘，亦經過臺電、中油等之油電價格結構和原料產品價格結構的調整，而支持進口替代工業化、出口導向工業化或甚至以後的產業發展。兩次石油危機中，政府事實上亦以公營企業的擴張，帶動整體經濟的發展和產業的升級。

總之，臺灣的公營企業雖然在出現的背景和來源與 Petras 所主張者有所差異，但是其確實在1950年代初具有國家資本主義的某些特質，而負責帶動整體社會經濟的發展。但是在強調出口導向的1960年代，民營企業卽迅速超越公營企業的比重，雖然1970年代政府爲因應石油危機而擴張公營企業，但民營企業的比重仍遙遙領先公營企業。而且，公營企業的經營者一直沒能獨立於國家官員之外，更不用說要控制國家；因此，臺灣實在難稱得上是國家資本主義(B. Lee, 1991: 103)。

四十年來，公營企業一直附屬於威權體制下存活、運作和發展。隨著民營企業的抬頭及1980年代中期後的經濟自由化、國際化措施，公營企業勢必將面臨調整，甚至「解構」的命運；但是，如何調整或

解構公營企業，其實是一個遠比自由主義經濟學者所想像還複雜、還困難的主題。因為，從另一個角度來看，公營企業是威權體制的一部分；一旦威權體制因政治民主化和經濟自由化而解體，公營企業與整體社會經濟結構間的關係亦將鬆動，而成為如 Sorj 所說各種社會勢力的競逐場 (Sorj, 1983)。目前臺灣公營企業民營化之利益競逐者，包括公營企業員工、享受公營企業特權利益的民意代表、專門擔任董、監事的政府官員、長期享有特權或掛勾利益的黨營事業（陳師孟等，1991），以及勢力雄厚之財團等。因此，在民營化的總體時機與策略上，不能不有更深層的考慮。

　　綜合而言，鑑於公營企業是整體社會經濟結構的一部分之事實，當前的公營企業民營化可有兩種策略。其一是暫緩將公營企業移轉民營，而待類似憲政改革等影響社會經濟基本結構的改革就緒後才進行，可免公營企業淪為各種社會勢力的競逐獵物。唯有先安頓整體社會經濟秩序，才能給予公營企業適當的調整方向。其次，可配合憲政改革及其他社會經濟改革措施，而將公營企業移轉民營。然而，如經濟學者所提醒的，民營化須以經濟自由化為前提，否則難以防止公營企業為某些擁有特權的黨派、財團、或個人所瓜分。但是，在肯定經濟自由化的同時，本文還要特別提醒，公營企業本來就不是完全因為追求效率而存在，只強調效率的提昇，並不能徹底解決公營企業問題。因此，如何在追求效率之餘，仍注意社會公平或整體社會經濟的發展，毋寧是另一個重大問題。但是，如何從當前社會經濟混亂與動態調整中，重新釐清公營企業的角色地位，卻是個難有共識的議題。

參 考 書 目

中文:

中央銀行: 1987,《中華民國臺灣地區公民營企業財務狀況調查報告》,臺北: 中央銀行經濟研究處。

中華徵信所: 1990,《中華民國大型企業排名,(Top 500)》,臺北: 中華徵信所。

毛育剛: 1972,<臺灣糧政制度之研究>,見李登輝主編: 臺灣農業結構變動之研究(系列之二),頁237-286,臺北: 農復會。

石齊平和蔡妙姍: 1990,<公營事業民營化──論公經濟部門最適比例問題>,《財稅研究》,二十二卷三期,頁49-62。

行政院主計處: 1988,《中華民國七十八年度中央政府總預算附屬單位預算及綜計表──營業部分》,臺北: 行政院主計處。

──────: 1989,《中華民國臺灣地區國民所得》,臺北: 行政院主計處。

李碧涵: 1987,<「穩定中成長」的偏誤: 評介 State and Society in the Taiwan Miracle>,《中國社會學刊》,十一期,頁203-212。

財政部: 1968,《財政統計年報》,臺北: 財政部。

──────: 1975-1976,《財政統計年報》,臺北: 財政部。

──────: 1987,《財政統計年報》,臺北: 財政部。

──────: 1990,《財政統計年報》,臺北: 財政部。

韋 端: 1990,<我國公營事業之貢獻與未來展望>,《財稅研究》,二十二卷三期,頁63-73。

陳 沖: 1990,<公營銀行民營化之省思>,《財稅研究》,二十二卷三期,頁106-110。

陳武正、鄧振源和周永暉: 1990,<臺鐵民營化問題之探討>,《臺鐵資料季刊》,264期,頁1-21。

陳師孟、林忠正、朱敬一、張清溪、施俊吉和劉錦添合著: 1991,《解構黨國資本主義──論臺灣官營事業之民營化》,臺北: 澄社報告1。

經濟部國營會: 1988a,《國營事業委員會簡介》,臺北: 經濟部國營事業委員會。

──────: 1988b,《經濟部國營事業委員會暨各事業年報》,臺北: 經濟

部國營事業委員會。

楊子江: 1989, ＜民營化整體規畫程度及國內外個案探討＞，中華民國管理科學學會主辦，公營事業民營化研討會，1989年10月。

劉進慶: 1975, 《戰後臺灣經濟分析》，日本: 東京大學。

劉鳳文和左洪疇: 1984, 《公營事業的發展》，臺北: 聯經。

顏吉利: 1989, ＜國營生產事業，巨型民營企業與資源使用效率＞，見蕭新煌等合著，《壟斷與剝削》，頁119-138，臺北: 臺灣研究基金會。

英文:

Amsden, Alice H.
1979 "Taiwan's Economic History: A Case of Etatisme and a Challenge to Dependency Theory." *Modern China* 5 (July): 341-379.

Block, Fred
1977 "The Ruling Class Does Not Rule: Notes on the Marxist Theory of the State." *Socialist Revolution* (May/June): 6-28. Also in F. Block, *Revising State Theory*. Philadelphia: Temple University Press.

Canak, William L.
1984 "The Peripheral State Debate: State Capitalist and Bureaucratic-Authoritarian Regimes in Latin America." *Latin American Research Review* XIX (1):3-26.

Cardoso, Fernando H.
1972 "Dependency and Development in Latin America." *New Left Review* 74(July): 83-95.

CEPD, Council for Economic Planning and Development
1989 *Taiwan Statistical Date Book*. Taipei: CEPD, Executive Yuan, R.O.C.

CHEB, The China Handbook Editorial Board
1951 *China Handbook*, 1951. Taipei: China Publishing Co.

Dahl, Robert A.
1961 *Who Governs? Democracy and Power in an American*

City. New Haven and London: Yale University Press.

Deyo, Frederic C. (ed.)

1987 *The Political Economy of the New Asian Industrialism.* Ithaca: Cornell University Press.

Domhoff, William G.

1967 *Who Rules America?* Englewood Cliffs, N.J.: Prentice-Hall.

1968 *Who Really Rules?* Santa Monica, California: Goodyear Publication.

Gold, Thomas B.

1986 *State and Society in the Taiwan Miracle.* N.Y.: M.E. Sharpe.

Hsiao, Hsin-Huang, Michael, Wei-Yuan Cheng and Hou-Sheng Chan (eds.)

1989 *Taiwan: A Newly Industrialized State.* Taipei: Dept. of Sociology, National Taiwan University.

Kuo, Shirley W. Y.

1983 *The Taiwan Economy in Transition.* Colorado: Westview Press.

Lee, Bih-Hearn

1991 *State and Socio-Economic Development in Taiwan, 1950-1989: The Transition from Early Industrialization to Postindustrialism.* Ph.D. dissertation, Temple University.

Lee, Teng-Hui

1971 *Intersectroral Capital Flows in the Economic Development of Taiwan, 1895-1960.* Ithaca: Cornell University Press.

Miliband, Ralph

1969 *The State in Capitalist Society.* N.Y.: Basic Books.

Mills, C. Wright

1956 *The Power Elite.* N.Y.: Oxford University Press.

O'Connor, James

1973 *The Fiscal Crisis of the State.* New York: St. Martin's Press.

Pang, Chien-Kuo

1988 *The State and Economic Transformation: The Taiwan Case.* Ph.D. dissertation, Brown University.

Petras, James

1976 "State Capitalism and the Third World", *Journal of Contemporary Asia* 6(4): 432-2443.

Skocpol, Theda

1979 *States and Social Revolutions: Comparative Analysis of France, Russia and China.* Cambridge: Cambridge University Press.

Sorj, Bernardo

1983 "Public Enterprises and the Question of the State Bourgeoisie, 1968-76". In David Booth and Bernardo Sorj, eds., 1983, *Military Reformism and Social Classes: The Peruvian Experience, 1968-80.* N.Y.: St. Martin's Press.

Tanzer, Andrew

1982 "Charge of the Bright Brigade." *Far Eastern Economic Review* (April 30): 49-51.

Weinstein, James

1968 *The Corporate Ideal and the Liberal State.* Boston: Beacon Press.

Wu, Rong-I

1971 *The Strategy of Economic Development: A Case Study of Taiwan.* Louvain: University of Louvain.

第三章

臺灣新政商關係的形成與政治轉型

王振寰

> 四十多年來，臺灣商人從來沒有這麼風光過，過去他們和政客
> 打交道必須偷偷摸摸進行，……但現在他們卻可以在光天化日
> 下公然擁抱……。商人和政客變成一對親密的伴侶，這已是
> 一項公開的事實。過去商人很難進入政治的殿堂以及政客的密
> 室，但現在他們卻堂而皇之地登堂入室，一個新的政商關係也
> 於焉形成。
>
> ──新新聞

臺灣在1987年政治解嚴之後，興起了很多新的現象。其中之一就是政商關係的改變。在戒嚴的威權統治時期，國民黨政府與資本家之間的關係是高高在上的，它扶植資本家，強化臺灣資本主義的發展。但是國民黨政府官員與資本家之間總會保持某些距離而未全然公開，免得被批評為官商勾結。然而這個現象在 1990 年之後有了極大的轉變。李登輝總統和郝柏村院長除了公開宣布「政府的角色就是為資本家賺錢」的政策性宣示之外，更是經常性的與企業界會餐和打高爾夫球。而某些大資本家更是經常的出入重要政府部門而無所忌諱。這些

現象在政治解嚴前是無法想像的。要如何理解這個現象？為甚麼資本家的角色會有這樣的改變？又到底是甚麼樣的結構性原因造成這樣的轉變？

然而假如我們再仔細觀察，在解嚴前，甚至在解嚴初期，資本家在政治舞臺上的這種如此明顯而活躍的角色之現象並未出現。它的出現主要是在1990年之後。而這個時期的特色是，國民黨政府的郝柏村內閣，一方面強烈的壓制社會運動，另方面積極為資本家創造投資環境，並不斷的利用各類的全國性經濟會議的召開，將主要政府官員與資本家齊聚一堂進行意見整合，以改善投資環境。在此同時國民黨亦開始進行經費達八兆新臺幣的六年國家建設計畫，企圖透過公共投資強化臺灣的基礎結構；以及進行國會全面改選的政治改革計畫，希望能以其預期的方式進行政治的轉型。到底國民黨政府的這個「國家計畫」(state project) 與新興的和轉型中的政商關係這兩個現象之間是否有關聯？

本文的目的在討論臺灣政商關係的改變與政治轉型之間的關係。本文的主要問題是：是甚麼原因造成臺灣政商關係的轉型，而這個轉型又意味著甚麼樣的社會政治轉變？到底臺灣的資產階級在這個轉型裡扮演著什麼樣的角色。 臺灣的資產階級未來可能扮演 Gramsci (1971) 所描述的「具有意識型態霸權」的角色嗎？即，它可能在意識型態宰制國家機器和整個社會之上，且國家機器的運作原則是基於共識 (consent) 而非壓迫 (coersion)，而被宰制階級不認為社會有剝削且為這樣的政治社會型態辯護？

一、政治轉型與權力鬥爭

1980 年代以來第三世界的政治轉型，基本上可以看成是威權政體的瓦解，是從威權體制過渡到其他體制 (something else) 的過程。O'Donnell & Schmitter (1986) 指出了威權政治轉型的兩個不同的過程 —— 自由化與民主化。自由化的主要面向是權利 (rights)，它是指有效的賦與或重新界定個人或群體的基本權利，以免於受到執政當局或第三者任意或非法的迫害行動之過程而言 (1986: 7)。例如人身基本自由，免於恐懼的自由等。而民主化的基本面向是公民權，是指公民權能有程序和有規則的建立的過程；這包括政治制度運作原則的改變、擴張公民權到不同群體，以及擴大公民參與的面向和議題等 (1986: 8)。簡單的說，正如 Przeworski 說的，自由化是指政治體制的鬆動，但是原來政治體制的運作和結構並沒有質上的轉變。而民主化則是指建立一個制度化衝突和妥協的規則和模式，而競爭的各方也能心甘情願的接受在這制度內競爭的結果之過程而言 (1991: 66)。

自由化和民主化這兩個過程並不相同，其發展也未必一致。一般而言，自由化先於民主化，即威權政體必須先瓦解，然後才會有新遊戲規則的建立。但是自由化發生之後，未必一定跟隨著民主化的到來。有些威權政體可能開放較大的自由權利給人民，但是卻未必在政治制度上作改變，或給予不同政黨相同的競爭空間。相反的，有些威權政體逐漸而緩慢的擴張公民權，但為了有效的掩蓋一些爭論性問題，因此仍然嚴格的限制人民的基本自由 (O'Donnell & Schmitter 1986: 9)。但不論如何，每個社會政治的轉型由於其特定的歷史條

件，展現出不同的步調和模式。而在這些政治轉型的過程中，舊有的
聯盟可能瓦解而出現新的聯盟和統治形式。而有些社會可能在轉型的
過程裡又重新回到威權統治的類型。威權統治的轉型，民主化不是唯
一的形式而祇是眾多可能性之一而已。

　　以下本文將指出，臺灣的政治轉型主要是在自由化的面向上，即
國民黨威權政體逐步的瓦解，但是在民主化的層面上，即建立公平的
政治競爭規則，仍未穩固。而在威權政體自由化的問題上，本文認
爲它是一個權力鬥爭的過程以及結果。而在這裡包含了三個主要的因
素。一是國家機器的角色；另一是資產階級的角色；以及最後是下層
大眾（mass）的動員能力。而本文主要的命題是：那些在體制內的
既得利益階級或群體不可避免的會拒絕改革，因此民主改革的動力來
自社會內較被剝削和較不利的大眾群體。而自由化正是不同階級或群
體之間權力鬥爭或聯盟的產物。因此政商關係的類型，不可避免正是
鬥爭中的階級，或群體在歷史發展過程中的結果。

(一)國家機器的角色

　　國家機器❶是一個行使政治統治權力的機構。因此它包含了權力
的使用和權力運作的制度。而權力的使用和制度，在任何國家機器都
不是鐵板一塊，它包含了不同的權力集團（power bloc）以及不同
的組織和制度。不同的權力集團希望透過國家機器擴張其利益，而國

---

❶ 國家機器在這裡的用法較接近韋伯（M. Weber）的定義，即在一定領域
　內，具有壟斷合法暴力的一套行政、立法、警察、司法，和軍事的組織和制
　度。新馬克思主義對國家機器的看法，較傾向將它視爲資本主義的反映，而
　缺乏對國家機器作制度性的分析。但這個看法在晚期的 Poulantzas 有很
　大的修正。

家機器內的不同組織和制度同樣也企圖擴張其權限。

因此，國家機器的運作與轉型牽涉到不同權力集團之間，以及它們與大眾（masses）之間的聯盟與鬥爭關係。各種權力集團，包括階級與非階級性，企圖透過聯盟掌握國家機器的權力來擴張其利益。而大眾則透過制度之外和之內的方式，挑戰國家機器內的權力集團。國家機器本身的各種制度和組織因此成為鬥爭的場域。而政治轉型也因此是各種權力集團和大眾透過鬥爭而改變國家政治體制的過程。這正如晚期 Poulantzas 指出的，「國家機器並不是一個一致的集團，而是一個策略的戰場」(1978:138)。

但國家機器亦必須放在歷史特定的條件下來看，因為國家機器的形成和運作包含了歷史的痕跡。任何國家機器都是在其特定歷史條件下，承繼著先前的制度，再隨著階級鬥爭、地緣政治以及經濟發展的情況而變化。國家機器內部未必那麼的一致，它可能內在地在制度上互相矛盾。正因為國家機器是在歷史變遷中所形塑的組織與制度的集合體，因此其組織制度之間可能互相衝突，行政效率可能高低不一 (Skocpol, 1979，1985)。而在現代民主政治體制裡，由於組織結構的複雜程度愈來愈高，加上代議制度的形成，因此國家機器內部的一致性相對減低，而行政部門的潛在自主性則相對增加 (Domhoff 1990:9)。

不過國家機器在資本主義社會裡，與資本家之間具有內在的結構性關係。Offe & Ronge (1975) 指出，資本主義國家機器需要稅收來支付國家機器的費用，以及需要經濟的景氣使得人民能夠就業來維持其正當性。但經濟的景氣需要優良的投資環境和社會政治秩序，因此假如沒有穩定的社會政治秩序，則資本家不投資，則統治精英將面臨統治的危機。換言之，正如 Block (1977) 認為的，資本家可以用

投資罷工 (investment strike) 來威脅國家官僚或作要求。資本家考慮的是利潤，而利潤需要優良的投資環境和穩定的社會秩序，至於政權的形式民主與否並不重要。相對的，國家官僚考慮的則是統治有效性和穩定性，而這需要資本的支持，因此國家官僚需要創造條件使得資本家能投資。雖然國家官僚與資本家之間有分工，但二者的利益卻是一致的 —— 維持穩定的社會生產秩序。

因此，資產階級與國家機器之間有結構性的優勢地位。它一方面是權力集團的一份子，另方面也可以投資罷工的方式壓迫國家機器。而相對的，社會大眾並不容易影響國家機器的運作，除非透過社會政治運動。然而正因為國家機器內部權力集團利益的不同，以及國家機器內部各種制度之間的不一致，因此反對運動和社會運動在資本主義社會的政治運作內，仍然有機會，但不是結構性的機會，來影響國家機器權力運作的方式。

(二)資產階級的角色❷

在古典馬克思主義的論述裡認為，現代民主政治與資本主義的發展之間有密切的關係。古典馬克思主義認為，是由於「征戰的資產階級」(conquering bourgeoisie) 改造封建制度所形成的。古典馬克思主義認為，由於資產階級的利益與封建地主的利益對立，而封建的政治制度不利市場經濟的運作，因此當代民主政治的發展，是由於資產階級透過鬥爭所建立的一種有利於資本主義的政治形式。因此，民主政治「是資本主義最佳的外殼」，它透過一人一票的制度來掩蓋資本主義剝削的本質 (Lenin 1971)。

---

❷ 資產階級在這裡主要指涉大財團。資產階級在西方的興起是城市的中產階級和商人。而在今天主要則指涉擁有大公司和財團相當多股權或資本的家族。

　　然而這種對資產階級在民主化裡的角色的看法受到嚴重的挑戰。Moore (1966) 在60年代的比較歷史地著作中已經很清楚的說明，不同社會由於不同的歷史條件，使得資產階級在各社會中扮演著不同的角色。一般而言，社會有三種方式進入現代世界，一種是資產階級推翻了封建地主，而建立了與其利益相符合的形式民主政治；另一種是資產階級與國家官僚聯盟，透過由上而下的法西斯政權進入現代社會。最後則是下層的農民與工人，結合共產黨透過由下而上的社會革命，建立共產政權以進入現代世界。因此，Moore 認為，資本主義與其他政權形式是完全相容的，資產階級未必會為民主政治而奮鬥。

　　Therborn (1977) 在一篇歷史比較研究中亦指出的，在西方民主政治發展的過程中，資產階級一開始是反對任何形式的民主政治的。資產階級曾經與封建地主爭取政治權利，然而在建立了與地主共治的寡頭統治後，他們很少再進一步希望將既有的權利擴張給下層人民。現代西方民主政治的發展，下層人民享有參政權是透過勞工運動爭取而來的（亦參見 Rueschemeyer et al 1992:46; Marshall 1966:65-122）。而一些學者對第三世界的政治社會發展的研究裡也發現，由於大部分第三世界的資產階級並不強大，因此對政治運作的影響力並不大。它們一方面是靠國家機器來扶植，另方面也與國家機器聯盟共同擴張其利益。而在這種情況下，私人資本並未有動機要求民主政治，它們所希望的是國家機器能夠壓制社會政治運動，維持生產秩序，以強化其資本的積累 (Dupul & Thuchil 1979; Evans 1977, 1982; Perez Saint 1980)。

　　雖然資產階級不會主動將權利下放給下層人民大眾，但是資產階級之間的分裂與鬥爭卻提供了人民大眾在政治社會動員上的機會。換言之，資產階級並不是鐵板一塊的階級，它分成不同的部門 (segments)，例如工業，商業，金融，與土地資本。而它們的利益亦可能在國際或國內，因此它們之間可能因爲利益的不同而互相鬥爭 (Zeitlin, 1976, 1984)。而有些較開明的資產階級❸，亦可能在人民動員之後認爲，假如不開放政治權利給下層人民，將導致社會的不穩定，而堅持社會政治改革。這使得他們與其他部門的資產階級有所衝突。一旦這個衝突發生，將使得下層大眾的動員在國家機器與資產階級內有聯盟的對象，而較可能導致改革。換言之，正如 Therborn 指出的，統治階級之間的分裂亦是民主政治的發展的重要因素。然而即使開明的資產階級可能在政治轉型中扮演重要角色，但是除非有下層大眾的動員，否則資產階級不會主動提出政治改革的要求。政治改革的推動力來自下層大眾。

(三)下層大眾的組織動員能力

不論是 Therborn 或 Przeworski 在討論政治轉型時都認爲，威權政治的改變必須有大眾的動員，而這個動員才能使得原來封閉的政治體制逐漸開放。不過即使下層階級的動員能力使得國家機器反應了其需求，但是這個政治轉型未必由下層階級主導。Therborn (1977) 在研究了世界上多數的民主國家之後指出，勞工運動雖然是民主政治實現的必要條件，但是勞工運動對民主政治的影響從來就不是主導性的。他指出了幾個歷史事實。第一，工人階級從來沒有在鬥爭中，直接的就得到公民權的果實。這些果實都是在戰鬥之後才得到

---

❸ 開明的資產階級在不同的作者中有不同的名詞。Domhoff 曾經稱之爲「企業界的自由派」(business liberals, corporate liberals)，而 C. W. Mills 稱之爲「細緻的保守派」(sophisticated conservatives)（參見 Domhoff 1990:32-40）。

的。即，統治階級一開始是拒絕改變，經過了一段期間之後才開始改革。第二，勞工階級也很少能夠靠自己的力量而達到改革的目的。勞工階級要達到目的，必須有其他的力量，例如戰爭、統治階級的分裂，或與其他階級的聯盟，才可能達到。第三，雖然勞工階級不斷的在抗爭，與其他階級聯盟要求民主，但是改革的發生，其主動權卻是在統治階級手裡，即「時間和形式的重要問題 —— 甚麼時候及以何方式」從來不是由鬥爭的階級提出 (Therborn 1977:34)。

換言之，威權體制的自由化，大眾的動員是必要的條件。正如 Przeworski 指出的，它使得威權體制內的開明派得以利用這個機會而改變威權政體內的權力關係，而瓦解鎮壓機器 (1991:57)。因此威權體制的自由化，下層大眾扮演著必要條件的角色。不過，想要使得政治民主化，則需要不同的面向，包括建立新的憲法和遊戲規則等。而這並非本文的重點，因此不在此詳細討論❹。

依照以上的說法，資產階級與民主政治的出現沒有直接的關係，則這又如何解釋既有的民主政治體制都出現在資本主義社會，以及沒有任何的民主政治體制出現在前或非資本主義社會的事實？在這點上，Therborn (1977) 和 Rueschemeyer, et al. (1990) 提出了一個令人信服的說法，即資本主義為下層人民提供了動員的資源，包括從封建關係中解放而形成自由結社，現代工廠制度使得工人得以集結，而使得他們較有能力與統治階級抗爭等。換言之，並不是資產階

❹ 民主政治的特色是沒有一個政黨或個人能夠控制政治過程的結果，而競爭的各方又能夠服膺競爭的結果。因此，這裡牽涉到的不只是威權體制的瓦解，還更進一步關係到如何建立一套各方都能接受的憲政體制，而將衝突制度化。而在這個面向上，如何建立各方都接受的制度是一個牽涉到利益鬥爭，是否心甘情願的接受競爭制度的困難問題。

級自動的將權利下放給下層人民，而是在資本主義發展的過程中，下層人民得到了更多的動員能力和空間，而與其他階級聯盟，並與統治階級鬥爭❺。

因此，正如馬克思說的，資本主義是一個解放的力量。它使得下層人民具有較大的可能性與統治階級鬥爭。然而，歷史發展也指出除非下層大眾具有強大的動員能力，否則不易推動民主政治體制的發展。通常具有較大資源的資產階級只關心物質利益的擴張而未必關心民主化的發展。因此在這個情況下，威權政治的轉型必須看成是不同群體和階級權力鬥爭和衝突的結果。而在這個轉型的過程裡，既有的聯盟關係可能重組和改變。

以上本文指出了國家機器、資產階級，和下層民眾的動員三個因素對政治轉型在自由化面向上的影響。即，雖然國家機器和資產階級都可能在特定的歷史時刻有利朝向民主政治轉型，但是在結構上除非有下層民眾的動員，否則這個轉型是不會自動形成的。而透過以上歷史結構的研究取向，以下本文將指出，臺灣政商關係的改變與政治轉型是一致的過程。國民黨政府的政治轉型雖然是由於1980年代的反對運動和社會運動促成的（王振寰 1989），但是轉型的主導權仍在國民黨的控制下。而1987到1990年間反對運動和社會運動的風潮，使得資本家不滿政治轉型造成的社會政治秩序失調，而要求國民黨政府政治

---

❺ 關於這點自由主義者 Lipset (1965: 27-64) 亦曾指出，資本主義的發展使得階級結構發生改變，從原來金字塔型的轉變為橢圓型。而社會財富的增加亦使得自由結社現象大量成長，這個現象亦有利反對力量的滋長。雖然 Lipset 主要的論點是，資本主義的發展有利中產階級的興起，而緩和下層階級的激進主義，使得經濟成長與民主之間呈現正相關。不過在資本主義提供較多資源給下層人民動員的資源的面向上，Lipset 的論點適足以支持本文的論點。

建立秩序。國民黨在面對資本家的投資罷工及反對運動與社會運動的雙重挑戰下，決定了與資本家聯盟，而產生了新的政商關係型態。在這個新的結盟裡，資本家得到更大的發言空間及與國家機器合作的機會。然而這只是政商之間交換關係的強化，與資產階級的「意識型態霸權」無關。

二、威權體制下的臺灣政商關係

1949年底國民黨政府在大陸內戰失敗，撤退來臺，開始其在臺灣的統治。而自1949年開始到1987年解除戒嚴為止，國民黨政府在臺灣的統治，基本上是一種威權統治的型態。卽，一黨獨大而不允許其他政黨成立，以國家安全的理由進行對基本人權的壓制，政府體制的設立與運作不受社會監督等。在這樣的威權體制下，國民黨政府仍然維繫著代表全中國的政治體制，和堅持部分國會的代表不必改選的中央級機構等。雖然很多知識份子（例如，1950年代自由中國雜誌和70年代的大學雜誌的作者）和臺灣地方性的反對人物曾經在不同的場合批評過這些現象，然而國民黨政府在臺灣的威權統治一直到1980年代才受到強烈的組織性對抗。

國民黨政府之所以具有如此的統治能力，一方面與美國在冷戰時期極力扶持國民黨政府（參考王振寰 1989：80-90)，另方面則與它積極的扶持私人資本發展經濟及與臺灣地方派系合作有密切的關係。一般而言，國民黨政府一方面積極與私人資本合作，強化他們的利益，另方面也由此與他們交換政治上的忠誠。但是這種交換關係在解嚴前並不是對等的，因為臺灣的資產階級並沒有足夠的資源強迫國家機器作任何的妥協。

　　自 1949 年來臺之後一直到政治解嚴的 1987 年爲止，國民黨政府
與私人資本之間呈現了三種不同類型的關係。第一，國家機器以其
政策及資源極力扶持私人資本。在資本主義的發展上，國民黨政府
一直具有主導的權力，因此它一方面引導發展的方向，另方面也扶
植私人資本進行資本積累。第二種類型的關係是侍從主義 (client-
alism)，由於國民黨政府來臺之後，對政治和經濟具有全面壟斷的地
位，因此有能力將經濟利益分配給對它忠誠的跟隨者。這包括了外省
資本和臺籍資本，以及地方派系的地方資本。第三種，國家機器與資
本的關係是國家統合主義 (state corporatism) 的政治機制，透過
主動設立工商業總會等的利益代理組織，而控制資產階級的政治代理
機構。

(一)國家機器對私人資本的扶植

　　現今討論臺灣，甚至東亞國家經濟發展的文獻，都認爲國家機
器在其社會的經濟發展中扮演著主導的角色 (Amsden 1979, 1985;
Gold 1981, 1986; Deyo 1987; 蕭全政 1989; 朱雲漢 1989; 王振寰
1988)。國民黨政府之所以能夠在經濟發展上扮演主導的角色有其歷
史背景。首先，國民黨政府具有強大的物質基礎，而遠遠的超越社會
階級的影響力。在日據時代，資本主要在日資手裡，臺灣人的資本並
未眞正形成。而且在日據時代末期，日本殖民政府將臺灣私人企業納
入日人資本手裡。國民黨政府來臺之後，將這些資產接收而形成了公
營資本。因此相對於當時的臺灣社會，國家機器具有強大的物質基
礎，社會中並沒有具有實力的社會階級足以影響其決策。

　　其次，與拉丁美洲國家不同，外資進入當地社會是在經濟生產部
門，但是開始進入臺灣的外資是以美援的方式，直接援助國民黨政

府，一方面強化其統治能力，另方面透過國民黨政府來分配經濟援助。因此，美援亦強化了國民黨政府對社會的自主性(Evans 1987)。

在這樣的情況之下，國民黨政府在1950年代開始進行進口取代工業化政策。在這個時期，由日人接收來的大批獨占生產事業轉變的公營事業，成為生產的主要部門。這包括了金融、石油、交通運輸、礦業、農林業、郵電、煙酒公賣局等重要產業。這些產業，加上少數跟隨國民黨政府來臺灣的公營企業，如中國石油、招商局等，成為當時經濟活動的主力。這樣的發展，正如陳師孟等人指出的，「使整個經濟體系充滿了國家資本主義的色彩，而且也建構了現在公營事業體系的骨幹」(1991:29)。

這個時期，國民黨政府除了發展公營事業外，也以政府的力量扶植私人資本的興起。這個時期主要扶植的資本主要是紡織、食品加工、水泥、塑膠工業等。而由於當時政府對經濟生產的管制巨細靡遺，從物價管制、原料進口配額，到外匯率管制等，因此國民黨政府可以利用這些管制作政治性的分配，而嘉惠那些對它忠誠的企業，或給予那些它想要聯合的對象（朱雲漢1989:46）。在這個時期崛起的有跟隨國民黨政府來臺的紡織資本，如上海幫與山東幫，以及臺灣籍的臺南幫、臺灣水泥的辜振甫，和臺塑王永慶等。這些進口取代時期崛起的企業，後來在臺灣經濟發展的過程裡，大部分都擴大成為集團企業，成為壟斷國內經濟市場的主要勢力（Gold 1988:188）。

1960年，國民黨政府公布十九點財經措施與獎勵投資條例，開始了出口導向工業化的階段。這個政策的直接結果就是將臺灣開放給國際市場，而將臺灣經濟與世界市場緊密的結合起來。相對於前個時期，國民黨政府對經濟的管制已較為放鬆，然而絕對不是自由放任，而是以各種財政、貨幣、貿易政策，創設加工出口區，改善交通設施

等來引導與促成經濟發展。正如蕭全政指出的，這個時期的政策「事
實上隱含政府與企業間緊密的結合……而強調以出口順差帶動經濟發
展並累積金銀（即外匯）的重商主義色調」(1989:74-75)。

　　由於出口導向工業化，臺灣興起了大量與世界市場有密切關係的
中小企業。這些中小企業在臺灣工業結構中占了相當重要的份量，形
成為臺灣創造大量外匯的基礎（周添城 1989）。當然這個時期也有一
些企業，利用原來日據時代與日人的關係，而成為後來大企業集團，
例如臺灣松下電子。一般而言，臺灣資本的發展到了1970年代初期，
已經出現了企業集團。 根據統計，前一百大企業的生產總值在 1970
年代和 80 年代大約都占全國的 GNP 的 30％左右（中華徵信所）。
而這些巨型的企業集團除了少數的例子外， 其產品幾乎都是以國內
市場為主， 而中小企業的產品則大部分是以國外市場為主（ 周添城
1989）。

　　雖然從1950年代的進口取代時期開始，到1960年代以後的出口導
向工業化，私人資本的比例愈來愈大，而公營企業所占的比例相對減
少，例如在1952年，私人資本在製造業的產值占該產業的43.8％，而
公營為56.2％；可是到了1960年則相反，私營為56.2％，而公營則變
成為43.8％。此後，公營企業的比例節節下降，到了1980年代則只有
19％左右。然而雖然公營企業的產值比例是在下降，但是它的重要性
卻未有絲毫的減少。在1982年的生產統計裡，所有 304 種重要工業產
品中，有36種產品係由獨占的公營事業所壟斷生產，而公營事業在其
他至少 7 種重要工業產品的價格上具有壟斷性的地位（林忠正 1989:
167）。 由於國民黨政府幾乎控制了所有工業的上游， 以及工商業上
游的金融業，因此這些龐大的事業對整個經濟有相當的管制能力。而
國民黨政府也以「節制私人資本」為理由，抑制私人進入這些上游的

壟斷性企業。由於這些企業的壟斷性和控制性的地位，使得國民黨政府可以透過這些壟斷性的產業，以及其龐大的黨營事業系統而有它自己的資源（陳師孟等 1991），並且透過這些壟斷事業來控制臺灣的工商業界。因此，正如 Gold 說的，這些壟斷性的企業「使得國民黨政府得以鞏固它在這個島上的權力」(1981:267)。

(二)侍從主義的政商關係

侍從主義是指一種特殊的關係，這種關係並不及於一般人身上，而只及於與國家機器有密切關係的人。 基本上， 它是特殊利益與政治支持之間的交換， 而與國家機器的分配和控制資源的角色有關 (Jessop 1990:163)。 因此， 這種關係並不是國家機器與一般資本 (capital in general) 而是與特定資本之間的關係。正如上述，由於國民黨政府幾乎全面控制來臺初期的所有資源，因此使得它得以利用這些資源做爲酬庸對其忠誠的部屬，或賦與本地精英這些壟斷的利益來交換其政治上忠誠的工具。

在進口取代工業化初期，國民黨政府以各種政策扶植跟隨它來臺的外省資本與對其忠誠的臺籍資本，特別是紡織工業。而爲了安置退休的高級官員和將領，以及退役榮民，創造了龐大的黨營事業體系。到了1970年代以後，國民黨資本更進入高度寡占的策略性工業，如石化工業中游、資訊、金融投資等事業。而這些投資，國民黨政府通常融合公營資本、黨營資本，以及與其關係密切的私人資本共同合作。在這種搭配下，這些事業既可免於公營事業的監督，又可以享受各種優惠，同時又有力的結合了本土的資產階級。

侍從主義的關係也表現在國民黨政府與地方派系之間，而使得地方派系在經濟發展的過程中，逐漸形成財團。由於國民黨爲了獲得臺

灣地方精英在選舉時的支持，而以地方性的經濟寡占來攏絡地方派系 (Wu 1987; 林佳龍 1989)。國民黨主要是以經濟特權來攏絡地方派系，即，政府特許地方派系擁有地區性的獨占事業，如信用合作社、農漁會的信用部門，及汽車客運業等。根據一項調查，臺灣省各縣市89個派系中，有81個派系至少參與地區性寡占事業一種以上（陳明通1989）。另外，地方派系在擁有政治勢力之後，例如民意代表之後，亦可以透過政治力量獲得省營行庫的特權貸款、省及地方政府公共部門的採購、公共工程的包攬等（朱雲漢 1989:151）。在經過了臺灣四十年的經濟發展，地方派系已經成為地方財團（參見陳明通 1989），各自擁有自己的企業王國，以政治的勢力輔助企業的發展，然後再以企業的財力為後盾，培養更大的政治勢力。

這樣的侍從主義的政商關係，有基本的模式。即，如朱雲漢說的，「將全國性的寡占經濟分配給黨營及榮民事業系統，區域性寡占經濟分配給地方派系，至於用來酬庸少數親貴或本省籍世家，則無一定的原則可循」(1989:149)。在這種侍從主義的關係下，國民黨與這些資本家之間一直擁有良好的，但卻是由上而下的政商關係。

(三)國家統合主義

統合主義是指一種利益代理的模式，由此國家機器透過功能性的利益代理組織與社會中的主要團體發生政治性的關係。國家統合主義的利益代理模式，通常出現在威權主義政體。國家機器主動的設立各種非競爭性的、少數的和壟斷性的利益代理組織，並賦與它們正式的利益代理權，而由此與之交換領袖的選擇權和政治的支持 (Schmitter 1974:93-94)。在臺灣，國民黨則主要透過工業總會、商業總會、及工商協進會與資本家之間發生統合性的政治關係。

　　就像對其他組織體系的控制方式一樣，國民黨對於工商總會的政治控制，也分成中央、省、地方，以及各大產業機構分層主管。在全國性的組織上，是由中央的社會工作會主管。在省及市的工商業總會，則由省黨部掌管。而在縣市的公會，則由地方黨部負責。另外，國民黨的特種黨部 —— 生產事業黨部，則掌管大的公營事業黨部及部分大的私人企業內的黨部。在這些人民團體內，絕大部分設有國民黨的黨團，而由黨籍的理事長擔任書記或常務理事。雖然我們不能確定到底國民黨的各黨團是否能有力的執行中央的政策，但是由全國工業商業總會理事長從 1950 年代以來都是國民黨黨員，且工業總會理事長，從林挺生、辜振甫，和許勝發相繼成為國民黨的中常委的事實來看，國民黨對於本地資本家的攏絡是非常明顯的。而當然這些重要的資本代理人，亦可以透過參與權力核心而強化本身的利益，或為資本一般說話。

　　除了全國性的工業商業總會外，中華民國工商協進會亦是一個將資本家與國家機器密切結合的團體。這個協會成立於1950年代，主要任務便是將本省籍企業和外省業者整合起來，共同支持國民黨政府。長久以來，工商協進會每月定期邀請大企業經營者的理監事，與政財經重要官員共進早餐，溝通看法和作法（徐瑞希 1991）。另方面，工商協進會亦扮演民間經濟外交的功能，特別是在國民黨政府在1970年退出聯合國，官方外交遇到困境的情況下，這種企業外交就顯得特別重要。外交部甚至以經費補助其外交業務的推動。

　　總之，從1950年代以來，國民黨政府由於擁有極大的政治和經濟資源，因此它可以利用這些資源作為強化其統治的政治工具。一方面，它擁有龐大的資本而扮演資本家的角色，另方面它也以其方式推展資本主義結合本地資本。在這樣的發展方式下，國民黨與資本家的

關係是「家父長式的」（張家銘 1991）。卽，國家機器像父親一般有無上的崇高地位，也以各種方式「保護」和希望其私人資本的子女有成就和擴大利益。然而在這樣的權威下，本地資本的地位就像子女一般，它可以透過與國家機器的聯結，或 Cardoso (1979:44) 所說的「官僚組織的環節」(bureaucratic rings)，來要求利益，然而它也與子女一樣，很難挑戰父親的權力權威。這個關係如 Evans 描述的，「資產階級可以透過與官員的關係而擴大其特殊利益，但是這並不表示全階級性的要求可以由此來明說 (articulate)，或迫使國家機器採行」(1982:217-218)。不過，這樣的權威結構在解嚴之後面臨轉型。

三、「迷惑的」政治轉型與社會運動

1987年 7 月國民黨政府宣布解除戒嚴令，使得臺灣政治結構開始自由化。而原來對社會嚴厲控制的威權結構也逐漸鬆動。這個鬆動包括承認反對黨的合法地位，逐漸恢復憲法賦與公民的基本人權，逐漸區分黨與國的不同，而使國民黨逐漸不再全面宰制國家機器的運作，以及代表中國的民意代表逐漸退出中央民意機關等。由於政治控制的鬆動，原來已經動員的社會運動和反對運動，在解嚴之後更大量的動員。正如以下所要討論的，國民黨政府從1987年到1990年這段期間，基本上可以稱之為「迷惑的國家」❻，它並沒有清楚的對待社會運動和反對運動的政策和方式。而普遍動員的社會運動使得資本家開始抱

---

❻ 中央研究院民族所吳乃德先生首先在報紙專欄中提到這個名詞，不敢掠美於前。

怨投資環境的惡化，並以投資罷工的方式威脅國民黨政府。

　　造成國民黨政府在1987年逐漸自由化的原因，基本上有三個：反對運動的動員、社會運動的大量興起，與國家機器本身的危機（王振寰 1989）。政治反對運動的興起開始於1970年代中期，而大量動員則是在1983年之後。雖然國民黨政府曾經在1979年的美麗島事件中，逮捕了當時反對運動的主要人物，但是反對運動在1980年代之後並沒有消逝，反而因此造成選舉上更大的勝利和吸引更多人士的加入。這對國民黨而言是一個壓力。另方面過去在臺灣從未出現的社會運動在1980年代逐漸動員，而其抗爭的對象經常是國家機器；最後，國民黨政府在80年代曾經在政策上致力於吸引資本家投資，在政治上致力於公權力的整頓，但是都無法成效。有些學者因此稱這現象為「公權力的危機」。這些現象正如 O'Donnell & Schmitter (1986) 指出的，是市民社會的甦醒 (resurgence of civil society)，以及國家機器統治的危機。

　　雖然以上這三個因素共同造成了國民黨政府在 1987 年的政治轉型，然而假如我們將之與1970年代國民黨進行的政治「本土化」改革作一比較，就可發現反對運動和社會運動的動員是造成國民黨進行政治自由化的主要因素（詳見王振寰 1989）。因為在1970年的改革，國民黨政府主要的危機來自國際政治而非社會動員，即美國不再支持國民黨政府在世界政治舞臺上代表中國，而使得國民黨政府必須透過政治的改革，強化社會對它的支持。因此國民黨的改革針對社會精英，而非社會大眾，其政治體制的改變因而祇是吸納更多的臺籍精英進入體制，而未大幅度的進行政治體制的改變。相對於此，國民黨在1980年代面對的危機是來自社會政治運動，因此其改革必須面對政治社會運動的要求，而這使得國民黨不再享有1970年代政治本土化時的完全

的主動權。

　　到底反對運動與社會運動的成員來自那裡？根據現有對反對運動和社會運動的成員的調查顯示，反對運動的支持者當中，占最大多數的是工人階級、都市小資產階級（即自營作業者），與知識份子（參見林佳龍1989；張茂桂 1989；王振寰 1991）。而這三者間有隱約的分工，即「知識份子為反對運動的領導者與提供策略者，都市小資產階級為其資源的貢獻者，至於工人階級則為主要的選民」（王振寰1989：96）。而在社會運動部分，現有的研究亦指出大部分80年代出現的運動為弱勢團體的運動（參考張茂桂 1989）。但是不論是反對運動的支持者或是社會運動的主要成員，所有的研究都指出，這些運動的基本成員是來自中下階級的臺灣人。換言之，從 70 年代以來的反對運動和社會運動基本上是具有「民族 — 群眾運動」（national-populist movement）的特色。換言之，國民黨在1980年代的自由化，臺灣人中下層的大眾之社會動員扮演著推動者的角色。而在這些動員裡面，我們並未發現有臺灣的大資本家對政治有過公開的意見。臺灣的大資本家在80年代初期舉辦的「經濟改革會議」中曾經要求過經濟政策和制度的改革，不過他們對經濟制度的不滿並沒有轉化為對政治改革的要求。在國家機器本身的危機，社會和反對運動動員壓迫改革的情況下，國民黨政府於1987年中開始進行政治體制的轉型。但正如前面所指出的，任何的轉型所牽涉到的乃是政治利益的鬥爭，而這個鬥爭使得政治轉型初期呈現了不穩定和「迷惑的」狀態。

（一）迷惑的國民黨政府

　　國民黨政府的改革，在蔣經國生前的1986年3月之十三中全會之後，已經出現了大致的改革綱要。1986年6月，國民黨正式提出六點

改革的建議，而這些建議成為其政治改革的綱領。這六點包括：一、
充實中央民意代表機關；　二、地方自治法治化；　三、制定國家安全
法；　四、民間團體組織許可制度；　五、強化社會治安；　六、黨務革新
等問題。這些綱領實際上包括了解除戒嚴、允許反對黨的成立、國會
全面改選等問題。而這些改革涉及原來整個政治體制和政治制度的重
新定位、改變國家機器與社會之間的關係等。然而，這些改革的步
調，國民黨是要在自己控制的方式和預定的時間表下進行。因此，它
企圖透過制定國安法、人團法、集會遊行法等，而使得政治的自由化
仍然能在對它最有利的情況下進行。

　　但是國民黨的設計並未能立即的如願以償。政治反對運動在當年
的 9 月28日搶先成立了民進黨，而使得國民黨不得不承認其存在。而
在1988年初，蔣經國總統逝世，從此國民黨失去可以統合所有派系力
量的強人來執行其計畫。因此，由此時開始一直到 1990 年的 5 月新
任總統李登輝任命郝柏村為行政院長為止，國民黨的重建計畫面臨了
各種不同的衝擊。一方面黨內各勢力企圖在這個過程中取得黨內主導
權。但更重要的是，整個國民黨政府也面臨前所未有的來自民間社會
的挑戰。

　　國民黨的迷惑來自黨內的對立力量 —— 改革派和拒絕改變的保守
派 —— 對政治運作主導權的鬥爭。由於國民黨對政治權力的長期壟斷
以及「大中國」的意識型態，加上長期的戒嚴體制，它乃能透過政治
的運作，而「合法化」(legalize) 了從不改選和代表全中國的國會，
以及由此衍生的很多中央或軍事機構，例如救國團和國家安全局等。
這些機構和人員在戒嚴時期享有的權力，在解嚴之後逐漸成為政治改
革所要改變的對象。例如，社會政治運動要求國會全面改選，軍隊必
須國家化，以及國民黨成為政黨之一而非黨國不分等。然而正因為這

些機構和工作人員的利益緊密的與戒嚴體制相關聯，因此這些人構成了反對改革的保守力量的基礎。不過由於他們仍然享有政治和軍事的力量，因此在政治轉型中，他們對政治的轉變仍然具有絕對的影響力。他們可以使得政治轉型倒轉。

而國民黨的改革派基本上認為老舊的戒嚴體制必須修正，但是改革卻必須在嚴格控制下，以及不違反國民黨本身太大利益下的方式進行。這些人大部分來自民間選舉或與臺灣社會關係密切的黨工，因此他們較能體察臺灣社會的變動。這些人在政治改革上，與政治反對運動有一些類似之處。只不過他們的利益與國民黨是一致的，因此他們不會同意政治反對運動的那種打擊國民黨的作法。這個力量在中央政府集結在李登輝總統的陣營，而在立法院則在集思會。由於李登輝和集思會成員大部分為臺灣人，其改革因此被抗拒改革的保守的大中國主義者視為「獨臺」的作法。

在蔣經國逝世之後的政治轉型過程裡，國民黨以李登輝為首的改革派一直具有主導的力量，然而這個力量也經常的與既有的保守勢力妥協，因此其改革十分的緩慢。例如，國民黨承認了既有國會體制的不合理，然而為了安撫保守勢力，除了以勸退和各種優惠的方式對待老代表之外，更保證以比例代表的方式保存代表中國的外省人勢力於新的國會中，因此國會改革一直到1991年底國會問題才得以解決。國民黨的改革派一方面必須與黨內保守派妥協，另方面亦必須面對來自社會和反對運動對民主改革的要求。然而，正因為其黨內的鬥爭，使得改革顯得十分的遲緩或不一致，而無法滿足反對運動和社會運動的要求。

(二)社會政治運動的動員

正如很多政治社會學家指出的，雖然舊政權中的改革派企圖透過攏絡一些它認為可以整合的勢力進入體制，以維持政治體制的穩定，然而當威權政體一開始開放，則新的社會運動和獨立的團體將如雨後春筍一般的相繼成立。而由於既有的政治社會制度對這些新團體的要求無法處理，因此其要求只能在街頭出現和解決，於是乃形成大眾抗爭 (mass struggle) 的局面 (O'Donnell and Schmitter 1986; Przeworski 1986;1991)。這正是臺灣解嚴之後的社會政治面貌。

從1970年代中期以來，政治反對運動就要求政治改革，開放不同政黨的成立，國會全面改選，以及歸還憲法賦與人民的基本權利等。雖然政治反對運動在1986年成立了民進黨，而正式的進入了既有的政治體制，然而國民黨緩慢和不一致的政治改革，並不能滿足反對運動和社會運動對民主政治的期望和需求。因此這些權利並未跟隨著政治的解嚴而立即得到。而由於解嚴之後，政治控制的瓦解，以及人民不再那麼害怕國家機器的權威，使得反對運動內的各種新的勢力，包括激進臺獨的勢力，也在反對運動內出現，並成為社會運動的主導勢力之一。這使得民進黨以及新興社會運動團體不斷的以街頭的抗爭形式，壓迫國民黨加速改革的步調。

另方面，社會運動也在解嚴之後成為「風潮」(張茂桂1990)。社會運動的出現，與長期以來國民黨政府只注重發展而以戒嚴體制壓制人民的要求，忽視人民的基本權益，有很大的關係。街頭遊行抗議事件在解嚴前就已經逐漸出現，不過在解嚴之後，由於政治壓制的消除，使得社會運動的街頭抗議成為臺灣政治轉型中的一個重要現象。據一項統計，從1983到1988年，街頭抗議活動的次數有逐年增加的趨

勢，從173、204、274、337、734，到1172次（吳介民1990:45）。 根
據蕭新煌（1989）的分類，這些社會運動大致可以分成四類：一是導
因於不滿政府無力處理新興的社會問題，如消費者運動；二是對政府
特定政策的抗議，例如反核、原住民運動等；三是有意對長期以來國
家（黨國體制）對社會控制的挑戰，例如學生運動、勞工運動等；以
及最後，有意對某些政治禁忌的突破的動員，例如臺灣人返鄉運動。
這些運動和動員有一個特色是： 它們抗議的對象主要是針對國家機
器，要求政策改變或要求平反其權益。在此情況下，社會運動與政治
反對運動在壓迫國民黨政治改革的作用上是相同的。

由於國民黨改革的緩慢和步調的不一致，使得民進黨能夠充分利
用國民黨的這個弱點和威權統治的先天弱點， 而能在解嚴之後的初
期，在選舉上得到逐漸增加的選票。例如，在1989年的縣市長及立法
委員選舉上，民進黨得到空前的勝利。它拿到了七個縣市長的席次，
以及二十一席的立法委員。其中還包括多位臺獨色彩明顯的「新國家
聯線」的候選人。民進黨在這次選舉的總得票率達到29.7%。相對的
國民黨只有58.3% 。 這個選舉結果給國民黨很大的壓力， 國民黨祕
書長宋楚瑜發表聲明指出「願意負起所有責任，執政黨決徹底檢討改
進」。而選舉後國民黨第一次中常會的12月 6 日，國民黨決定成立黨
務革新推動小組，李登輝並表示「選舉挫敗這一個由全體選民所做的
決定，不能委諸意外，也絕不是偶然」。

雖然國民黨在選舉上失利，而社會政治運動又大量的動員，然而
國民黨在整個政治運作上，仍然具有主導性。這可由國民黨雖然不斷
的受到社會的挑戰，但是它仍然可以控制過半數的選票，以及它仍然
主控國會的運作之事實可以看得出來。另方面，社會政治運動雖然大
量的動員，但是它們並沒有威脅到國民黨對政權的主導能力。而這同

樣可以由幾個事實得到印證: 民進黨作為最大的反對力量的集結, 仍然參與到政治體制之內, 透過選舉來與國民黨競爭, 而民進黨內曾經反對選舉的派系 —— 新潮流系 —— 也進入選舉體制之內。而社會運動中, 並沒有任何革命性的團體存在, 更不用說得到支持。在此情況下, 雖然社會政治運動是大量的動員, 但是相對於國民黨而言, 他們並不具有強大的威脅能力。

　　總之, 雖然國民黨在政治轉型的過程中, 並沒有失去對社會的統治權力, 然而整體而言, 國民黨在面對民間社會的民主要求時是缺乏整體的計畫和作法。國民黨的改革派雖然主導黨政的運作, 但是它一方面必須與保守勢力妥協, 另方面又必須面對社會政治運動, 這使得整個政治轉型初期顯得改革緩慢而且不確定。這種不確定, 一方面可能與國民黨改革派無法全面主導改革, 另方面亦可能是由於國民黨在自由化初期並沒有清楚的聯合對象有關, 因此它仍繼承著戒嚴時期「全民政黨」的意識型態, 而企圖吸引所有階級的支持。但是在戒嚴時期, 「全民」的沒有爭取權利, 看起來像完全服從國民黨的統治, 是一種「不得不服從的共識」, 或 O'Donnell (1979: 296) 所說的「隱而不顯的共識」(tacit consensus), 即去政治化, 冷漠, 或退入完全私人領域而不管任何公共事物的態度。而在解嚴之後這種「全民的共識」已經失去外在的壓力而全部瓦解。但是國民黨在解嚴初期並沒有這種認識, 結果是它想要成為全民皆支持的政黨和以它控制的國家機器來取悅所有人, 而結果是所有人皆不滿國民黨。

　　然而, 這種「迷惑的國家」在1990年新就任的李登輝總統提名軍事強人郝柏村擔任行政院長之後, 就逐漸的穩定下來, 國民黨自此也清楚的與資本家結盟。從此之後, 它對民進黨和社會運動的態度也由容忍而轉變為強硬。這樣的發展與國民黨的新計畫, 及資本家在其中

扮演的角色，有密切的關係。

(三)資本家的不滿

長期以來，臺灣的國家機器透過戒嚴體制，扮演著維持良好投資環境的角色。而 80 年代以來社會政治運動的動員，以及國民黨內部的轉型，使得它作為經濟秩序的守衛者的角色受到挑戰。特別是社會運動中的勞工運動與環保運動，直接的衝擊著資本家。資本家的反應是，一方面開始產業外移或中止投資，另方面則開始向國家機器抱怨。

在1989和1990年的許多調查報告顯示：多數企業家認為投資環境已經惡化，要轉投資到海外。大眾媒體亦不斷的警告，臺灣產業空洞化的現象已經出現。而事實上，多數的研究調查都指出，資本家對現有的投資環境十分不滿❼。在此同時，臺灣勞力密集產業開始大量外移，或者停止對內投資，經濟景氣在1988年下半年開始出現停滯的現象，國內的投資率亦大幅衰退。

雖然很多外移的產業是由於臺灣的工資上揚、土地價格和各種生產成本上升，而不得不外移到東南亞或中國大陸，然而社會政治運動

---

❼ 這類的調查報告很多。以下以「中國生產力中心」和《天下雜誌》的調查為例說明。「中國生產力中心」的調查報告指出：近72%的企業不滿意臺灣的投資環境；對當前整體投資環境最不滿意的前兩項，是社會治安 (30.7%)，與勞工問題 (29.7%)。資本家並歸咎國家機器 (《戰略生產力》雜誌，1990年4月)。而在《天下雜誌》的調查報告中也顯示：資本家普遍認為臺灣投資環境惡化 (90.8%)。同時大部分受調查者認為國民黨應該為這樣的發展負責 (49.5%)，其次是全民 (25.8%)，再其次才是民進黨 (8.9%)。而同樣的資本家認為當前最嚴重的問題不是經濟政策，而是社會治安這個非經濟因素 (《天下雜誌》，1990年3月)。

的確成為他們外移的藉口和理由。在1989年 1 月 4 日，臺塑董事長王
永慶帶領許勝發、高清愿、陳由豪和施振榮等臺灣著名的八大資本家
在《經濟日報》的一篇題為〈資本家之怒〉的文字中，將他們對臺灣
投資環境惡化的不滿集中在環保 、 勞工運動， 以及公權力的低落上
❽ 。他們並宣稱，在當年的立法委員選舉中「誰能為我們創造公平合
理的生存發展環境，我們就在今年的選舉中全力支持他們」。 同年 2
月，臺灣企業的龍頭臺塑公司的總經理王永在宣布暫停所有的國內投
資並凍結人事，來抗議勞工運動和環保運動。次年，臺塑董事長王永
慶同時亦宣布不再興建六輕，而將投資於大陸福建海滄。

　　臺塑的停止國內投資以及出走，在臺灣造成極大的震撼，然而他
的作法卻得到很多企業家的同情。在1990年 3 月《天下雜誌》的一個
調查中，近70％的企業家認為王永慶赴大陸投資是情有可原。在同一
時期，代表臺灣資本家的工商協進會理事長辜振甫亦對政局發表了看
法 。 在接受《財訊》雜誌的一個訪問中， 辜振甫對於政局的混亂的
看法是「工商界要停止呼吸了」， 大家都希望政局穩定（《財訊》，
1990,5）。

　　資本家的不滿加上不斷流出的資本，使得主導轉型的國民黨改革
派面臨抉擇。即正如 Przeworski 指出的， 自由化一旦開啓之後，
就不再如改革派所預期的那樣，能以自己控制的方式進行。大量的社

---

❽ 這些資本家在經濟日報作了一個座談，而這些文字是這個座談會的記錄。這
　 些記錄指出了代表臺灣大資本家對臺灣政治社會局勢的看法。例如，他們指
　 出：

　　　　目前臺灣已近乎到了無政府狀態， 不但人民的生命財產不能獲得保
　　　障，企業界的生存也受到威脅……而政府也失去了功能，任憑社會混
　　　亂下去，面對這種情形，業者憂心忡忡。

會動員使得改革派失去保守派的信任。而在此情況下，「自由化不是倒退，回到幽暗的勉強說是正常化的時期，或繼續到民主化」(Przeworski 1991:60)。換言之，國民黨改革派要在繼續開放而可能引起保守勢力的反撲及繼續讓資本家不滿，以滿足社會運動和反對黨的要求；或保持一個穩定的社會政治秩序，以維持臺灣經濟的發展而又不會太違反保守勢力的利益中作一個抉擇。國民黨的改革派選擇了與保守勢力妥協，以壓制社會政治運動，討好資產階級穩定社會經濟秩序為始，然後以自己的方式繼續進行政治的自由化。即 Przeworski 所說的自由化的「倒退」。這個作法使得國民黨政府的政治轉型呈現不斷與保守勢力妥協的風貌，並開啓了臺灣新威權政治的時期。

四、國民黨的新威權主義

1990年5月新任總統李登輝提名軍事強人郝柏村組織內閣，這個作法一方面化解了國民黨黨內派系的衝突，維持了改革派與保守勢力共治的局面，另方面也同時回應了資本家的要求，以強勢的行政作為恢復政治社會秩序。因此在這個提名之後，各方反應強烈，認為李登輝的作法將臺灣政治的轉型往回拉。特別在反對黨和社會運動界，長期以來已經對軍人的角色十分懷疑，如今以軍事強人為行政院長，顯然是民主化的倒退，於是「軍人干政」的抗議活動和聲音不斷出現。然而在這些抗議聲音裡，唯獨缺乏企業界的聲音。

郝柏村內閣上臺之後，被稱之為「治安內閣」，它一方面恢復國民黨的重建計畫，而以強硬的態度執行和主導政治轉型；另方面也以積極的作法聯合資產階級，為資本家創造優良的投資環境。在此時，國民黨已經不再是「迷惑的國家」或企圖成為「全民的政黨」，它積

極的與資產階級聯盟。郝柏村內閣的特色有：

第一，以強硬的手段對待社會運動，以重振公權力及創造新的社會秩序。因此國家機器對社會運動不再像以前那般容忍，這包括對溫和的無殼蝸牛運動。相同的，郝柏村於1990年的 9 月指示行政單位，以〈檢肅流氓條例〉加強對「社會運動流氓」的檢肅，以回應資本家對社會治安惡化的不滿。

第二，以政治性的宣示或非正式的方式，表示國民黨政府對吸引資本家投資的決心。郝柏村上臺之後，明白表示五輕、六輕及核四廠一定要建，一些受到環保運動組織所阻止的大型公共工程，例如彰濱工業區，也相繼開工。而李登輝總統和郝柏村更是經常性的與資本家會餐和打高爾夫球、交換意見，並作了「政府的責任是為資本家賺錢」的政治性宣示。

第三，科技官僚受到空前的重視，並由此將政治的問題以技術的方式解決，將政治問題去政治化和技術化。例如，郝柏村內閣指出，六輕與核四是否動工，要以科學研究的原則作為批准的基礎。一般人不懂科學，因此六輕和核四是專家的事情，要民眾相信專家。郝柏村內閣認為，反六輕和反核人士如此的反對其興建，是為反對而反對，是不理性的，是沒有科學基礎的。因此，政府的政策，「不能為了少數人的利益而犧牲了全民的利益」。

第四，郝柏村內閣宣布了「六年國家建設計畫」，企圖透過大約八兆新臺幣的預算，整頓臺灣經濟發展所需要的基礎建設，以及透過國家的力量，提昇臺灣資本主義發展的層次和動力。國民黨政府企圖透過這樣龐大的國家預算，一方面希望以大量公共投資的方式刺激經濟的復甦，另方面亦希望透過這樣的投資，吸引外國資本、本地資本，與國民黨政府共同的合作，強化聯盟的關係。

　　至此，一個以「軍事強人 —— 科技官僚 —— 資產階級」聯盟的新威權體制於焉形成❾，而其目標在深化經濟發展，強化既有的生產結構。郝柏村的執政得到資本家的喝采。李登輝和郝柏村在歷次的民意測驗中，都得到相當高的支持。這個聯盟形式看起來像 O'Donnell（1979）所描述的拉丁美洲 1960 年代以來興起的軍事威權政體。不過，國民黨的這個新聯盟與拉丁美洲最大的不同是，它並不是一個急速倒退的民主政體，反而是從威權政體往自由化的過渡。祇是這個過渡在經過了大眾的大量動員之後，形成了改革派與保守派的妥協，使得改革的步調緩慢下來，而以新保守聯盟的形式出現。它仍然進行改革，但改革的步調只是作某些非原則性的讓步（concession），而威權政體的形式並沒有大幅度的改變。

　　這個新的政治型態，國家機器的結構與以前威權政體時期至少有以下的不同：反對黨民進黨已經進入國家機器，不只在立法部門具有部分的影響力，而且在某些地方政府具有執政的地位；憲法賦與公民的基本人權愈來愈受到重視且在法律上予以保障等。因此在形式上，新的統治型態具有了現代民主政治的外殼。而在實質內容上，國民黨以其控制的國會，在政治自由化的過程中，制定有利於它自己的決策和法令，例如選舉區域的劃分，民意代表選舉為一票而非兩票制；對於意識型態具有絕對影響力的電視媒體全面壟斷；以及強化黨營事業的推展，甚至國民黨自己就擁有自己的銀行等。

　　另方面，雖然財團和地方派系在國民黨黨內的影響力逐漸的增

❾　徐正光先生曾經在報紙上提出相同的看法。只不過他認為郝柏村的上臺類似拉丁美洲軍事威權政體。而本文進一步指出這個類似性是表面的，因為拉丁美洲的軍事威權政體是民主政體無法持續所造成的，而臺灣的新威權主義則是自由化遇到瓶頸所形成的。

加，但是國民黨的列寧式政黨運作模式並沒有瓦解。重大的決策仍然是由黨中央的中常會決定，有民意基礎的國會代表對重大議題並沒有決定的權力。而在遇到黨內民意代表有利益爭議時，最後的仲裁權力也是在黨中央的決定下完成。

因此，形式上國家機器和國民黨都較為開放，但是在實質上國民黨和國家機器並沒有內容上的改變。這類的作法使得政黨政治徒具外殼而無實質內涵。正如政治學家 Winckler (1989) 所說的，國民黨政府的轉型祇是從「硬性的威權主義」過渡到「軟性的威權主義」，即國民黨政府仍然緩慢的在進行著政治的自由化和民主化，而且它對整個政治的運作仍然擁有相當程度的主導和自主權，但是臺灣的政治體制至今為止，並不是西方意義下的政黨公平競爭的民主政治。

五、新政商聯盟中的資產階級

雖然國民黨與資本家之間積極的聯盟，但是國民黨在這個聯盟的過程中一直是主動和主導的，臺灣的資本家的影響力仍然不足以左右國民黨。國民黨除了積極的扮演「資本家中的資本家」的資產階級之國家機器的角色外，這個聯盟其實具有更強烈的政治社會意涵。即，它一方面依靠資本家的投資使得人民能夠就業，以維持其統治的正當性，另方面依賴資產階級以使得它在逐漸開放的政治競爭上能立於不敗的地位。由此角度，國民黨與資產階級的關係不再是一個由上而下的父子關係，而是一個伙伴的關係。祇是這個伙伴關係是不平等的。國民黨具有主要的政治經濟資源，而資產階級只是配角。因此，資本家與國民黨的關係，祇是從以前類似「兒子」的地位變成今日的「小伙伴」(junior partner)。這種權力不均衡 (asymmetric) 的關係

表現在下列的幾個關係上。

第一，國家官僚在整個經濟政策的決定上，並沒有因為財團的興起和龐大，而失去主導能力。國家官僚比以前更願意聽企業的聲音，（例如以正式的全國經濟會議，或非正式的交誼，　例如餐會或打高爾夫球），但是政策的決定權，　大體上仍然在官方或國民黨的中央手裡。資產階級至今為止，並沒有能力在立法部門自己形成法案，所有的法案制定和通過，都還在國民黨的黨中央的控制下。這個現象也許與國民黨政府擁有龐大的上游工商業有關，因為這些公營企業掌握了整個工商業的命脈。同時這可能也與臺灣的大資本長期依賴國家機器的保護，以及依賴國家從事新科技的發展和開發新的產品，而缺乏自己的開發能力和投資有關。

第二，在侍從關係上，轉型之後的國民黨與個別資本家的關係也許有改變，但與整個資產階級的關係並未改變，反而更密切。正如陳師孟等人指出的，臺灣地區有很多假民營企業，是由政府機關和國民黨控制的黨營企業。而自1988年7月以來，國民黨極力的將黨營事業與民間財團結合。「這項作為的積極目的乃在收編民間鉅子的經濟力量，使原本的黨政大家族進一步擴充成『黨、政、資本家』的結合體」（陳師孟等1991：72）。而民間企業當然不會放棄這種機會。這個作法一方面使得國民黨與大財團的關係愈來愈密切，另方面也使得黨營事業不斷擴張，使得國民黨本身成為一個大的財團。

第三，國民黨與地方派系的關係也並未改變，反而更密切。這是因為自解嚴之後，原來的反對運動已經成為反對黨，可以在選舉中正式與國民黨競爭。而地方派系的社會網絡和經濟實力是國民黨必須依靠的社會基礎，因此要贏得選舉，就必須與地方派系合作。解嚴後的第一次立法委員和省議員選舉，國民黨所提名和核備的候選人名單

中，就有超過半數（54.2%）的候選人，及超過六成的當選人是地方
派系的人選（黃德福1990:92-93）。這顯示國民黨仍然與地方派系關
係密切。然而雖然國民黨依賴地方派系來贏得選舉，但是這並不表示
它受到地方派系的操控。因爲解嚴後的選舉，國民黨雖然開始辦理黨
內初選，但是初選的名單並不是最後的結果，黨內正式的提名名單仍
然由黨中央決定。

最後，國家統合主義的政商關係在解嚴之後也並沒有瓦解。雖然
在1990年全國商業總會的理事長選舉中，出現了不是黨中央社會工作
會提名的人選，但是最後仍然得到順利的解決，而由社會工作會提名
的人當選。進一步的，由於國內第二代企業家和青年企業家逐漸開始
嶄露頭角，因此國民黨乃成立了「革踐院青年工商負責人研討會」，
透過工業總會、商業總會、工商協進會等組織的推薦，前後共徵召
了七期大約四百餘人上陽明山的革命實踐研究院受訓（《新新聞》，
127期）。

因此，雖然表面上臺灣資本家的角色與政治轉型前相比有所改
變，而展現出新的政商關係型態，但是這個改變並沒有使得它與國家
機器之間有本質的不同。它仍然依賴國家機器，仍然受到國家機器的
約制，仍然是國家統合主義下的組織成員。國民黨在這些機制中並沒
有失去主導性，但是資本家不再是受控制的對象，而是合作和聯盟的
對象。在這個聯盟中，資本家是國民黨新威權主義聯盟中的小伙伴。
而由於從高高在上的家父長轉爲聯盟的伙伴，因此國家機器原來具有
的相對自主性逐漸消解，而愈來愈受社會的影響。

六、假定沒有反對黨和社會運動……

　　到底反對運動和社會運動對新政商關係的出現以及對政治轉型有甚麼樣的影響？它到底有多重要？是否缺乏了這個因素，則臺灣將不會有政治的自由化，或自由化將會往不同的方向前進？在某種意義下，這個歷史問題是永遠不可能回答的，因為歷史是確實已經發生過的事件。然而作為社會科學的研究，我們卻可以透過方法論的設計而凸顯重要的歷史因素。而這個作法就是建構「反事實」(counterfact) (參見 Zeitlin 1984:18-20)。即，正因為我們認為某些因素是造成一些歷史事件發生的原因，因此我們可以反過來問，假如某些先前的原因沒有發生的話，則歷史將可能有怎樣不同的發展？或如韋伯 (Weber) 說的，「為了深入真正的因果關聯，我們建構假的 (unreal) 關聯」(摘自Zeitlin 1984:19)。

　　事實上，在王振寰 (1989) 的論文中，已經透過了將國民黨在1970年代的本土化和1987年的政治自由化作了比較，而指出，在1970年代正因為缺乏反對運動和社會運動，因此其政治的轉型可以在國民黨的意志和計畫下，攏絡臺籍精英進入政治體系，而政治社會結構並沒有任何的轉變。而1987年的政治轉型，因為有反對運動和社會運動的動員，而使得政治轉型不再以國民黨的意志來控制。這個政治的自由化，包含了政治社會結構在某些程度上的轉變，包括國會結構的合理化，反對黨的成立，和社會政治基本人權的保障等。因此，我們可以透過這個比較而認為，1980年代中期，假如沒有反對運動和社會運動的動員，國民黨假如有任何的轉型的話，也可能如1970年代一樣，依照它的意志來改變，仍然吸收臺籍的政治社會精英進入體制，但是

政治社會結構不會有很大的改變。

　　這個方式正類似新加坡模式，由政府部門主導所有的一切，而沒有民間部門的任何壓力。換言之，在1980年代中期，假如沒有社會和反對運動的動員，則國民黨因為國會的老化和國際承認的問題，仍然可能作某種政治的轉型，但是在缺乏社會的壓力下，它的轉型將會如新加坡模式，仍然一黨獨大，培植資本家，但是壓制社會不同的聲音。這個現象是可能的，因為從李登輝、郝柏村到主要的政府官員，都十分推崇新加坡模式，可以看到一些跡象❿。然而正因為反對黨和社會運動才使得國民黨所推崇的新加坡模式不可能在臺灣出現。

　　假如反對運動和社會運動是使得國民黨政府自由化和民主化的主要原因，則又如何解釋國民黨的新威權體制的形成，因為它的出現是在1987到1990年的社會動員之後？正如前面討論威權政治轉型裡所提到的，政治轉型有很多的可能結果，民主化祇是其中之一。不同階級和群體的聯盟和鬥爭，使得威權政治轉型出現新的組合結果。臺灣在解嚴後的社會動員使得社會政治結構有了自由化，但是它並不足以讓國民黨的統治瓦解。國民黨在這個過程中，重新找到聯盟的對象，而以新的面貌出現。在這過程裡，反對黨和社會運動並沒有足夠的能力以其意志強加在國民黨身上。這正符合 Therborn 的觀察，改革的主動權「時間和形式的重要問題——什麼時候及以何方式」，從來不是由鬥爭的階級提出。

　　然而即使如此，我們透過與1970年代國民黨改革的比較，仍然可以認為，在缺乏了反對運動和社會運動的因素之後，國民黨假如有政治轉型，則它的方向將不是如今天的自由化，即使它非常的緩慢，而

---

❿ 李登輝和郝柏村曾經先後訪問新加坡，郝柏村在1990年12月訪問回臺灣之後，並發表了「新加坡能我們為甚麼不能」的言論。

是國民黨所喜愛的新加坡模式。而在這個模式下，資本家則將可能仍是個國家機器的「兒子」，還沒有資格成爲「小伙伴」。

七、結論

以上本文指出了國家機器、資產階級，以及下層人民的動員三個因素來解釋臺灣的政治自由化。而本文指出，臺灣的政治轉型，與大眾的動員和對威權體制的抗拒有密切的關係，然而在這個轉型裡國民黨並沒有失去主導的力量。雖然國民黨在自由化的過程裡，由於派系內鬥以及由於社會運動的大量興起，而引起資本家的信心危機和發生了投資罷工，但是國民黨在1990年5月之後，又重新組合起來，形成了新威權政治體制，並與臺灣的資產階級產生新的聯盟。

這個新的聯盟一方面壓制社會運動，另方面與資本家緊密結合；一方面制度上壓制反對黨，另方面透過與地方派系財團合作企圖贏得選舉；一方面經濟自由化，另方面將公營事業黨營化並與大資本家合作，取得政權的經濟和社會基礎。在這個新的聯盟中，資本家的角色逐漸在政治上愈來愈重要，而成爲國民黨的政治伙伴。祇是臺灣的資本家關心的主要問題是投資環境和穩定的社會政治秩序，民主與否並不是重要問題。

新威權統治和新的政商關係是一體的兩面。它們是臺灣在1980年代政治自由化之後權力鬥爭的結果。而這個結果也意味著臺灣政治自由化的「正常化」，而未必是政治的「民主化」。因爲雖然形式上國家機器愈來愈具有民主政治的外表，但是實質上卻在制度上逐漸建立不利於社會運動和反對黨的規則。卽，資產階級的聲音愈來愈能夠進入國家機器，但是其他階級則逐漸被排斥；國民黨對國家機器的掌握，

使得逐漸建立的制度愈來愈不利反對黨。國民黨的黨營事業如此龐大，使得政黨政治無法真正實現；它與大資本家的無顧忌的往來，使得非內圈人士無法以公平的方式取得公共的資源，而有利於非正式的侍從關係；更重要的，這個與大資本家關係的強化，使得後者有了政治後盾，而更能操作市場和民意政治，使得民主政治成為金權政治，以及使得國民所得差距加大。但不論如何，臺灣政治轉型的產物看起來是國民黨的重建，而其聯盟的對象為資產階級。反對運動及社會運動似乎都太虛弱而無法有力的挑戰這樣的聯盟。

1992年國民黨完成了以其意志修改完成的憲法，並成功的改造了原來的國會結構，而使得臺灣的國會議員基本上來自臺灣社會，在這個條件下，國民黨在臺灣建立了以「人民主權」為基礎的政府結構。然而也隨著中共政權的經濟開放，國民黨同時也採取了較為彈性的大陸政策，這使得從不來往的臺海兩岸開始了交流。在這過程中，不少的臺灣商人到大陸投資，而使得臺海兩岸的經濟逐漸整合。這些新的發展對既有的國民黨新威權結構將會產生什麼影響？臺灣的政商關係將會有什麼新的變遷？在既有條件不變的情況下，臺灣可能有下列三種不同而互斥的發展方向。

第一個可能性是國民黨形成類似日本的自民黨模式，財團的影響力愈來愈大而改變了整個政黨的運作方式。由於人民主權在臺灣的建立，因此未來國會和民意代表的選舉，地方派系和財團的勢力將更舉足輕重。而國民黨為了選舉的勝利，將更依賴財團和地方派系的勢力。這將使得財團和地方派系的勢力直接進入黨中央，而使得國民黨不再是由黨工控制國會，而是由民意代表控制黨的運作。換言之，這可能使得國民黨由現今的「外造政黨」變成「內造政黨」。在此情況下，國民黨將形成類似日本的自民黨，一黨獨大，而由黨內派系瓜分

全國的政治資源。

第二個可能性是國民黨仍然依照現有的模式運作，仍然是由黨工控制的黨中央控制國會和政府機構，而它與資本家之間的關係則仍是一個大小伙伴之間的關係。這個可能性是由於國民黨在政治轉型過程裡，積極的與大財團結合，以及極力的擴張其黨營企業，包括以其擁有的投資公司收購國營企業股票，承建六年國建工程，而使得國民黨自身已經成爲大財團。因此國民黨不像其他民主國家的政黨需要民間的捐款，相反的，國民黨本身就具有了大財團的性質。在此情況下，國民黨並不十分的依靠地方勢力或財團，它仍然對政治的運作具有相當程度的自主性。相對的，大財團需要國民黨政府對其壟斷的國內市場的保護，以及依賴國民黨政府的大陸政策，使其能夠繼續的往大陸市場擴張。在這些情況的考慮下，國民黨在短期之內，並不會失去自主性。它對資本家仍然具有大哥的角色。

第三個可能性是民進黨有效的制衡國民黨，而社會運動也能對既有的政商聯盟形式予以抗衡。在今日臺灣，民進黨已經成爲最大而且可能是唯一能夠在選舉上制衡國民黨的反對黨。然而從 1980 年代以來，它並沒有能夠突破30％的選票，而且在1991年的選舉中，民進黨的得票率反而下降。這顯示民進黨除非有相當程度的改變，否則不易透過選舉制衡國民黨。另方面，社會運動的動員，對既有的社會政治結果，經常提供了不同的可能性和方向。因此對於新的政商關係的出現和新威權主義的興起，社會運動可能可以透過對社會正義的要求，而制衡既有的政商關係。而這需要社會運動對既有社會政治結構提出診斷，並指出一些替代的可能性。

以上這三種可能性都可能在未來的臺灣發生。然而以既有的資料來看，第二種可能性，卽國民黨維持主導的勢力而資本家祇是聯盟的

對象，是最可能的一個。因爲國民黨具有的資源使得其他政黨甚至財團都無法和它競爭，而因此不會出現日本自民黨的模式。而臺灣的社會運動和民進黨在今日都普遍面臨動員的困境。因此，也在短期之內無法制衡國民黨和資產階級之間赤裸裸的聯盟關係。從此角度，國民黨在短期的未來似乎是一個政治上的「東方不敗」，它將維持一個新的威權統治形式。長期而言會有什麼變化，則沒有人能夠知道。

參 考 書 目

中文：

王振寰： 1988，＜國家角色，依賴發展，與階級關係＞，《臺灣社會研究季刊》，第1卷第1期。

———： 1989，＜臺灣的政治轉型與反對運動＞，《臺灣社會研究季刊》，第2卷第1期。

———： 1991，＜出現中的市民社會及其限制＞，《二十一世紀》，第5期，6月。香港中文大學。

吳乃德： 1989，＜尋找民主化的動力＞，《臺灣社會研究季刊》，第2卷第1期。

朱雲漢： 1989，＜寡佔經濟與威權政治體制＞，《壟斷與剝削：威權主義的政治經濟分析》，臺灣研究基金會。

周添城： 1989，＜權力邊陲的中小企業＞，《壟斷與剝削：威權主義的政治經濟分析》，臺灣研究基金會。

林佳龍： 1989，＜威權侍從主義下的臺灣反對運動＞，《臺灣社會研究季刊》，第2卷第1期。

林忠正： 1989，＜威權主義下弱勢團體的相互剝削的循環＞，《壟斷與剝削：威權主義的政治經濟分析》，臺灣研究基金會。

吳介民： 1990，＜政治轉型期的社會抗議：臺灣1980年代＞，臺灣大學碩士論文。

徐正光： 1990，＜如何面對一個全新的政治生態＞，《中國時報》，1990年5月9日。

徐瑞希: 1991，＜臺灣企業政商關係史＞，《商業週刊》，1991年9/10月。

陳師孟等: 1991，《解構黨國資本主義》，澄社報告，臺北：允晨。

陳明通: 1989，《區域性聯合獨佔經濟，地方派系與省議員選舉》，未出版研究計畫報告。

張家銘: 1990，＜戰後臺灣地區企業與政府的關係＞，《中山社會科學季刊》，6卷1期。

張茂桂: 1990，《社會運動與政治轉化》，二版，臺北：國家政策研究資料中心。

黃德福: 1990，＜選舉，地方派系與政治轉型＞，《中山社會科學季刊》，5卷1期。

蕭全政: 1989，《臺灣地區的新重商主義》。臺北：國家政策研究資料中心。

蕭新煌: 1989，＜臺灣新興社會運動的剖析＞，《壟斷與剝削：威權主義的政治經濟分析》，臺灣研究基金會。

《天下雜誌》: 1989年3月；1990年3月。

《中國時報》: 1990年4月10日。

中華徵信所: 臺灣前五百大企業集團歷年資料。

《新新聞》: 1989年2月，第100/101期。
1989年8月，第127期。
1990年12月，第195期。

《財訊雜誌》: 1990年5月。

《戰略生產力雜誌》: 1990年5月。

《經濟日報》: 1989年1月4日。

英文:

Amsden, Alice
1979 *"Taiwan's Economic History"*, Modern China. 5:3 （July），341-380.

1985 *"The State and Taiwan's Economic Development"*, in Peter Evans. et, al. eds. Bringing the State Back In. NY: Cambridge University Press.

Block, Fred
1977 *"The Ruling Class Does Not Rule"*, Socialist Revolution. 33:6-27.

Cardoso. F. H.

1979 *"On the Characterization of the Bureauractic-Authoritarian Regime"*, in David Collier. ed. The Modern Authoritarianism in Latin America. Princeton, NJ: Princeton University Press.

1986 *"Enterpreneuers and the Transition Process: the Brazilian Case"*, in G. O'Donnell. et, al. eds. Transitions From Authoritarian Rule. Baltimore, MD: The Johns Hopkins University Press.

Deyo, Frederic (ed.)

1987 *"The Political Economy of the New Asian Industrialism"*, Cornell, Ithaca: Cornell University Press.

Comhoff, G. W.

1990 *"The Power Elite and the State"*, NY: Aldine de Griuter.

Dupul, Arthur and Barry Thuchil

1979 *"Problems in the Theory of State Capitalism"*, Theory and Society. 8:1.

Evans, Peter

1979 *"Dependent Development: The Alliance of Multinational, State, and Local Capital in Brazil"*, Princeton, NJ: Princeton University Press.

1982 *"Reinventing the Bourgeoisie: State Entrepreneurship and Class Formation in Dependent Development"*, M. Buroway and T. Skocpol. eds. The Marxist Inquiry. AJS Supplementary.

1987 *"Class, State, and Dependence in East Asia: Lessons for Latin America"*, in Frederic C. Deyo, ed. The Political Economy of the New Asian Industrialism. Cornell, Ithaca: Cornell University Press.

Gold, Thomas

1981 *"Dependent Development in Taiwan"*, Unpublished Ph.D. Dissertation. Harvard University.

1985 *"State and Society in the Taiwan Miracle"*, NY: M. E.

Sharpe.

1988 *"Entrepreneurs, Multinationals, and the State"*, in E. Winckler and S. Greenhalgh. eds. The Contending Approaches to the Political Economy of Taiwan. NY: Sharpe.

Gramsci, Anthonio

1971 *"Selections from the Prison Notebooks"*, London: Lawrence and Wishart.

Jessop, Bob

1990 *"State Theory: Putting Capitalist States in Their Place"*, London: Polity.

Lenin, V. I.

1971 *"States and Revolution"*, NY: Internationals.

Lipset, S. M.

1965 *"Political Man"*, NY: Doubledays.

Marshall, T. H.

1966 *"Class, Citizenship and Social Development"*, Westport, Con: Greenwood Press.

Moore, Barnington, Jr.

1966 *"Social Origins of Dictatorship and Democracy"*, Boston: Beacon Press.

O'Donnell, G.

1979 *"Tensions in the B-A State and the Question of Democracy"*, in David Collier. ed. The Modern Authoritarianism in Latin America. Princeton NJ: Princeton University Press.

P. Schmitter and C. Phillip

1986 *"Transitions from Authoritarian Rule"*, Baltimore, MD: The Johns Hopkins University Press.

Offe, C. and Ronge V.

1975 *"Thesis on the Theory of the State"*, New German Critique. 6.

Perez Sainz, Juan

1980 *"Toward A Conceptualization of State Capitalism in the*

Periphery", The Insurgent Sociologists, 9:4.

Poulantzas, Nicos

1978 *"State, Power, Socialism"*, London: NLB.

Przeworski, Adam.

1986 *"Some Problems in the Study of Transition to Democracy"*, in G. O'Donnell. et, al. eds. Transitions from Authoritarian Rule. Baltimore, MD: The Johns Hopkins University Press.

1991 *"Democracy and the Market: Political and Economic Reforms in Eastern Europe and Latin America"*, Cambridge: Cambridge University Press.

Rueschemyer, Dietrich et. al.

1992 *"Capitalist Development and Democracy"*, London: Polity.

Schmitter, Philippe

1974 *"Still the Century of Corporatism"*, Review of Politics. 36: 85-131.

Therborn, Goran

1977 *"The Rule of Capital and the Rise of Democracy"*, New Left Review. 105.

Tilly, Charles

1986 *"Warmaking and Statemaking as Organized Crime"*, in Peter Evans. et, al. eds. Bringing the State Back In. NY: Cambridge University Press.

Winckler, Edwin

1989 *"Taiwan Politics in the 1990s: From Hard to Soft Authoritarianism"*, Paper presented in the Conference on Democratization in the ROC. Held by the Institute of International Relations, National Chengchi University, and the Center for International Affairs, Harvard University. Jan. 9-11. 1989. Taipei.

Wu, Nai-teh

1987 *"The Politics of A Regime Patronage System: Mobilization and Control Within An Authoritarian Regime"*, Unpublishied Ph. D. Dissertation. University of Chicago.

Zeitlin, Maurice

1984 *"The Civil Wars in Chile"*, Princeton, NJ: Princeton University Press.

Zeitlin, Maurice et, al.

1976 *"Class segments: Agrarian property and political leadership in the capitalist class of Chile"*, American Sociological Review, 41: 1006-1029.

第四章

1987年的臺灣工會、國家與工運
——以遠化工會的個案爲例

趙　　剛

　　自1949年國民黨政權移植臺灣社會後，社會、政治變化最大的一年可說是1987年了。在這一年，壽命長達三十八年的戒嚴令取消了；剛成立的民進黨快速成長；各種社會運動相繼出現；民眾的自力救濟、抗議、示威活動此起彼落。黨國過去所營建的威權的統合秩序一時面臨了從未有的挑戰，大有傾頹之勢。但國家與資本家旋即於1988年下半葉重新調整其對應社運的位置及作法，社運開始面臨有計畫的壓制（趙剛 1991）。大約1990年開始，社運（特別是工運、農運等階級運動）沈寂，雖然同時間民進黨一直成長。對這一段歷史過程，有觀察家認爲解嚴以及 1987-89 年的社運狂飆期，根本就沒有給臺灣社會帶來任何歷史的斷裂（ruptures），而後戒嚴時期則承續解嚴前即一直進行的國族與國家的建造（丘亞飛 1993）。本文並不欲進入這個歷史評價的爭辯場域，而只打算瞭解一個問題：如果在1987年裡，很多工人（以及很多種其它社會範疇的人們）史無前例的升高了他(她)們的集體行動力是一不可否認的歷史事實的話，那麼儘管之後又倏然消匿，我們仍應該問的是這些工人行動者（labor activists）當初是憑藉著什麼樣的社會及文化基礎，進行這種先驅性的活動？因此，本文以1987年做爲研究的時間上的座標。

那麼為什麼選擇遠東化纖產業工會（以下簡稱遠化工會）？ 當然不是因為它的「代表性」； 在以下的分析中我們可以看到，遠化工人的勞工行動主義 (labor activism) 在當時的臺灣的產業工人中是很具特殊性的，它帶頭開創了很多工運的先驅性行動（例如下面將討論到的罷工基金的籌措、兄弟工會的成立等等）。 在此，勞工行動主義指涉以勞工為主體的行動，而其目的與（或）結果是在改變既存的制度化的安排。遠化工會是因為它的特殊性與先驅性才被選擇做為我們瞭解1987年整個臺灣社會變遷的一個切片。遠化工人並不代表那時臺灣勞工的平均意識與行動模式，而是指出了那時臺灣勞工行動主義的疆界線，疆界的彼端則是既存的支配的政治、社會、文化結構。因此，遠化工會在1987年間的發展提供了一非常好的機會，使我們能進行體制面與行動面之介面的中間層次的 (meso-level) 研究。

除了少數的例外 (Ho 1990; Chao 1991; 方孝鼎1991; 黃玫娟1991; 夏林清、鄭村棋 1992; 趙剛 1993)，迄今對於臺灣在1980年代下半期國家、資本，與工人階級（運動）之間的關係（或擴而言之，國家與社會間的關係）的變遷的研究，大致集中在制度與結構層次的分析。在這個層次上，主要的分析範疇往往擺在國家、政黨，與階級整體上。因而對於在地的、具體的社會行動者的社會關係、希望、價值、習慣，與行動模式往往較忽略。本文即企圖從在地行動者的行動及意識的角度，「從下往上看」(looking form bottom up) 那一時期的巨大政治社會變動。這個取向與近一、二十年英美的新社會史的認識論與方法論的原則（參考 Thompson 1966; Gutman 1966; Montgomery 1979, 1987）較接近。

這個社會史的取向可以幫助我們覺察與面對某些被強調機會結構或過程的社運研究取向 (Oberschall 1973; Gamson 1975; Tilly

1978; McAdam 1982; Jenkins 1985; Dwyer 1983: 148-161; Judkins 1983: 38-43) 所忽略的問題。當然，由政權轉移或重組所帶來的國家壓制力的降低，的確能大幅的降低社運的動員成本，因而有利集體行動之興起。但是這個解釋並無法說明：(1) 什麼人能在這有利的機會結構下行動？(2) 集體行動興起的社會文化基礎爲何？及相關的 (3) 這樣的集體行動是什麼樣的集體行動？ 它的性質、限制爲何？本文主要嘗試回答這三個問題。

遠東化纖總廠（以下簡稱遠化廠）座落於新竹縣新埔鎮，雇用了約 1,800 位員工（包括操作員、勞力工、領班，與白領勞工）；這些員工構成了遠化工會的當然會員。新埔是一個以客家人爲主的半農業鄉鎮，自1960年代起人口卽一直維持在35,000左右。它只有遠化和大魯閣兩家規模較大的現代化工廠，且都是化纖業，其他的則爲中小型工廠（張聖琳1989:28）。遠化廠則是新埔鎮最大的雇方，成立於1971年，主要生產聚脂絲和聚脂棉，在臺灣人纖業的總產值中占有25％的比例（汪立峽 1989）。遠化廠是遠東紡織集團的垂直生產體系的重要生產部門，供應紡織部門的原料；而遠東紡織是臺灣最大的紡織業者 (Moore 1989: 70)。由於臺灣的「企業工會」的工會組織架構，遠化工會和遠東紡織集團的其他工會毫無任何關連，無論是行動、組織，或認同。

深度訪問及檔案研究是兩種主要的資料取得方式。大部分的資料是在1990下半年蒐集的。很多資料和基本分析亦見於同作者的博士論文 (Chao 1990)。 本文的深度訪談的對象大部分是男性工會領袖及知識份子行動者，少部分是一般男性工人，沒有來自廠方的資料。

一、前1987的國家與社會

由於1949年以前在中國大陸上的政治軍事慘敗經驗，以及1949年後臺海的軍事對峙，由國民黨為主，在地統治階級為輔，所進駐的國家機器，積極的尋求對臺灣社會裡的各種重要的人民結社（例如：工會、商會、農會、漁會等）進行嚴密的規範和控制（徐正光 1989）。而其中黨國對於工會的監控，除了來自於這個政權對社會主義運動的歷史的、特殊的恐懼外，也來自於它積極的配合資本的利益，藉阻礙工人的自我組織與工運的發展，而壓低勞動力價格，以達到快速資本累積的目的。國家強力且周延的對社會操控的結果是：一般民眾的去政治化；各個社會階級或集團無法形成解決公共問題的行動者。黨國並非正式的否定人民的結社權利，而是藉統合（incorporate）各個「人民結社」至黨國架構裡頭，而使彼等實質無效（參考王振寰與方孝鼎1992:11-13；李允傑1989；鄭陸霖1988；葉曉蘭1991:49-52；張國興1991:11-18）。Deyo（1989）即指此一時期的臺灣政權為一典型的國家統合主義（state corporatism）；此國家統合主義政策使得臺灣的勞工一般而言在1987年戒嚴令取消以前，無法出現真正的自主性工會❶。

從底往上看，此一國家對社會的監控網是由無數的國民黨的分支機構——民眾服務社，在各鄉、鎮，與區緊密編織而成。拿新竹縣新埔鎮（遠化工會所在地）為例，在1980年代前，新埔民眾服務社的主任是新埔鎮最有實質政治權力的一個職位。即使是鎮長的候選人（必

---

❶ Deyo 對臺灣的國家與工會運動的關係的研究是根據1987年以前的資料。而1987年臺灣社會的變化使得他的書在一出版即過時了。

然也是國民黨員）也是由民眾服務社的主任所指定。民眾服務社除了分派地方政治資源外，也會介入地方社會衝突的協調。而地方最重要的官設衝突解決的單位——調解委員會——即是由民眾服務站負責召開。民眾的任何申訴必須先報到民眾服務社，而後由民眾服務社轉送到鎮公所，鎮公所不會直接接受任何申訴。

　　國民黨的地方黨部（如鄉、鎮的民眾服務站，和縣級的縣黨部）的另一重要功能在於操控轄區內人民團體（工會、農會等）的重要行事，例如理監事的選舉和重要集會。在 1987 年以前，絕大多數的工會在他們與資方或政府的往來公文裡必須也同時以副本知會地方黨組織。國民黨的黨機器即是利用這些不同的積極方式，強有力的介入地方政治（訪問記錄 Hl，8-23-90; C15,8-23-90）。

　　事實上，根據官方的記錄，1987年以前臺灣所有的勞資爭議都是透過由黨國所組織的調解委員會「調解」❷，沒有一件爭議是透過司法解決的。調解委員會的組成一般除了包括衝突的勞資兩造，還包括國民黨地方幹部、主管勞工事務的地方政府官員，和地方警察局（汪立峽 1984: 39）。「調解」的目標與效果往往並非藉國家做為一「客觀」的仲裁者解決問題，化解怨懟，而只是要藉干預而壓抑潛在的社會衝突（《臺灣勞動權利報告》1989:9）。

　　在這樣一個統合主義的國家下，工人以及其它弱勢社會團體，當遇到不公平、不正義（但或許「合法」）的對待時，黨國機器的調解委員會是各種「私了」方式外的唯一的制度化申訴管道。拿遠化工會

---

❷　根據行政院勞工委員會1989出版的《臺灣地區勞資爭議》，在 1956 和 1979
　　這24年間，一共有 3,736 件勞資爭議的結局都是「協調成功」。而在1980（這
　　一年調解不成的案例首度出現）和1987（這一年司法制度首度引進處理勞資爭
　　議）之間，一度有 7,921 件爭議。這其中也有97％的案子「協調成功」。

做例子，羅美文在1984年常務理事任上，卽爲了一個女工的案子，到新埔調解委員會申請召開了七、八次的調解會，但沒有任何結果。在這個挫折下，羅美文找上了當時全臺唯一的工運組織——臺灣勞工法律支援會（以下簡稱勞支會），在那兒羅美文認識了幾位知識份子行動者（intellectual activists），其中有一位對以後遠化工運的發展影響甚大。由於地方政府官員與國民黨工對於處理日益增多的勞資問題的無能，加上歷史上新出現的同情勞工處境的知識份子，使得勞工不再依賴地方黨政機構，可說是遠化工運早期發展的一個重要關鍵。

遠化工會成立於1977年。雖然工會的成立部分來自羅美文等早期遠化工人的助力，但工會能在那個歷史階段成立，更根本的原因是蔣經國在1972年5月組閣後，爲因應臺灣日益龐大的勞工人口，以及全球性的經濟、能源危機，所開始的主動的工會扶植政策（李允傑1989：67-70）。當然，扶植工會這一政策的目的是將勞動人口搶先以國民黨的利益考量爲原則組織起來；成立工會是爲了更組織化的控制。遠化工會成立後，和臺灣其他的產業工會一般，大致爲管理階層或親管理階層的勞工所控制，工會並沒有實質上爲工人爭取權利的作爲；它主要的活動不外乎舉辦一些年節福利或旅遊休閒活動。而遠化工會和其他臺灣工會不同之處，在於它有一歷史頗悠久，從工會成立之初卽斷斷續續出刊的工會會刊，以及它有一行動力甚強的工會幹部羅美文。會刊傳統之所以能奠立，據不少遠化工人的說法，是由三位白領的、知識份子的（兩位學士、一位碩士）工會幹部在工會創立之初所打下的基礎（L1，11-1-90）。但更重要的也許是，遠化廠的員工一般而言教育水平較高，高中高職畢業的學歷在遠化是很基本的，甚至專科的學歷也很常見。遠化工人卽常以中興化織工人的教育程度作比較，他們認爲中興的工人很多是「小學畢業」的。會刊做爲工廠內較有批判

性的工人的非正式的關係網絡，以及它所長期經營的某種異議論述的
氛圍（從1978年元月的第一期開始就不斷的有要求調薪、加發年終獎
金、管理人性化、勞工團結爭取權利等言論），對於以後遠化工運的
發展非常重要。憑藉著這些條件，這些異議工人在 1986 年 7 月的工
會幹部改選中，成功的使用國民黨用以控制工會以及其他社會團體的
「人民團體選舉罷免法」，全面贏得了選舉，從管理階層手中爭回了
工會自主權。

　　雖然在1987年以前的兩、三年裡，遠化工會可說在工會的發展上
已超前當時其他的同類工會甚多，但是遠化工會在很多方面仍是當時
大社會環境的反映：(1) 沒有眞正的、持續的集體行動的動員；有
的只是非常短暫的、偶發性的事件（spontaneous short-lived
unrest）；(2) 非常地依賴國家干預解決社會紛爭；(3) 以某些印刷
品媒介做爲異議活動的最重要的，假如不是唯一的，活動領域與表達
方式❸。

　　其實在解嚴前五年（1982-1986），臺灣社會的權力結構已經可看
到一些初期的變化了。最重要的是，當時的反國民黨運動，在一個包
容性很大的旗號「黨外」下，已經累積了不少政治資源；它的候選人
在歷次的選舉中都平均可獲得約30％的選票。而這個政治運動的主要
構成份子則在1986年 9 月成立了民主進步黨。這個籌組政黨的活動，
雖然爲當時的戒嚴法所禁止，但卻事實上爲國民黨所承認。相對於興

---

❸ 遠化會刊對於遠化工會的發展的重要性就如同早期的黨外民主運動一般。這
　些印刷媒體保持了一個不絕如縷的反對傳統。而雜誌編輯和經常投稿者大致
　是運動的核心成員。在那時的政治條件下，雜誌（或會刊）提供了一種組織
　的形式和可行的動員支點。在1970年代中期以前，異議性的雜誌往往不只是
　異議運動的一部分，而往往卽是運動。

起中的民進黨力量，國民黨傳統獨大的勢力也相對消退。而最彰顯此
一權力消長的事件即是1986年底的立委選舉；兩個著名的國民黨支持
的工頭出乎意料的竟然落選了。而更有意思的是這兩席竟然被由民進
黨所提名的兩個名不見經傳的工人拿走了。而在當時，國民黨、民進
黨和一般關心政治的人士，沒有一個人曾估計國民黨所支持的候選人
會落選。由於這項政治訊息，不少人判斷國民黨先前嚴密的統合主義
勞工政策已經出現鬆動的現象了，而預測在不久的將來，整個政治氣
候會有一劇烈變化（張曉春，1987:82-88；《時報新聞雜誌》12-23-
86:50-55）。1982年到1986年之間，除了政黨和選舉政治改變之外，
臺灣社會也開始出現了一連串的「自力救濟」和「社會運動」（包括
消費者、婦女與環保運動）❹。

　　雖然有以上的變遷，臺灣社會在1982到1986之間的數年仍可說是
一連續性甚高的社會。而這主要是由於大部分的變遷是發生在「政治」
層次（例如：政黨和選舉政治）而不是在「社會」層次❺。

──────────

❹　「自力救濟」這個名詞與現象大約在1983-1984年間開始出現。雖然自力救
　　濟意涵著市民社會裡的行動者的自主性，但事實上它只是以抗議的形式來吸
　　引大眾的注意，然後向國家施壓以求解決問題，而這些問題絕大多數是經濟
　　性的求償。因此自力救濟，至少在概念上，不可和杜威與支加哥學派傳統所
　　謂的「公眾」（the public），或是社會運動產生混淆。後者至少講求方法與
　　組織以解決問題。自力救濟經常是狂暴但氣短；它基本是苦情的民眾所採取
　　的一種表達形式，冀求呼號國家的父權主義的介入與照料。根據呂亞力等
　　（1988）的報告，在1983-87年間有1,516件自力救濟，而1987一年就有676
　　件（占44.6%）。自力救濟可說是在1987-88所出現的各種社運的前身（引
　　自張茂桂1990：13）。

❺　除了環保運動有一、兩樁對抗污染工廠的地區性抗議外（以「自力救濟」形
　　式進行），消費者和婦女運動在1987年前基本上是利益團體；它們的主要活
　　動在於遊說立法院和在報紙上登公益廣告。但在1987-88年，除了消費者運
　　動仍然維持它低調的利益團體性格之外，其它兩種運動在1987-88皆明顯地
　　轉變了性質：(1)在它們的行動劇目裡（repertoire of action）增加了示
　　威遊行；(2)將它們的議題及行動和其它的運動（特別是學生與工人運動）相
　　連在一起。

二、集體行動與社會政治之轉變

臺灣社會真正的大變動要等到1987年才開始；各種社會運動和抗爭性的聚集（contentious gatherings）爭先恐後的出現在歷史的舞臺上。張茂桂（1989:12）描述這段史無前例的社會政治轉變:「臺灣除了軍警及公務人員之外，幾乎再也找不到一個保守而安靜的社會類屬」。

根據張茂桂（1989）對於 1980 年代臺灣社會運動的調查❻，在1987這一年無論是社運組織或是與社運組織有關的集體行動事件都有激增的現象（見表1）。

表 1　臺灣在1980-1988年間的新成立的社運組織
　　　　（SMO）和集體行動事件

	1980-85	1986	1987	1988	total
新成立的SMO數目	11	5	26	35	77
集體行動的次數	6	3	38	45	92

---

❻　張茂桂的《社會運動與政治轉化》也許至今仍是對於 1987-1988 年間臺灣的「新興的社會運動」所做的較完備的調查。這本書所包含的運動有：消費者、環保、勞工、婦女、原住民、農民、學生和教師。張把每一個運動列出它的組織與主要活動。資料的來源是報紙檔案。我在這篇文章裡將採用張的資料（除了消費者運動之外）做為描述 1987-88 年社會政治巨變的素材。消費者運動不考慮是因為它基本上是一群利益團體的滙集。對我而言，利益團體活動和基於集體行動的社會運動有重大的不同。而張的資料混同二者是一缺點。

　　我們可以看到77個社運組織裡有 61 個（79％）成立於1987-1988期間，而同時期的集體行動事件也達總數的90％。環保和婦女運動是1987年以前活動最積極的兩種社運。而在工運這一部門裡，1987年以前有五個工運組織❼。根據張茂桂的資料，在1987年以前完全沒有勞工集體行動的案例（見表2）。

表 2　臺灣在1980年代各種社會運動的新成立的社運組織與集體行動事件之數目

社運組織/（集體行動事件）	1980-1986	1987-1988
環　　　　　保	5(4)	23(9)
勞　　　　　工	5(0)	14(11)
婦　　　　　女	4(2)	4(18)
原　住　　民	1(2)	6(14)
農　　　　　民	0(0)	10(10)
學　　　　　生	1(1)	2(9)
教　　　　　師	0(0)	2(12)
合　　　　　計	16(9)	61(83)

注：括弧內的數字為集體行動事件。

❼　在這裡的五個「工運組織」裡，只有勞支會可以稱得上是一工運組織。而其它四個則都是天主教的勞工服務中心，主要是滿足工人社交與娛樂需要。這些天主教的勞服中心在1987年以前不曾介入任何勞資衝突，或處理過勞資關係。應注意的是，若不是早期的黨外勢力已發展至一階段而足以給予勞支會一些政治屏障（勞支會的早期成員都是知名黨外人士），勞支會在1984年的成立也不太可能。儘管如此，一直到1987年以前，勞支會一直採取低調發展路線。

那麼爲什麼1987年會是臺灣工運發展的轉捩點？很多觀察家，包含學者與新聞記者，歸因於1987年7月的解嚴。這個觀點基本上認爲解嚴大幅度的降低了以階級軸線爲槓桿的動員的風險。因此，縱然環保、婦女、原住民，甚至學生運動在1987年以前都已經出現了，「階級運動」（勞工與農民運動）要等到解嚴後才出現在臺灣的社會。而事實上從資料看來，所有的11件工人集體行動也都發生在解嚴以後。

解嚴對於社會運動的最重要的影響是工人及其他弱勢團體開始敢提出他（她）們的權利主張，而當這些主張指向國家官僚或資本家時，後者往往沒有任何前例爲依據做出反應。統治階層在這個歷史過程中所展現的混亂狀況，我則稱爲失向（disorientation）。失向有過渡性的、特殊時期的（conjunctural）的意涵；它並不意味階級之間的關係已有結構性的改變。

國家官僚在1987年失向的最顯著的癥候之一，表現在設置勞委會的過程中。在1986年底的立委選舉中，由國民黨提名的兩名工頭慘敗給兩位名不見經傳的民進黨提名的候選人。這對國民黨而言是一非同小可的震撼；警示國民黨必須要調整它的統合主義的勞工政策。國民黨的第一個調整作法是擴張國家的勞工行政體系。但是，在短短的六個月裡，關於新設立的勞工行政部門到底是屬於那一個層級這一個問題，國民黨一再改變它的決定。首先，國民黨決定設置勞工司並使之從屬於內政部之下；稍後它決定提昇它的層次到勞工署；沒有多久國民黨又決定將它提昇到部的層次，即是現在的勞委會。這些變化反映了高層國民黨在1987年非常缺乏明確的政策導向；它不能確定它到底需要什麼樣的行政體系來執行勞工政策。當時一位國民黨支持的工頭立委即針對此現象評論：「行政院沒有一貫的勞工政策。」（《新新聞》，1987）

　　除了以上的事例之外，關於罷工權的問題，也是1987年特別熱烈討論的一個議題，而統治階層對此一問題的看法也莫衷一是。先是在1987年7月5日，內政部長吳伯雄宣稱依法勞工有權罷工（《中國時報》，7-6-87）。但約一個月後，剛成立的勞委會的主任委員鄭水枝卻表明任何罷工皆屬非法（《聯合報》，8-8-87）。不僅是國家官僚有立場矛盾的現象，大資本家也是如此。臺泥集團的董事長辜振甫警告政府要小心因罷工所可能帶來的對經濟發展的不利影響，並建議政府應當對罷工活動採取「適當的限制」（《工商時報》，12-31-86）。但是同時，石化業的大亨王永慶則反對繼續對罷工設限，因為「勞動力的供需應建立在自由競爭的基礎上」。他並建議他的資本家夥伴們在企業經營日益「國際化與自由化」的趨勢裡，能承認勞工的罷工權（《工商時報》，12-30-86）。

　　不可否認的是，解嚴及伴隨而來的統治階層的失向，是對為何臺灣的工人要到解嚴後才開展出一些集體行動的一個有力的解釋。但它仍是一有限的解釋；它至少不能解釋為什麼有一些工會（或工人的集體）能利用到這個外部的有利因素，而很多其它的不能。那麼，臺灣工人行動者在1980年代後半的轉變是如何可能的呢？他們是如何從一幾乎完全不曾為他們自身利益而集體行動的群體，歷史地轉變成集體行動者呢？在很多方面，遠化工會的個案可以具體而微的對這個問題提供一些思考的方向與初步的解答。遠化工會是臺灣1980年代後半部社會政治巨變的一個重要的環節，它在很多工運行動中的先驅性的角色更有利於我們瞭解那時的勞工行動主義，它的組織能力其面對的歷史的、結構的限制。以遠化工會之名在1987年下半所進行的先驅性活動包括：以遠化工會為核心，聯合一些桃竹苗區的自主工會而成立的「兄弟工會」（這是臺灣戰後頭一個非官方的工會聯合體）與籌措罷工

基金的活動。這些工運的先鋒活動使遠化工會在1987年底成爲公認的
「臺灣工會運動的龍頭」。而羅美文（遠化工會的主要領袖）也從一
籍籍無名的工人轉眼間成爲新成立的臺灣戰後第一個左派政黨 —— 工
黨 —— 的副主席；而工黨主要的組成份子是知識份子。

　　如要回答關於爲什麼遠化工會能在 1987 年尾發展成臺灣工運的
「龍頭工會」這一問題，則我們必須要考慮到遠化工人行動者與「客
觀」條件的互動過程；而這些條件包括最近才出現的和長期以來即存
在的，後者包括略具批判性的工會會刊傳統、半農業的新竹縣地區國
民黨對工會的支配傳統較弱（例如相對於桃園縣與臺北縣）、相對甚
低的員工流動率（1989年的員工平均在職期間爲9.1年），以及在工作
現場中形成的，以班爲基礎的，工人間的非正式網絡。這些人際網絡
能形成的很重要的因素之一是遠化廠的低流動率。一般會員的散在各
工作現場的非正式網絡，是遠化工會之所以能在1987-88 年成爲臺灣
工運的先鋒的組織基礎（關於這一面向的較詳細的討論，請參考趙剛
1993）。而最近才形成的條件則是遠化工會在 1986 年 7 月所形成的一
隊伍完整且具抗爭性的工會幹部。所有這些條件的交互作用使得遠化
工會的實力，就以工會幹部間的團結程度而言，遠超過同時期的其它
臺灣產業工會。

　　除了上述的統治階級的暫時失向，以及特定工人群體（例如遠化
工人）的較有效的自我組織外，要理解 1987-1988 年臺灣的勞工行動
主義的近乎戲劇性的發展，所須探討的另一重要歷史與結構條件是工
人與知識份子新建立的社會關係。解嚴及其帶來的統治階級的失向，
提供了勞工行動主義發展的一必要的機會結構；而工人的自我組織及
其與知識份子的接觸與互動，則是勞工行動主義發展的必要的社會基
礎 (social bases)。

三、工人與知識份子

由二十一位律師、法律專家和左翼知識份子於1984年5月組成的臺灣勞工法律支援會（簡稱勞支會）是1949年後臺灣第一個勞工運動組織。由於一些內在條件（例如勞支會本身的資源與經驗）和外在環境（國民黨的高壓制性），勞支會從1984年5月（1984 年也是勞動基準法開始實行之年）到1986年底，主要的活動局限於提供法律服務給勞工；它為勞工所提供的義務法律諮詢服務對它以後的發展很重要。雖然格於形勢，勞支會初期採取非常低調的發展策略，但它的創始者則一直「相信臺灣勞工運動的最重要的目標是全面發展強大且自主的勞工組織」（《勞動者》，1987年10月，第15期）。

勞支會的創始會員大致來自兩個不同的政治立場：新潮流和夏潮，而以前者為多數。兩者對於社會主義的理解固有不同，但最大的歧異是在國族的（national）認同上；前者認同「臺灣」，後者認同「中國」。但是儘管有這個根本的歧異，兩者還是合作了三年半，直到勞支會的最後一位夏潮系份子於 1987 年10月離開勞支會參與工黨的籌組。此後兩三年內，勞支會可說是一實質的新潮流系的次級團體（WI, 10-25-90）。

有兩個條件使這兩派人馬在勞支會創立之後的三年間進行合作:(1) 國民黨的高壓政治；(2) 臺灣左翼運動原本即甚缺乏任何資源。而由於對所處情況有共同的理解，兩邊都有意的避免意識型態的爭執，例如統獨問題，和什麼是「最正確的」社會主義策略。但諷刺的是，當 1987 年下半國民黨的威權統治漸趨鬆弛，統治階級也開始失向，而情況變得有利於左翼運動的發展時，原來兩派之間隱藏的差異

反而被凸顯出來。在1987年尾，兩派之間的形式的合作也不存在了，而代之以相互衝突的發展；各自都企圖擴大他們在仍屬胚胎期的臺灣工運的地盤。羅美文和遠化工會在 1987-1988 年間的經驗即鮮明的表現了工人領袖如何被這兩股以知識份子為主的左翼運動勢力所拉扯。

　　1986年 7 月，遠化工人在一場工會理監事改選中，成功地掌握住工會。新上任的工會幹部決議：（1）遠化工會當全體加入勞支會；（2）工會聘勞支會的一位律師為工會法律顧問（《工會會刊》1987年 3 月）。對新拿下工會機器而極欲開展他們的工會事務的幹部而言，勞支會是那時全臺唯一能對他們有所幫助的工運組織。

　　但是，那時候外邊的知識份子也沒有太多資源可以提供給遠化工會，因為這些知識份子（極少數例外，例如魏來〔假名〕）也不過是剛剛開始接觸工人與工會，而這一切對他們來說都很陌生。遠化的工人行動者並不需要外面的知識份子幫忙分析他們廠裡的勞資關係；他們比知識份子要更了解他們的工會和管理階層是怎麼運作的。這也是為什麼遠化的工人行動者能夠在1986年 7 月全靠他們自己的組織動員打贏了工會改選那場仗，雖然他們早在1984年就和勞支會有了零星的接觸。一位遠化工會領袖回憶早期的勞支會說「它對工會到底怎麼運作連一點屁都不知道！」（L 2，11-14-90）就這一段歷史過程而言，一種粗糙的「外力決定論」是站不住腳的，知識份子並沒有一開始就扮演一個決定性的角色。

　　但是，工會仍然很熱心於接觸外面的知識份子，包括勞支會、大學教授和新聞記者。對於羅美文而言（也許包括很多其它早期的工運先鋒工人），親勞方的知識份子能為工會的訴求與行動提供正當性的象徵，而他們的理論或專才則是次要的。羅美文解釋：

從1986年7月開始積極發展工會運動以來，我們發現工會要成
功的關鍵在於動員一般會員的能力；我們必須開起門來讓一般
會員大眾參與工會事務。但因為大多數的會員膽怯，而且對於
工會事務沒有興趣，我們必須要激勵鼓舞他們。而這個激勵的
工作則須要外力的介入；工會和外邊的人的接觸能使廠內的工
人變得勇敢而有信心。假如外邊世界的這些知識份子肯定我們
所選擇的路線的正當性，那我們一定是正當的。以後，這個工
會積極的去組織兄弟工會和籌措罷工基金，主要的目的都在於
使一般會員更勇於參加工會事務。(11-14-90)

當然，知識份子對於遠化工會運動的成長的貢獻，並不只在於他
們對於工會的訴求能提供合法性的背書。他們的確也能夠提供以階級
為基礎的另一類的社會觀與世界觀，幫助打破一些流行的支配的意識
型態，例如，階級合作的說法（認為勞資的和諧有利於經濟的發展），
和各種家庭主義（familism）的翻版（例如：「以廠為家」、「勞資本
為一家人」和「勞資一體如夫妻」）⑧。

1987 年底以前，對於遠化工會最有影響的知識份子是鄭方（假
名；遠化廠的會計主管；工會自主化後他始積極參與工會）和勞支會
的知識份子。鄭的角色特別重要，因為他是廠外的知識份子和工會幹
部間的中介者。外邊的知識份子的想法和策略有時必須要通過鄭才能
被工會幹部接受。此外，鄭比臺北來的知識份子更「有機」的和工會

---

⑧　知識份子對工人傳佈理念主要是透過兩方式：在工會會議上演說，和在工會
　　刊物上寫一些短文。雖然我沒有直接證據，但我相信遠化會刊上的一些破除
　　資方意識型態的文章是知識份子寫的。他們的寫作風格往往和工人的很不一
　　樣。此外，工會會刊也曾轉載一些報紙上的批判性文章。

幹部聯結在一起，因爲他居住於新埔，生活上和遠化工人行動者之間沒有太大隔閡❾。在1986和1989年5月這一段期間，鄭扮演了一極重要的非正式領導者的角色。資方後來將他調職以至於解雇，都是針對他所扮演的角色而發的。

但無論是鄭方或是臺北來的知識份子，都只和遠化的工人幹部產生社會關係，而疏離於絕大多數的工人會員。相對於知識份子與一小群工會幹部的面對面的溝通，知識份子（也許鄭方比較不一樣）和一般工人會員的互動大多是間接而且是非個人性的；他們不是在工會開大會時演說，就是在會刊上寫一些短文。這種差別的社會連帶模式影響所及使得幹部與一般會員的勞工意識的差距變得更大。而同樣地，羅美文與其他幹部的意識差距也相對變大，因爲羅美文自1987年底開始卽越來越介入全省層次的工運的發展，而其他的工會幹部仍停留在遠化工會本身的活動的層次上。

遠化工會在1987年的竄起在當時眾多自主工會之中是最令人注意的了。因爲遠化工會是一在當時最強勢的工會，很多工運組織與知識份子主動與遠化工會建立關係。這些關係的建立增加了遠化工會幹部的客觀資源與主觀的力量。而因此，遠化的工人領袖也更積極的尋求在工運上作更多的行動上與理念上的提昇；而越提昇則有更多的外在資源流入遠化工會。因此，遠化工會在1989年下的快速成長實在是緣於工人行動者與外在工運團體或個人的一個相互加強的過程。遠化工會的發展最可說明這一互動模式。羅美文最先和勞支會接觸是在1984

---

❾　由於很多複雜的原因，包括臺灣面積甚小、交通發達，絕大多數的都會工運知識份子選擇和他們的工人「客戶」做隨機的、短暫的接觸，而不選擇在工廠附近的社區做類似組織者的工作。一些知識份子只有在嚴重的勞資衝突時才會選擇留在工廠附近的工人社區。

年，但直到1986年7月當遠化工人拿下了工會機器，勞支會才開始較
頻繁的和遠化工會接觸。1987年底遠化工會才和夏潮系的知識份子多
有接觸。官方對於工人運動的興起通常是以「外力論」來解釋工運的
興起。但是如果我們回顧這一段歷史的話，我們可以發現在遠化工會
的第一波抗爭行動（成立自主工會）時，並沒有任何的「外力」介入
其間。知識份子行動者的參與是在工會運動興起後才出現的。

在介紹過上述的一些歷史與結構的條件後，下面將討論遠化工會
在1987下半年的三項在臺灣工運史上皆屬歷史性的重要行動：罷工基
金、兄弟工會，和新埔勞工服務中心。

四、遠化工會與工運

(一)解嚴與罷工基金

1987 年 7 月 15 日的解除戒嚴並不是一個突如其來的事件。事實
上，早在1986年10月蔣經國已經向《華盛頓郵報》的記者表達了此一
訊息。在1987年一年裡，大眾媒體都在熱烈的討論伴隨解嚴而來的各
種可能的社會政治變化；而最熱門的話題之一即是解嚴後罷工行為的
合法性 (legality) 和正當性 (legitimacy) 問題。

臺灣工人對解嚴的直接反應要遲到 1987 年 8 月 5 日（解嚴後三
週）才第一次出現於遠化工會。這一天遠化工會以會員代表大會決議
的形式宣佈了兩項臺灣勞工史上史無前例的舉措：設立罷工基金❿和
組織兄弟工會。雖然這兩項宣稱並沒有成功地實現，它們對於臺灣工
運的發展有很大的象徵性意義。它們顯示了臺灣工人頭一回思考罷工

❿　每一個會員每個月除了交會費之外，另外再交50元做為罷工基金。

的可能性並爲其做準備，並企圖打破企業工會的框架，匯聚其他的工會成爲一運動。

　　不可以過分誇大解嚴在社會生活中所產生的效果。四十年的戒嚴統治加上父權教育使得臺灣的工人（當然也包括其他社會範疇）對公共參與異常戒愼恐懼。解嚴當然無法在旦夕間改變臺灣工人的這種根深蒂固的政治恐懼症。而如前所述，工人領袖之所以如此借重外來的知識份子，不外是冀求知識份子能驅除一般會員大眾的對參與工會活動的不安與懼怕。工人旣是期望知識份子帶著他們抗爭，也期望知識份子引導他們到一較安全的路徑上，因爲工人相信知識份子擁有法律與政治的知識。工人渴望巨大的變化又同時執著地遵守法律。這兩種看似矛盾的力量，標誌了剛解嚴後的臺灣工人行動者的意識特徵。而工人的公共論述中所充斥的法律術語、迷思，同時表達了他們對於法律的依賴及違法的恐懼。他們希望1984年的勞基法的各種工作條件及權利能被落實，但又怕在這要求落實的過程中觸法。他們的內心是無時不被勞基法與六法全書這兩種國家法律所撕扯。這說明了爲什麼早期的工運知識份子有很大一部分同時也是法律專家。

　　遠化工會的這兩項決議是由全體理監事以臨時動議提出的。集體背書也意謂了集體負責。設置罷工基金的臨時動議的修辭蘊含了高度的政治與法律謹愼：

> 政府已宣佈廢止戒嚴法，工會罷工權也將在短期內依法恢復。在政府的政策法令的規範下，工會將擁有並實現罷工權以求更加落實工會的運作……工會應有罷工的能力，然而工會不會真正地使用這個能力，擁有罷工的實力是為了防止罷工真正地發生。（《工會會刊》，1987年12月）

　　勞支會也有兩位代表參加了這次具有歷史性的遠化工會代表大會。兩個人都被邀請在投票前對與會者演說，說明工會行動的合法性和正當性。投票結果贊成這兩個議案的都超過95％。雖然罷工基金的決議高票通過了，但之後並沒得執行，原因是工會一向依賴廠方以於薪資中預扣的方式代工會收會費，而廠方當然拒絕代工會收取罷工基金。

　　工會無法每個月向會員收取罷工基金，其實反映了工會並非一個合理化的正式組織並有其形式法制權威。為什麼工會代表能投贊成票，但卻不願或不能去向一般會員收罷工基金？這是因為，工會代表事實上大多是工會幹部的親信私交。而在這種非正式社會關係籠罩下的「工會活動」則是非常個人化的。工會代表參加會員代表大會並不是以其會員代表的身分而去的，而是為了他（她）與某一位工會幹部之間的私人關係罷了；他（她）去是給這個具體的工會幹部「面子」，而不是以某一抽象的工會會員的身分去的。所以工會也者，並非一正式組織，至少從一般會員的認識上它不是，從它實際的運作機制上而言它也不是；它是一塊包含著多個私人關係網絡的馬賽克。或用費孝通 (1991:25-33) 的概念，工會是按照類似「差序格局」的原則組織起來的。一般會員並不是以「工會作為一正式團體」的一份子認定自己的角色，並採取行動，而是以他（她）個人為中心丈量某一重要「參考個人」(reference individual；往往是某一工會幹部) 與他的社會距離的遠近，而後決定行動。但是，費孝通的概念並不完全適合現在的分析，因為：第一，它主要是用來指出鄉土社會的高穩定性，而非變遷的組織基礎何在；第二，差序格局對費孝通而言，是以自我中心依照親屬關係或地緣關係，向外推展出去的差別關係。在遠化這個現代化的生產組織中，工人往往並非以上述兩種關係連結，而

更可能是憑藉那於長久的勞動過程中、私下交往中所形成的同事(co-workers) 關係，特別是「班」(當然不排除這種同事關係中可能有不平等的現象，例如工會幹部與一般會員) (趙剛1993)。因此，親屬關係並不保證集體行動；特別是當橫向的親屬關係被直向的生產體系中的層級關係所切割時。領班或白領職員至少有可能會加入某基層工人親戚的行動行列，反而是基層工人較易加入他（她）的領導階層親戚的反行動行列。這卽是「差序格局」中所忽視的階級面向。另外，婦女在影響她的親戚加入某個行動的能力上要遠遜於男性。男性工人的態度往往能影響很多女工親戚，但女性工人並不能影響男工親戚。這卽是「差序格局」中所忽視的性別面向。

這種非正式的、私人的關係網絡也許可以在某些偶發的（相對於常規的）或甚至有行動風險的場合中能夠做為動員的基礎（「因為我要給某某人一個面子」），但是卻無法做為常規的或科層化的工會活動的基礎（誰又會給一個「不具人格的」(impersonal) 的「工會」一個面子呢？）。卽是因為這個緣故，工會一直只有要求廠方代收工會會費。而當資方拒絕為工會代收罷工基金時，工會的決議就完全失敗了。遠化工人長久以來在生產線上所建立的非正式連帶關係，對於遠化工會運動的發展，旣是一特別的力量，也是一重要的弱點（趙剛1993)。

(二)兄弟工會

在1987年底以前，羅美文已經和臺灣各地新出現的工運行動者建立起一些關係，並相互交流經驗。但羅美文以及他的遠化夥伴們最密集推展工運的空間還是在北部桃竹苗地區，而以新竹縣為中心。遠化工會在羅美文的策動下，以桃竹苗地區的一些自主工會為基礎，帶頭

成立了兄弟工會。它有九個會員工會，其中有五個屬於化纖業。臺灣勞工史上頭一次出現「同情性罷工」(sympathy strike) 這個想法即在兄弟工會。關於兄弟工會會員的權利義務裡有一最醒目的條文:

> 當兄弟工會的任何成員面臨勞資爭議，此成員可要求其它會員的救助。其它會員不得拒絕。(《勞動者》，1987 年 7 月第 13 期；《時報新聞雜誌》，1988年 2 月 9 日，p.73)

兄弟工會事實上是由一些工會幹部所構成的非正式網絡，但形式上卻有現代正式組織的權利義務等規章。它的運作完全以羅美文為軸心；羅美文事實上扮演了兄的角色，而其它工會的幹部則是弟。所有的互動是介於羅美文和其它工會幹部；而其它工會幹部之間則甚少往來。這種集中化的溝通結構，對於羅美文而言，反映了一事實，即是「遠化工會是當時能提供抗爭經驗給其它兄弟工會會員的唯一的工會，所以它能夠整合其它工會」(11-12-90)。

兄弟工會的入會有一儀式。所有的弟輩成員要交給羅美文一封兄弟帖，上面載明權利和義務，羅也準備一份同樣的給他們。以兄弟帖這樣的古老的文化傳統來進行工運的團結，可能意謂著臺灣工人在現代的社會中找不到其它現成的文化資源便利他們相互發展較持久的社會關係。事實上，在1987-89 年間，這種採取傳統拜把結義為團結手段的工人結社，並非只有兄弟工會一例。傳統 (tradition) 的利用或發明 (invention)，對工運的發展是有很重要的幫助的。十八世紀末英國工運發展之初的 Luddites 借用了古老的祕密結社的儀式來做為新的集體行動的文化與社會基礎 (Thompson 1966:484-496)。Hobsbawm 也認為從十八世紀末到十九世紀中葉的這段歷史中，祕

密的革命兄弟會是改變西歐社會最重要的組織形式 (1959: 162)。此外，任何儀式都有使參與者（特別是那些被孤立的團體）發生情感上的一體感的作用，而這個一體感可能又帶有某種排它的性質（1959: 171)。

　　經由大眾媒體的報導，一般對政治關心的大眾知道了兄弟工會，但是兄弟工會的會員工會裡的一般工人可能並不知道有這麼一個工會。一位兄弟工會的工人領袖告訴我，從頭到尾，關於兄弟工會的事情只有他和他工會裡的另一個幹部曾參與過。當問及為何不讓一般的會員也來參與兄弟工會所辦的活動，他的回答是：「你一定是開玩笑！」（F2, 9-11-90)。兄弟工會事實上是一工會領袖之結合，而不是工會的結合。

　　雖然兄弟工會是一隻紙老虎，但是在 1987 年底的時候它眞的咬人。1987年12月由遠化工會領銜集合眾兄弟工會會員抗議桃園的中興化纖廠❶解雇一名工會幹部。抗議活動分成兩個方向：(1) 由兄弟工會出面公開宣佈它將發動會員工會進行同情性罷工（這個宣佈獲得了大眾媒體的熱烈的報導）❷；和 (2) 羅美文動員了兄弟工會內的數家

───────────

❶　中興化纖廠位於桃園縣楊梅，比遠化的規模略小，在1990年時，它有 1,100 名員工。它一般被視為「國民黨的企業」，因為國民黨持有大股。

❷　在臺灣，為了一點小事而解雇工會幹部是一司空見慣之事。但這一回解雇卻抖出了中興化纖廠的惡劣工作條件。資方解雇這個工會幹部的理由是該員不假外出。但這位幹部出廠是為了要處理一位因車禍致命的中興化工工人，後者在死前曾連續工作了16個小時（《勞動者》1988 年 1 月，第 17 期)。而透過報紙的披露，一般大眾得知此一不幸工人在死前一個月一共工作了 440 小時。雖然勞基法第30條規定工人一週的最高工作時數不得超過48小時，中興的資方根本對此法規視若無睹。臺灣的資本家剝削勞動力的一常見手段卽是將底薪儘量壓低，而讓工人拚命的去賺加班費。就這名不幸的中興工人而言，他死前一個月的薪水總額中，底薪才不過佔了20%。

化纖工會一起向臺灣省人造纖維聯合會⑬施壓，促使後者發言譴責中興化纖資方。而即是在這些情況下，國民黨的化纖業黨部開始積極介入並施壓給中興資方要後者讓步。中興資方在面臨這三種壓力（兄弟工會、大眾媒體和國民黨），最後答應讓步，並且無條件地讓當事人復職（L15, 10-4-90）。需要特別注意的是國民黨官員在這個時期的表現，無論是一年前，或一年後，國民黨都不大可能採取同一立場面對工人的訴求；它這時仍在「失向」當中。

(三)新埔勞工服務中心

早在兄弟工會成立之前，羅和其它遠化工會幹部即發覺他們有必要在新埔當地社區成立一工作據點。這有三個目的：第一，可以做為在新埔及其鄰近區域發展自主工會運動的橋頭堡；第二，可作為兄弟工會的聯絡辦公室；第三，可作為遠化工會的廠外工會辦公室。除了有這三個用途之外，在鎮上設立一服務中心亦可以做為地方民進黨發展的據點⑭。1987年8月24日，遠化工會幹部結合新埔的民進黨

---

⑬ 國民黨的統合主義工會政策的核心器官是生產事業黨部。在生產事業黨部之下，各種重要工業都配有相對應的次級黨部——支部。而每一個支部也都有它平行的對應——工會聯合會。例如，化纖業有一化纖業支黨部，而同時這個支黨部又有它的影子：省人纖聯合會。此外，在這個層級體的最底端存在著國民黨生產事業黨部的最基本單位，也就是在各個工廠的黨分部。例如遠化廠即有遠化黨分部。在遠化，這個國民黨單位是在「事業關係處」的名義下進行工作。事實上，國民黨的生產事業部是臺灣各種工會聯合會幕後的真正的掌權單位。到目前為止，所有歷任的全國總工會的理事長都是國民黨生產事業黨部的要員。

⑭ 遠化工會的一行動者，也同時是新埔鎮的一名政治人物（鎮民代表），據說和民進黨甚有淵源。而羅美文在1987年底對民進黨並沒有任何負面看法；他那時尚無法分辨臺灣各種不同政治異議團體之間的政治與意識型態的微妙糾葛（L20, 8-14-89; H6, 10-1-90）。勞服中心的財源大致來自銷售親黨外的報紙，和參與者的捐獻。

的地方黨工，成立了新埔勞工服務中心（以下簡稱勞服中心）。勞支會的成員在這個成立過程中也提供了一些組織的支持。勞服中心事實上是臺灣工運史上的第一個由工人為主體成立的工運組織，企圖結合工會、社區，和整個工運於一體。勞服中心在此後遠化工會的發展上也的確發揮了很重要的溝通與協調的功能，特別是在1989年的 5 月罷工。

　　雖然勞支會和新埔地方的民進黨黨工對勞服中心的成立都有貢獻，勞服中心的運作還是由羅與他的遠化同僚負責。勞服中心成立後馬上就積極的展開協助鄰近工人組織自主工會。1984年公布實行的勞基法在此扮演了重要的角色。勞服中心的行動者充分的利用勞基法做為保障勞工經濟權利的手段。一位重要幹部說：「一本勞基法都快被翻爛了。」（C7, 10-5-90）在不到一年內，經由勞服中心積極介入而成立的自主工會有四（三個在新埔，一個在楊梅）；其中有兩個工會是遠化廠的相關企業。勞服中心在新埔發展自主工會運動，主要是依賴工人之間的非正式關係。經常的過程是，某一個工廠的工人，透過某一個遠化工會幹部的關係，向勞服中心申訴。勞服中心並不直接解決個人案件，而是讓這個工人回到他／她的工廠，下一次帶來更多的工人。而勞服中心則協助他們籌組他們的自主工會。當第一個工會順利組成後，勞服中心也開始在地方上較有名氣，而後有更多的工人找上門來，尤其是那些與勞服中心有順利合作經驗的工人，會更熱心的介紹他（她）們在別的工廠的親戚朋友來勞服中心。四個自主工會就是這般接連成立的（C7, 10-5-90）。

　　勞服中心在它成立後的一年裡（1987年 8 月到1988年 9 月）的成功，除了歸因於遠化工會幹部以及少數工運人士之外，另外有幾項因素不可不提。第一，地方政府主管勞工事務的部門在這一段時期可以

說幾乎是完全失向，它幾乎完全處在一種「獨立」的狀態，而中央勞
工主管機關（勞委會）可以說是處在一更混亂的狀態中⑮。地方政府
官僚為了政治上自保，對於工運的要求有兩個可能的「應付」辦法:
第一個是完全「依法行事」，執行一些過去被他們視為只是裝點門面，
而從不認真執行的法條⑯。 這樣的作法是企圖在法條主義下換得自
保，但反而方便了工人運動。其次是將整個案件推到勞委會處理。而
在這種情況下，勞服中心經常越過縣政府直接向勞委會交涉他們的案
子(例如，兄弟工會申請登記，和罷工基金的籌設等)。但是在勞委會
裡，工人的訴求不是被模稜兩可的推搪掉，即是斷然的，沒有法律基
礎的，被拒絕掉。這些不愉快的接觸使羅以及很多的工運新秀對於國
家的「公權力」開始懷疑(工會會刊，1987年12月7日: W1，10-25-
90)。這直接影響到工人在以後的勞資衝突過程中，對國家角色的定
位; 工人行動者開始掌握到國家與資本利益之間的結構性的親近。這

---

⑮ 勞委會在大約解嚴後的一年內一直無法有連貫明確的政策立場。事實上，國
家很多關於勞資關係上的態度不明的原因是由於很多戒嚴時期的勞工法律仍
然適用。而這些法律已違背了後戒嚴時期的一般精神。所以國家不但被勞方
也同樣被資方批評。勞方批評解嚴不過是一騙局，因為解嚴前的法律仍然有
效。資方的批評則主要在於國家不能迅速制定一套週延的新法以保障資本的
利益。在後者的壓力下，國家著手修改勞資爭議處理法和勞基法。

⑯ 諷刺的是，臺灣的各級政府在很多方面並不是法律的保障者。法律的解釋當
然必定受社會與政治因素所制約，這是各政治社會皆然的。但在臺灣，法律
經常因為實際的或政治的考量而被否定。在勞資關係的法律的執行上，這個
現象特別突出，新竹縣政府社會科就是一個例子。一位社會科的官員告訴工
人當事人: 「你要告你老闆可以，但你不會贏。此外，訴訟費你花的起
嗎? 所以假如我是你，我會接受你老闆所開出的『資遣』價碼。告訴你真
的，他已經對你不錯了。」(C7，10-5-90) 諸如此類的要求工人接受遠比
勞基法所規定的下限更低的條件的事例，在臺灣可說是非常的普遍。大多數
工人並不知道法律，他們只好接受政府官員的說法。

即是 Willis (1977) 所說的洞察力 (penetration) 的出現。

（四）工　黨

　　工人行動者在1987年後期在行動中發展出來的對既存政經結構的某些洞察力（例如，國家與資本的關係；國家法的階級特殊性）的社會基礎是非正式網絡（或團體）（參考Willis 1977:123）。在這個案例裡，有兩種主要的非正式網絡：由工會幹部為主的工人行動者所構成的，以及知識份子行動者所構成的。在 1987 年 8 月以前，至少對工人行動者而言，同情勞工以及工運的知識份子之間並沒有明顯的分化；知識份子之間的區別（例如自由派、社會民主派、工會主義者、社會主義者 …… 等等）並未曾進入工人行動者的意識。舉個例子，1987年 8 月24日新埔勞服中心成立，所有重要的勞支會的成員皆前往祝賀，唯獨魏來（羅美文等與勞支會裡頭接觸最密集的一位成員）沒有參加。三年後，羅美文回憶：「我那時根本不知道知識份子之間的那套複雜的把戲。那一天勞服中心慶祝成立，勞支會的人都來了，唯獨沒有老魏，他應該來的啊，因為他從頭到尾貢獻最多。我問勞支會的人，但他們都顧左右言它……很久以後，大概一年後吧，我才知道老魏和勞支會的其他人想法差距很大，而且那時正被排斥。」(11-12-90)

　　魏來大約在10月正式離開勞支會，此後夏潮系的人馬完全脫離勞支會。而早在 8 月媒體就傳出臺灣戰後的第一個左翼政黨正在籌組中。事實上，主要籌組者包括兩方面：夏潮系的左派知識份子，和高雄地區的以立委王義雄為核心的一群政治人物。而是魏來將羅美文介紹給夏潮系的其他份子，並隨後把羅引進工黨。但這並不是容易做到的，因為勞支會也在渾身解數的爭取羅美文。羅以及遠化工會那時已

成為正在冒出頭來的臺灣工運的象徵。 起初， 羅美文較傾向於勞支
會。一直到1987年的11月23日 （他成為工黨的第一任副主席之前的兩
週）， 羅和他的遠化弟兄們接受勞支會的訪問時還表明：

> 工黨的成立， 的確令社會耳目一新， 並激發工會的警覺心。 目
> 前我們沒有什麼政治意圖， 只致力聯絡其他工會， 共同結成兄
> 弟會， 和勞支會的目標相當接近； 我們也傾向服務性。 工黨是
> 明確表明立場的， 我們擔心在加入後， 會被那些學者、專家們
> 利用為踏腳石， 利用過後則一腳踢開。 這也是目前一般工人的
> 疑慮吧? （《勞動者》1987， no. 16）

但情勢因魏來與鄭方的合作而急轉直下， 鄭方認為遠化工會應該
加入工黨， 而由他動員其他工會幹部集體施壓給羅美文 （W1, 9-13-
90; H1, 7-24-90）。 工黨成立於 1987年12月6日， 當天羅美文獲選
為副主席， 鄭方則當選中央委員， 遠化工會並有多人加入工黨。 羅美
文加入工黨有一條件， 即是他仍將致力發展地方工運， 不願過問日常
性的黨務工作。 但從此羅美文與夏潮系的知識份子也發展了密不可分
的關係。 翌年7月， 工黨的兩派人馬決裂， 羅美文跟著夏潮系的同志
接著醞釀成立勞動黨。 羅美文說：「一直到工黨分裂了半年後， 我才
慢慢知道當初『工黨』這些人是怎麼組起來的； 等籌組勞動黨時， 我
才知道什麼新潮流這些是什麼。」（11-12-90）所以， 大約是在1988
年底， 羅美文才大致分清楚臺灣工運圈的各種政治光譜， 而明確的給
自己政治及意識型態的定位。 有充分的理由相信， 1987年底以前， 臺
灣新興的工人行動者之中， 並沒有被知識份子所特別著迷的各種區分
（division） （例如， 統獨、國家認同、各種主義……） 影響。 知識

份子如何影響工運的團結與分化，　將會是臺灣工運史上的一重要問題，但它超出這篇文章現在的能力範圍。

五、討論: 國家法律、公共生活，與工運

E. P. Thompson (1966) 在他研究英國工人階級的形成的著作裡注意到了國家的父權主義勞動立法對於工運發展的影響。 Thompson 在分析 Luddism 的興起時指出「Luddism一定得被視為在一危機轉折點上崛起的: 一方面父權主義的立法將被廢除，而另一方面卻以自由放任 (Laissez faire) 的政治經濟體制，　不顧工人的意志與良心，而強加諸於工人之上」 (1966:534)。臺灣工運在 1987 年的狀況則表現了一相反的過程。臺灣的工運在1987年的驟然崛起也是在一歷史的轉折點上: 「自由放任」的經濟制度 (此處指涉的是最基本的意義，卽是，國家將勞動條件完全留給個別資本家做主) 開始受到父權主義立法 (卽，勞基法) 的威脅。但不論是十八世紀英國或二十世紀末的臺灣，都是父權立法的「一種仁慈良善的國家的模糊意象」在支持英國和臺灣工人與資本抗爭; 工人相信這個仁慈良善的國家會對「惡劣的製造商或不公正的雇主給以立法和道德的懲罰」(Thompson, 1966: 543)。　而唯一區分英國和臺灣的案例的只不過在於: 對於英國的 Luddites，　此一仁慈良善的國家意象是在慢慢的漸隱 (fade out)，　而對於臺灣工人而言，　此一意象則慢慢的變得漸現 (fade in)。雖然這個意象，對工人行動者而言，在1988年下就開始破滅了，而到了 1990 年可說是完全消失 (參考趙剛1991)，但對於研究1987年工運興起階段時的工人行動者對於「國家」的主觀理解，以及意義的賦予是不能不重視的。

不可以將勞基法和勞工的集體行動之間的關係視爲一單純的「刺激與反應」。並不是某些工人知道有勞基法的存在， 或知道他們的雇主違反了勞基法的條文， 而使他們變成積極的工運參與者。 而根據我對於遠化的工人行動者，或很多其它臺灣的工人行動者的訪談的了解，這個過程反而是： 工人想要去了解勞基法和其它勞工相關法律，只有在他們經歷了與資方與／或官方的實際的鬥爭而遭遇挫折之後。只有在那時候， 他們才想開始將勞基法搞清楚一些， 而在此時知識份子的協助才進入。 因此， 勞基法成爲工運的槓桿是在工運的過程之中， 而不是之前展現的。 而勞基法可以爲工運用來做爲內在批判 (immanent critique) 的武器， 也是由於它被工人與其知識份子的同盟所歷史地與社會地建構起來的。 勞基法是一「浮現的社會過程」(a social process of emergence)， 一直是爲工人與他的盟友知識份子所不斷定義與再定義。雖然這個定義與建構過程不可避免地牽涉到其它與勞基法有關連的社會行動者，例如國家官僚與資本家。

對於羅美文以及很多其他在1987年左右崛起的工人行動者而言，他們在工運行動中所經驗到的法律與政治社會現實之間的尖刻矛盾，往往是他們日後益趨激進的重要原因之一。 是對既存體制採取行動（雖然這個行動不必然是自覺的挑戰性行動）， 而後碰觸到了支配結構，才進而反省到她（他）的社會存在，才進而提昇她（他）的階級或工運意識。因此，往往並非外爍的階級或工運意識，透過知識份子（或官方與媒體所稱的「外力」）影響了工人的行動，而是工人由行動提昇了他們的意識。這卽是 Fantasia (1988) 所說的「行動中的意識」(consciousness-in-action)。知識份子對工運形成的角色雖然重要，但並非主導的，遑論唯一的。另一方面，源自知識份子的統獨爭論、國家認同、政黨主體主義等分化或「政治化」工運的力量，

在1987年裡一般而言不甚明顯，但也有了一些端倪，例如工黨與勞支會爭奪遠化工會與羅美文。

　　1987年的工人行動者總是那有限的一小群工會幹部。一般會員大眾仍對公共事務興趣缺缺；在日常生活上和工會，更甭提工運，無從產生關連。在臺灣的特殊脈絡下，工運實踐的歷史、社會，與文化的條件非常的貧乏，而和有豐厚的權利論述（discourse of rights）和階級衝突的傳承的西方社會不可同日而語。在這些西方的社會裡，結社、相互主義（mutualism），和合作的規範早已世世代代的爲工人階級所內化了。而這些規範，對於 Oestreicher（1986；61-63）而言，即是所謂的「反對的次文化」（the subculture of opposition）。比較的看，臺灣的工人非常地缺乏此一次文化。當然歷史地看來，這和長久以來黨國的威權統治和家庭內的父權統治有關；國家的威權教育和父權家庭是爲了資本主義生產而使勞動力馴服的兩大機構。此外，比較起十八世紀末有豐沛的自主結社與權利意識的英國工匠（craftsman）傳統（Thompson 1966: 500），二十世紀末的臺灣工人則明顯的欠缺一種相對的職業自主與權利論述的傳統。國家主義、父權家庭主義，與市民結社的傳統的缺乏，三者共同影響了臺灣工人缺乏公共生活與反抗次文化。而這不是解嚴及其帶來的「民主化」所能旦夕改變的。當然，這也不是單純的組織化的問題；成立一個正式的，甚至「自主」的工會也不意味工運的同步發展。如同一位臺灣的著名知識份子工運行動者所指出的，這個缺乏對抗次文化的現象往往深刻的表現在：「就算有了自己的工會，工人仍不知如何和別人發生連帶關係」（《中國論壇》，1989年5月25日）。問題的根源在於臺灣的工人沒有公共生活的習慣與傳統。而知識份子行動者和工人行動者的歷史的結合，則是臺灣工人進入公共領域、熟悉公共生活

的重要的一步，儘管其中知識份子與工人並不全然站在平等的基礎上合作。

公共領域的存在與公共生活的習慣是工運發展的前提。臺灣的社會由於長久以來缺乏公共領域與深固的公共生活的習慣，而幾乎一切的「社會」生活皆囊括在威權的國家與父權的家庭之下。在以往戒嚴令限制了公共領域的產生的前提下，解嚴（雖本身並不會產生公共領域）不可否認的大幅降低了公共領域產生與維持的困難。但由上面的討論，我們發現國家法律（本文提到的有，人民團體選舉辦法、勞基法、戒嚴令）並不僅僅外在地影響（不論是壓制或是便利）公共領域及工運，它經常也內在地構造了公共領域及工運。法律的權利意識和報復主義，及其相關的整套的語彙（vocabularies），被行動者內化，而成爲社會行動的動機（motives）與公共論述的內容（Mills 1940: 355-366）。充斥於工運中的法定權利動機（institutionalized-right motive）與守法動機其實扮演了最有效的社會控制（而在此社會控制與自我控制不再能區分），而結果是使行動者無法創造另類的世界觀與另類的生活觀。而這種條件下的公共領域其實是國家在市民社會的延伸或再生產；僅是一個國家化的公共領域（statized public sphere）。國家法律雖然提供了行動者的合法基礎，但也由此滲入且架構了公共生活與意識。因此，法律可能有兩個相悖反的效果：一方面，它可能提供行動者對現存體制的內在批判的基礎；但另一方面，它也可能加強了國家對社會的穿透力；行動者所創造的是一國法化的公共生活。以遠化工會在1987年的過程而言，這兩種效果皆曾出現。如何使法律成爲工人的內在批判的武器，而非社會行動與關係的規範性與語言的基礎，實爲工運，或推而言之，民主運動的理論與實踐的一大問題。

　　遠化工會在1987年間的崛起，雖然象徵了部分臺灣工人已開始聯合不同的社會人群（例如知識份子）爲他們的利益而行動，但是它並不能夠超越這個社會歷史傳統所加之於它的限制，它仍然深刻的表現了臺灣傳統社會生活中的唯法律主義與非公共生活的性質。　就此而言，遠化工會在1987年的發展過程，或許可以做爲理解1987年臺灣社會變遷或「民主化」過程的一具體而微的個案表現吧！

參　考　書　目

中文：

王振寰、方孝鼎： 1991，＜國家機器、勞工政策與勞工運動＞，《臺灣社會研究季刊》，第十三期。

方孝鼎： 1991，＜工會運動與工廠政權之轉型：臺灣汽車客運股份有限公司的個案研究＞，東海大學社會學研究所碩士論文，未出版。

丘亞飛： 1993，＜國族意構情結的「返祖性」（Atavism）及其認知構陷＞，頁68-79，《島嶼邊緣》第八期。

李允傑： 1989，＜臺灣地區工會政策之結構性分析＞，臺灣大學政治學研究所碩士論文。

汪立峽： 1984，＜被侮辱與損害的勞工＞，《前進》，1984年五月五日。

徐正光： 1989，＜從異化到自主——臺灣勞工運動的基本性格與趨勢＞，收錄在徐正光、宋文里合編《臺灣新興社會運動》，臺北：巨流。

夏林清、鄭村棋： 1992，＜站上罷工第一線——由行動主體的角度看1989年5月罷工抗爭的發生及影響＞，《臺灣社會研究季刊》第十三期。

張聖琳： 1989，＜空間分工與勞工運動：新埔地區的個案研究＞，臺灣大學土木工程研究所碩士論文，未出版。

張曉春： 1987，《勞心勞力集》，臺北：中國時報。

張茂桂： 1990，《社會運動與政治轉化》，二版，臺北：國家政策資料研究中心。

張國興： 1990，《臺灣戰後勞工問題》，臺北：現代學術研究基金會。

黃玫娟： 1991，＜區域化內部勞動力市場、社區與工會自主＞，東海大學社會學研究所碩士論文，未出版。

費孝通: 1991，《鄉土中國》，香港: 三聯書店。

葉曉蘭: 1991，《 我國工會體系之功能分析 》， 東吳大學社會學研究所碩士論文，未出版。

趙　剛: 1991，＜一九八八年的國家、法律、資本與工運＞，《中國論壇》，1991年10月。

＿＿＿: 1993，＜非正式社會網絡，正式社運組織與民主＞，中央研究院民族學研究所「臺灣的勞動研究: 新的起點」研討會論文。

鄭陸霖: 1989，＜臺灣勞動體制形構的解析: 歷史結構的取向＞，臺灣大學社會學研究所碩士論文，未出版。

《工商時報》

《中國時報》

＜臺灣勞動權利報告＞: 1989，臺北: 勞支會。

＜臺灣地區工會概況調查統計報告＞: 1989，臺北: 行政院勞工委員會。

《時報新聞雜誌》

《勞動者》

《新新聞》

《聯合報》

《遠化工會會刊》

英文:

Chao, Kang

　　1991 *"Labor, Community and Movement: A Case Study of Labor Activism in the Far Eastern Chemical Fiber Plant at Hsinpu, Taiwan, 1977-1989"*, Unpublished Ph.D. Dissertation, Department of Sociology, University of Kansas.

Deyo, Federic C.

　　1989 *"Beneath the Miracle: Labor Subordination in the New Asian Industrialism"*.

Dwyer, Lynn E.

　　1983 *"Structure and Strategy in the Antinuclear Movement"*, Pp. 148-161. In Social Movements of the Sixties and Seventies. edited by Jo Freeman. New York: Longman.

Fantasia, Rick

1988　*"Cultures of Solidarity: Consciousness, Action, and Contemporary American Workers"*, Berkeley: University of California Press.

Gamson, William

1975　*"The Strategy of Social Protest"*, Homewood, Ill.: Dorsey Press.

Gutman, Herbert G.

1977　*"Work, Culture, and Society in Industrializing America"*, New York: Vantage.

Ho, Shuet Ying

1990　*"Taiwan—After A Long Silence: the Emerging New Unions of Taiwan"*, Hong Kong: Asia Monitor Research Center.

Hobsbawm, Eric J.

1959　*"Primitive Rebels"*, New York: W.W. Norton and Company.

Jenkins, J. Craig

1985　*"The Politics of Insurgency"*, Berkeley: University of California Press.

Judkins, Bennett M.

1983　*"Mobilization and Membership: The Black and Brown Lung Movements"*, Pp. 35-51 in Social Movements of the Sixties and Seventies. edited by Jo Freeman. New York: Longman.

McAdam, Doug

1982　*"Political Process and the Development of Black Insurgency:* 1930-1970", Chicago: University of Chicago Press.

Mills, C. Wright

1940　*"Situated Actions and Vocabularies of Motive"*, American Sociological Review. Vol. 5(6): 355-366.

Montgomery, David

1979　*"Workers' Control in America Cambridge"*: Cambridge University Press.

1987　*"The Fall of the House of Labor Cambridge"*: Cambridge

University Press.

Moore, Jonathan

1989 *"Taiwan's Leading Exporter Has Changing Strategies"*: Mills and Money. Far Eastern Economic Review 4 May: 70-71.

Oberschall, Anthony

1973 *"Social Conflict and Social Movements"*, Englewood Cliffs, NJ.: Prentice Hall.

Oestreicher, Richard Jules

1986 *"Solidarity and Fragmentation"*: Working People and Class Consciousness in Detroit, 1875-1900. Urbana: University of Illinois press.

Thompson, E. P.

1966 *"The Making of the English Working Class"*, New York: Vantage.

Tilly, Charles

1978 *"From Mobilization to Revolution"*, New York: Random House.

Willis, Paul

1977 *"Learning to Labor"*, New York: Columbia University Press.

第五章

婦女運動與公共政策的互動關係
——墮胎合法化和平等工作權策略分析

顧 燕 翎

一、婦運前的婦女政策

在傳統的父權社會，女性普遍屈居弱勢，活動空間被劃歸於家庭以內，附屬於男性，在公領域中，女性無聲也無影，自然也無所謂婦女政策。不過，沒有婦女政策僅表示婦女和國家之間沒有什麼正式關係，並不表示婦女是處於國家的規範以外。事實上，國家對婦女的控制間接透過家庭中的男性來完成，像夫妻合併報稅，妻以夫之住所為住所，以夫之姓氏為姓氏，夫妻聯合財產由夫管理，公共安全體系對毆妻事件採取不干預態度等等，都無異於加強婦女對男性的依賴及其在家務和育兒方面的傳統職責。從婦女史來看，女性開始受到政策主導者積極的注意，並非始於女性集體的自覺或反抗，而是基於經濟上、政治上或軍事上需要動用女性資源。Randall (1987: 197) 曾指出，國家為了本身生存，有三大需求：一、經濟繁榮或成長；因此得到的稅收可用以支持二、三項需求：二、穩固的國際地位；三、安定的國內局勢。婦運前的婦女政策也可視為滿足以上需求而動員婦女的策略。從清末開始，政治上的主流派、非主流派和反對派都同樣採用過動員另一性人口的策略，來壯大己方聲勢，如變法維新者的興女學、廢纏足，目的在於富國強種；北伐時期的婦女運動委員會以動員

婦女支援前線、救護傷兵為目標；抗戰時期組織了三百多個婦女團體從事救護、慰勞、宣傳、生產和武裝戰鬥（參閱顧燕翎 1987:3-45；呂芳上 1979:378-412）；1950年代國民黨將婦女運動等同於反共抗俄動員，1970 年代臺灣省政府提倡「客廳即工廠」，由政府提供貸款，購買機器，供家庭主婦在家從事按件計酬工作，以減輕資方在設備、工人福利、健康和保險方面的投資，並且規避最低工資的限制，同時達到穩定物價、持續經濟成長等目標。1973 年到 1984 年間的社區媽媽教室則是標榜「宣揚政令，促進社區發展與教育方案，慶祝國定假日，母親的利益和需要其次」。由政府補助的各項活動包括德育、公共衛生、家務及生產技術、康樂活動和社會服務，女性的傳統角色──照顧和服務──一再被加上道德的包裝灌輸給婦女，女性為了家人生計和生活所做的雙重付出也受到合理化，並被視為社會安定繁榮的必要基礎，然而在化妝、公衛、倫理、土風舞等課程之外，女性自覺的訓練卻是付之闕如（參閱 Cheng and Hsiung, 1989）。不論在何種社會條件之下，婦女政策雖以婦女為對象，卻是由統治者制定，以動員婦女達成既定經濟、政治、軍事目標為宗旨。婦女或許因為被視為可以開發的潛在資源而獲得重視，然而其在性別結構中的弱勢位置卻並未能因而動搖。

女性群體開始在主觀上體認到兩性的差別待遇，集體主動謀求政策性改變並參與公共事務決策，而不再被動地接受男性當政者制定的婦女政策，是二十世紀女性意識覺醒後的一項主要成果。

二、婦運和公共政策

婦女運動是社會運動的一種，當社會生活組成中因為有矛盾和不

平等而發生社會問題，人們企圖謀求解決而組織起來，推動與原有秩序相反方向的變遷，對舊有權力結構產生壓力，乃形成社會運動。婦運之存在基於兩個重要假設：一、女性群體普遍受壓迫❶的事實——因此才有反抗的理由。不過事實客觀存在和得到主觀的承認之間，有時有相當大的距離，有了主觀的承認，才可能產生反抗的行動。二、女性受壓迫是基於社會原因，而非生理原因——因此可以以人為方式加以改變(Delphy 1984)。從毫無女性意識到認同女性群體是婦運的第一階段，接下來透過對傳統婦女定位的反抗，才可能透視性別歧視的社會結構性，而產生特別屬於婦女的政治訴求（參閱 Klein 1984: 3）。

因為旨在促成權力結構或資源分配的改變，所以多數社會運動以公共政策的修改或制定為最終目標，Mauss (1975) 的社會問題生命週期理論（分為發端、集結、制度化、削弱和消失五個階段）也將運動的削弱和消失視為制度化之後的必然生命現象。婦運者為了強化其社會影響力，把婦運議題帶入公共政治領域（「個人的即政治的」），制度化亦為必然之目標。然而婦運在本質上有別於其他社會運動，在爭取資源和權力的重新分配之外，更關注於生活型態、社會文化和體制體質的重新轉換，因此除了必須面對與政治體系及國家的直接衝突，尚致力於開拓新的政治論述及政治訴求領域、泯除公共政策和私人議題之界線，重新思考及定義「自然」……。由於婦運特別珍惜批判、反省精神，因而女性主義的理論、婦運的目標、婦運和公權力的

---

❶ 在臺灣不論在婦女團體或研究者之間，「壓迫」仍然是一個相當禁忌的說法。不過許多女性不否認她們的需要和聲音不受重視或者受到壓抑，以下是來自於個人或其他女性的經驗：照顧家中老小全是女人的責任；在婆婆面前不敢讓丈夫做家事；即使承認自己是女性主義者，也要加上但書：「我是女性主義者，可是我很溫柔。」「我是女性主義者，可是我是好媽媽。」

關係也在運動過程中不斷受到檢討和修正，從世紀初的爭取男女平等權利到90年代追求女性集體認同，顯示出在加強公權力介入和擺脫公權力干擾之間，婦運者難以取捨的矛盾心態。正因如此，在分析婦運時，用單一的社會運動理論不足以解釋其目標的多重性，及因而產生的策略變化和內部衝突。

當政治結構鬆動或政治體系重組時，往往會給予婦運和其他社運較大的活動空間，Tarrow 等人曾提出締造和制約政治抗爭的政治機會結構 (political opportunity structure) 由以下三要素組成：一、政治體系對於社會團體的開放程度；二、政治體系執政的穩定性；三、支援團體的存否。這三個要素對於婦運的產生，及其政策面的成敗，都有決定性的影響，關係到婦運的政策目標是否達成，以及運動的代表性是否受到公認。然而婦運的歷史並不純然取決於外在的政治環境，運動內部的資源，如領導、組織、動員能力等，亦不容忽視，尤其重要的是，意識型態不僅左右了婦運的方向，決定婦運內部的團結與分化 (Shtob 1987:194)，也直接塑造了領導方式和組織型態❷ (參閱 Carden 1974, Freeman 1975)。

---

❷ Carden (1974) 將與婦運有關的個人和團體劃分為以下五類： (1) 婦女解放團體：小規模，6～12人，年輕女性組成的自覺團體(CR)，分享親密的、個人的感覺，探討社會力對個人行為的塑造，以及其他生活方式的可能性、其中僅有一部分發展出社會行動。Freeman (1975) 認為此類團體無正式組織結構，反對權力階層化，團體間亦甚少聯繫。(2)女權團體：如NOW, the National Women's Political Caucus, the Women's Equity Action League, 有大規模，層級化的全國性組織，政策導向。(3)同情婦運個人。(4) 傳統婦女團體，女性主義復甦前即已存在，如 YWCA, The League of Women Voters, 曾有過女性主義目標。(5) 婦女解放和女權團體存在之後產生的女性利益團體，如女性職業團體，專業團體內的婦女組 (caucus) 等，以保護和爭取特殊對象婦女的權益為主旨。Carden 及 Freeman 都將第一、二類定義為婦運團體。不過後三者都可視為婦運的支持者或潛在支持者。

　　因此政治機會結構論和資源動員論運用於婦運，僅有助於評估政治目標的達成，亦即在現有體制內爭取資源和權力重新分配的成效。至於婦運在文化和心理建設層面更根本的目標：　文化常模的重新解釋，對身體、慾望、自然的重新省視和定義，則需要從個體的自覺和實踐，集體認同的建立方面著手，從表面上看，這些範疇展現靜態、自省的特色，不致引起政治衝突，也不屬於運動型態，然而女性自覺所可能激發的政治需求以及個人態度和行為的改變，實則具有重塑婦女和國家／婦運和社會關係的潛力，是研究者不可忽視的一個面向。

三、80年代臺灣婦運的政治機會結構與資源結構

　　80年代初期的臺灣社會，在反對人士不斷向統治權威挑戰，及世界性民主自由潮流影響下，國民黨長期穩固的執政開始出現鬆動的跡象，被迫向民間力量採取較開放的態度，因而不同目標的社會運動，如消費者運動、環保運動、人權運動等都逐一展開，互壯聲勢；同時，民間財富的累積、教育和就業能力的普遍提升，使得女性個人得以積聚較多可支配的財富，上班時間較具彈性的專業婦女人數持續增加，加上人權意識的提升，國際間女性主義思潮的澎湃，都大大強化了婦運的動員能力，並相對減低其阻力。解嚴之後，臺灣地區的社會運動隨著政治禁忌的日漸消除，活動力更不斷增強，各種不同宗旨的婦女團體也相繼成立，這些團體雖未必都以女性議題為訴求重點，卻都是婦運的潛在受益者與支持者。就結構面而言，婦運已具備了充分的發展條件。

　　從70年代開始，婦運的主要資源來自都市知識婦女、同情婦運的男士、外國機構、政府機構及傳播媒體，因此也不可避免地受限於這

些資源，而以都市居民、媒體、法律制度和社會習俗爲運動目標，從事主要屬於體制內的抗爭。運動方式以出版書籍、雜誌，舉辦演講、座談、記者會，游說政府官員、民意代表及其助理，草擬法案爲主，以達到教育民眾、改革法律與制度的目的。此外，爲了特定的目標，如救援雛妓、反對選美，也偶而採取街頭遊行、舉牌抗議等手段。此外，臺灣因爲幅員狹窄，人口密度極高，文化、政治和經濟活動集中在北部，尤其是首府臺北，因此臺北也成爲婦運的主要基地，結果不但規避了其他國家因幅員遼闊，在資訊交換和動員方面的困難，也因爲在地理位置上接近國家決策中心，在婦運策略上自然有較強的政策導向。目前臺灣以婦運爲主旨的正式組織，以82年成立的婦女新知爲代表。其他成立於80年代中期以後的婦女團體，如主婦聯盟、臺灣婦女救援會、進步婦女聯盟等，各有其鮮明的目標和特色。雖未特別標榜性別社會結構的改造，但都能本於女性的立場，在個別社會議題上採取聯合行動，如1987年6月國際獅子會大會期間的抗議色情行業，同年8月的反對夫妻合併報稅和1989年聯署婦女十大政見等。其他如臺灣勞工法律支援會、希望職工中心、臺灣人權促進會、人本教育基金會、佛教青年會等勞工、人權、教育、宗教等團體亦曾經在反對選美、反對色情、反對夫妻合併報稅等議題上成爲婦運結盟者（《婦女新知》，63,1987,6）。

四、婦運後婦女政策

研究者在論及與婦女地位相關的法律和政策時，往往根據以下幾個指標：一、公共事務參與，二、教育；三、就業；四、家務分工；五、婚姻；六、人身安全與自主權。婦運在認同期僅以男女平權爲目

標，極力爭取與男性相同的參政、結社、教育和就業機會，然而當女
性躋入公領域後，發現一方面要應付工作場所公然的和潛在的性別歧
視，另方面仍得肩挑家務，缺乏支援，在雙重剝削之下，不僅負荷過
重，有欠公允，且使得機會平等失去實質意義；於是第二波婦運在爭
取機會平等之外，尚主張積極消除性歧視，包括學校教育消除性別刻
板印象；工作待遇同值同酬 (comparable worth)；設立托兒所，
提供男女兩性產育假，提倡部分／彈性時間工作制；修改婚姻法，改
變婦女在婚姻關係中的從屬地位；尊重女性人身自主權：從二十世紀
初的爭取節育合法化，到近二十年的墮胎合法化及以公權力制止性侵
犯等。

　　臺灣婦運自 1980 年代初期集結，正值世界第二波婦運高峰，婦
運議題跨越機會均等與安全自主，已經落實的婦女政策包括：1984年
通過優生保健法，婦女可因「懷孕或生產，將影響其心理健康或家庭
生活」而合法墮胎；1987 年 3 月 1 日警政署成立正風專案❸，嚴令
各縣市警察局加強檢肅販賣人口徹底取締色情行業，若有警察包庇色
情，將予以記過免職，主管並受嚴重連帶處分；1987年臺北市社會局
的八項婦女福利方案（《婦女新知》，59，1987，4）；1988年 7 月執
政黨十三全大會通過的國民黨政綱中有部分條文關係到婦女和女工福
利，其中有貫徹男女平等、擴大婦女發展機會的主張(77、78條)，也
有推崇傳統美德，肯定女性家務角色的條文 (81條)（《婦女新知》，
75，1988，8），顯示出政策制定者已感受到婦運的衝擊，卻又難以擺
脫來自舊勢力的壓力；1989年 8 月，公職人員選舉前，執政黨婦工會

---

❸ 正風專案實施一年後，根據警政署統計，共查獲雛妓506件、607人，販賣人
　口嫌犯208件，867人，前半年的執行效果是後半年三倍，顯得後繼無力（暢
　曉雁1988：16）。

提出「八大婦女共同政見」，（後增添爲十二大），與同年 7 月婦運及民間團體所提的「十大婦女聯合政見」大致雷同。國民黨中央婦女工作會 (1988年)、中華婦女反共聯合會 (1990 年底) 領導階層的替換和改組、救國團所屬眞善美聯誼會的成立 (1988 年)，以及主動與新興婦女團體接觸，都顯示執政黨的婦女工作至少在形象上試圖因應婦運而有所改變 (《婦女新知》，79，1988，16；105，1991，29)。可是1991年 3 月頒布的六年國建計畫，五千八百億社福經費中，婦女福利預算只有一億六千萬，不到0.03％，而當婦女團體與行政院祕書長進行溝通時，對方卻坦白表示不解爲何婦女屬弱勢團體 (《婦女新知》，106，1991，33)，則又透露出執政黨的婦女政策仍停留在書面作業階段。目前一些婦女團體正在努力推動男女工作平等法草案和民法親屬篇二度修訂。本文將針對世界婦運的二大議題：墮胎合法化和女性工作權 —— 從經濟發展的角度來看，婦女的再生產與生產功能 —— 檢討臺灣婦運的動員策略，其政策面的成果及意義。其中墮胎涉及婦女的人身自主權，工作權則與就業、家務、婚姻息息相關。

五、墮胎議題

中華民國的刑法對自行墮胎和加工墮胎都處以刑責，然而1984年人工流產合法化以前，臺灣地區的墮胎情況卽已非常普遍。根據家庭計畫研究所的調查，1972至1984年之間，二十至三十九歲有偶婦女的墮胎發生率在千分之四十五至五十五之間起落；在合法化之前，已有32％的有偶婦女有墮胎經驗 (《民生報》，1986，7，31)。但是因爲於法不容，婦女只得求助於私人診所或密醫進行手術，在缺乏法律保障之下，不僅需付超額費用，還往往身心受挫，甚或冒生命危險。

因此墮胎合法化絕對爲婦女所需，1970年代一再有民間團體（婦產科醫生、律師、婦女）在民刑法修訂期間呼籲墮胎合法化而未成（參閱《婦女新知》，1，1982，9；6，1982，7），1980年代婦女新知繼續推動，1982年臺北市議員在議會中質詢（《婦女新知》，5，1982，12），可是衛生署在1971年即已草擬完成的優生保健法卻一直受到擱置，直到1981年，國民黨十二中全會上，蔣經國主席希望十年後把人口自然成長率降到千分之十二（當時爲千分之十七到二十）（李1987），該草案才得以於1983年5月送交立法院審議。

　　審議期間，優保法不論在立法院或媒體都引起極大的爭議，反對者從宗教、道德和社會的觀點，主張胎兒雖未出生，但其法益應予保護；婦女應爲自己的性交負責；以防止沒有法律約束的性行爲（色情氾濫，破壞善良風俗），所以反對墮胎合法化（顧燕翎1990：194-203）。在立法院三讀期間，因優保法已屬國家政策，反對者較少，爭論主要集中在草案第一章第三條「主管機關部分」和第三章第九條「懷孕婦女施行人工流產應具備之條件」。草案規定，中央主管機關得設置優生保健諮詢委員會，林棟等五十位委員則提議改爲審議委員會，「審議人民申請人工流產之事項……不服前項審議委員會之決定，申請人、其配偶、其親族得向上一級委員會申請覆議……」，企圖加強公權力和親族對婦女個人墮胎行爲的約束。至於人工流產之條件，有關優生和被強暴受孕部分，較無異議，唯有第六款「因懷孕或生產，將影響其心理健康或家庭生活者」限制過寬，遭致激烈反對，林棟等人提案刪除（同上）。

　　當時婦女新知成立甫一年，其他新興婦女團體則尚未形成，倉促中婦女新知立即利用成員之私人關係網，發動臺北基督教女靑年會、婦女雜誌、消費者文教基金會、黨外編輯作家聯誼會婦女委員會的一

五四名婦女聯合致書立法院，要求保留行政院草案，並動員婦女到立
法院旁聽，一時成爲輿論的焦點，原案終獲通過，而未橫生枝節。這
是臺灣婦女（團體）第一次聯合行動在政策面獲得的成功，也因而奠
立了以後合作的模式。

　　顧燕翎（1990）曾分析組成此意見書的社會關係中所隱涵的意識
型態❹，就其「事實」選取過程與排列形式，以及文字斟酌依據，來
研判當時的婦運領袖是根據什麼樣的概念（schema）和策略來建構
此文件，以便得到其他婦女及婦女團體的聯署，以及有效地與立法院
社會大眾溝通。結果發現，意見書所列舉的「十大事實」，其背後的
概念可以歸納爲對女性及青少年的行爲控制、社會安定及社會生活品
質維持、對女性及受精卵的生命保護、法律可行性、世界潮流以及民
意等六類。其中民意和世界潮流雖負擔了將其他概念客觀化的重任，
其所占比重卻最小，次序也最後。因爲在當時的立法院中，三分之二
以上的立委都未面臨選票的壓力，其投票行爲因而不受民意或世界潮
流左右。比重最大和次序最優先的前三項，實際可進一步歸納爲家長
制的權威心態：對弱勢者控制和保護，追求安定，預防動亂。當時的
婦運領導人物預期在這樣的意識型態架構之下，墮胎合法化可以被接

---

❹ Smith（1986）曾指出，由於現代社會組織高度仰賴文字材料或文獻的中介
　作用，文字材料或文獻在把脫離地域歷史性（local historicity）的辭彙
　以明確形式固定下來並加以保存的過程中，所必經的事實篩選、排列、文字
　化等程序，在取捨之間反映的並非個人好惡，而是社會意識外化的結果，換
　言之，文獻所呈現的推理、判斷、評價等具體形式，體現的往往是社會組織
　的特性，而非個人思想。文獻或文字材料形成的過程以及被理解的過程都受
　到社會關係的組織，而文獻或文字材料本身復將成爲社會關係的組成成分。
　但是當我們在閱讀文字材料時，往往只觸及其最表層的字義，而錯失其底層
　的，形成文獻主因的社會關係。

受，因此在摘選事實時也以此爲標準。其他一些重要事實，如尋求墮胎的婦女以已婚且育有子女者爲多數，以及婦運主張婦女需要計畫自己的生活，應有人身自主權等，都未列入，因爲這些事實或主張無法統合於父系文化的傳統性別角色觀念：諸如女性不應享受性交而不負生養之苦，女性的生活範圍應限於家庭之內，以及女性的身體和人格屬於男性等等。意見書的聯署者顯然接受了，或者爲了達到預期目標不得不接受傳統意識型態，而在其縫隙之間檢選事實，特別舉出未成年少女因非自覺的性行爲而懷孕的事實，藉以規避父系規範對女性性行爲的處罰，同時相對指出如果不允許她們墮胎的話，不僅會造成她們個人的不幸，更嚴重的是，會增添諸如單親家庭、貧窮、少年犯罪、低生活品質等社會問題，這是社會大眾不願負擔的社會成本，也是具有家長權威心態的立委們所不願見到，或是不能公開表示漠不關心的社會現實。在陳述這個重大的婦運議題中，全然未提到女性的權利，也絕少採用與權利有關的字眼，因爲女性做爲一個個人的權利是絕不爲父系意識型態所認可的。在意見書中用於描述女性的文字爲「無知少女」、「被迫」、「不幸」、「可憐」等。不合格人工流產所引起的疾病與傷害，也不厭其煩，一一列舉。可見在文字取用上，女性刻意被塑造成年輕、純潔、無知、易受傷害的形象，自然引導出「需要我們伸出溫暖的大手」，予以救助保護的結論。「我們」很可能是男性統治階層，或認同於此階層者。

在保護生命的心態之下，女性的生命法益和受精卵的生命法益面臨了無可避免的衝突，爲了解決二者不可兼顧的矛盾，「現代醫學」和「世界各國」立法先例被適時引用，說明三個月之內的受精卵「只能算活細胞，還不能稱作生命體」，以證明墮胎與保護生命的原則並不相悖，因此即使墮胎合法化，父系意識型態也依然完整無缺。

此文件從頭至尾都迴避刑法中採用的和世俗通用的「墮胎」一詞，而堅守於醫學名詞「人工流產」，以避免「胎」所造成的生命聯想和刑法所引發的犯罪感，並給予此舉醫學上的正當理由。「人工流產」和「優生保健」在修辭學上的美化作用減輕了權威家長們保護受精卵的焦慮感，相對增加了他們保護弱小女性和維繫社會生活的責任，而將墮胎自由或人身自主權對父系權威可能形成的挑戰轉換成人工流產對此體系的依賴和認可。

不論就意識型態結構、事實摘選與排列或文字取用來看，上述文件都受到父系權威心態的統理，而這種心態是聯署者（婦女）和立委（年老男性為主）所共同具備的。在當時的政治機會結構之內，假設意見書中事實的摘選反映女性主義觀點，簽署之人數很可能因為其「過分激烈」而大幅減少，而立委們也絕不可能因為贊同女性主義或支持婦運而通過此法，卻極有可能因為反婦運而杯葛此法之通過。

這份意見書的事實摘選過程，具體而微地展現了當時臺灣婦運在權衡實質利益和婦運理想之間的妥協性格，為了爭取女性的合法墮胎權，保障低收入婦女的生命，婦運領導人士不惜屈從家長權威心態，以弱者的姿態向當權者懇求。然而，以規避女性意識的迂迴方式，而能夠使極為敏感的墮胎議題獲得合法化，凸顯了臺灣婦運獨特的處境和策略。由於女性身體長久在政府、醫界、丈夫等以男性為主的統治者管制之下，若不從意識型態層面上根本加以突破，則無論禁止、縱容或者強迫墮胎，實際上都可能只是遂行管制的一種手段（參閱顧燕翎 1989）。在墮胎合法化之前，本地和西方的婦女都有類似的需求：非法墮胎事實上一直存在，且發生頻率極高。1960年代西方婦運者在女性意識覺醒後，反對把婦女當做無自主性的國家生育工具，高呼「自由選擇」，爭取「身體自主權」，這種強勢作法在立法和執行的過程

中都受到反對人士的強力阻撓❺，但也因而產生了動員婦女和激化婦運的作用（參閱 Kawan and Weber, 1981:429; Sauter-Bailiet, 1981:417; Shtob 1987; Staggenborg 1985）。相形之下，臺灣婦運者附從主流意識型態的權宜作法，避免了兩極化的後果。然而在此議題上，婦運者的表層需要和當權者的表層需要正巧一致，所以達到預期效果，只能算是意外的和部分的成功，不過由於策略性規避女性主體意識，女性集體自覺未能因此有所提升。且優保法第三章第九條規定，婦女墮胎需獲丈夫或法定代理人同意，則僅有助於開脫醫師的法律責任，而依舊箝制了女性的人身自主權❻。此外，不論採取迂迴懇求或直接抗爭的方式，即使歷經困阻通過了法律，在執行階段，障礙依然存在，在 1992 年 3 月以前，臺灣的優生保健醫生需由衛生署指定❼，人數有限，而墮胎亦不納入公勞保範圍，根據臺北市家庭計畫

---

❺　墮胎議題因為直接挑戰國家和教會對婦女的人身控制，導致贊成和反對立場嚴重的兩極化，在多政黨黨系的聯合政府中，甚至不乏引起政府垮臺的先例，如西德、比利時、荷蘭、義大利等國（參閱 Randall 229）。

❻　優保法第三章第九條規定，墮胎需獲法定代理人或配偶同意，筆者訪談臺北、新竹地區公私立醫院及墮胎者親友後發現，醫院婦產科一般要求墮胎者（包括未婚但已成年者）由男性或監護人陪同（雖然並不查明其身分），並填寫同意書，大部分私人診所則無此限制。臺北地區有一位已婚婦人因丈夫迷信宗教，不事生產，家計由她獨力負擔，在懷第三胎時墮胎，結果因為涉嫌盜用配偶印章，填寫手術志願書，被檢察官以偽造文書及墮胎罪提起公訴（中國時報 1992,2,2:9）。

❼　根據衛生署訂定人工流產醫師指定辦法：在教育部或行政院衛生署評鑑為准二級以上教學醫院從事婦產科專職工作滿兩年以上、三級及准三級以上教學醫院從事婦產科工作滿三年以上、公私立醫院從事婦產科工作滿四年以上的醫師，「就可以申請」而有被指定的資格。衛生署可依地區分布的需要指定優生保健醫師。1987年大約有五百多位優生保健醫師，集中在都市，鄉下較少；資格符合而未被指定的醫師也不在少數。由於優生保健醫師人數有限，

推廣中心（1990）的調查，臺北市有偶婦女約 90％仍在私人診所墮胎。相較之下，義大利雖有極為先進的墮胎法，卻不允許私人診所進行手術，而公立醫院設備不足，且醫生可以因宗教信仰拒施手術（Randall 281），結果大多數婦女也仍得仰賴非法墮胎。回顧婦女史，諸多有關婦女權益的先進立法都在執行階段未能落實。要改變這個事實，恐怕還得回頭從婦運做起：時時兼顧女性意識的提升和文化體質的轉換，不以制度化為滿足。

　　嚴格地說，墮胎議題在臺灣因為策略性地以國家／社會利益為訴求，立法精神也著眼於經濟發展和社會安定的考量，本質上仍是沿襲婦運前的婦女政策，因此，若為了人力市場再生產或者國家安全的需求，則政府也可能立刻採取各種獎勵或強制措施，驅使婦女生育，如戰後的法國和納粹德國。婦女並未因墮胎合法化而擺脫國家人力資源再生產者之工具性角色。

六、工作權議題

　　同樣的父權邏輯，在婦女進入勞力市場的過程中，亦可尋到蛛絲馬跡。1960年代中期以後，臺灣勞力市場需要大量廉價、溫順、補充

施行手術時又要有病人詳細資料，一般婦女不願透露身分，往往到私人診所解決問題（李聖隆 1987: 116-117）。

「施行人工流產或結紮手術醫師指定辦法」是為了獲取立法委員支持優保法通過，高度妥協之下的產物，從醫學觀點來看，其內容極不合理，例如一般婦產科醫師可以施行高難度的剖腹生產手術，卻不一定有資格施行人工流產。因而此辦法經過衛生署一再修改，而於1992年3月18日廢除指定優生保健醫師的制度，凡是具有婦產科專科醫師資格，並且職業登記為婦產科醫師者，都可以施行人工流產。

性勞力，婦女就業——包括在家從事按件計酬工作——受到鼓勵，然
而鼓勵就業並不表示所有就業機會對婦女開放，或者提供良好的就業
環境，結果婦女就業出現顯著的區隔現象——集中於低薪、無酬、
低職等工作，以及薪資偏低、升遷和受訓機會較少、解雇機會較多
（參閱俞慧君 1987: 118)，而同時照養家人的傳統職責亦未得以稍
卸。因此，Cheng and Hsiung (1990:6) 在研究臺灣經濟發展和
女性勞力之後表示：「婦女勞力參與率和就業人口的增加並不必然表
示婦女生活改善或地位提高。相反地，這個現象不過反映了婦女在原
有的家務工作，加上低酬非家務勞動之後，被剝削的情況更加嚴重。
婦女就業人口增加大有助於資本主義的存活，卻不必然是兩性平等的
勝利。」

　　與墮胎相較，女性的工作權仍享有較多法律的保障，憲法第七條
保障女性法律地位平等，第十五條保障工作權，第一五二條保障人民
工作機會（參閱尤美女1990:61)；工廠法第三十七條、第六十九條及
工廠法施行細則第二十三條、第二十四條對於產假、哺乳及托兒都有
相當週全的規定（尤美女1983:26)；勞基法第二十五條明文規定同工
同酬，第三十二條限制延長工時；第四十九至五十二條分別對女工夜
間工作、產假、妊娠及哺乳有各項保護措施。但事實上，根據1989年
的資料，女性勞動報酬率只占男性所得的50％至70％；女性因結婚、
育兒而被迫離職者，在兩百多萬就業總人數中分別占八十八萬九千人
（約30％）和三十六萬八千人（約12％）（參閱尤美女 1990:61)，勞
基法所訂的最低勞動條件經常不被遵守：女工被強迫加班；薪資結構
不合理；用各種方式或藉口遣散女工，逃避資遣費；生產被迫離職等
事件層出不窮（參閱《婦女新知》，51,1986,5; 59,1987,12;61:2;74,
1988,13; 76,7)。勞基法第四十九條禁止女工深夜加班，但僱主以經濟

上的理由向主管機關申請就可以通融，使這條規定形同虛設（《婦女新知》，60,1987,13）。女性在招募、聘雇、報酬、配置、陞遷、退職退休、解雇均遭受歧視的現象並不限於民間企業，連考試院的公務人員特考也訂定限制性別的考試辦法，或限男性報考，或壓低女性錄取名額，或對兩性採用不同的錄取標準，即或女性被錄用，也常被列冊候用，或延遲分發，雖然考選部亦曾昭示：「無論受教育、應考試、服公職，女性均和男性一樣擁有相同的權利。」（鄭至慧、薄慶容1987:9）

女性就業未受到法律應有的保障，本可尋求司法途徑解決，然而司法的本質具有被動性和消極性，必須當事人向司法機關提起訴訟，司法機關始有權力審判，可是受害的女性勞動者往往因為害怕失業、缺乏組織支持、法律常識不足、財力和時間不夠，而且投訴無門，在資方的威迫恐嚇之下，多半選擇忍氣吞聲一途。1985年臺北十信會計課長楊麗君因結婚被迫辭職，且未能按約定取得退職金，向法院起訴請求十信支付，是少有的例外。她雖經臺北地院判決勝訴，卻被臺灣高等法院二度判決敗訴，且因金額未達三十萬元，無法上訴到最高法院，最後楊麗君憑藉個人毅力，寫陳情書給司法、立法、監察院、臺灣省財政廳、省議員，才在議員支持下，於兩年後得到全數退職金。由於缺乏明確的法律條文，有關工作權的爭議往往需仰賴法官的解釋。日本在1986年男女僱用機會均等法實施以前便已屢次建立判例，間接引用憲法的基本權利來否定結婚退職制的效力，以及認定女子年輕退休制違反公序良俗而無效等等（參閱兪慧君 1987:35-69），而我國則缺乏類似判例可由受害女性援用，也因而反映出國內司法界在兩性平等觀念上有待加強。此外，國內一般法學者認為憲法是最高規範，目的在規範國家公權力，不能直接對人民私權行為發生規範

力，因此受害者也不能直接以違憲爲由請求救濟（尤美女 1990:62；陳惠馨 1990:101）。

1987年是《婦女新知》的「職業婦女年」，年度工作重點放在婦女工作權上，3月7日社委齊赴臺塑公司，向工商鉅子王永慶致「職業婦女共同的期望」公開信，欲藉其聲望引起媒體注意。在信中提出五點建議，包含給予婦女均等機會與待遇，以便開發婦女人才；公司提供托兒，以提高員工士氣等。在意識型態上除了訴諸企業家的道德，亦強調藉著開發人才與提升士氣來提高「企業的生產與品質」。3月8日並在耕莘文教院舉辦兩場婦女工作權座談會。結果這次活動可能因爲全面性觸及敏感的勞資問題，遭到新聞媒體封殺；而職業婦女在事到臨頭之前，對自己的權益也表現得相當漠視，並未踴躍出席（《婦女新知》，59,1987:2）。

1987年8月初，臺北國父紀念館的57位女服務員委託呂榮海律師要求館方取消懷孕或年屆三十必須自動離職的規定，並舉行記者會，因爲受害事實明確，抗議對象特定，得到輿論普遍支持。當時解嚴（1987年7月15日）未久，社會運動聲勢正盛，新興婦女團體活動頻仍，甚受媒體注意。新環境主婦聯盟、婦女新知、婦女研究室、婦女展業中心、進步婦女聯盟、晚晴協會六個團體立刻聯合至該館抗議，接著高雄市中正文化中心女服務員也發生同樣問題，憲法與人民私權的斷層現象嚴重暴露出來。在不斷力爭下，主管機構教育部出面協調，國父紀念館修正了約僱契約書，取消懷孕和三十歲離職的限制，但仍保留一年一聘制，女服務員的工作權仍岌岌可危。8月31日「爭取合理的工作保障」記者會中，婦女新知藉機宣布成立「男女僱用均等法法案小組」（李瓊月1987:5），企圖以立法來填補此斷層。

男女平等工作法草案於1989年3月完成，3月3日舉辦第一次公

聽會，1990年3月第二次公聽會（企業界代表受邀後全數缺席）後，邀請39位立委聯署，於3月27日提送立法院，1991年10月19日在立法院內政、司法聯席審查會上受到普遍的肯定與重視（內政委員會召集人朱鳳芝女士重視婦女權益，一上任後即將此法排入議程），這是立法史上第一個由民間團體提出，獲得不同黨派委員一致支持，行政部門未提相對法案的民生法案。草案的目的在落實憲法的平等精神，以及對母性、弱者（婦女與兒童）的特殊保護，規定僱主及事業單位於招募、僱用、薪資報酬、配置、陞遷、職業訓練、福利措施、退休退職及解僱等，均不得因性別而有差別待遇，如有違反，除受制裁外，受害女性並得請求損害賠償，且舉證責任由僱主承擔；並明文規定男女勞工皆可請產假（陪產假）、育嬰休假及兒童照顧休假，政府應對再就業婦女提供輔導（尤美女 1990:63-65）。

當時正值1991年底國民大會代表改選前，政治資源分配、統獨爭議是公共論述焦點，女性工作權對政權不具威脅性，其重要性和意義在政治紛爭中並未引起注意，因此沒有出現有組織的反對行動，行政部門也一違往例，沒有提出相對法案。而民意代表在可以贏得女性選民好感，又不必付出政治代價的前提下，自然傾向於支持此案。不過審查會的消息披露後，引起資方反彈，執政黨也透過政策會要求黨籍立委緩議（《婦女新知》，114, 1991, 5）。企業界則一方面否認對女性勞工存有歧視，一方面不願承擔勞工福利的大部分成本，尤其是帶薪陪產假十四日，帶薪兒童照顧休假十日，和育嬰減少工時，都被認為會破壞生產線運作，而且強制實施，連續處罰罰金的罰則，會「影響勞資和諧」（《臺灣立報》，1992, 1, 23；臺灣區冷凍食品工業同業公會函1992, 1, 17）。在經濟發展的前提下，資方的反對將為法案的生

通過產新的變數。而此法案是否能夠克服難關，獲得立法❽，也將是現階段臺灣婦運面臨的極大考驗。

如果說法律是人民權益的最後防線，在目前司法體系不健全，經濟優勢者習慣性公然違法，而法官又未必能夠在個別案例中維持公平正義原則時，行政機構和監督機構的介入成為必要。如十信案和國父紀念館案完全仰賴教育部和省議員的干預，在正規的行政、司法途徑之外尋求救濟，不過這種體制之外的救濟行為往往需要個別受害者付出極為龐大的代價。因此為了積極地、全面地落實法律對女性工作權的保障，有必要仿效各先進國家，在立法之外，廣設類似「男女僱用機會均等委員會」的組織，或者在行政院勞工委員會下增設婦女勞工處，切實以行政權監督有關法律的執行，將有可能產生性別歧視的勞動條件，如「男女工資是否相同」、「女性勞工是否因結婚或懷孕被解僱」等列入勞動條件檢查項目，並接受勞工申訴，代為爭取合理的待遇。然而，這類組織因為與行政體系結合，在人事、經費、行政上受其控制，難免受到外在政治力的干擾，很可能在人為操縱下，變成替壓迫女性的體制背書，或者名存實亡。在英美的經驗則是地方性監督機構資源不足，處事過於謹慎，工會（由男性工人把持）和資方拒絕合作，而受害者則或者資訊不足，或者過慮而不敢出頭，結果功能仍然有限（參閱 Ferree 1985:125; Randall 1987:311-313）。臺灣曾有少數女性勞動者願意公開陳述其處境，卻受到主流媒體「故事化」

---

❽ Klein (1984:11) 認為法案之獲得提送代表了婦女團體與國會議員有接觸，受到支持，然而婦女團體員真正具有多少影響力則必須衡量其促使法案通過的能力。法案從提送到通過往往需要經年累月的遊說工作，以及努力避免中途被封殺。美國國會在1979至1980年的九十六會期中，法案通過的成功率少於5％。

和「去論述化」的處理方式❾，把可能發展成公共意見的工作權議題轉化爲處境堪憐的個人適應問題。

司法與行政體系所能保障的仍屬於形式上的平等，由於文化和習俗中根深蒂固的歧視女性心理，以及勞方和資方/僱主和受僱者/上司和屬下之間的權力落差，即使兩性平等獲得了制度上的保障，性別壓迫仍可藉各種方式存在，如公私機構對女性員工慣用一年一聘制；又如國父紀念館女服務員在館方取消自動辭職的規定後，經常被「修理」，比如把她們的坐椅拆掉，迫使她們整天站立，修館期間不予帶薪進修機會等（暢曉燕1988:15）。而媒體在報導勞資糾紛時，經常做選擇性報導，不尊重勞方立場，或者把資方對女性勞工的非法榨取簡化和扭曲爲受害者的「生活困頓」（《婦女新知》，76，1988，8）。如何改變這種集體認知和態度的偏差，仍得回頭從意識型態層面的改造做起。

七、結　論

墮胎合法化和工作權是當代婦運的二個重要議題，二者分別觸及婦女在社會生活中的再生產與生產功能，以及婦女個人的身體和經濟自主權，對婦運前的婦女政策形成重大挑戰。墮胎議題在西方國家的公共論域中一再引起劇烈的爭辯和衝突，以及大規模、組織化的反制行動，同時也產生動員婦女和激化婦運的作用。在臺灣則由於經濟發

❾　一位苗栗客運女售票員表示，雖然她的公司公然違背勞基法，但當她接受臺灣電視公司「熱線追蹤」節目採訪時，「播出來的都不是主要的重點，例如我說公司迫使我生產離職，配偶死亡的勞保給付不給我，年資無法繼續，這些都沒有報，只說我『生活困頓』……。」（《婦女新知》，76，1988，8）有關「故事」和「論述」在媒體上的意義可參閱李丁讚（1992）。

展需要節制人口，墮胎合法化成為由上而下的政策，婦運者乘勢推波助瀾，借助家長權威心態保護弱者的心理，爭取到法案的順利通過，也避免了反對和贊成者雙方的兩極化衝突。但是統治者（ruling apparatus）加諸墮胎合法化諸多條件，如需經丈夫同意，限制優生保健醫師人數等，則仍未放棄對婦女的性與生育功能的控制。換言之，1984年的婦運為了獲得實質的墮胎權，同時受限於本身動員力之不足，放棄了挑戰婦女做為國家勞動力再生產工具之角色。

　　男女平等工作法草案是臺灣婦運在工作權議題上的一份代表性文件，由於有一個累積了數年經驗，相當具有可見度的婦運為後盾，女性勞動力在近數十年來對國家經濟成長的貢獻也得到公認，所以此草案的二大立法理由除了「貫徹憲法保護母性，實施婦女福利政策之精神」外，便是「確保女性享有與男性同等之工作機會及待遇」。而在「婦女保障」方面，並未預先設定育嬰及兒童照顧是母親單方面的職責，給予男女同等的休假權利。與優生保健法意見書相較，此份文件反映了較強大的婦運組織力和較清晰的女性主體意識。至於更具爭議性的勞動條件，如有關加班和夜間工作的規定，以及十分敏感的工作場所的性騷擾問題，則並未觸及，可以說草案所爭取的是漸進式（incremental）進步，這也反映了臺灣婦運一向相當務實的作法。

　　男女平等在現今文明社會的公共論域中已是一個少有人公然反對的概念，因而平等工作權的立法精神也未受非難，然而工作權實則是比墮胎更複雜的議題，因為婦女一方面本身即為勞動力，同時也肩負勞動力再生產的重任。如果國家以經濟發展為目標，則必須致力於增進全國勞動人口總生產量，及維持人口品質和數量。資本家則著眼於節省成本和提高利潤。婦女勞動者除了追求經濟獨立的共同目標外，尚有階級性的矛盾：專業性的勞動者傾向於要求平等的機會，個人能

力無阻礙的發展；低技術性的勞動者因為勞動條件太差，家務負擔又較中產階級婦女為重，則樂於接受較多保護；而保護和平等往往是兩個無法兼顧，甚至互相衝突的目標，也因而造成婦運內部的一些矛盾。而男性勞動者雖然可能需要家中女性共同維持家庭生計，卻不樂於見到女性成為就業市場上新的競爭對手，所以在英美的先例中我們看到，地方性工會對於保障婦女平等工作權的推行採取不合作的態度。不論如何，工作權議題所遭遇的阻礙不僅在立法更在執行過程，其牽涉面也遠比墮胎為廣，因此婦運不僅需要在立法院中有支持者，在各級行政單位和公私營機構中也需要大量的認同者，如此體制內外的女性主義者裡應外合，法律和政策才能真正落實於個人的生活之中，而這個兼顧制度改造與文化重塑或者人口重新社會化的艱鉅工程，有賴婦運不斷保持本身的活力和創造力。

參 考 書 目

中文:

尤美女、涂秀蕊、陳美玲、劉志鵬等: 1990，＜男女工作平等法草案及相關文獻彙編＞。臺北:《婦女新知》。

尤美女: 1983，＜從法律觀點看職業婦女之產假、哺乳及托兒＞,《婦女新知》, (17): 26。

《中國時報》: 1992, 2, 2: 9。

臺北市家庭計劃推廣中心: 1990，＜七十九施政年度年報＞。

《臺灣立報》: 1992, 1, 23。

＜臺灣區冷凍食品工業同業公會致會員函＞: 1992, 1, 17。

《民生報》: 1986, 7, 31。

李丁讚: 1992，＜日常實踐與媒體論述: 兩岸關係為例＞,臺灣民主化過程中的國家與社會研討會。

李聖隆: 1987, ＜優生保健法帶給醫生的困擾＞,《 婦女雜誌 》, (220): 116-117。

李瓊月: 1987, ＜還她們合理的工作保障＞,《婦女新知》, (64): 1-5。

呂榮海、劉志鵬: 1986,《她們爲何不能結婚》。臺北: 爲理法律事務所。

呂芳上: 1979, ＜抗戰時期中國的婦運工作＞,《 中國婦女史論文集 》, 李又寧、張玉法編, 臺北: 商務, 378-412。

俞慧君: 1987,《女性工作平等權》。臺北: 蔚理法律出版社。

陳惠馨: 1990, ＜從我國現行法中有關保護女性勞工規定之檢討談未來立法之取向＞, 男女工作平等法草案及相關文獻彙編。臺北:《婦女新知》。

《婦女新知》: 1982-1992, (1)-(116)。

暢曉雁: 1988, ＜婦女新聞＞,《婦女新知》, (71): 16。

薄慶容、鄭至慧: 1987, ＜正視職業婦女所受的就業歧視＞,《婦女新知》, (58):1-9。

顧燕翎: 1987, ＜從週期理論與階段理論看我國婦女運動與女性意識的發展＞, ＜中山社會科學譯粹＞, 2(3): 37-59。

_____: 1989, ＜淪陷的身體＞,《婦女新知》, (87):1。

_____: 1990, ＜從「墮胎」到「人工流產」——社會關係及婦運策略分析＞,《女性人》, (3):194-203。

英文:

Carden, Maren Lockwood
　1974 *"The New Feminist Movement"*, N.Y.: Russell Sage Foundation.

Cheng, Lucie and Ping-Chun Hsiung
　1990 *"Women, Export-oriented Growth, and the State"*: the Case of Taiwan, manuscript.

Delphy, Christine
　1984 *"Close to Home: a Materialist Analysis of Women's Oppression"*. Amherst: The University of Massachusetts Press.

Ferree, Myra Marx and Beth B. Hess
　1985 *"Controversy and Coalition"*: the New Feminist Movement. Boston: Twayne Publishers.

Freeman, Jo

1975 *"The Politics of Women's Liberation"*. N.Y.: David McKay.

Kawan, Hildegard and Barbara Weber

1981 *"Reflections on a Theme: the German Women's Movement, Then and Now"*, Women's Studies International Quarterly (4) 4:421-433.

Klein, Ethel

1984 *"Gender Politics"*. Cambridge: Harvard University Press.

Ku. Yenlin

1989 *"The Feminist Movement in Taiwan, 1972-87"*, Bulletin of Concerned Asian Scholars (21) 1:12-22.

Mauss, Arinard

1975 *"Social Problems as Social Movements"*, Philadelphia: J. B. Lippincott Co.

Randall, Vicky

1987 *"Women and Politics"*: an International Perspective. The University of Chicago Press.

Sauter-Bailiet, Theresia

1981 *"The Feminist Movement in France"*, Women's Studies International Quarterly (4)4:409-420.

Shtob, Teresa H.

1987 *"Oppositional Politics and Cultural Opposition"*: the Contemporary Italian Feminist Movement. Ph.D. dissertation, City University of New York.

Smith, Dorothy E.

1986 *"The Social Organization of Knowledge"*, Self Published.

Staggenborg, Suzanne

1985 *"Patterns of Collective Action in the Abortion Conflict"*: an Organizational Analysis of the Pro-Chice Movement, Ph.D. dissertation, Northwestern University.

第六章

查禁與解禁一貫道的政治過程

瞿 海 源

　　政教分離的原則是源自西方，但已成爲現代民主國家必須遵守的重要原則。然而，在民主化的過程裡，尤其是在威權體制宰制下當民主只是一種裝飾用的工具時，政教分離原則的掌握與實現會出現比較複雜的狀況。就國內的情況而言，一個現代世俗化政府的建立使得宗教干預政治的情事不可能發生，而傳統中國的影響也使宗教力量主政的可能性幾乎不存在。但是，執政者，包括政府和獨大的政黨，對民主政治基石之一的政教分離的原則也未有深刻的認識與掌握。在處理宗教事務上，就會有其特殊的風貌，以政治干涉宗教的情事就常常會發生。查禁一貫道顯然就是最重大的案例之一，而對一貫道採取解禁的措施也正是臺灣加速民主化之後的決定。因此若能詳細解析查禁和解禁一貫道的政治過程，不僅可幫助我們釐清政教分離的問題，也可以增進對臺灣民主化的了解。

　　韋伯曾指出中國歷來的官僚階級都不能容忍民間教派，其主要原因乃在於：一、教派教徒宣稱爲了修行而聚集在一起，成了未經許可的結社，而且也多會設法募集資金。這一點很明顯地違反了統治階級的實際利益，即政治上的治安問題 —— 不准未經許可的結社。二、他們擁立首領，有的號稱是神的化身，有的是教主，宣揚來世的果報或許諾靈魂的救贖。這一點被儒家官僚階級認爲是公然欺騙民眾，即妖

言惑眾。因為如前面所說的，他們不相信個人靈魂救贖的觀念，並且這也是向官方權威的一種挑戰。三、他們將祖宗牌位遷出家裡，離開父母到別處行社群生活。這嚴重違反了官方所提倡的政治道德 —— 孝道，而孝道正是整個儒家倫理系統的核心德目，也就是整個社會秩序所賴以建立的基礎。

一、一貫道被政府查禁的政治過程

一貫道在臺灣被政府查禁三十多年，到民國76年1月13日政府宣布解禁。不幾日，天道總會籌備會發表聲明。這個聲明措詞溫和，多少透露了執政當局決定解禁的一部分原因。聲明共有三點：

一、本（1）月13日晚，內政部吳部長在電視上說明一貫道（「天道」）解禁事宜，使全球一貫道道親聞悉之下，歡欣鼓舞，雀躍萬分！莫不感謝政府賢明措施。政府遷臺初期，當時為了國家整體安全政策，而禁止一貫道公開活動；但四十年來，仍本寬宏容忍態度，使天道道親得以安心修道辦道，服務社會，協助政府，默默推展中國固有倫理道德文化，因而日漸茁壯。天道道親，莫不感激政府德政。此次又蒙解禁，更使全球道親異常興奮。

二、近日傳播媒體報導，一貫道以三教合一或五教合一之說，得向社會大眾詮釋之。蓋天道道親，以修心養性為主，所以採用儒之存心養性，忠恕精神；道之修心煉性，感應精神；釋之明心見性，慈悲精神；耶之洗心移性，博愛精神；回之堅心定性，仁厚精神。均為闡發五教之心法真傳。所謂「萬法歸一」，

一者心也，心者性也，歸一者歸性也。

三、為天道仗義執言之各位民意代表及新聞廣播先進，為天道作深入報導之辛勞，全體道親同申謝忱。

在第一段裡，自然流露出一貫道中國傳統平和圓融的態度，同時也顯示了在政治立場和政治態度上的保守而又有些威權性的特質。他們不從憲法保障宗教信仰自由的角度立論，反而是感謝政府的「德政」。如果稍微留心傳播媒體習慣用語的變遷，「德政」兩字在1960和1970年代用得最多，近幾年用得愈來愈少。以這樣具有威權性格的用語來表達，可能不是客套而已，實際上和一貫道的傳統精神有關。對過去所受的查禁，也為政府找出理由，即為了國家安全。為了國家安全，一貫道長期被禁，也是因為最後執政當局確實證實一貫道對國家安全沒有妨害，更是支持執政黨的重要力量，才終止對這個宗教的管制和迫害。在查禁與解禁之間，一貫道源自其傳統性教義的政治立場和政治思想乃是一個關鍵因素。質言之，一貫道以儒家價值為主的忠孝思想以及大致趨向保守的傳統價值觀，和執政當局所長期肯定和訴求的基本上是一樣的。至於對政府以往對一貫道的壓迫態度也被加以合理化，甚至美化了。在聲明中說「但四十年來，仍本寬宏容忍態度，使天道道親得以安心修道辦道……」，這樣的說法似乎表現了一貫道寬厚的一面，不過相對於政府長時間的查禁，這種說法是很中國式的，是很傳統的。其實這種態度在30多年前剛開始被明令查禁時就表現了出來。

從民國40年起，政府就開始取締一貫道，最先是由警備總部的前身臺灣保安司令部下令查禁，並由行政院認可。到了47年內政部又再下令取締。在48年時，一貫道臨時代表鄭邦卿提出立案申請書，對於

一貫道的狀況有客觀的說明，但政府顯然並不採信，仍舊將之視為邪教。

在民國52年政府開始查禁一貫道，各地陸續抓到所謂鴨蛋教徒，而警方及其他政府機構都聲稱是一貫道的支派，並渲染這個宗教團體是邪教，傷風敗俗。當時由鄭邦卿、陳志浩，和張培成三位一貫道人士代表一貫道提出辯駁：

查近日來臺北各報刊載聳駭社會視聽之新聞，略謂：「鴨蛋教」即「一貫道」之蛻變或支派，並云歹徒混跡其間於農曆初一、十五，男女必須裸體參神或蹂躪無知婦女美其名曰「神交」並驅使其走私，或出賣靈肉獻充經費一節，與事實不符，頗多誤會，茲駁述如下：(1) 一貫天道創立迄今，從無支派，與所謂之「鴨蛋教」毫無瓜葛，該教內容如何，本道亦無從洞悉。(2) 本道宗旨重在正心修身，發揚孔教敦倫理守綱常，孝父母睦鄉鄰，由宣揚舊道德身體力行，而達安定社會秩序，實現三民主義崇高目的，至于命名係本「吾道一以貫之」之要義而來，名正言順，並無不利之處，現各報端竟以「鴨蛋教」之旁門邪教與本道相混淆以亂視聽不無有意中傷，污衊毀謗，實為明智之士所唾棄，本道恪遵聖人之奧旨啟發良知良能，虔修身心，以期明心見性，作到天人合一之旨，此不但為本國一最進步之宗教，抑亦為反共抗俄一大動力，報載所稱「鴨蛋教」各種傷風敗俗之亂行極為本道所不齒。(3) 本道同仁素均安份守己，無不以自動自發的精神變化氣質，糾正社會風氣，期使有益國家，而盡國民責任，今遭此誣衊，原無聲辯之必要，但在此反共抗俄時期對於良善之人橫加誹謗，渙散社會人心，其關

係本道同仁者尚小，而影響善良風俗與反共力量者實大，誠恐各界不明真象，特此聲明，以正視聽。

這個 3 月 13 日發表的聲明並沒有解除政府的疑慮，甚至被認定是膽大妄為，有意向政府挑戰的行為。在 5 月 5 日，臺灣警備總部發言人王超凡中將在 5 月 5 日告記者稱：該部為維護治安，保障國家安全，刻已決定依法嚴予查禁邪教一貫道。查一貫道教義歪曲，妨害善良風俗，前經行政院明令查禁，並由內政部先後轉知各級主管官署執行有案，詎該教竟於查禁期間假鴨蛋教三期新興佛教等名義，從事非法活動，更於 3 月間公開在報端刊登廣告，頌揚邪教，藐視政令，近復據報，該教傳教活動時，舉行裸體集會，傷風敗俗，更有對無知良民斂財、姦淫、恐嚇等等非法活動，且散播謠言，為匪張目，不僅危害社會治安，尤屬有違現行國策，並有為匪利用之虞。本部為維護社會治安，保障國家安全，刻已下令嚴予查禁，如仍有不肖之徒，玩法不悛，本部決依法嚴懲。

而內政部也在 5 月 8 日命令：邪教一貫道教義歪曲，妨害善良風俗，本部繼奉行政院明令查禁，並轉知各級主管官署切實遵照執行有案。詎該教竟於查禁期間，公開在報端刊登廣告，頌揚邪說，藐視政令，近復據報該教除傳教活動傷風敗俗，並有斂財、姦淫、散播謠言等等危害治安行為，茲特重申前令，轉飭各級主管官署嚴予查禁，並希善良民眾勿受其愚，協助政府予以揭發，以期根絕。

很顯然地，內政部後發的命令主要還是復述了臺灣警備總部的內容，甚至字句都一樣。如果對照一貫道和政府的說法，我們可以更清楚地了解問題的癥結所在。在下表中，我們就把彼此相對應的說法整理了出來：

	一 貫 道 的 說 法 1963	警 總 的 說 法 1963
一般	發揚孔教敦倫理守綱常	
道德	正心修身 宣揚舊道德身體力行 孝順父母 睦鄉鄰 安份守己 變化氣質 糾正社會風氣	裸體崇拜 斂財、姦淫、恐嚇 妨害善良風俗
政治	實現三民主義 促成社會安定 有益國家 有利反共	藐視政令 危害社會治安（維護社會治安） 為匪利用（保障國家安全） 散播謠言，為匪張目

　　從雙方的說詞來看，可說正是針鋒相對，而認定完全相反。一貫道的說詞是對媒體的種種流傳的說法加以辯誣，然而警備總部後來的命令幾乎完全認定媒體上的傳言是事實。這其中，顯露出兩種可能性，有一種可能就是這些傳言實際上就是警備總部或執政當局原先就咬定的，傳播媒體的報導因此而受到左右；其次也有可能是這類消息在媒體上被披露以後，警備總部予以採信。大體上，以前者的可能性比較大一些。也因此，一貫道的聲明等於是對大約已知的政府的控告加以澄清，自然就會有針鋒相對的情況發生。不過，無論如何，就是由於控告和辯誣之間有明確的對應性，就更容易顯露問題之所在，也顯露了執政者的傳統威權心態。就雙方的說詞加以歸類，我們可以發

現有三類的內容，即一般、道德，和政治。

　　就一般的認定而言，一貫道這時已很明確地標示其宗旨是在發揚孔教，但警備總部在當時對一貫道的教義並未加以了解。在道德方面，雙方的認定完全相反。一貫道自認是在正心修身、宣揚舊道德、孝順父母、敦睦鄉鄰，警備總部卻指控教徒妨害善良風俗，即裸體崇拜、斂財、姦淫、恐嚇。這種天差地別的認定到後來很清楚地可以發現政府是錯的。為什麼政府會犯這樣的錯，而產生嚴重迫害宗教的事？大體上，這還是政治上的因素所釀成的。也就是說，在政治上，警備總部的說詞是有目的的。在指控中最嚴重也是最有實質傷害的也就是這種有政治目的的認定。警備總部認定一貫道妨害社會治安、為匪張目為匪利用，這兩個罪名在那個戒嚴的年代是很嚴重的，但就一貫道的例子來看，這種罪名的認定卻也是極為草率。一貫道當時是一個不為執政者所能了解和掌控的宗教團體，又有快速發展的趨勢，就很容易引起當局維護臺灣安定與國家安全的疑慮。相對於若干與國民黨有密切關係的祕密社會與宗教團體而言，在國民黨的立場上來說，一貫道就成了有問題的團體。也就在這樣的心態和疑慮下，才會落實政府對一貫道這個邪教組織在道德上的指控。因此，我們可以發現警備總部查禁一貫道基本上是一種政治考量。為了達到政治目的，以戒嚴時期的統治習慣，就會以羅織入罪的方式下令取締。其間由於對宗教不了解，而又定罪在先，現在看起來很荒謬的罪行，但在當時，執行者不但一口咬定，更透過傳播媒體，形塑了一貫道的邪教形象。

　　除了警總和行政部門外，司法部門也配合查禁的措施。當時的司法行政部就通令各級法院：行政院於40年2月，曾代電臺灣保安司令部，47年4月內政部亦命令臺灣省警務處，對於一貫道活動分別依法查禁在案，因此各級法院對於一貫道有觸犯刑章者，務須依法嚴予究

辦，以維國家安全。

　　政府完全無意客觀了解一貫道的實際情形，對於一貫道所提的解釋不僅不去審慎辨識，反而堅持查禁取締的措施，落實一貫道的罪狀。於是，就這樣迫使一貫道蒙冤被禁三十多年。在52年6月10日，一貫道被迫解散。其實，一個宗教是不可能真正被解散的，只是一個威權乃至接近獨裁的政權根本不可能了解這一點。

　　在政府強力查禁下，一貫道乃被迫於6月10日宣布解散，並發表聲明如下：

> 此次政府決心要禁絕本道的活動，因為我們沒有在政府機關辦
> 理合法的登記手續，希望各同仁從今天起，絕對遵守政府命
> 令，切實停止活動，自動解散，表現守法的精神，今後如再有
> 繼續活動者，其責任應由各同仁自負。

二、政府取締一貫道的政治效益

　　可是一貫道在臺灣的發展並沒有這樣的解散而停止。其實，宗教是一種獻身的信仰，本來就不可能停止。到了52年8月7日司法行政部又准警備總部函請，令臺灣高等法院、臺灣高等法院檢察處及調查局依法嚴予追究一貫道。後來事實證明司法機構這些命令完全沒有效果，一貫道的案例都不曾經由法院處理過。

　　經歷民國52年被強力查禁時，一貫道的負責人強調的是說政府禁絕的做法是因為教會沒有合法登記。於是在後來的發展中，就以加入道教或佛教組織而獲准登記。在52年底，一貫道人士參與臺灣省道教會的籌組。53年6月間，臺灣省道教會在報上刊登廣告，呼籲一貫道

信徒加入道教會。後來，基礎組和部分寶光組的寺廟佛堂加入了道教會，而彰雲嘉一帶的多加入各縣市佛教會，也有一些和軒轅教有關（宋光宇1983:134）。

　　然而政府查禁一貫道顯然不只是合法登記的問題。到了民國60年，警備總部還有正式文件說明「爲什麼要查禁一貫道」。文中明白指出：

　　元朝末年，漢人爲反元復漢，利用祕密教門達成了驅逐韃靼的目的……但至明末，該教猖獗，削弱了國勢，使滿人乘虛入關……鄭成功創天地會……洪秀全以天帝教創太平天國，國父推翻滿清建立民國，都曾運用過祕密教門會黨是毋容諱言的，但綜觀元末以來的歷代禍亂之源，都是奸宄份子利用祕密教門從事結夥，輕者作姦犯科、傷風敗俗；重者聚眾倡亂，盜寇劫掠，是以當政者無不視之爲罪惡禍亂的淵藪，而予以嚴禁。

　　憲法賦予人民有宗教信仰的自由，有集會結社的自由……但必須在法律的許可範圍之內爲之。一貫道邪教何以不敢以真面目示人，不敢以公開方式傳教，不外是該邪教心存暗鬼。他們表面上以警世勵俗勸善爲名，而利用迷信邪說進行不法活動是實，根據以往查禁該邪教的有關事實，其對社會之危害諸如下端：

　　一、妖言惑眾，腐蝕群眾心理。

　　二、作姦犯科，從事不法行爲：一些無業遊民、地痞流氓、鼠竊狗偷之輩，寄生其間，藉邪教掩護，利用迷信心理，而行其恐嚇、欺詐、斂財、姦淫等不法事實。

　　三、操縱教徒，干擾地方選舉：每逢地方公職人員及民意代表

選舉時，野心份子每利用邪教組織，操縱選舉，掌握選票，把持競選活動。

四、邪行怪異，敗壞善良風俗。

五、為共黨利用，掩護統戰活動：　匪偽陰謀份子藉邪教為掩護，祕密進行散布謠言、蒐集情報及一切反政府的陰謀活動。

一貫道邪教份子其具有犯法事實者，除依法處理外，對其一般性傳教活動之查處，政府有關指示，應依據違警罰法及查禁締間不良習俗辦法辦理，按違警罰法第六十六條，規定其處分為三日以下拘留或二十圓罰鍰或罰役，由於處分過輕，致懲戒作用不大，另查禁民間不良習俗辦法第九條規定其處分為解散或沒收，移送法院審理，法院以此項辦法僅係行政命令，多予以不起訴處分……今後欲期確收查禁邪教實效，似可依刑法一百三十五條「以文字圖畫演說或他法，公然煽惑他人違背法令或抗拒命令統處兩年以下有期徒刑、拘役一千元以下罰金」，移送法辦。

　　當政者對於有勢力的民間團體加以注意乃是政治的常態，但是過分疑懼民間團體會造反叛亂就是很不正常的現象了。戒嚴時期的國民黨政府對類似的問題一向特別敏感。一方面這是因為實際國共對敵的情勢，會造成對這類問題的過度防衞性反應，在另一方面則是受到傳統中國統治者意識形態的潛在但持續的影響，認為類似白蓮教等教門是亂世而且都是國亡之際的現象。在推論上，警備總部這份查禁一貫道的理由書在上述複雜的因素糾葛下，相當夾雜不清而又前後矛盾。對於國父孫中山乃至鄭成功和洪秀全運用祕密宗教從事，又不能不肯定，但又說元末以來「都是」「奸宄份子」利用祕密教門倡亂、劫

掠、作姦犯科，是罪惡禍亂的淵藪。實際上肯定革命是表面，是不得不的做法，真正的心態還是在穩固既有之政權，排除任何可疑的妨害政權穩定的力量。即使當事人忠心耿耿，卻也會被認定為心有異圖，必須加以壓制。警總論點最關緊要的乃是「是以當政者無不視之為罪惡禍亂的淵藪，而予以嚴禁」。「予以嚴禁」的當政者是歷朝君權的政府，國民政府在這種理念基礎上去嚴禁宗教，實際上就很清楚地把自己定位在傳統的反民主的政權了。因此，具體的罪狀是虛的，而嚴禁本身卻是實的了。也因此，對那些具體罪狀的做辯白是無用的。

政府雖聲稱嚴加取締一貫道「邪教」，但一貫道信徒並未真正受到法律的制裁。沒有信徒被判過徒刑。主要是於法無據，在警備總部的文件中，也坦陳「法院以此項辦法僅係行政命令，多予以不起訴處分」，並主張要落實一貫道徒的罪名，「似可」依刑法一百三十五條移送法辦。然而，這樣技術的處理也沒有效，因為事實就是那樣，改用刑法也沒有用。在司法過程上，法院沒有坐實一貫道信徒的罪狀，這也使得政府和一貫道之間的關係不至於那麼緊張，也可能影響教會對問題的處理方式，即在基本上是溫和的。雖然一再有信徒被各地警察機構裁處拘留，但幾乎沒有任何信徒因信奉一貫道而遭到法院判刑，比較嚴重的是寶光組的王壽因案被交付感化三年。若相對於臺灣基督長老教會有幾位牧師因美麗島案被判刑數年，而新約教會亦有信徒被以侵佔河床而判刑半年，這是很值得注意的。

在查禁過程中，政府也曾威脅依法嚴懲或揚言將信徒當流氓加以取締，但實際上也沒有這樣做。在這裡，我們並無意說一貫道未遭受迫害，我們只是指出一貫道道親並未受到政府以正式司法程序加以法辦。大都是依違警罰法被裁處拘留，或交付感化。這一方面說明一貫道被壓迫的性質，即未受到嚴重的法律處分，在另一方面，則也顯示

在戒嚴時期，政府以違反基本人權的法規來處理一貫道的問題，使不少信徒在警察濫用違警罰法的狀況下遭到不合理的拘留，對於善良的百姓來說這是一種嚴重的汚辱，更糟的是這些法規還多與憲法和其他常態法有所抵觸。更重要的是，政府在很不穩當的基礎上，雖企圖嚴懲教徒，禁絕一貫道的傳布，卻始終不能尋得法律的依據。於是政府幾次查禁的措施終究是無效的。從報刊有關取締一貫道的一百十八件新聞來看，實際上也都不是很嚴重的狀況。其中各類新聞分布如下（宋光宇1983）：

未經事先報備私下祕密集會：八十一件

離群索居行動怪異：十八件

詐財：十七件（多爲數元或幾十元入教功德費）

家庭失和：十五件

裸體崇拜：九件

吃素導致營養不良：九件

　　爲什麼一個意識形態與政府相近的宗教會被查禁，後來被解禁倒是比較容易了解。政府本身的脆弱，而又和一些宗教團體已經有了相互信任乃至相互利用的密切關係，已有政治化的宗教組織，而一貫道傳到臺灣後並沒有受到有效的控制，到後來一貫道大體上已經完全被控制住了，而一貫道也不以爲忤。

　　被指控操縱選舉之時，一貫道可能還沒有那個能力。到了一貫道可以影響選舉時，在政治立場上已經非常明白地是親國民黨的。當然，這種情形也是因爲一貫道爲了要爭取合法的地位，在意識形態上，又十分接近國民黨的保守氣息，可能並沒有經歷什麼衝突和矛盾就有了合作的基礎。

當一貫道有了相當的影響力之後，在地方上的政治人物和地方派系就會很敏感地知覺到一貫道的存在和力量的大小，爲了在選舉中獲得選票，這種團體的力量當然是不可能被忽略的，因爲若能得到團體的支持，就會有事半功倍的效果。尤其是一貫道內部對政府和國民黨的權威頗爲尊重，參選者就更要努力去爭取。也有許多政治人物與一貫道之間逐漸形成了相互依賴的緊密關係。這樣的關係對於後來一貫道的解禁發揮了重大的影響。政治人物在競選時要爭取一貫道道親的選票，而一貫道則透過這些政治人物爭取本身的合法地位。到最後立法委員和監察委員都先後正式向政府提出一貫道合法化的要求，就展現了這種相互依賴的關係。

在政治立場上，看起來國民黨、佛教、道教和一貫道都是保守的，而且彼此之間並沒有明顯的差異。可是政治立場的相同並不表示政治利益或權益就沒有衝突。甚至就是因爲政治立場相同，才促成了政治利益的競逐。意卽，由於立場相同，就會在同一個政治利益空間和機會中去競爭。而在手段上，就會變成不理性的權力鬥爭。

我們可以把一貫道界定爲具有社會運動性格的新興宗教，有提升臺灣民間信仰爲制度性宗教的趨勢。於是當民間信仰還是臺灣地區大多數的宗教時，這種提升的運動性格可以幫助一貫道吸收因社會變遷而向上流動的中產階級和社會政治精英。這些人又常常嵌入到政治與權力系統裡去。於是到了 1980 年初，一貫道已有不少道親是縣、省級，甚至是中央級的民意代表。而在政府行政機構裡、在國民黨內，和在各級學校裡，多有一貫道的信徒。其中有不少信徒地位還相當高，例如有校長，有行政主管，有大學教授，甚至還有將領。在民間，則有許多工商界的企業主，大至集團企業，小至小商店老闆，是一貫道的信徒。這些工商界的道親在許多時候也有相當大的政治影響

力。

三、一貫道合法化的政治過程

到了1980年初，由於政治情勢的改變，而一貫道的實際情況也已為黨政機構所了解，同時這股一向支持國民黨的保守力量對面臨挑戰的國民黨而言，也是很重要的助力。於是，在黨和政府的政策上，已經採取和解的態度，不再取締一貫道的聚會，也有意多方接觸，甚至多方運用。在這期間，各種有力人士的出面呼籲和澄清又更發揮了催化的作用。臺南的法官蘇鳴東，他本身是一貫道的信徒，公開呼籲政府儘速輔導其成立宗教財團法人，給予合法地位，「使其教團制度化、財務公開化、功能教育化、服務社會化、教理學術化，允准自由傳道，政府也便於從旁監督」。國大代表，也是中國佛教會的理事王蘭也向國民黨提出報告，認為一貫道「以宏揚中華文化為宗旨，其聚會行禮本我國古禮行之，乃是正道之一」。並指陳「與其中人交往愈多，愈覺得其人數眾多，力量浩大，士農工商無所不包，無所不有」。進而建議政府使一貫道合法化：「若政府能使一貫道正式公開登記，使成為一合法之宗教學術研究團體，一方面固能吸收此一民間團體，接受政府領導，服從命令，做為安定社會之一大力量，⋯⋯所謂化暗為明，使政府一目了然而便於督導。既能貫徹政府宗教自由之政策，又能防範宵小敗類從中圖利，個人為非作歹，擾亂社會治安，豈不兩全其美。」

王蘭以國大代表及佛教會理事的身分為一貫道澄清並要求予以合法化，在 1980 年初有其實質的重大的影響。因為她是國民黨的老國代，其黨政及情治單位關係良好，而一貫道的教義和意識形態基本上

也和國民黨並無不合。同時，當時先後有好幾位記者和學者對一貫道的現象進行深入客觀的了解，並撰成多篇專文在報章雜誌發表。於是一個為要求政府解禁的輿論空間就形成了。而一貫道長期所形成的政治影響力也在這個時期逐漸發揮出來。在明的方面，要求政府准一貫道合法化的呼聲不斷，在暗的方面，一貫道在各次選舉時又不遺餘力全力支持國民黨。終於也在立法院形成相當大的勢力。

在政府宣布解禁之前，實際上國民黨中央黨部社工會已改變了態度，不只該會副主任已因實地了解而肯定一貫道，該會幹事也曾親自在佛道教會議上宣稱取締一貫道的命令已經撤銷（宋光宇 1983：34）。此外，有不少很高階層的政府官員，也先後到一貫道的寺廟巡視，並賜匾。例如，在一貫道在新店大香山慈音巖落成時（1985年），不僅大官雲集，而且還由監察院長剪綵。當時的副總統李登輝、前教育部長李元簇、臺北縣長林豐正都去大香山巡視過。另外，在寶光聖堂的一貫道的寺廟也可以看到大官們的匾額。在正式解禁前，其實一貫道已經和黨政方面建立了和諧的關係。

在1987年1月9日四十位立委提出了正式的質詢，要求政府准一貫道立案。內政部也在四天後就宣布一貫道的解禁。這樣的發展固然要有四十位立委壯大聲勢來克盡其功，但實際上，一貫道的教義切合執政者的需要，而一貫道親國民黨的政治立場及其所凝聚的政治影響力也有助於執政者穩固政權的企圖。更重要的是，經過了長達三十多年的了解與操作，一貫道已經被國民黨所認可，也被國民黨所掌握。不管是國民黨主動的介入，或是一貫道信徒的自主傾向，一貫道是支持國民黨的。立法委員在緊急質詢中也明確指出一貫道徒「堅決支持政府及執政黨」、「忠貞堅強」、「擁戴政府」。在 1960 年代時，一貫道雖表明安份守己變化氣質，以糾正社會風氣，期使有益國家，而盡

國民責任，但並未明確宣示效忠政府和國民黨。至少我們可以發現國民黨對一貫道的戒心疑懼由於一貫道效忠的明確保證而消失了。相對的，我們也可以發現與國民黨有衝突的宗教團體，不論是臺灣基督長老教會、新約教會，還是後來的天主教，都不曾為國民黨所掌握，因此也都沒有和解的可能。即使解決了部分問題，如高俊明牧師被釋、新約教會回雙連崛，但政教關係仍舊緊張。

　　一貫道的解禁與合法化是在蔣經國總統於1986年秋宣佈要解嚴之後。顯然這個狀況和臺灣整個政治改革與開放有關。如果政治上沒有1980年代的逐步開放和改革，一貫道的解禁可能還會有所拖延。問題是，在因果關係上，在野的政治勢力不斷的要求開放和政府施行開放改革兩者之間的關係並非單純。我們可以認定在野勢力的不斷抗爭促成了政府的改革與開放，但也可以說，政府的改革政策促成了對要求改革的勢力不再受嚴厲的壓制，兩者之間究竟何者是因何者是果，似乎並不易有明確而簡單的答案。在一貫道和其他宗教問題上，也有十分相似的地方。也就是說，一貫道勢力的擴張和不斷地爭取合法化，這個過程的進行也透過了政府官員和民意代表，於是多少使政府在壓力下做了讓步或是有了新的比較寬容的政策。另外一方面，也是因為政府在改革的前提下，對宗教團體採取比較寬容的作法，使得有政教衝突的宗教也得以有權和有力來爭取本身的權益。其他一些宗教團體，如臺灣基督長老教會和新約教會，也在這個期間與政府和國民黨之間的衝突激烈化，也在這個時期政府和國民黨在政策上做了顯著的調整，也就是對宗教團體採取比較容忍的態度。例如在 1985 年釋放了長老教會的高俊明總幹事，在 1986 年秋容許新約教會返回雙連崛。由於一貫道的發展和所採取的策略又不同於這兩個和政府和國民黨有嚴重衝突的宗教團體，亦即以順服與結合為主，早在 1980 年代

	警總羅列罪狀 1971	羅鳴東的公開信	佛道教的攻擊 1982	立委為一貫道所作的質詢 1987
一般道德	妖言惑眾 作姦犯科（恐嚇、欺詐、斂財、姦淫） 欺壞善良風俗	以中華文化為本 引導人心向善 提高道德水準	破壞中華道統	致忠致孝勸人為善 堅守行業崗位 專研倫理道德 重孝道 講求因果報應 重體防閑 素食
政治	操縱教徒干擾選舉 散布謠言、從事反政府陰謀活動	團結人心擁護政府 安定人心，堅定必勝信念 堅定國人反共意志 提高民族自尊心與愛國意識	指天盤易掌，暗示人間另有新領袖 提示祖師百日災難，暗示待機報仇	效忠國家領袖 堅決支持政府政策

初，黨政方面就有解禁之意。因此，我們可以說政治上的逐漸開放與改革，促成了一貫道後來的解禁。不過如果沒有臺灣基督長老教會和新約教會在80年初到80年中期的抗爭，政府對宗教團體的寬容可能還會有相當的延宕，一貫道的解禁是否可以在87年達成恐怕就不見得樂觀了。

自1971年警備總部羅列了一貫道罪狀之後，我們沒有發現政府有其他指控一貫道的文件。到了1980年代初，其實執政當局也已明白以往的誤會，而對一貫道採取不再取締的立場。甚至國民黨已相當明白表示與其和解的傾向。於是引起了佛道教的不滿，乃有 1982 年中國佛教會與中華道教會聯合致函內政部社會司、警政署、國家安全局、警備總部、調查局和文復會提出抗議的事。其所提理由不僅無力，也顯露一種誣衊的心態。這主要是因為佛道教會主事者完全不了解社會政治變遷的情勢，更不能掌握現代國家尊重宗教信仰自由的眞諦，誤以為再指出一貫道造反的意圖，就可引起執政者的戒心與疑慮。實際上，一貫道與執政勢力的結合不比佛道教差。這種挑撥的作法已經完全沒有效果了。若細察警備總部 1971 年、佛道教 1982 年和立法委員1987年的相關文件，就可以發現整個一貫道解禁的演變過程。

四、結語

董芳苑認為一貫道的祕密傳教和結社的方式沖犯了政府所強調的安全大忌，是被政府查禁的主要原因。他也指出有基礎的新興宗教往往免不了受到非議、敵視乃至迫害是人類社會共同的現象。宋光宇則認為當政者看不清又掌握不了一貫道是取締政策的主因。到民國80年代由於政教雙方溝通日趨良好，當局逐漸明瞭一貫道的作為，使兩

者關係有了轉機。促成當政者和一貫道溝通不良的原因，宋氏則從政府、一貫道和社會三方面來討論。其間，政府由於對治安的顧慮而又未能主動深入了解，對一貫道產生誤解，乃造成處理上錯誤。一貫道方面，否定法律的約束力引起治安單位疑慮，再加上隱蔽身分對各種毀謗不加辯駁，使得對外關係不良。在社會方面，民國以來反宗教的趨勢、新聞媒體不實的報導與評論、宗教間的衝突等被認爲是一貫道遭禁和受到誤會的原因。

　　從本文的分析，一貫道沖犯政府強調安全的大忌是遭禁的主因，也就是說祕密結社傳教造成了政治治安問題。其次，當政者對一貫道的誤解也是查禁一貫道的原因。可是問題是，當執政者已經調查清楚，而一貫道又自始表白效忠，政治安全的理由早已不能成立時，政府卻還是堅持要查禁，並一直拖延解除禁令。要解釋這個現象，顯然就要考慮這個政權的性質以及其演變了。在早期，政府就指責一貫道的辯解是膽大妄爲，有意向政府挑戰。在欠缺民主和政教分離的理解和制度時，父權性的政府是不容挑戰的。在這一點上，一貫道和臺灣基督長老教會及新約教會所面臨的威脅是一樣的。不過，一貫道又引發了中國傳統帝王政權對妖言惑眾的疑慮，亦即末世觀和靈魂救贖的信仰在傳統官僚階級中會被認爲是一種具體的不安因子。就這一點來說，則臺灣基督長老教會並不具有這樣的特徵，而新約教會卻與一貫道相近。威權的統治者在權力穩固的基礎上是有著極大慣性和惰性的，也極不可能去承認錯誤，或積極去進行彌補。但是，在1970年末期，這個威權體系鬆動了，而其間，臺灣基督長老教會與新約教會的強力抗爭也是促成威權體系鬆動的重要力量，使得執政當局不得不在宗教「政策」上有所轉變。一貫道溫和而親政府的立場以及可觀的政治實力，在對比之下，使得日漸開放的政府可以做順水推舟而又有利

於自己的決定。因此先形成政治結盟而終止查禁取締，進而在釋放高俊明及允許新約教會返回雙連堀之後，藉機正式讓一貫道合法化。

最後，我們必須指出政府在認定非法宗教時，本身就是違法，因為根本無法可依。在處分宗教團體時都是依其他與宗教無關的法律來處理，例如以藏匿嫌犯判高俊明牧師徒刑，以侵佔河床法辦新約教會信徒。對於一貫道則只能以違警罰法或保安處分來壓制。在沒有法律依據而進行壓迫時，也就是以政治的理由做政治的處理，這也正是非民主的威權政治的重要特徵。隨著民主化的進展，這樣的宗教壓迫應該不可能再發生。

參 考 書 目

中文：

宋光宇：1983，《天道鉤沉》。臺北：作者印行。
林本炫：1990，《臺灣的政教衝突》。臺北：稻香出版社。
蕭芳苑：1980，＜「一貫道」──一個最受非議的祕密宗教＞，《臺灣神學論刊》，2: 85-131。
瞿海源：1989，《宗教法研究》，未出版研究報告。

英文：

Jordan, David K. and Daniel L. Overmyer

    1986 *"The Flying Phoenix."* Princeton: Princeton University Press.

Robbins, Thomas and Ronald Robertson

    1987 *"Church-state Relations, Tensions and Transitions"*. New Brunswick: Transaction Books.

Weber, Max

    1951 *"The Religion of China"*. New York: Free Press.

附　錄

立法院議案關係文書

中華民國76年1月9日

　　案由：本院蕭委員瑞徵等四十人，爲我國傳統宗教信仰天道，向以教忠教孝勸人爲善爲宗旨；故雖被誤解而屢遭取締，反而普爲民衆所信服接受，目前已擁有信徒百餘萬人，政府理應寄予重視，准其立案合法傳布，以期公平，安定社會並維憲法明定之信仰自由，特鄭重向行政院提出緊急質詢。

　　一、目前在國內宗教上擁有百萬以上信徒之「天道」（俗稱一貫道），由於數十年來政府一再嚴厲取締，卻反而造成信徒迅速膨脹；近年來，雖然政府未明示不取締，而該團體領導者也一再向行政院內政部提出立案申請，屢獲不准，反而軒轅教、天帝教、天德教等卻能得到政府的青睞，輕易取得合法地位，似此歧視誤解，更徒然造成彼等對政府政策產生懷疑。

　　二、目前天道信徒已遍及國內外，所有宗教均爲進口的（如釋迦牟尼佛、穆罕默德、耶穌基督等均係外國人）。而天道卻大量外銷，光是日本就有四十多萬，東南亞更多，現在連美國也已有數萬人，且在大量增加中。

　　三、國內方面，不但社會上有一百至一百五十萬信徒，政壇上、企業家、財經界亦大有人在，且多爲舉足輕重人士（在書面上未便一一列舉姓名），因此在國內有不少上億元以上造價之大廟、大財團法人均是附屬於一貫道。在此情況之下，「天道」有可能禁止傳布或稱之爲不法而取締之嗎？

　　四、天道是由中國大陸在臺灣光復後傳過來的，目前天道之「前

人」二十多位之中，只有一兩位後繼者是本省人以外，其餘全是外省籍者，因此在「道場」上是所有社團中最無省籍之分的，當然臺獨分子不易與天道掛勾之道理卽在於此，否則，三十年來所有「道親」心目中，有受政府不公平待遇之感，若非導領之「前人」有強烈之愛國心，早已發生偏差了，怎能到今天還堅決支持政府及執政黨？

五、因社會上傳聞「求道」（在道場上，求道一如基督教之受洗）甚好，因此「道親」人數急遽增加，每年加入以數十萬計，教育及行業水準不齊，百餘萬信徒之中，有不少群眾不常接觸前人（因天道未合法化，前人無法公開出面領導），因此，群眾中難免少許有自立門戶甚而走偏方向者；或有如過去之假借一貫道之名而爲非作歹者，凡此實與教義或前人完全無關，只是觀念上被連累而已，前人們啞口無言，因無法公開出面辯解或劃清界線。在此上下無法公開連繫情形之中，基層群眾易爲不逞之徒或偏激分子帶離本位，其後果自屬嚴重，一如「新約教會」之連累基督教，執政者豈可淡然置之。

六、「天道」如此盛行，廣泛爲大眾所接受，其原因不外下列：

　　㈠不排斥其他任何宗教（主張儒釋道回……合一），一樣崇拜孔子、釋迦牟尼、觀世音、濟公活佛、耶穌等。

　　㈡不勸人消極出世，反要信徒努力堅守各行業崗位，力爭上游，效忠國家領袖，此點使有抱負之人士皆可認同。

　　㈢在道場上專研倫理道德、四書五經，更重孝道、講求因果報應，勸人爲善；可說乃結合五千年中華道統文化及所有各教之教義結晶融爲一體，使所有士大夫高級知識分子以至善良虔誠拈香拜拜匹夫匹婦也都能完全接受。

　　㈣在道場上重禮防閑，男女道親分坐分食並不混雜，飯桌上用公筷母匙，儘量不殺生、吃素最好，因此更爲高素

質之國民所接受。

(五)在道場上仙佛經常降壇與信徒面對面說話(絕非作假)，
　　使信徒口服心服，相信眞有仙佛之存在，求道後不敢再
　　作違背良心之事。

以上各項因素使信徒不但接受與日俱增，且教義資料，有關單位隨時可以調查，道場設立新求道班、碩士班、學士班、社會人士班等等，有關單位隨時可派員暗中參加監查(以前不少情治單位人員暗中參加求道班，結果事後大部分眞的求道了)，所以在此情況下，政府有仍須排斥天道稱之爲非法，使百餘萬徒衆天天鬱悶嗎？此百餘萬信衆，都可以成爲擁戴政府的資源，爲何不能疏導容納使成最忠貞堅強之社團？

綜上陳訴，「天道」乃純正宗教信仰，際茲高倡政治革新，解除戒嚴且容許「新黨」活動之時，殊無將天道仍排斥於憲法明定信仰自由之外的理由，爲特聯名鄭重提出質詢，呼籲迅准「天道」之立案合法傳布，以符民望，實所至盼，敬請採納示復。

蕭瑞徵	邢淑嬛	許紹勤	華　愛	王金平	陳錫淇
林永瑞	謝美惠	蔡勝邦	周文勇	黃河清	廖福本
劉松藩	張燦堂	陳蒼正	許勝發	段劍岷	楊大乾
溫錦蘭	冷　彭	王長慧	沈世雄	張堅華	朱如松
張廣仁	林鈺祥	伍根華	袁其炯	黃澤青	饒穎奇
莫萱元	李繼武	穆　超	富靜岩	吳勇雄	王學超
仝道雲	阿不都拉	梁許春菊			

第七章

日常實踐與媒體論述
——兩岸關係爲例

一、日常生活與媒體論述：兩種觀點

在社會學的論述裡，有關「日常生活與媒體」的關係，通常有兩種不同的觀點。第一種是詮釋或象徵的，以涂爾幹和舒茲爲代表；第二種是批判性的，以馬克思主義者爲代表。所謂詮釋或象徵的觀點，是從語言或行動的象徵層面，來探討媒體是否把閱聽者從日常生活的世俗性帶往具有主觀意義的神聖境界，這也就是涂爾幹所謂的「超越」，或是舒茲的震撼 (shock)。至於馬克思主義者的批判觀點，通常是在探討媒體是否扮演一種「意識型態國家機器」，使系統控制完整化和無形化，還是媒體具有反叛和顛覆的解構功能，簡單的說，詮釋和象徵觀點從「世俗──神聖」的基軸出發，而批判觀點則從「結構化──解構化」的角度切入，兩者的共同關懷則都是在探討：媒體造成日常生活的複製，抑或引發日常生活的解構或超越。

從涂爾幹 (Durkheim 1965) 的觀點來看，日常生活就是世俗性的生活，就是與工作有關的生活，因此，它基本上是功利、實用，或適應取向的。和世俗生活相對照的，就是所謂「神聖」，泛指一切有關宗教的、道德的、精神的，或美學的心靈狀態。根據涂爾幹，我

們在絕大部分的時間裡，都是停留在世俗性，也就是日常性的心靈狀態，這也就是舒茲 (Schutz 1970) 所謂的「主要的眞相」(Paramount reality)。在這種情況下，我們是在一種很自然的態度下採行著功利或實用主義，我們沒有任何反省性，唯一的目標或生活動力只是以自我爲中心的「生存」或「適應」。但是，誠如舒茲所指出的，眞相有很多種。除了以上這種日常性的主要眞相外，當震撼的機制出現（如涂爾幹所謂的慶典狂歡），我們可能超越世俗，而進入所謂的神聖性。這時，我們會突然拋開功利和實用態度，而變得喜愛表達，肯犧牲，或有正義感；我們暫時脫離平常那種專爲自己考量的心靈狀態，而進入「爲他的」、「奉獻的」、「關懷的」、「美感的」，或「想像的」精神狀態。

在以上「俗 —— 聖」的架構裡，世俗性，也就是日常性，與「神聖性」是互不相容的。神聖的出現代表著世俗的消失；相反的，世俗的持續則意謂著神聖的不能誕生。而且神聖性是流動而短暫的，當「震撼」的機制消失之後，人會慢慢地又回到日常性和世俗性，慢慢又恢復其適應和實用的天然態度，因爲這才是「主要的眞相」。在這種情形下，也許大家會開始懷疑，「神聖」的產生又具有何種意義呢？如果它永遠只是短暫的，人也終必回到世俗的日常性中，那麼，「神聖」只不過代表著一時的「想像」罷了。這種說法似乎沒錯，但其實它忽略了一個重要的概念，那就是「世俗的絕對化」。這裡我所謂「世俗的絕對化」是指在人性的兩元結構中 (Durkheim 1973)，「聖」和「俗」雖然不同時出現，但是，在適當機制的震撼下，「聖」是隨時可出現的。可是一旦世俗性持續太久，時間的累積可能就會造成 Bergson 所謂「空間化」的現象，這時「神聖」會因長久缺席而逐漸萎縮，久而久之，「神聖性」甚至會完全枯竭，世俗性會完全獨

占整個人的心靈結構，這時，縱使社會上有超越或震撼的機制出現，人仍會停留在世俗之中，完全冷漠，無動於衷，這就是我所謂的世俗的絕對化。換句話說，世俗的絕對化就是神聖的永遠消失，也就是日常世俗性的不斷複製，在這種情況下，人變得絕對的自我中心，縱使社會上有悲劇發生，人再也不能感動或超越，而這正是臺灣刻正發生的狀況。

因此，為了避免世俗的絕對化，或日常性的永恆複製，一個社會必需安排各種超越的機制。例如，在古代社會裡，每年或每固定週期都有節日慶典或嘉年華會，透過集體情感也因而得以復醒 (Durkheim 1965)。但是，根據 Turner (1982) 的理論，由於社會分化的結果，人類超越的途徑已漸漸地由儀式轉變成戲劇 (theater)。這裡所謂戲劇，是泛指各類型的文化表演，如音樂會、電影、電視或報章雜誌的閱讀等。換句話說，現代人已經逐漸地以參加各種文化表演的方式，來達到他脫離日常性而進入神聖性的境界。在這種情況下，一個不能製造好戲劇的社會，就難逃日常性或世俗性的不斷複製了。

我們知道，社會上每天都有很多事情發生，從國家大事到日常小事。大眾媒體的基本任務乃是要對這每天發生的事情給予報導、分析、評論等。一則好的媒體報導，並不只是向媒體受眾描述，更重要的是透過媒體的報導，媒體受眾雖沒有親身參預事件過程，卻也能從報導中獲得「意義」，吸取「經驗」，進而產生「社會學習」，一個社會的媒體報導如果能扮演這種角色，那麼，這個社會的居民一定更能從社會中發生的大事小事學習，則社會的「集體學習」必然大為提昇，社會的變遷和發展才成為可能。臺灣社會的一個嚴重問題乃是這個社會的集體學習能力很低，我們好像從來不能從社會事件的發生獲得經驗、意義，更別說是一個新規範的誕生了，追根究底，這與臺灣

社會媒體報導和公共論述的方式有關。

在這種解釋下，整個社會被當成一座大的「戲院」，新聞記者就是劇作家，他們把每天發生在社會上的大小事件轉編成一則一則的故事，也就是劇本，並透過導演（新聞編輯）把劇本化成戲劇在舞臺上呈現給觀眾，這個舞臺就是新聞媒體，而觀眾就是社會大眾。因此，觀眾能不能感動，能不能從戲劇的接受中獲得新的經驗開啓新的意義，與戲劇的品質有關。這裡所謂戲劇的品質包括劇本的內容和導演的技巧和呈現方式。好的劇本配合上好的導演，必然產生好戲，觀眾在觀賞好戲之際，必能從其中獲取意義，進而引發社會學習。在這種情況下，發生在周遭的事件才變成有意義的事件，否則，當社會沒辦法把社會過程透過戲劇表達出來的時候，則社會過程必然只有機械的重現，社會體的經驗結構並不因社會事件的發生而改變，這就是我所謂社會學習的中止，以及日常世俗性的絕對化與永恆複製了。

以上是從詮釋與象徵的觀點來探討「媒體與日常生活」的關係，總的說，臺灣社會之所以出現世俗性的獨佔，也就是日常性的持續複製，神聖性的永恆缺席，與傳播媒體的「社會劇」的呈現有直接相關，關於這一現象，我曾經在另一篇工作報告中有初步分析（李丁讚 1991），不擬在此重複。本文主要是想從上面所提的第二種觀點，也就是批判式的觀點出發，來探討臺灣的媒體到底是扮演著「意識型態國家機器」的角色，引發日常生活的永恆複製，還是扮演著「顛覆者」的角色，進行對主控體的反抗和瓦解？

從馬克思主義者的批判觀點來看，統治階級爲了遂行其統治，往往透過其「意識型態國家機器」如傳播媒體，把其最基本的意識型態、運作原則或規範等，灌輸到一般老百姓的日常生活之中，透過日常生活的儀式和實踐，被統治者在每日的食、衣、住、行之中，無意

識地體現了統治者的原則或規範，而達到控制於無形（Althusser 1971）。因此，在結構馬克思主義裡，統治者的控制是完整無缺的，原則或規範之適用於是構成一個封閉的、沒有裂縫的系統，每個被統治者都完全被納入整體體系之中，完全被動，也完全無能。但是，在這種理論觀點下，系統或原則的變遷如何可能呢？革命或改革又如何解釋呢？後結構主義或許可爲這個難題提供部分解答。

根據後結構的論點（如Derrida 1978），結構是在戲耍（Play）的過程中被解構的，所謂戲耍，乃是根源於人類最基本的一些慾望（Desire）所表現出來的行爲。這些行爲並不一定反映系統原則或統治規範，而多少與這個原則的規定或精神出入，就是所謂的踰越（Transgression）。這種踰越就是解構的開始，所以，De Certeau（1984）指出，假如我們從統治階級，也就是規範的生產者來看問題的話，我們就很容易看到生產者如何多方地嘗試把他們的規則系統化，讓所有在其管理下的人都納入管制之中，而形成一種文化霸權，這也是結構馬克思主義者的觀點。但是，我們如果從被統治者，也就是規則的消費者的角色來看的話，我們就會發現，其實在規則的使用和消費的過程中，規則的精神已經被修正或重新定義。De Certeau指出，縱使在最日常性的生活實踐中，也隱含著對規則的抵抗甚至顛覆。以兩岸關係來說，「三不」雖然是統治階級的規則，統治階級也想透過這個規則來規範使用者的行爲。但是使用者卻在日常生活的過程中，例如探親、經商、觀光，甚至海上走私、偷渡、私下結婚生子等等行爲中，踰越了規則，進而迫使整個規則因而修定，這是統治者所始料未及的。

二、研究的出發點和基本假設

　　如上所述，本文將集中在上面兩種觀點中的第二種，也就是從「結構 —— 解構」的觀點，來探討解嚴後臺灣媒體到底扮演著「意識型態國家機器」的結構化角色，抑或進行著對既存體制的顛覆和解構，本文的初步假設是，解嚴後臺灣媒體（本文只分析報紙和雜誌，並不包括電視在內）已開始發揮解構的功能。這種所謂「解構」，如上所述，是指來自庶民文化中有關日常生活的踰越和反叛，媒體在解構過程中所扮演的角色，只是把這些踰越性的實踐加以論述，因此，真正的解構者是庶民百姓和無名英雄，包括婦女、小孩、偷渡客等這些無名小卒才是新規範，新法令的真正諦造者，從長遠的角度來看，他們才真正是歷史的推動者和結構轉型的促進者，但是，本文要強調的是，沒有經過媒體的「論述」，新規範和新結構是很難誕生的。

　　簡單的說，解構的基本過程如下：(1) 日常的踰越性實踐；(2)「故事」的產生和流傳；(3) 對「故事」的評論或論述；(4) 舊規範的揚棄或修正，新規範的誕生。很明顯的，第二階段的「故事」和第三階段的「論述」與媒體的角色密切相關。一個社會是否有能力對既有結構進行解構，與媒體「說故事」和「創造論述」的能力是成正比的。這裡所謂「故事」，是指一則有開始、有主題、有過程、有結尾的事件。一則故事並不等同於一個事件；「事件」是每天都在發生的一些事情，但是「故事」則是對這些事件的「回顧」。當我們回顧一個事件的時候，我們並不是把整個事件全部照實呈現，而是進行改組的重現。這也就是說，一則故事是一個事件的再現；它透過故事的敍述者個人主觀的經驗和判斷，加上當時客觀的社會事實和社會過程，

把「事件」變成對閱聽者有意義。也就是說，它把個人的事件放在社會的架構之中。因此，任何事件在沒有變成故事之前，都只是少數參與者的私人記憶，只有當事件變成故事，它才進入社會，變成社會記憶的一部分 (Ricoeur 1976)。而且，故事還把事件固定化，以文本 (Text) 的方式在社會流通，使社會更多的人，甚至下一代的人也能對這個故事再「回顧」，再重建，實踐的顛覆性和無限性才成為可能。

因此，「故事」乃是透過文本把事件固定化，進而引發意義和詮釋，在這個階段裡，「故事」仍然是開放和無限的；它雖然暗示著對系統規則的不滿和反抗，但其意義仍然是不明確的。因此，只有在經過「論述」(Discourse) 這個過程後，「實踐」背後所隱含的意義才告確定。換句話說，「論述」是意義的固定化和共識化的過程，它把故事隱含的多義性單義化，它嘗試在一則故事的很多可能性中找到一個最大的可能，這個最大的可能就變成所謂的「公共意見」。以媒體為例，當一個社會中的絕大部分報紙，不管是自由派或保守派，都朝某一種特殊的方向在立論時，那麼這個社會對其所論述的故事和實踐，已達成相當程度的共識，這時，既存的法令或規範受到強烈質疑，其結果很可能就是對該規章的解構和重建，也就是新規範、新法令的誕生。在這個意義下，我們說媒體具有解構的功能。

三、方法與資料

為了證明解嚴後的臺灣媒體具有解構功能，而且解構的過程是透過「故事」的報導和「論述」的創造來完成的，本研究將以「兩岸關係」為實例以進行分析。我們都知道，「兩岸關係」是以「三不」為

最高指導原則的，執政當局也嘗試以各種管道，用「三不」來規範兩岸間的關係。但是，誠如 De Certeau 指出，被統治者在使用由上面所加諸的原則或規範時，已經隱含著對這些規則的反叛，甚至進而造成系統原則的揚棄或修正。以兩岸關係為例，「三不」的原則注定會在兩岸「人民」往返間，如探親、偷渡、經商等日常性的實踐中，遭到反抗或顛覆，目前我們清楚地看到「三不」原則已經有了重大的修定，例如兩岸間文化產品可以交流，探親的規定愈來愈寬，投資和貿易的限制也愈來愈少，甚至連政治層面的所謂「半官方」機構都成立了，到底這些系統原則的修訂代表什麼呢？原則修正的過程又是如何呢？媒體在這過程中所扮演的角色又是如何呢？

本研究的基本假設是，解構是從庶民百姓的日常性實踐中開始，再加上媒體的「故事」報導和「論述」，最後會導致某種層次的「共識」，在這個基礎上，新法令或新規範於是誕生。為了檢證以上過程，我選擇「兩岸關係」中的某些特定法令或規定為對象，來進行分析。而且，為了擴大分析面，我決定從社會、文化、經濟和政治等不同面向來探討，計包括下列幾個現象：

(一)社會面向：

　　1.臺灣人民赴大陸探親

　　2.大陸人士來臺探親、奔喪

　　3.大陸女子來臺結婚定居

(二)文化面向：

　　4.臺灣記者前往大陸探訪

　　5.大陸學者、留學生來臺訪問

(三)經濟面向：

　　6.臺灣商人赴大陸投資

(四)政治面向:

　　7.政治接觸或談判

　　這裡先要說明的是，我之所以選擇兩岸關係爲探討對象，主要是因爲兩岸關係從解嚴迄今，一直不斷發展，很適合做長時間的追蹤管制和觀察，而且，它涵蓋的面向廣泛，從民間的或私下的文化、社會交流，到最核心的有關政治認同等問題，全部包括在內，這讓我們更能清楚地掌握一個系統或一套規則崩潰的過程。換句話說，系統原則的瓦解是從那個面向開始的呢？ 社會面向？文化面向？ 或是經濟面向，政治面向？解構的過程是什麼呢？有無邊陲與核心的區別呢？我希望兩岸關係所特有的「長期性」、「發展性」和「多面性」的特色，能讓我們對「解構」的性質多一分瞭解。

　　我們都知道，臺灣對大陸的關係，本來是以「三不」爲最高指導原則的，也就是所謂的「不談判，不接觸，不妥協」三大原則。可是近年來，這三不原則一一地被修訂，先從民間的接觸開始，現在已正式進入所謂「半官方」的接觸，雙方甚至正在進行多項合作計劃，如「共同打擊犯罪」、「漁業合作」等。爲了確實掌握這個系統解構的過程，我準備以上面所開列出的四大面向，包括七個事件爲檢證對象。我要透過媒體的報導，把這七個事件的發生過程照實記載下來，藉著這些「事件史」的分析，希望能對這些特定原則或法令的變更過程有所掌握，進而瞭解系統的解構過程。這裡要先說明的是，我並沒有眞正去搜集眞正「日常性實踐」的資料，透過媒體所得到的，都是對「實踐」的回顧，也就是本假設的第二階段 —— 故事，但是「故事」的報導，已經預設了「實踐」的存在。另外，有些「實踐」，並沒有被轉化成「故事」，這些私人的經驗和記憶也因此沒有融入社會整體經驗和記憶的結構，造成所謂的社會忘怯 (Jacoby, 1975)。這種社

會忘怯與媒體和政權的性質息息相關，是一個相當重要的社會現象，但卻因爲上述資料上的限制，本文並不能眞正處理。以下，我將針對上述七則社會事件，以時間系列的方式將它們的演變過程描述如後，再在下一節中，對這些「事件史」進行分析。

(一)臺灣人民赴大陸探親

1987年10月15日行政院2053次院會中通過大陸探親辦法，正式宣佈開放大陸探親，規定除現役軍人及現任公職人員外，凡在大陸有血親、姻親三等親以內親屬者，不限年齡均可赴大陸探親，這項規定是兩岸關係中的一大突破，它對系統的最高指導原則 ——「三不」有了重大的修訂，可視之爲系統解構的起點。但是，這項解構是如何誕生的呢？這個過程如何演變呢？先不談理論，我們先看看實際的情形是怎麼樣的。

《新新聞》在1987年7月13日的專題報導中指出：據香港有關方面的統計，每年從臺灣經香港前往大陸探親的臺灣居民，人數大約有一萬人左右。立法院公報第73卷，98期也指出，開放探親前每年有一萬餘人去大陸，因此，「探親」在正式開放之前，已成爲庶民百姓踰越性實踐的一部分，但是這些「實踐」到了1987年才開始引發媒體的「故事」報導。

《新新聞》在上面所提的一期中，講了一個「臺北故事」:「他們不准我出境」，敍述一個叫馮祥的退伍軍人如何經過海外而進入大陸與其親人會面，返臺後，卻遭限制出境，警總給他的理由是：潛返匪區，有關單位調查中，限制出境。另一則「臺北故事」:「只有到海外相見」，敍述一對夫婦，史宗華和李鳳，如何幾經波折地和家人取得連繫，然後又如何地想盡辦法和大陸的親人在香港和美國會面，只相

聚了幾天，卻因爲簽證到期，而必需被迫分離，臨行前，「父女兩人也都曉得這次分手，一方面老人家風燭殘年，一方面海峽兩隔，大概永遠沒辦法再相見了。不禁悲從中來，益發覺得生離比死別更加的難堪了」。回臺後，「回首往事不勝噓唏」，「像夢一場如眞似幻」。在另一則「香港故事」：「請你替我們作保」指出，不少香港人都曾收到類似這樣的信：「……我們已經安排好，將於×月×日抵達香港，與大陸出來的父親相聚數天，你知道，我們已經卅多年沒見面了……有關我們和家父入港手續是否可以請你爲我們作保？」該文指出，這種求保信，其次數之多，現象之普遍，已然成爲香港人生活中不值一提的一部分。在文末，該文又引用「香港電臺」電視部所播出的一集有關兩岸會親的故事；一個從臺灣來的女兒，到香港來會數十年不見，專程爲此赴港的年邁父親，劇中那種旣濃郁又平淡的感情，令不少觀衆爲之落淚。濃郁，是難以抑制的親情流露；平淡，是明知在這短暫的相聚之後，終究要各分東西，與其讓盡情渲洩之後的感情在分手後加倍地啃噬自己，不如狠狠地將它藏在心底，表現在平淡的言辭和徹夜不眠的啜泣聲中。尤其對許多人來說，這種分手，其實就是親人永訣。

類似這種「故事」，不勝枚舉，出現在各種報刊、雜誌、電視、廣播，以及口頭流傳之中，本文僅以《新新聞》所整理出的幾個爲例，不再贅述。這些故事絕大部份都發生在1987年之前的三、五年之間，但是，從1987年開始，才逐漸有關於這些「故事」的「論述」出現，例如在以上這一期《新新聞》中，有一篇文章叫「水已到，奈何渠未成？」評論到：執政方面寧可抱著「睜隻眼、閉隻眼」的態度，來看待高唱入雲的兩岸親人團聚問題，也不願在政策方面有所突破。該文指出，政策的發展本是一個漸進的過程。水不到，不成渠，是自然律；水已到，渠卻未成，則是反自然律。類似這種論述，也出現在

各報章雜誌，例如《中國時報》在 1987.4.20 就曾發表社論，認爲無
安全顧慮者，應規定時限核准其探親。《自立晚報》則在1987.7.6的
社論中，主張「政治歸政治，倫理歸倫理」之原則，開放探親。《聯
合報》也在同年 7 月18日的社論中，呼籲政府考慮開放探親。在這段
論述期間，立法院內的質詢要點也開始集中在探親政策，根據瞿海源
等（1989年）的統計，立法院從1987年 5 月到 7 月有關探親的質詢計
有 9 件。

　　從1987年 8 月開始，在經歷過「民間社會」的各種論述之後，「國
家」開始有所回應，首先在 8 月14日，內政部放寬解嚴後人民入出境
審查許可標準，原先曾赴中國大陸者，三年不准出境之規定更改爲二
年，並正檢討現行大陸政策，可望在不違反「三不」的原則下，適度
開放臺海兩岸的民間接觸。 9 月11日內政部長吳伯雄在監察院透露，
政府將在近期內宣佈開放大陸探親政策。

　　9 月16日執政黨中常會宣佈成立五人小組，專責規劃臺灣地區同
胞返鄉探親政策。 9 月25日，行政院長俞國華在立法院宣佈，政府已
準備開放大陸探親。10月15日，內部政正式宣佈開放大陸探親，於11
月 2 日起受理登記。（中國時報）

　　根據行政院所通過的大陸探親辦法，現役軍人及現任公務人員不
得前往，大陸親屬在三等親之外者亦不包括在探親範圍之內。而且，
探親的時間每次不得超過三個月。在這些限制下，於是各媒體又開始
另一回合的論述，這種論述，其實在探親辦法正式公佈前的一個多月
以前就開始了。例如《自立晚報》在1987.8.18、8.24、9.18、10.15
以社論呼籲政府從寬處理探親規定，認爲應該秉持「最大的便利，最
小的限制」的原則。《中國時報》則在 9 月23日社論中，呼籲政府要
給軍公教人員探親機會，並繼續於10月16日，以及隔年 2 月 7 日、 6

月 6 日等社論中，要求解除限制。但是，值得一提的是，社會輿論在
這卻是分歧的，有些媒體反對探親的限制，如上述的《中時》和《自
立》。但有些媒體則為文表示支持。例如《中央日報》9 月15日的社
論：開放探親不及軍公教人員，是為了國家和個人安全。並在 9 月18
日、19日，10月17日、19日繼續發表社論，提醒國人，探親只是權宜
之計，我們應該繼續堅守「三不」政策。《聯合報》也在10月15日的
社論中明白表示支持政府在探親辦法中有關親等和職務的限制。一直
到1988年 6 月 8 日，《聯合報》才首次發表社論，籲請政府開放一般
公教人員探親。並在 6 月21日、7 月 3 日、9 月13日、10月18日、11
月 2 日、24日，以及1988年 2 月 3 日的一連串社論中，一再籲請政府
取消限制。《中央日報》則首次於1988年 8 月25日在社論中，主張放
寬限制。另外，從1987年10月到1988年11月的立法院院會中，要求放
寬探親限制的質詢計達 8 次。（瞿海源等79年）

　　在以上「論述」下，內政部於1988年 5 月23日首次表示，探親限
制將從三等親放寬為四等親。 8 月11 日內政部入出境管理局正式宣
佈，自 8 月16日起，放寬大陸限制至四親等。1989年 4 月18日內政部
正式宣佈取消公立學校教職員探親限制。 1989年11 月24日行政院宣
佈，基層公務人員暨國營事業單位工人可赴大陸探親。1990年 4 月開
放各級民意代表探親。1991年11月26日，行政院陸委會通過，軍中未
涉及機密之聘僱人員可比照一般行政機關之技工或工友層級，赴大陸
探親。（聯合報）

（二）大陸人士來臺探親、奔喪

　　文學大師梁實秋在1987年11月 3 日病逝，當天北平的廣播就播出
了這個消息。在北平當律師的梁實秋女兒梁文茜，在悲傷之餘，打電

話來臺北探問詳情，並且表示了希望回臺奔喪的願望。經過梁實秋太太韓菁清多方奔跑，臺北的幾家報紙都登出了政府有可能專案處理梁文茜申請來臺的新聞，於是梁文茜就從北平急忙趕到香港，準備等申請核准了，就飛到臺北。但是申請的決定卻遲遲沒有下來，一直到11月17日境管局發出通知，不准梁文茜入境。梁家在18日下午才接到通知，這時，梁實秋的葬禮已經結束，而且，梁文茜也因長途勞累而病倒香港。

在這件引起國際媒體注意的事件發生之後，國內媒體曾引發一連串的討論，首先，《新新聞》（1987.11.23）曾以一篇「梁實秋死不瞑目」的文章指出，梁實秋留在大陸的女兒梁文茜由「不合國安法」的規定而被拒絕來臺奔喪，違背國民黨政府開放探親時所標榜的「人道精神」。《新新聞》認為，「這件事的處理方法，使得國民黨政府前一段時間因為開放大陸探親而贏得的國際聲譽，大打折扣」。《中國時報》在1988年2月7日的社論也指出，梁案不僅國內輿情譁然，對我國在海外的印象，也有傷害。於是呼籲政府當局不再膠柱鼓瑟地堅持這種毫無彈性、不近人情的作風。《中時》並繼續於4月8日、6月17日、10月20日的社論，呼籲政府儘早開放大陸人士來臺探親、奔喪。

在這一連串的社會論述後，行政院大陸工作會終於在其11月4日的會報中決定，大陸同胞有父母、子女、配偶在臺死亡或患重病受重傷而有生命危險者，可以來臺奔喪、探親。此外，如其在臺親屬年逾八十歲，患重病，受重傷而行動困難者，也可以申請來臺探親。在這個新規定下，國學大師錢穆的女兒錢易，於是11月底由大陸來臺。從此，大批的大陸人士更以其他名義陸續來臺，錢易獲准來臺因此可以看成是兩岸關係的一大突破，到底，這個突破的決定是如何達成的

呢？

　　根據行政院「大陸工作會報」執行秘書馬英九表示，這個開放政策最早是在1988年初梁實秋的女兒梁文茜要來臺奔喪時，內政部就開始研究了。到了1988年7月，國民黨十三全會之前，黨內決定了五項中心議題，其中「中國國民黨現階段大陸政策案」，在社會方面，就有開放大陸同胞來臺奔喪一項。但全會當時討論，認為應該不限於奔喪，在人活著時也可以來。同時也考慮，某些臺灣同胞因傷、病、老而無法到大陸探親，所以應該讓他的至親來看他。在高魁元先生主持的討論中，就決定把探病也放進去。到了11月4日的大陸工作會報，有關來臺奔喪、探親的提議案獲得正式通過（《新新聞》，1988.11.14）。自11月9日起接受大陸民眾申請來臺探親、奔喪。

　　就在大陸人士來臺探親、奔喪的討論中，有關滯留大陸的臺籍老兵返回臺灣的問題也開始引起注意，首先是《自立晚報》早在1987年9月18日和10月21日的社論裡，就呼籲政府讓臺籍老兵也能返鄉探親。民間並成立了「臺灣人返鄉權利促進會」，由何文德擔任會長。1988年9月5日《新新聞》有一篇〈那些回不了家的兵士〉指出，臺灣子弟在光復初期，被國軍帶到大陸打仗，42年後他們卻因安全理由，不能回到臺灣故土，這是誰的責任？文中並講了鄭金良、江文達等人的故事。鄭金良是滯留大陸的臺灣兵，錯亂的年代他被強迫「移植」到陌生的祖國打共產黨，又像一粒芥子般倖存下來，母與子從黑髮到白髮的濃郁思念，是否有重逢的機會來償還，沒有人知道最後答案……。該文並引用作家鍾肇政的話：

　　　當年的悲劇，是國民黨的錯，不是臺灣子弟的錯，既然把他們帶出去，就應當要帶他們回來，如果，今天政府的決策是用刁

難的辦法不准臺灣子弟回來，對歷史將沒有交代，所有的箭頭
會指向國民黨。

文末並附有一張老婦的照片，文字是「江文達，八十二歲的母親倚門
盼兒歸」。

1988年7月國民黨召開十三全會時，針對滯留在大陸的臺籍老兵
問題就已經有了初步的共識，希望能儘快解快。但是一直到11月10日
行政院大陸工作會報第五次召開會議時，才「政策性」的決定臺籍老
兵可以返回臺灣。但根據《新新聞》（1988.11.28）的報導，19日當
天大陸工作會報開會時，臺籍國軍回臺問題並沒有列入議程。工作會
報的召集人施啓揚於是表示，旣然大陸人都可以來臺灣，大陸的臺籍
國軍應該也可以回來，於是此案是以臨時動議的方式被提出而獲得通
過的。

（三）大陸配偶來臺安居

1990年9月17日《聯合報》社會版有下面一則「懷著孩子偷渡尋
夫」的故事：爲愛情偷渡入境的大陸妹鄭慧玲，前天晚上被宜蘭警方
從羅東「靖盧」提出，依違反國安法移送宜蘭地檢署，經檢查官偵訊
後責付，由丈夫陳焰煌及蘇澳鎮長林棋山等人接返蘇澳鎮，鄭慧玲似
乎已不會被遣返回大陸。鄭慧玲表示，剛被送入靖盧時眞是萬念俱
灰，不知何時才能再見到丈夫陳焰煌。本月7日她決定絕食殉情，隔
天靖盧人員一再安慰她，勸她爲腹中孩子著想，只要活下去就有機會
與丈夫團聚，她才打消絕食念頭。

1990年11月12日《聯合報》社會版另一則「臺灣丈夫告大陸妻子
詐欺」的故事，臺北市民莫猷惇與福州市民林娜經過一年的努力，終

於拿到中共核准的「結婚證」，林娜曾於該年 6 月偷渡來臺，被捕後被遣返大陸，二人兩地相隔，莫歃惇因此成為海峽兩岸的空中飛人，以解相思苦，但長此以往，所費不貲，他於是鼓勵「愛人」林娜再偷渡。林娜該年 6 月來臺被捕時，曾造成社會轟動，她的先生為了確保林娜留下來，在律師的指點下向法院控告林娜，經過情形是這樣的；法官問：林娜是你什麼人？答：她是我太太。法官問：你為什麼告她？答：我只是要她留下來。法官問：不是她詐欺你嗎？答：不是。

　　1990年11月11日《聯合報》社會版另一則「大陸太太帶孕登臺」的故事：已有九月身孕的福州女子黃燕雲，本月 7 日從福建偷渡來臺被捕，現暫居臺中靖盧。她的丈夫沈朝坤得知後，焦急不已，正緊急與紅十字會、中國人權總會聯絡救人未果。沈朝坤說，最近有關單位堅持將大陸偷渡客一律遣返，不管是男是女，或是孕婦，或此地有親人。他認為這是不合情理的。11月12日中華民國紅十字會秘書長陳長文指出，依照政府的規定，黃女極可能被遣返大陸，但她已有九個月的身孕，基於人道考量，紅十字會認為無論如何不宜由海路送回去。11月14日紅十字會指出，黃女如果依法決定被遣返，而且其情況堪以搭乘飛機，該會可能安排由沈朝坤自己送黃女回去，但機票必需由沈某自付。後經陳長文幾番奔波協調下，內政部與國防部都同意以人道方式處理本案，黃女遂由沈朝坤接回家待產，並幸運地於12月 5 日產下一男嬰。有關單位表示，孩子可依法報戶籍，媽媽黃燕雲仍將在兩個月之內被遣返。

　　1990年11月 6 日《聯合報》社會版另一則「臺妻攜子陳情立院留人」的故事：持假護照入境而面臨被遣返的大陸人士董立，昨天攜其臺籍妻子孫素華帶著未滿週歲的女兒前往立法院請願，要求讓董立在臺定居。董立係於1986年持假護照來臺，並與孫女結婚，後向政府自

首，前後纏訟四年，後雖獲判無罪，但將遭遣返，於是才分赴立法院及人權協會請願。類似以上這種大陸妹（客）來臺生子或結婚的例子，從1990年底開始，就陸續發生，除了以上四個故事之外，還有許多，不再贅述，例如《聯合報》1991年1月3日（社會版）報導，臺北市民王顏雲七度返鄉探親，四川譜出戀曲，於是攜女友偷渡被捕。1991年7月5日有一則故事：大陸新婚太太未能來臺定居，施德洋指責法令不人道。《聯合報》7月22日：偷渡客，難續金玉盟。妻已定居生子，他又面臨遣返，警方愛莫能助。1991年11月24日：彼岸結婚，偷渡來臺被查獲，大陸女子面臨夫離女散。《聯合報》11月26日：昆明假期，一舞定情，兩岸姻緣，三聲無奈，大陸女士張麗，驚醒好夢，偷渡來臺，結婚生女，如今被查獲，恐會遭遣返。（《聯合報》社會版）

　　以上這種兩岸通婚的故事，從1990年年底開始陸續出現，不久之後，也就有各種「論述」產生，例如1990年11月11日，立法委員沈智慧指出，黃燕雲與沈朝坤的情境，是未來海峽兩岸人民頻繁來往的一個值得注意的例子，基於國家安全的考量，偷渡客必須遣返。但基於人道考量，有關單位立即予以就醫檢查，避免已有九月身孕的黃女發生意外（《聯合報》社會版）。另外，1990年11月6日，立法委員林正杰也表示，一些大陸妹在臺結婚後可留在臺灣，像董立自首後又羈押達三年之久，若將其遣回，在人道上不許（《聯合報》社會版）。到了1991年7月28日，《聯合報》社會版在「焦點評論」中談到「兩岸通婚怎樣規範？」的問題，文化大學法律系副教授劉紹樑認為，將來兩岸通婚應把握「適度的開放與事後的嚴格監督」。劉教授指出，夫妻乃正常而親密的人倫關係，應予尊重，美國對於外國人士與美國公民通婚定居是不設限的；美國的人口密度不比臺灣嚴重，臺

灣不妨在定居方面訂定配額，然此一配額必須可行，如果結婚而申請
來臺定居，一等要等五年、十年，那就沒有意義了。

1991年7月28日內政部境管局表示，與臺胞通婚之大陸人士，來
臺定居，可望放寬，但須與立法部門協商。官員指出，行政院大陸委
員會指示暫緩遣返與臺胞有婚姻關係的大陸孕婦，政府可望將「兩岸
夫妻」中的大陸同胞來臺定居條件作適度放寬，以顧及人道、人倫原
則（《聯合報》社會版）。10月19日行政院陸委會副主委高孔廉指
出，臺灣地區人民的大陸配偶若結婚兩年以上或已生產子女者，可望
在兩岸人民關係條例通過後，申請來臺定居，但人數將受配額限制。
《聯合報》10月29日內政部入出境管理局表示，原則決定配額數為每
個月20人，探親前後各佔10人，每年只核准二百四十名大陸配偶來臺
居留。境管局局長汪元仁表示，這項配額數是拿以往偷渡來臺尋夫人
數及考量政府不鼓勵這類人數大量入境而訂定（聯合報）。1992年元
月3日，《中國時報》第1版和第5版上，同時登載人群排隊爭取大
陸配偶來臺一事，「宿露餐風三晝夜，企盼妻小能團圓」，從91年12月
31日起就有一群人在救總騎樓下排隊，爭取申請大陸配偶來臺名額。
從此，兩岸交流就進入可以通婚定居的階段了。

(四)臺灣記者前往大陸採訪

1987年9月11日，《自立晚報》記者李永得，徐璐從臺北出發，
繞道東京進入大陸採訪，到9月27日安然歸來。在400小時的採訪過
程中，他們從北京到福建，每天一篇的報導在《自立晚報》上刊載，
讓國人的眼睛第一次與大陸有「真」的接觸，也開啟了兩岸交流的新
頁。到底這項改變歷史的任務是怎樣考慮、決定，並執行的？

根據《新新聞》（9月21日—27日）在一篇「跨過海峽，記者探

路」的故事中報導，8月19日上午，《自立晚報》社長吳豐山把剛接
任兩天總編輯的陳國祥找進他的辦公室，吳豐山對陳國祥的第一句話
是：「現在我們可以考慮派人去大陸探訪。」於是兩人決定派《自立晚
報》駐在國外的記者在短期內進入大陸探訪。過了幾天，吳陳兩人再
度密商，覺得駐外記者探訪大陸，例子其多，不足爲奇！因而改變主
意，決定派《自立晚報》臺北記者二人以探親名義前往大陸，順便探
訪。於是選中了尚有親人在大陸的王克敬和楊永智。但當兩位記者還
在辦理探親手續之時，9月9日上午9時，吳豐山又找陳國祥密商，
吳豐山認爲，探親的意義還不夠大，「我們一定要一馬當先，立刻決
定從臺北找兩名記者，直接以探訪的名義進入大陸」。於是重新挑選
了兩名記者：李永得和徐璐。根據吳豐山和陳國祥的研判，目前並沒
有任何一項法令可以限制記者到大陸去探訪！他們認爲這項探訪行爲
是法律的「眞空」地帶，不算違法，充其量也只算是「脫法」——法
外行爲。

「這是一項國際新聞」，根據《新新聞》)1987年9月21日）的評
論，「日本、香港、新加坡、美國、臺北的各種媒體，都爭相探訪，
大幅報導，連香港中共的報紙記者，也每天打電話到臺北探聽消息。
許多外國記者也爲此而專程趕來臺灣。這些媒體都發燒了！」當然這
場新聞戰爭的主戰場在臺北。《自立晚報》是主角，他在12日即以全
版方式處理各界對此事反應，其中包括學者、專家和民意代表，分別
從法律、新聞自由和政治層面各角度，一面倒地支持《自立晚報》的
行動，《中國時報》對此事並未作特別表示，但從該報董事長余紀忠
在中常會上的講話，可知其並不反對（《新新聞》如上）。中央日報
則評論道：「若干負傳播重任者，又復推波助瀾，譁眾取寵，遂使社
會形成一種治絲愈棼的狀態。」《聯合報》則以15日社論對此事表示

困惑，認爲這是政府公信力的嚴重考驗，有很大的帶頭作用，其後遺症有深遠影響，要求政府有「斷然之裁決」。

在經過短期的「混戰」之後，社會各界對「記者赴大陸探訪」一事，終於有比較一致性的看法，首先，《新新聞》在10月5日的期刊上，李金銓的評論 —— 眞的和新聞自由無關嗎？ —— 指出，此舉屬文化登陸，新聞局的反應充分暴露結構體制無當，嚴重妨礙新聞自由。林山田也從刑法規定與適用者評論此事件，認爲新聞局企圖用刑法來定兩位記者的罪爲「智者所不取」。周天瑞更提「公權稍息」的概念，主張政府在有意無意間讓若干有可能須要重建或者已明顯遭到挑戰的公權「稍息」，讓社會本身去自然調整與發展到一定程度，再根據這個新的程度建立新的公權體系，可能是一個比較實際的作法。最後，廖錦桂集合了包括徐佳士、彭芸、顏文閂、高惠宇、陳淸喜、林進坤、李子堅，和鄭瑞城等學者和記者的意見，認爲「這種審核辦法早該作廢了」、「是新聞局改變的時候了！」除《新新聞》外，其他各報紙也慢慢地開始主張政府應該開放記者赴大陸探訪，例如《中國時報》1988年6月7日的社論。《聯合報》也先後在1988年3月14日、4月11日、4月14日等社論中，呼籲政府要放寬文化交流尺度，並建議政府要開放記者赴大陸探訪，《中央日報》則在1989年4月17日的社論做類似的主張。1989年4月18日，行政院正式開放大眾傳播事業人員赴大陸探訪、拍片，及製作節目。

(五)大陸人士來臺訪問講學

與方勵之齊名的安徽合肥「中國科技大學」教授，年輕的改革思想家與運動家溫元凱，1987年11月9日向海峽兩岸政府發出「赴臺探親講學申請書」，希望能獲准抵臺，探望他年邁的叔父溫祖培，並在

臺灣講學。溫元凱爲大陸理論化學界的後起之秀，1986年年底的「四大才子」，但他能到得了臺灣嗎？《新新聞》（1987.11.16）曾爲此事訪問了境管局，局長汪元仁指出，「目前大陸人士來臺，仍需依照國安法有關的規定辦理，不能例外。……政府目前的政策，是允許大陸地區探親，並未開放大陸人士來臺探親，因爲此例一開，可能中共會利用這個管道滲透進來」。

溫元凱的公開信，可以想見的，並沒有引起任何官方正式回應，但卻引起「大陸人士來臺」的討論，《新新聞》卽主張，「或許，以一種甚麼樣的方式，使溫元凱以『特例』身分來臺灣，雙方接觸，摸索調整，才是最有利於臺灣的作法。永遠將臺灣關閉，刺激大陸對臺政策的「好戰派」出現，無論如何，對臺灣都是比較壞的選擇」。1988年2月，國民黨中央海外工作會主任鄭心雄在美國訪問時表示，將對邀請大陸海外留學生來臺訪問一事「嚴肅的考慮」，據《新新聞》（1988.2.29）報導，大陸留學生祕密來臺之事已先後有了多起。《新新聞》也電話越洋訪問了三名大陸在美國的留學生：宦國蒼、李少民，和楊小凱。他們三個人都一致表示，有機會的話很願意來臺灣看看。他們還同時強調，很多大陸留學生都很希望有機會來臺灣訪問。3月12日的《中國時報》報導，中國大陸留學生吳牟人、程鐵軍、叢大長等三人在日前向我駐北美事務協調會紐約辦事處申請來臺訪問，並以公開函一件，請北美協調會轉呈李總統。消息傳開後，在美國的大陸留學生已掀起了訪臺熱潮。3月10日立法院總質詢中，也有立法委員查詢此事，外交部丁部長答覆：正與有關單位研商中。

在大陸留學生的公開申請之前，《聯合報》曾在2月20日發表社論主張對大陸留學生來臺訪問持保留態度，3月13日《中國時報》在大陸留學生公開信發佈之後發表社論，主張全面開放大陸留美學生來

臺訪問。兩天之後，《聯合報》也在 3 月15日的社論改變了它在稍早
的立場，也主張邀請大陸留學生來臺訪問，以鼓勵兩岸學術交流，促
進「文化中國」的實現。這時《中央日報》也加入了整個「論述」的
行列，而於 3 月22日發表社論，認爲應該歡迎大陸留學生來臺訪問。
但是，學術歸學術，政治歸政治。《聯合報》更繼續在 6 月 7 日，7
月 3 日的社論，做類似的呼籲和主張。

　　在大陸教授溫元凱和大陸留學生吳牟人等兩封公開信後，社會各
界對於大陸傑出人士和留學生來臺講學訪問已有了相當的論述，但是
政府並沒有因此而做出明確的決定。這時，臺北又發生了大陸棋王聶
衛平來臺比賽的事件。聶衛平是大陸第一圍棋高手，曾於1981，1982
年連續兩年打敗日本圍棋好手，而名揚世界。1988年「應氏杯」世界
圍棋賽總決賽的四人，分別是日本的藤澤秀行、南韓的曹薰鉉以及林
海峰和聶衛平。有關於聶衛平是不是能夠來臺灣參加比賽的問題，早
在1988年 4 月初就被提起，當時該圍棋賽的籌備會宣佈預賽地點在臺
北，如果牽涉到大陸棋士沒有辦法入境時，才以北京、香港兩地方候
補；所以當時便有不少人呼籲能讓聶衛平等大陸棋士來臺參加比賽，
但是 8 月20日的預賽並沒有在臺北舉行，而是在北京。雖然如此籌備
會仍然堅持，「只要是一點點機會，我還是希望能到臺北來比賽」。
因此，在北京預賽結束後，籌備會仍然宣佈11月20日的複賽要在臺北
舉行。據《新新聞》（1988.10.31—11.6）報導，11月 3 日的行政
院大陸工作會報曾討論此案。該會報雖然通過了有關大陸人士來臺探
親、奔喪的規定，但對於教育部所提「兩岸國際學術、文化、體育交
流作業要點」，則僅通過了部分條文，對於聶衛平來臺比賽一事，並
未做出決議。

　　在行政院大陸工作會報對大陸傑出人士來臺一案議而未決，聶衛

平因而不能來臺後，社會各界又引起了一連串論述，首先《中國時報》於11月5日發表社論，認為「所謂民間性、安全性、漸進性、單向性、間接性的原則，只著重在防守的目標上，……必須採取一些比較積極的原則，才足夠做為大家共同遵循的規範……我們希望政府以快速的腳步，負責的態度，揚棄目前這種從個案到個案的作法，儘快提出對兩岸民眾福祉都能觀照而又不至於影響臺灣安全的一套通案，讓大家能有所適從」。《聯合報》也在11月16日的社論中指出，若籠統的規定共產黨員不能來臺，他日若大陸同胞中出現對中華文化與中國乃至於全人類有重大貢獻的才俊，而不幸又像聶衞平般的為「共產黨員」，我們又怎能讓其來臺，這豈不是我們自絕於大陸同胞？《新新聞》（10月31日～11月6日）也在一篇「十四州的現實」與「四十州的夢想」中，認為聶衞平不得來臺的原因，恐怕是那「十四州的現實」與「四十州的夢想」之間的矛盾在作祟。

於是，在行政院大陸工作會11月19日的會報中決定，大陸同胞中具有國際崇高聲望，或對中華文化等有特殊重大貢獻之人士，不具共產黨身分，經申請核定後，可到臺灣訪問。另外，海外自由地區的學人、留學生，凡不具有共產黨身分者，亦可申請來臺。在這個新規定下，首批大陸留學生錢穎一、許成鋼、斐敏欣、吳牟人，和徐邦泰等五人，於12月20日到達臺北訪問10天。

雖然，大陸傑出人士或留學生可以申請來臺，但限制甚多，因此，媒體對此又產生另一波的論述，首先，《中國時報》在11月21日就發表社論，認為，只允許少數傑出人士來臺之決定，仍嫌保守；第一，「國際崇高聲望」與「特殊重大貢獻」，未免標準過高，倘若嚴格甄別，合乎如此條件的人物屈指可數。第二，「共產黨員不准來臺之限制」實有未妥，於是主張對這項規定加以變通，俾其不再成為開

明而合理之大陸政策的障礙。《聯合報》也於11月24日發表社論，要求政府擴大辦理大陸留學生來訪，而使之變成「兩岸學術交流」，讓海峽兩岸的學術互動與交流成爲中國知識份子結合爲國家前途探索發展方向的重要契機。11月28日再度發表社論，呼籲政府擴大辦理大陸留學生來訪，包括延長訪問時間以及放寬來訪對象的資格和限制等，12月6日更針對教育部延攬大陸學者湯一介教授的申請案，呼籲政府亟應化解大陸政策的矛盾情結。12月29日更具體列出應擴大辦理的對象和範圍，如學有專長的知識分子、「老師傅」級的專家、中醫專家、優秀選手，以及其他科學人才和資訊的交流等。在以上一連串的論述下，大陸人士來訪的資格大爲放寬，大批學者專家於是紛紛抵臺。(《新新聞》1990.1.8—14；p.76)

(六)臺灣商人赴大陸投資

1980年以前，很少聽到有臺灣商人到大陸投資(《新新聞》，1987年11月9日)，理由是當時以臺灣的工資、技術和全世界的景氣來講，訂單都接不完了，根本沒有必要到大陸去設廠。但是到了1984、85年之後各種主客觀環境的變遷，使得情勢有所改變，工資高漲，關稅優惠喪失，政府不再鼓勵，以及其他開發中國家的挑戰，都使得一些三級加工的產業受到嚴重的升級壓力。這些在臺灣受到壓力的廠商，在找尋生存出路的時候，很自然地便想到了中國大陸；中共經濟採行開放措施，變成臺灣商人赴大陸設廠的最大誘因。《新新聞》(1987.11.9)在一篇「臺灣鞋，過海峽」的故事中，描述了臺灣製鞋業如何因爲產業升級和臺幣升值的壓力而到大陸投資設廠。根據《新新聞》的報導，這些到大陸設廠的臺商，大致可分成三類，第一類是經濟犯罪型的廠商，這些商人在臺灣宣佈倒閉之後，潛往大陸另起爐

灶。第二類到大陸去的臺商是在臺灣合法的結束業務之後，透過東南亞地區，將機器設備以及資金移轉到大陸。第三類的商人則是透過在香港的代理商到大陸去設廠。

　　1987年政府正式開放大陸探親，對很多人來說，探親與通商是比鄰而居的，探親的名義或機會讓貿易投資更可能，也更方便。因此，1987年臺資前往大陸設廠者大幅增加，估計在 5 至15億美元之間（《新新聞》，1988.9.26）。但基本上，到大陸投資者仍屬「鋌而走險」，他們多是在臺灣經商失敗的小生意人。這種情形到了1988年 4 月以後突然有了大的轉變，王永慶、高清愿、翁大銘等臺灣大財團的老板，紛紛到香港投資，他們眞正的目的是去香港觀察和參與大陸的市場。到了1988年 9 月，臺灣排名「十大」之內的好幾位大資本家，他們的子侄已有好多人去過大陸，而且也和北京經貿部門取得了聯繫。因此，在這個期間，穿梭在海峽兩岸之間的，除了原來那些在臺灣經商失敗而前往大陸從事走私和交易的商人，以及具有雙重國籍身分的臺灣商人外，最重要的還是那些《新新聞》所謂的「空中資本家」。他們的出現，使得海峽兩岸已逐漸在淡化的敵對意識中更加速解體了。

　　最早出現的乃是香港老船王董浩雲旗下的「東方航運」，這個集團由於財務危機，經由香港「赤色資本家」霍英東的安排，大陸資本的銀行予以聯貸解圍，由此造成該集團的資本組成混淆。根據《新新聞》的報導，該集團負責人曾特別到臺北獲蔣經國點頭同意後才接受這項聯貸案。繼「東方航運集團」的資本組成模糊之後，更多的「空中資本家」開始出現。以「國泰航空」爲例，它的資本組成之中有八分之一被大陸的「中國國際信託投資公司」收購，繼續在臺北起降；這種外商還包括「怡和」、「太古」等。而在香港的華人資本家而做

「空中飛人」的就更多了，包括香港第一華商李嘉誠，當然還包括了與香港掛勾的南洋「空中資本家」如陳弼臣父子、林紹良等。根據《新新聞》的分析，「空中資本家」的出現，使得同時在海峽兩岸經商有了合理的基礎，並使海峽兩岸的敵意更趨模糊。並經由資本家的混合，經濟關係的混合成為必然趨勢。

在這種由資本家混合所導致的經濟關係混合過程中，臺商對大陸投資也日趨升級。投資的項目也逐漸擴大，由原來的鞋類、玩具等而逐漸升級至成衣、紡織等。以1988年為例，一家著名企業已至廈門投資二億美元建化纖廠，至少三家中大型亞克力紗廠至深圳、廈門、上海興建。甚至有一家著名的男性上班族公事皮包工廠，居然至新疆建廠，製品全數銷往蘇聯，在這種加速又升級的經濟混合中，一個橫跨海峽兩岸的商務協調會終於在1988年12月16日正式成立，立法委員張平沼擔任臺灣區的會長。由於中共官方支持層次頗高，使臺灣的協調會得到「簽證特權」，即往後臺商只要獲得協調會證明，即可不必香港簽證辦臺胞證後，直飛大陸，及二年的多次出入境證等優惠的手續，儼然成為地下大使館。

張平沼在成立「海峽兩岸商務協調會」後，遭國民黨停止黨籍兩年。但這時兩岸的經貿關係已如日中天，尤其是在1990年元月10日，有臺灣「經營之神」美譽的王永慶秘訪廈門後，更進入了另一個高峰。根據《新新聞》(1990.1.22) 的報導，王永慶率領了一個10人團秘密進入福建省考察，並與福建官方代表商談臺塑在廈門市興建六輕的可行性。4月26日，王永慶再入大陸，計畫以70億美金籌建石化王國，將包括28座上、中、下游工廠及兩座輕油裂解廠。這個投資計畫除了臺塑集團外，還包括印尼最大的「三林集團」，以及臺灣的「東帝士集團」，是全球至大陸投資的最大宗。同時，就在王永慶秘

訪大陸的消息傳出來後，臺灣出現了「福建投資熱」，在 1989 年，臺灣商人投資大陸的金額爲 10 億美元，但在 1990 年的前三個月，臺商前往福建的投資金額卽達 12.4 億美元，投資案件 259 件， 目前仍在排隊的尚有數百件（《新新聞》， 1990.4.30）。

王永慶在前後兩次進入大陸後，更在臺灣連續發表兩篇萬言書，談到他爲什麼要到大陸投資，以及如何把根留在臺灣的理想，這一連串的行動，引起所謂的「王永慶震撼」，臺灣各大小媒體，幾乎都有專文評論，但卻各說各話，看法不同。 基本上，王永慶的「出走」，行政當局多表反對，行政院長李煥、經濟部次長徐國安、財政部次長王建瑄、工業局局長楊世緘等，都明顯反對，工商界則有贊成王永慶的傾向（《新新聞》,1990.4.16）。各新聞媒體立場則相當混亂， 首先，《新新聞》在元月 22 日的社論中，主張兩岸冷戰應該從經貿開始停戰，認爲臺塑行爲會幫助我們創造「後冷戰時代的新思維方式」。並繼續在 4 月 16 日，一篇「冷戰鬥士死守臺灣，石化大兄奔向唐山」的文章中，把王永慶比喻成臺灣的布朗德或鄭周永，認爲此舉是改變歷史方向的嘗試。《中國時報》雖然在元月 23 日和 4 月 10 日兩天的社論，主張政府要開放。但卻在元月 31 日和 4 月 30 日兩天的社論，則持保留的態度。《聯合報》偏向支持政府的限制措施，先後在元月 25 日和 4 月 11 日兩天的社論，呼籲王永慶要爲大局著想，懸崖勒馬。《經濟日報》在 2 月 10 日的社論，主張審愼處理，但在 2 月 21 日和 3 月 15 日則主張開放。《工商時報》則在元月 15 日主張開放，但在 3 月 15 日則主張保留謹愼。但無論各報主張如何，大家則一致要求政府拿出一具體的政策來規劃兩岸間的經濟活動。

在以上紛雜的社會論述情況下，政府一面於 3 月上旬通過「赴大陸工商考察參展作業要點」， 規定今後臺灣地區赴大陸工商考察及參

展，可逕向經濟部申請許可，每人每年以考察一次，停留三個月爲限。這算是政府對王永慶赴大陸商務考察的事後追認。可是在另一方面，經濟部卻加速研擬「赴大陸間接投資限制辦法」，列舉包括石化業在內的十餘種產業，禁止民間前往大陸投資（《中時》，1990.4.19社論）。但是王永慶卻在這爭論的時刻，於6月13日第三度進入大陸，並在6月15日到北京準備與李鵬正式簽約。消息傳出後，執政當局開始採取了較強硬的處理方式：首先，郝柏村正式在立法院表示反對。第二，法務部草擬的「兩岸關係條例」草條，也開始對兩岸經貿往來出現較嚴格緊縮的解釋，凡直接貿易處以三年以下徒刑，未經許可的間接貿易處以五百萬元罰鍰，比現行的官商默契退後保守了一大步。第三，經濟部開始明確把「輕油裂解工廠」列入不准赴大陸投資行業項目中，明確將王永慶的投資納入法令不允範圍中。郝柏村甚至透過中央銀行表示，如果王永慶執意去大陸，那麼臺灣所有銀行可能會凍結對臺塑的貸款，甚至必要時會凍結臺塑向外匯款（《新新聞》，1990.6.25）。在這多重壓力之下，王永慶在臨到北京和中共簽約時突然打了退堂鼓，表示「不簽了」。在這同時，工業局正大幅度地「改善」觀音地區的投資環境，希望能以「六輕」換回「海滄」。

　　就在「王永慶簽約」案引起的爭論熱潮中，「兩岸商務協調會」會長張平沼於6月30日率領了臺灣近七百位工商企業家，到北京與大陸各省的經貿代表舉行「海峽兩岸投資研討會」。這次會議是以「高收費、大排場」爲原則，經過這次會議的造勢，張平沼的聲勢扶搖直上，中共的經貿部已承諾了他們的協調會，具有商務協調權，接下來就是朝著獨家代理、商標專利，甚至糾紛仲裁的路子走。緊接著張平沼，全國工業總會考察團、臺南幫企業考察團、王玉雲家族等，都先後前往大陸，大陸投資熱潮又達到了另一個高峰。經濟部於是在10月

6日公告「對大陸地區從事間接投資或技術合作管理辦法」, 明文規定廠商前往大陸投資項目, 準備前往投資者應先向投審會申請核准; 至於管理辦法公告前即已從事投資或技術合作的廠商, 應於管理辦法施行日起六個月內申請核備 (《工商時報》, 1990.11.15社論)。

因此, 王永慶投資案雖然因政府的強力把關而尙未正式通過, 但「王永慶震撼」卻使執政當局訂定了新的辦法, 也因此打通了臺商赴大陸投資的管道, 這個新的規定加上海基會秘書長陳長文赴大陸接觸協商, 以及李登輝1991年5月1日宣佈結束動員戡亂時期等行動, 一股全新的大陸投資熱就被點燃。這股新熱潮的投資者從以前的中小企業變成現在的大企業, 從外銷轉而內銷, 從合資到獨資, 打游擊的時代被宣告結束, 一場更愼重、更需密切規定的正規戰於是正式展開。中興紡織是第一家合法到大陸間接投資的企業, 是在1991年1月28日核准的, 接著是3月4日核准陳登立個人由香港赴大陸投資, 再來是達興電器和民興紡織。統一公司和味全公司等也都積極準備投入 (《商業週刊》, 1991.5.19)。《商業週刊》 (1990.3.23) 在一篇「我拿到『中華人民共和國』身分證」的故事中指出, 臺灣商人已有人拿到大陸的身分證, 甚至已有臺商在大陸建立另一個家庭。海峽兩岸早已被臺商「統一」起來了。

在這股大陸投資熱潮中, 社會輿論對臺商前往大陸的投資是相當紛歧的, 首先, 在商業圈內部, 就有所謂「觀望派」和「開放派」的路線之爭。「觀望派」是指親政府的企業人士, 以辜振甫、王又曾和許勝發爲代表, 主張對大陸投資持審愼態度。「開放派」以王永慶、陳由豪和陳重光爲帶頭, 主張取消對大陸投資的限制 (《新新聞》, 1990.7.9)。在新聞媒體方面, 《中時》曾於5月7日、5月14日、7月1日和9月25日先後發表社論, 其基本立場雖主張經濟開

放，但保有很多附帶條件，態度審慎。《聯合報》除了在4月11日社論，明白反對王永慶到大陸投資外，一直到1990年底，都沒有關於到大陸投資方面的評論。《中央日報》則在7月9日，7月15日和7月23日的社論中，都持審慎的態度。

(七)政治接觸和談判

以上1至6項，基本上都是民間接觸，包括社會、文化和經濟等面向，在這一節裡，我們將討論官方（或半官方）正式的接觸或談判。第一個案例是所謂的「兩航談判」。1987年5月2日，王錫爵駕駛華航 B-198貨機前往廣州白雲機場，向中共投誠，當時飛機上還有兩位機員董光興和邱明志。為了營救這兩位機員以及飛機回來，執政當局傷透了腦筋，經過縝密考慮，在事發11天之後（5月13日）宣佈由華航方面，在香港與中國民航洽商人機善後問題。5月15日，中國民航做了回應，同意在5月17日於香港展開洽談，因此創下了著名的「華航模式」。在事件結束不久，當時的副總統李登輝在接受媒體訪問時，也曾表示處理這件事情，「主要是人道主義的考慮，如果兩位機員沒辦法回來，政府對民眾難以交待，這是一個事實問題」（《新新聞》，1989.7.10）。

第二個案例是有關參加國際科總年會。第二十二屆國際科學會總會年會於1988年9月11日在北京召開，中研院在歷經會前種種波折之後，終於由蘇仲卿、周昌弘、葉永田三位代表成行，參與盛會，但規定中研院成立一個應急的「科學學會聯合會」，以抵消官方色彩。三位與會代表以「教授證書」向教育部提出申請，而未標明「國立大學教授」，政府發言人指出，此種安排不抵觸「三不」政策。與「科總年會」幾乎同發生的，還有「胡秋原事件」，立委胡秋原於9月11日

由美搭機逕飛北平，而且下機後立即舉行機場記者會表示：「希望有生之年能夠看到統一。」9月13日接受「政協主席」李先念晚宴，以後又拜會鄧穎超、閻明復等。9月21日國民黨中央常會決議，開除胡秋原黨籍處分之。

第四個案例是所謂的「亞銀事件」，1989年5月1日，財政部長郭婉容正式通過北京的首都機場海關，住進國際知名的「長城飯店」，是四十年來第一位臺灣的部長級政府官員進入大陸，爲海峽兩岸的「接觸」踏出歷史性的第一步。5月4日上午9時，郭婉容在北京人民大會堂內響起「中華人民共和國」國歌時，起立聆聽致敬，並在國家主席」楊尚昆進場時靜立致意，海峽兩岸的關係從那一刻起產生了實質的變化。但是執政黨包括李登輝在內，卻刻意掩飾其中蘊涵的「大陸政策」的這層意義。如行政院大陸工作會報執行秘書馬英九表示，「政府並不強調此行在大陸政策的意義」。他指出，「行前的各次研議，是以外交部、財政部和中央銀行爲主」。其意義在於強調「彈性外交」的出擊，尤其更負有代表團在大陸上要確保臺灣的中華民國政府爲「主權國家」的任務。（《新新聞》，1989.5.1；5.8）

第五個案例是著名的「金門談判」：1990年7月21日，臺灣當局在遣返大陸偷渡客的過程中，因作業粗疏造成25位大陸客悶死船艙的慘劇，舉世譁然。8月13日在同樣的遣返作業中，又發生撞船事件，大陸客因失蹤而死亡者達21人。爲了解決政府的窘境，也基於人道立場，臺灣紅十字會於是決定介入遣返作業，同時和大陸的中國紅十字會洽談新的遣返方式。於是9月11、12兩天，海峽兩岸紅十字會代表，包括兼具中共國務院對臺辦公室副局長的中國紅十字會總會理事樂美眞在內，雙方共八員，在中華民國所轄領土且地位敏感的金門島，舉行了一場歷史性的秘密會談，這是首次雙方面對面，在雙方的

土地上，談判一個屬於雙方共有的問題，比以往「第三地」、「第三人」，或「第三事」都來得直接，也因此《新新聞》（1990.9.24）形容此次會談：四十六條人命「攻」下金「門」。

　　第六個案例是「海峽交流基金會」正式成立：海峽兩岸在過去兩三年之間，各種社會、經濟和文化的交往大增，因此從1990年起，就有很多人呼籲政府儘速成立半官方的兩岸中介機構，執政當局也有成立的計畫，但都未能付之實施。一直到七、八月間連續兩次悶船（撞船）事件後輿論更一致籲請政府儘速成立。如《聯合報》先後在8月6日、8月11日、8月16日、8月18日、9月5日和10月4日等連續六次的社論做此主張，《中時》也在8月18日做此呼籲，《中央日報》則在8月12日、8月19日、9月16日的社論中做類似的主張。10月4日廣州白雲機場發生空難，共有127人不幸喪生，其中臺灣旅客有31人罹難。行政院長郝柏村指示權責單位，盡力協助民間觀光、旅行業者，妥善處理善後事宜，也因此再次凸顯兩岸中介團體成立的急迫性，另一波的論述又開始（如《聯合報》10月5日社論）。在這整個氣氛下，「海峽交流基金會」於是在11月21日正式成立，直屬行政院大陸工作委員會，其組織內容共計包括42名董事與6名監事，辜振甫為董事長，許勝發和陳長文為副董事長，並由陳長文兼任秘書長，在42名董事中工商企業界代表有20位，國民黨籍則超過三分之二，因此具有高度政治敏感性。此外，政府出資高達五億二千萬，約佔目前基金會實際募得款項總數 74%，明顯的又是官方色彩重於民間色彩（《新新聞》，1990.11.26），也從此海峽兩岸正式進入所謂的「半官方」接觸。

　　隨著兩岸通商、投資、走私活動之增加，兩岸因意外事件而造成之摩擦乃不可免，在1991年開始以後，即連續發生所謂三保警察、湄

州進香團翻車案，以及海盜船案等。對正持續發展中的兩岸接觸模式，都有相當的促進作用，這裡僅以「閩獅漁」事件為例簡要說明之。大陸漁民因涉嫌搶劫臺灣漁船，而被移送臺中地檢處偵辦，此案由於原告與被告，雙方說詞非常不同，而且又是大陸人民第一次在臺灣接受審判，因此引起兩岸高度關切，臺灣在此事中堅持法律主權，中共則想援用前不久在大陸發生的「三保警」事件，以政治方式解決之，臺灣當局不允，大陸這時要求派人來臺協商案情，在臺灣堅持「司法獨立」的原則下，大陸於是改為「人道探視」，大陸紅十字會人員曲折、莊仲希在歷經波折之後，終於在 8 月20日下午抵達臺灣，對「閩獅漁案」船員做「人道探視」，這是兩岸分裂42年來，國共雙方人員在臺灣島上首度會面過招。在這之前中共新華社兩位記者也因此案而特別被准，首度來臺探訪。對臺灣來說，本案最大的意義在於向大陸當局再次明確而堅定的表達臺灣「主權獨立」的立場。

四、資料分析

本研究的基本論點是，常民百姓在一般日常生活的「實踐」中，逐漸對系統的統治原則、法令規範，或意識型態等進行解構，在這個解構過程中，媒體扮演的角色，就是把常民的日常實踐轉化成「故事」，社會因此得以在「故事」的基礎上進行「論述」，當一個「論述」取得基本的「共識」之後，舊的規範或法令因此而獲得新的意義，這就是一個系統解構的過程。在這個基本的認識下，我以兩岸關係為例子，檢查了探親、投資等七個事件的發展史，總的說，這七個事件大致都呈現了上述的解構過程，茲說明如下：

(一)實踐的邊緣性

解構自實踐開始，而實踐者多具有很濃厚的「邊緣」性格。這裡所謂「邊緣」係指在正常的職位或權力結構的最底層，或甚至在最底層的外圍，如退休者、婦女、小孩、農民、漁民、老兵、失業者等。「邊緣」的另一個意義是指「核心」之外，也就是指相對於「主流」的「非主流」。在以上我所檢查的七個事件裡，其原始的實踐者都具有非常濃厚的邊緣性格。例如在探親個案中，在探親法令正式開放之前，已有很多人偷偷地在繞道第三地區而進入大陸，或在第三地區進行會親或探親。這些人絕大多數是老兵，或退休的軍公教，他們都不在目前正在運作中的權力體系之內。最先偷偷摸摸地到大陸洽商或投資的，也都是在臺灣經商失敗的生意人，挺而走險才到大陸的，其中還有不少是經濟犯或躲避債務者，另外一部分則是因產業結構升級而遭淘汰的廠商，總之，他們都不是得意的生意人。另外，促成兩岸直接面對面地在臺灣本土談判的則是大陸偷渡客和漁民，首先，由於1990年7、8月間遣返偷渡客的作業中，連續兩次發生人命，才造成兩岸紅十字會破天荒地在金門舉行會談，《新新聞》甚至以「四十六條人命攻下金門」形容之。其次，1991年8月下旬，兩岸人員首次在臺灣本島舉行會談，即有名的「閩獅漁」案，其真正的促成者是大陸漁民。換句話說，是因為先有大陸漁民在公海上涉嫌搶劫臺灣漁船的事件發生後，才可能有陳長文和曲折在臺北的會談。最後，促成兩岸通婚、定居者，很明顯的也是大陸偷渡來臺的婦女和小孩如黃燕雲、林娜、鄭慧玲、董立等。她們冒著生命的危險，以懷孕之身偷渡來臺，臺灣社會在「遣返」與「不遣返」之間掙扎論述，終於因此通過了通婚定居的法令，這是兩岸交往史上的一大突破，其促成者不也是

這些最「名不見經傳」的「邊緣者」嗎？

當然，有些「邊緣者」並不真的是在整個權力或職位的最底層，例如，王永慶也是大陸投資過程中的實踐者，但我們從那個意義上說他是一位「邊緣者」呢？這裡，邊緣是相對於核心而言，也就是指「主流派」之外的「非主流派」。根據《商業周刊》(1991.8.11) 的民意調查資料顯示，臺塑集團的「政商關係」排名中，是十六家大型企業的最後一名，和辜振甫、王又曾和許勝發等三人所構成的主流派相比，王永慶很明顯的處於一個非主流的位置，這也是他之所以會冒著執政當局的反對而執意前往大陸投資的重要原因之一。另外，《自立晚報》之所以派出李永得和徐璐到大陸採訪，與該報的「非主流」立場是密切相關的，我們可以肯定，《中央》、《中時》或《聯合報》等，在國民黨沒有答應以前是不會這樣做的。另外，促成兩岸首度在第三地舉行會談的王錫爵，很明顯的也是整個華航權力體系中的邊緣者或不滿分子。因此，不管是非系統分子或是權力結構的底層，甚至底層之外，解構性的實踐，都是這些「邊緣者」所創制引發的。

(二)實踐的表演性

「邊緣性」是指實踐者的社會關係和位置；「表演性」則是指實踐行為本身。這裡所謂表演 (performance)，是指行動者，並不是在既有原則或規範下來行動，而是根據他的生存情況以及行動當時的特殊情況來行事 (Goffman 1959; Turner 1985)。當行動者以既有法規或原則為行事標準，則行為和規範，或是行動和意識型態之間形成相互對應的情況，這種情形可以簡稱為複製 (reproduction)。表演就是複製的相反，行動者在「表演」的時候，他暫時拋開既有的原則，甚至對這些原則規範採取了抵抗、顛覆、反叛，或戲要的態

度，因而能引發系統的解構。因此，表演性是解構的重要概念之一，在兩岸關係的實踐過程中，即到處充滿著表演性格。例如探親法令就是在探親的表演過程中完成的。1987年11月探親正式合法執行前，每年都有上萬的庶民百姓秘密地進入大陸或在第三地區進行會親，這是違反法令規定的。因此，每個潛入大陸探親者，都會被警總限制出境三年。縱使在探親正式開放後，資格的限制也很嚴格，本來規定只有三等親內才能辦理，而且軍公教人員不得爲之。但是，在眞正的探親表演行爲當中，這些規定都被棄置一旁，大部分都以僞裝的身分進入大陸，有親探親，無親則觀光或做生意，規範變成徒具形式，情境的表演才是眞實。而這種表演性的實踐也解構了系統原則；探親的相關規定逐步放寬，甚至引發到後來工商考察、經貿往來的合法化等。

相類似的解構過程，出現在其他事件的發展上。例如大陸人士來臺灣結婚定居是在大陸客（妹）的偷渡行爲中完成的。大陸人士來臺奔喪、探病的規範，則是在梁文茜嘗試破壞目前的法律規定，以特准入境不成後，慢慢完成的。記者赴大陸探訪一事，則是由《自立晚報》的「脫法」行爲中引發促成的，大陸傑出人士得以來臺，也是在溫元凱、矗衞平，以及其他大陸留學生等，多次公開地向現行規定「挑戰」後才成功的。到大陸經商或投資也是在眾多工商業界的「秘密」行動中，才告慢慢合法化。這個合法化過程中，曾經多人以「資匪」、「叛亂」等罪而被判處徒刑（《商業周刊》，1990.4.16)，也曾發生多起由「資匪」改判「無罪」的案子（《新新聞》，1988.8.15)，可見系統原則在這過程中是如何地受到挑戰和修正。最後，兩岸正式的接觸和談判，幾乎都是在明顯的違法行爲中，如走私、偷渡、海上搶劫等情況下，引發達成的。

因此，表演而不是複製，才是解構的原動力。複製使既有體制或

原則更加強化，而表演則創造、發明了新的典章規範，也賦給系統新的象徵和意義。在以上我們所檢視的各種實踐性表演中，大約可分成兩種型態：一種是「違法」，一種稱「脫法」。所謂「違法」是指表演性的實踐已明顯地違反了現有法律規定；而「脫法」則指現有法律並沒有明白規範或禁止某一行為，但這一行為也並不為法規所允許或鼓勵。換句話說，這是法律的空白地帶。在我們所分析的七個案件中，小部分是屬於明顯的違法行為，如走私、海上搶劫或偷渡等。但大部分的表演多屬「脫法」行為，例如《自立晚報》記者到大陸採訪一事，即屬脫法而不真正違法。該晚報社長吳豐山和總編輯陳國祥卽公開表示，目前並無任何一項法令可以限制記者到大陸去採訪。他們認為該報派記者到大陸採訪是法律的「真空」地帶，不算違法，充其量只算是「脫法」——法外行為。其他表演性實踐也都一致表現出這種對法律的「戲耍」，如探親開放前，秘密地進入大陸；探親開放後，卻以探親名義而進行觀光、經商；在正式開放投資前，卽到大陸設廠等，都是實踐者在法律的真空地帶進行表演和戲耍，但卻都能因此而創造出真的法律空間，進而對系統原則進行顛覆和解構。從這層意義來看，脫法甚至違法行為，是整個結構或歷史變遷過程中不可分割的一部分。

(三)實踐的比喻性

上面說明了解構性質的實踐是一種表演，而不是複製，在這一節裡我要進一步說明表演是以「比喻」的方式來進行的。這裡所謂「比喻」，是以一種間接、偽裝、暗喻或轉折等方式來實踐 (Bourdieu 1977)。在本研究中，探親前的探親表演，都是在第三地區進行或是繞道第三地區進入大陸，這種「第三地」所意涵的「間接」或「轉

折」，正是 Bourdieu 所謂的比喻性。探親開放後，很多不符探親資格的都去探親或是以探親之名去做觀光或貿易等，都是「僞裝」的行為，也是表演性實踐的特色之一。兩岸貿易在正式開放之前，多在香港或日本轉口，這也是「比喻」的一種表現。這種行為甚至在合法化之後，仍繼續維持，即所謂的轉口貿易。到大陸投資都是透過第三地的子公司在進行，大陸的出版品雖獲准在臺發行，但卻必需經過僞裝和整型，也是「比喻」的一種型態。在記者還沒有能正式到大陸探訪之前，很多報紙從北京傳回的消息，都是以「北平 — 東京 — 臺北」的報導方式來處理的（《新新聞》）。第一次參加大陸舉辦的國際性會議時，使中研院必需臨時成立一個叫「科學學會聯合會」以僞裝成民間單位，也是「比喻」的運用。而第一次兩岸面對面的會談，也是在第三地（香港）舉行的。

「比喻」其實也是一種表演或是戲耍，它並不直接向系統的法規或原則挑戰，但以「比喻」的方式達成踰越的實質。這主要是因為解構性的實踐者往往是「邊緣份子」，他們在系統內並不眞正擁有自己的空間，也因此沒有權力。爲創造空間，他們必需在系統外部進行或是以「僞裝」的方式在系統內從事，無論如何，這都是「比喻」的運用。但重要的是，社會過程是一種象徵性存在 (Ricoeur 1987)，比喻往往能定義眞實，或是說眞實本來就是一種比喻，所以當比喻性實踐一旦展開，它就很可能變成系統的眞實，換句話說，比喻賦予系統新的意義，系統原則也在這個過程中遭到修正或揚棄。

(四)實踐的身體性

這是指實踐者以「身體」本身，而不是借助於從身體上所衍生出來的行為或動作來從事表演。身體的「出現」，而不是身體的動作，

就是實踐的主要內涵。譬如大陸配偶來臺定居，其表演性實踐卽是單純的偷渡，只要把「身體」放置在這個島上，就已經達到其目的，這尤其是身體內又帶個「身體」——小孩。探親也只是一種「身體」的表演，兩岸的接觸和談判也多是因「身體」而起的。最明顯的例子是梁文茜的身體和梁實秋的身體，在香港的「活」身體想要來臺灣看個「死」身體，兩者都只是單純的「身體」出現，而不含其他身體衍生，但這麼基礎性和存在性的願望居然不被獲允，其所引起的「動盪」自然是不可言喻的。

任何以「身體」爲基本訴求的實踐，都是不可忽視的。因爲這種訴求代表著人類基本的存在性，而不是延伸性。這也是「身體」本身就是一種威力 (Power) 的最大原因，因此，「身體」往往能成爲一種最有力，也是最後的宣稱。一個統治者想要控制一人或處罰一個人，其最後的宣稱是把這個人的「身體」關起來，讓他不能「出現」或甚至是永恆缺席。一般庶民百姓想要做宣稱，最強有力的也是以「身體」爲武器。如自焚之類的自殺行爲。尤其是踰越性行爲，如果不以「身體的出現」爲手段，往往是脆弱的，這是因爲這些實踐者往往都是邊緣份子，他們在旣有系統內不佔據任何空間，唯一能創造空間的東西，就是他們的身體。透過血肉之軀的出現，他們定義出系統內的空間，也只有透過身體空間的創造，他們才開始有了權力，以及和系統原則對抗的可能。

(五)故事的誕生

庶民百姓的日常性實踐，是系統解構的原始點。但是，本研究的基本假設認爲，從實踐過渡到解構，必需經過媒體的「故事」報導和「論述」。這裡所謂「故事」，是指媒體對實踐的再現 (representation)。我們都知道,「再現」是不同於複製或翻版的。媒體對實踐過程的「故事」呈現, 並不是對該過程的完全複製, 而是一種「重點、局部和轉折式」的處理, 它可能只截取整個過程的一部分當主題情緒再加上故事作者的主觀想像和推理 , 最後配合上一個開頭和一個結尾, 就變成一個故事了。

從「實踐」到「故事」是解構過程的重要轉折。基本上來說, 實踐是個人性的經驗和記憶, 當一個人在從事「表演性」或「比喻性」實踐時, 他並非有意識地企圖對系統原則或規範進行解構, 在他的識知圖像中, 他的表演頂多只是一種消極性的逃避、戲耍, 但絕不是積極性的解構或重建, 換句話, 行動者所努力的只是想透過這個實踐來完成他「個人的」目的, 如探親或經商等。但是當這種個人性的實踐突然有一天變成一個「故事」之後, 整個意義就不一樣了。這時個人性的意義蒙上了「社會」的色彩; 其他沒有真正參與實踐的人, 在閱讀了故事之後, 他們開始分享實踐者個人式的經驗和記憶, 這時閱讀者的認知和思維圖像就從實踐者「我想完成什麼?」轉變成「社會應該怎麼辦?」或是說「社會應該怎樣處置這個人?」主詞從「我」轉換成「社會」, 而「我」(指實踐者)也轉變成受詞了。因此「故事」把一件純個人性的經驗或記憶變成一個社會共享的經驗和記憶, 進而讓「社會」和「我的目的」對話 。 這也就是說 , 社會因此而進入了「假設」狀態之中。

所謂假設 (Subjunctive) 是相對於指示 (Indicative) 而言 (Turner)。在指示狀態下 , 一個社會或是一個系統的基本原則或規範是沒有受到質疑的, 但在「假設」狀況下, 系統原則開始受到質疑, 社會從「是」什麼轉變成「應該」如何, 這也就是進入所謂的論述狀態了 。 因此 , 故事的最大功能乃是把個人的實踐轉換成「社會

的」或「公的」經驗，社會也因此而得以進入論述狀態，舊規範的解構或新規範的重建才成爲可能。由此可知「故事」的重要性了。但是，並不是每一個表演性實踐都能變成一則故事，其實有很多「表演性實踐」集體地消失，而永遠沒有辦法進入「社會」或「公」的論述範疇，這多與政治有關，有時候則是更深沈的「文化選擇」問題，這種情形我們可稱之爲「社會健忘症」，具體的症狀就是「社會」沒辦法記錄，也因此沒辦法記憶屬於個人的表演性實踐，社會的記錄，永遠是系統原則或規範的複製，「表演」的部分則永遠缺席，其結果當然就是社會系統的體系化和固定化了。

暫時撇開「社會健忘症」不談，解嚴後的臺灣媒體（本分析僅限於報紙和雜誌，電視不包括在內），已開始對庶民百姓的「表演」進行較多的記錄。以兩岸關係爲例，「三不」原則的解構，其原始力源固然是來自實踐，但如果沒有「故事」的報導，這些實踐永遠停留在私人的經驗（即特殊目的的達成）的範疇，只有在故事化之後，這些實踐才取得了社會的意涵。例如王永慶在1990年初秘密訪問大陸，經《新新聞》揭發而成爲「故事」報導之後，整個對大陸的投資熱就在1990年上半年達到未曾有過的高峰，根據統計，1990年前3個月，臺資在福建的投資額即高達12.4億美元，比1989年全年臺商對全大陸的12億元還多。又如《自立晚報》記者李永得、徐璐的赴大陸採訪經故事化後，各報社紛紛起而傚尤，並在1988年9月國際科總年會在北京召開時達到最高峰，根據《新新聞》（1988.9.19），臺灣的記者利用三名中研院研究員參加科總年會的機會，紛紛搶灘式的進入大陸採訪。成群的臺灣記者湧入人民大會堂，面對著八十幾歲的中共前任國家主席李先念爭相發問，並且刊出了這篇集體訪問稿，於是「爲匪宣傳」這個禁忌終於被突破，中共的高級官員第一次直接向臺灣人民說

話。而且，報社裡每天從上午到下午不斷接到來自北京的直撥電話，傳眞機上也不停地直接接收來自北京的傳眞稿件，在這些旣有基礎上，新聞局還能不開放記者探訪嗎？

以上王永慶的秘訪大陸，造成對大陸間接投資的合法化，李永得和徐璐之赴大陸探訪，引發記者探訪的正式化。兩則故事製造了三個英雄，在這些英雄的示範下，一窩蜂的探訪熱和投資熱於是形成，進而把記者赴大陸探訪以及商人赴大陸投資造成旣成事實，也因此取得合理性。另外一種故事雖然沒有製造成功的喜劇英雄如上述三位，但卻創造了另一種悲劇性格的英雄，例如溫元凱、聶衞平、梁文茜等。溫元凱和聶衞平企圖以大陸傑出人士的身分來臺訪問，沒有成功；梁文茜從北平趕到香港，嘗試來臺奔喪，也沒有成功，三者雖沒有能夠產生英雄示範所創造的量的突增，但由於這些故事所引發的悲劇效果，卻使整個社會不敢不去正視，一連串的論述也因此而產生，系統原則也因此而獲得修訂或揚棄了。

其實，悲劇性質的故事，其對系統所產生的顛覆作用，往往是比喜劇型的故事來得大的。例如「大陸配偶來臺定居」一事，完全是由悲劇所造成。所有這些故事的男女主角如鄭慧玲和陳焰煌、林娜和莫猷惇、黃燕雲和沈朝坤等都是兩情相悅，但由於法令規定，逼得他們必需分地而居；尤其這些故事又都有小孩牽涉其中，使得整個故事的悲劇效果更濃厚，也因此能引發社會更強有力的「論述」。又如「大陸臺籍國軍返臺定居」的所有故事，也是以大悲劇的型態來處理，例如《新新聞》（1988.9.5）在一篇「那些回不了家的兵士」的故事中，就以這麼一句話來結束的：什麼時候這個時代的悲劇才會結束？並附上其中一位兵士（江文達）的年邁母親的照片，文字是：江文達八十二歲的母親倚門盼兒歸。另外，探親的故事也都是悲劇性質的，

例如我上面所舉的幾則故事中，多強調一種「分離即成永別」、「生離猶痛過死別」等，至少也強調去大陸探親回來之後，如何被限制再出境等。這些悲劇都使社會馬上進入「假設」的狀態，而對現行的規範或制度產生強烈的質疑，其所能引發的「社會論述」猶勝喜劇一籌。

（六）「論述」的形成和再生

「故事」是表演性實踐的再現，它把一個「行動」轉換成一個文本 (Text)，並賦予社會意義。但是文本是開放的，它暗示著各種可能性，這時就必需經過「論述」的階段，其意義才能（暫時）固定下來，從這個意義來看，「論述」是嘗試把「故事」的多義性給予單義化，進而創造社會共識，重建新的系統原則。在兩岸關係發展中，我們發現「故事」出現之後，社會多會進行論述，但在論述剛開始的階段，往往呈現紛歧混亂的局面，自由派有一套看法，保守派則持相反意見，莫衷一是，這時系統原則雖然開始受到質疑，但因社會共識尚未形成，新的系統規範因此而不能真正誕生。只有在社會論述達成相當程度的共識之後，系統才真正解構。而這裡所謂共識，是指當保守派也逐漸接受自由派的意見時，共識就告完成。以本研究為例，當《聯合報》開始同意《新新聞》或是《中時》的意見時，就是舊系統原則解除，新系統原則出現的時刻。這時我們會看到《中央日報》也加入同意的行列。系統就開始進入新的原則運作了。

以開放探親為例，1980年以後臺灣逐漸有人秘密赴大陸探親，但只有在1986年以後，有關探親的「故事」才在各媒體開始出現，1987年以後，各報紙雜誌開始對開放探親一事有所評論，《中國時報》在1987年4月，首先發表社論，主張開放，到了7月，《自立晚報》、《新新聞》、《聯合報》等也呼籲開放，立法委員在這段時間內也開

始質詢，於是執政黨中常會在 9 月成立五人小組，負責規劃，並在10月份正式宣佈開放大陸探親，11月份開始受理。當探親正式開放之初，各種資格限制都很嚴格，例如親等、時間以及探訪人的職位等都有限制。這時媒體又展開另一波的論述，但立場相當不一致。例如《中時》先後在10月以及隔年（1988）2 月、6 月等多次發表社論，要求放寬限制，《自立》也分別在 9 月、10月等社論中做類似的呼籲，但是《中央》和《聯合》則支持政府的限制措施，《中央日報》在 9 月和10月間，多次說明限制的必要性，《聯合》也在10月15日，明白支持限制措施，在這種論述分歧的情況，政府於是沒有任何放寬限制的舉動。一直到1988年 6 月 8 日《聯合報》首次要求放寬，並繼續在 6 月21日、7 月 3 日、9 月13日、10月18日、11月 2 日、24日以及1989年 2 月 3 日等多次強調，有關放寬探親資格的論述，逐漸形成共識，於是內政部首度在1988年 8 月放寬探親的親等限制，並在1989年 4 月份宣佈取消公立學校教職員探親限制，11月份也放寬公務人員的限制資格。

　　同樣的情形也發生在有關「派記者赴大陸探訪」一事，當《自立晚報》派李永得和徐璐赴大陸探訪一事正式公布後，社會輿論的看法也非常分歧，《新新聞》明顯支持，《中時》也大致支持，但《聯合》和《中央》則為文抨擊，一直到1989年 3 、4 月間，《聯合報》和《中央日報》開始改變立場，轉反對為支持，社會論述的共識於是形成，行政院終於在1989年 4 月下旬正式開放記者赴大陸探訪。另外有關大陸傑出人士來臺講學、訪問一事，也呈現出同樣的模式，《聯合報》曾在1988年 2 月20日的社論中，主張對大陸留學生來訪持保留態度，但在 3 月15日改變了主張，中央也在 3 月22日加入歡迎行列，社會共識於是形成，執政黨於是在11月份宣佈大陸留學生和傑出人士

可以來臺訪問。

以上的幾個案例顯示，當社會共識形成也就是當保守派也開始接受自由派的看法時，執政當局就會開始修定法規，一個新的系統原則於是誕生，表演性的實踐正式完成而進入另一階段之中。換個方式說，如果社會共識不能形成，社會論述呈現分歧現象時，系統原則就不至於顛覆或揚棄，表演性的實踐就只停留在論述的階段，我們或許可以稱這種表演為「夭折式實踐」。王永慶投資案就是這種情形。王永慶於1990年元月秘訪大陸，經《新新聞》的「故事」報導之後，社會各界開始對此事進行論述，《新新聞》雖然明顯支持投資案，但《聯合》則呼籲臺塑懸崖勒馬。《中時》、《工商時報》、《經濟日報》等則立場不定，有時支持，但有時保留。在這種社會論述分歧的情況下，執政當局於是「有恃無恐」，縱使面對巨人如王永慶，也敢堅持立場，甚至以各種手段要脅利誘，最後雖然對間接投資案作了相當處理，但仍明白規定包括臺塑石化業在內的有關產業不能赴大陸投資，王永慶的表演於是變成一種「夭折式實踐」── 無疾而終。

透過共識的形成，「論述」改變了系統原則如上述。但是「論述」也能透過其本身的指涉作用 (signifying)，而產生另一種論述，進而創造出另一組新的系統原則，例如在「到大陸探親」的論述指涉下，引發了有關「大陸人士來臺奔喪、探病」的論述，這個論述進而引發了與「赴大陸探親」不同的系統修正。更有趣的是，「來臺奔喪、探病」被「赴大陸探親」引發之後，其本身更進而引發出「臺籍滯留大陸國軍回臺定居」的論述，一個接一個，指涉的無限制表現無遺。其實，根據《新新聞》(1987.9.21) 的報導，《自立晚報》之所以決定派記者赴大陸探訪也是受政府有意開放大陸探親一事所刺激，而且從「赴大陸探訪」，進而引發「到大陸拍片、製作節目」等，更進

而引發所謂的「文化交流」(《聯合報》1989年3月14日、4月11日、4月14日社論)。於是李登輝在1991年11月24日指示,兩岸交流可優先推動文教項目,在這個宣佈之後的幾天之中,這個「文教交流」的論述甚至引發相關問題的論述,如大陸記者入境問題、兩岸通航問題(《聯合報》)。

類似以上這種「論述」的跳躍性和指涉性的例子還很多,不再多舉。其基本原則是「類似性」和「對比性」。從「臺灣人可以到大陸探親」引發出「大陸人可以來臺奔喪」是一種對比性;而從「記者採訪」到「拍片或製作節目」則是「類似性」的作用。不管其中那一種,都是一種文本的指涉,這種指涉具跳躍的轉換性,讓表演性實踐的原始意涵可以無限制擴散,系統的原則可以因一個不甚相關的實踐而遭顛覆,這是日常性實踐之所以具強大解構威力的重要原因所在。但這裡要強調的是具有指涉擴散現象的,並不只限於「論述」這個層次。很多「故事」也會產生指涉現象,進而引起與實踐無關的論述。但無論是「故事」或「論述」,其之所以發揮指涉作用,最主要的是因為媒體把實踐者的「行動」轉換成「文本」,因此能突破實踐的暫時性,而進入指涉的無限性之中,沒有媒體的文本化過程,解構的可能性必然大為降低。

五、結語和討論

以上我們以兩岸關係的七個事件為例子,說明了庶民百姓的日常實踐如何在媒體的文本化過程之中,即「故事」的報導和「論述」的製造,進行對系統原則的解構或修正。我們發現解構性的實踐是發生在邊緣地帶,執行者通常位居在整個權位結構的最底層或外圍,如婦

女、孩子、漁民、老兵、退休的公務員或是經商失敗的生意人等。實
踐的行動通常具有「表演」性質，與系統的原則相乖離，而不是系統
原則的運用或複製。因此這些行爲通常是「脫法」，甚至於「違法」
的，如走私、偷渡、非法貿易、設廠等。這些行爲很多都是透過「僞
裝」、「欺騙」、「轉折」等「比喩」方式進行的。但因爲這些行爲多屬
「身體性實踐」，多以實踐者以自己的肉體之軀來完成的，因此多能
引發悲劇性質很濃的故事報導，進而引發很多有關人道或人倫的論
述，社會共識也因此而容易形成，這是系統原則遭到解構或揚棄的主
要原因。

　　如果說「邊緣性」是解構性實踐的重要特質，那麼我們對社會和
歷史的變遷就應該從稍微不同的角度來看待了。簡單的說，以前我們
習慣從大的政治社會事件來處理社會或歷史結構的轉型問題，在這個
觀點下，我們往往集中在精英的角色問題，認爲社會變遷是由重要的
政治家、英雄、知識份子或專門的技術人員等發動的，但是本研究
卻清楚的顯示，重要的結構變遷是在常民百姓的日常生活實踐中開始
的，像兩岸關係中的婦女、船員、漁夫、老兵或失意的生意人等，才
眞正是新歷史的創造者。雖然新系統原則的誕生，也需要精英的參
與，但這種參與是整個解構過程的中晚期，也就是在本研究架構中的
「論述」階段。我們很清楚的發現，精英的論述都是根據「故事」，
而「故事」則是以實踐者爲素材的。因此，「論述」充其量只是一個
「形式」(form)的賦予，其實質內容(content)則是由常民百姓
的實踐來提供的。因此在這種認識下，我們對常民百姓的日常生活就
應該賦予新的社會學意涵了。因爲這些最不起眼的日常性實踐，其實
隱含了結構變遷的生命種子，社會學傳統的大字眼如「國家」、「階級」
等雖有其重要性，但是如果我們想更細微地掌握整個歷史的脈動，我

們必需開始嘗試從「大」回歸到「小」，從「巍峨壯闊」回歸到「低微俚俗」，從「精英」回到「人民」，從一個原來比較硬體宏觀的「社會結構」的概念，回歸到基礎軟性的「常民文化」的思維方式之中。只有從這些最不起眼人物的最不起眼行為當中，我們才能真正觸摸到人類存在中的基本難題，也才能因此掌握歷史變遷的方向。

　　其次社會學對「表演性」行為，也應賦予更多的意涵。從以上資料明白顯示，解構性其實就是表演性，系統原則變遷或形成乃是在人民乖離了現有體制的規範，而不是在人民遵守下達成的。例如兩岸關係是在人民偷渡、走私、秘訪等乖離性和表演性中解凍的。因此，「表演性」是創造性和新奇性的真正力源。從這層意義來看，社會學對於所謂「違法」或「違規範」行為，似乎應該賦予它更大的理論意涵，因為這和整個結構變遷或歷史變遷是息息相關的。當然，這個地方是有「倫理學」的問題的。我的意思是說，表演或解釋並不都是「倫理中立」的，這其中必有「好」「壞」之分。雖然這種區分很難訂標準，但我覺得社會學還是應該努力去嘗試的。從以上資料顯示，我覺得「一次性」和「二次性」的概念，似乎可以幫助我們對問題做部分的釐清。所謂「一次性」是指，實踐者是面對著自己的生存狀況下所做出來的表演，而「二次性」則是「文本」所引發的，這裡所謂文本，是指「故事」或「論述」。任何由「故事」或「論述」的文本跳躍和擴散所刺激而產生的表演實踐，我稱之為「二次性實踐」。例如老兵在探親開放前赴大陸探親是一種「一次性表演」，這是根據他們的生存狀況、年齡以及人類最基本的親情渴望所引發的實踐，也是最原始意義上的實踐。又如在臺灣經商失敗的生意人，在整個生存條件完全破壞的情況下赴大陸投資，這也是一次性表演，但是《自立晚報》的記者赴大陸探訪，很明顯的是受探親文本所刺激形成的，因此

是屬「二次性表演」；王永慶秘訪大陸，也是受之前很多中小企業赴大陸投資的故事和論述所造成，因此也是「二次性表演」。「一次性表演」所反映的是人類存在的基本難題，其所產生的解構是倫理上絕對的「對」(right)。「二次性表演」則多屬衍生 (Derived)，反映的是社會性的利益競爭，而非存在性的基本問題，因此有道德上的不確定性。兩種不同類型表演在倫理意義上的不同，我想正是這兩種實踐之所以形成不同類型的社會論述的最主要原因。根據上面資料顯示，一次性實踐如探親、大陸配偶來臺定居等，都能引發悲劇性質濃厚的故事和以「人道」為基礎的社會論述，因此社會共識很容易形成。但是，二次性實踐則多「喜劇」色彩，由於缺乏合理的倫理基礎，社會論述呈現分歧混亂，王永慶投資案就是證明❶。

另外，本研究雖然發現，常民的日常性實踐具有系統解構的能力，但是這種解構能力是不是無限呢？截至目前為止，兩岸關係在社會和文化面向上已遭解構殆盡，但是在經濟，尤其在政治面向上，有很多次系統都還是原封不動的。例如在經濟上，很多產業仍然不能到大陸投資，在政治上仍然維持官方不直接接觸，這些「反解構」現象是時間未到呢？還是代表系統中存在著「神聖」領域，不容侵犯呢？假如邊緣都已遭解構了，那麼中心就不成為中心了嗎？沒有邊緣的中心又是什麼中心呢？還是根本沒有什麼中心呢？後結構主義者總認為沒有中心的存在，但這是真相嗎？以王永慶的威力，到現在他還是不能到大陸投資，顯示國家仍存在相當高度的自主性，也暗示著一個中心神聖領域永遠存在的可能，從這個意義上來看，來自民間的，人民的解構性實踐是不是有其上限呢？我想這是一個經驗性，而不是理論

---

❶ 以上有關「存在性」的討論，受彭明輝、史作檉兩位先生啟發甚多，特此誌謝。

性的問題，我正在密切觀察，商人是不是有能力突破最後的防線而赴大陸投資。如果能，暗示著社會系統的同質性 —— 並沒有所謂中心神聖領域的存在，其解構只是時間問題。如果不能，那麼後結構的很多論點就要被重新審視了。

　　最後要強調的是「故事」報導是日常性實踐能否引發解構的第一個關鍵性轉折，在「實踐」沒有變成「故事」之前，這些實踐永遠只是屬於少數人的經驗和記憶，不具「社會性格」，譬如探親開放以前，非正式的探親已行之有年，但一直到1986、1987年以後，才逐漸成為媒體報導的對象，社會對探親的論述也才能開始。可見探親實踐在沒有變成探親故事之前，永遠只是少數人為達到其個人特定目的的個人性實踐罷了，只有在其轉換成故事之後，實踐者才從「主詞」轉變成「受詞」，變成一個「客體」或「對象」，這時主格或主體就變成社會，或更具體的說，是系統原則或規範了。閱聽者在閱聽之過程中，意識或非意識地讓主體與對象對話，這時系統原則才真正開始受到質疑和挑戰。由此可知故事報導以及媒體在整個解構過程中所扮演的角色了。但是為什麼媒體突然決定在某個特定的時候要「故事」報導某一項實踐呢？為什麼某些種類的實踐總是受到排除呢？除了「集體健忘」那些政治和文化因素之外，那些因素還決定著一個故事的誕生呢？以探親為例，為什麼媒體在1986、1987年間，突然大量報導探親的「故事」呢？這些都是重要，但本研究沒有處理的問題。

　　政治性的「集體健忘症」是指常民百姓的表演性實踐遭到媒體的刻意封殺，使個人性的實踐永遠不能成為社會性的解構，表演喪失意義，複製永恆進行，系統原則因此不斷強化、鞏固。解嚴前的臺灣正是這種情形，解嚴之後的臺灣已漸趨鬆綁，但某類型的媒體（如電視）和某類型的題材（如激烈的社會抗爭）仍遭封殺，而使整個社會

因而「忘記」。在這種情形下，如何恢復民間記憶，如何嘗試著以常民百姓為記憶主體，如何對「故事」的記錄者——媒體重新定義❷。很明顯地與我們是否能突破封殺克服健忘，延伸表演，達成解構的關鍵性因素。至於文化性的「集體健忘症」則是更嚴重的「忘記」，是指常民百姓喪失了他們表演性和比喻性實踐的能力，整個解構的過程在第一階段的「實踐」，而不是第二階段的「故事」就遭到封殺，這是文化霸權的理念類型，秦漢以後的中國就接近這個情形，今日的臺灣，除了上述的政治健忘外，文化上之集體健忘也扮演著重要的角色，因此如何恢復常民文化中生鮮活潑的實踐性生機，則是我們談解構或重建所必然面臨的問題，也是本研究未來努力的方向。

最後，本研究缺乏充分討論的問題是「論述」。其實有了實踐和故事之後，社會並不必然引發論述，當然更不一定會達成論述的共識了。在這種情況下，實踐就在第三關——論述被封殺，而沒有能夠促成新規範的誕生或舊規範的重建。我覺得這正是臺灣社會目前最嚴重的問題，整個社會充滿著踰越性的實踐（先不談其倫理上的好壞），各種媒體也大致對這些實踐做「故事」報導，可是「論述」卻總是缺缺。這裡所謂論述，除了媒體討論之外，更重要的是要包括來自實踐者或是潛在的實踐者的參與，這才構成 Habermas (1985) 所謂的溝通。如果缺乏這種溝通式的論述，那麼，新規範必然不能產生權威性和神聖性，舊規範也不能重獲新生，整個實踐和故事都變得沒有意義，社會的集體學習因而中止。譬如1991年夏天，社會幾乎每天發生

❷ 所謂對媒體重新定義，我是指除了目前我們熟悉的電視、廣播、報章雜誌的大眾媒體外，我們也應該開始注意小眾媒體的功能，如錄影帶、記錄片、攝影集、實驗電影、藝術創作等，甚至如口傳文學、俚語傳說等，都是人民記憶的最佳記錄者，所有的「表演性故事」盡在其中。

食物中毒，報紙也對這些踰越性事件做故事報導，但是，整個社會卻停留在「故事」的階段，而沒有進入論述，社會對有關「餐飲衛生」的規範也因此始終停留在迷亂的狀態之中。換句話說，社會並沒有因為這些事件的發生而獲得經驗、意義和和學習，這是一種演化上的中止，而這正是臺灣的問題，也是本研究未來嘗試探討的方向之一。

參　考　書　目

中文：

李丁讚: 1991，＜道德意識與公共領域＞，《國科會期中報告》。
瞿海源、丁庭宇、林正義、蔡明璋: 1990，＜大陸探親及訪問的影響＞，國家政策研究資料中心。
《新新聞》：(1987-1992)
《中國時報》：(1987-1992)
《聯合報》：(1987-1992)
《自立早（晚）報》：(1987-1992)
《中央日報》：(1987-1992)
《商業週刊》
《立法院公報》
《工商時報》
《經濟日報》

英文：

Althusser. Louis
　　1971　*"Ideology and State Apparatuses"*, in Lenin and Philosophy, New York: Monthly Review Press.
Bourdieu, P.
　　1977　*"Outline of a Theory of Practice"*.
de Certeau, Michel
　　1984　*"The Practices of Everyday Life"*, Berkeley: University

of California Press.

Derrida, Jacques

1978 *"Structure, sign, and Play in Discourse of the Human Sciences"*, in Writting and Difference, London: RKP.

Durkheim, E.

1965, *"The Elementary Form of the Religious Life"*, New York: Free Press.

1973 *"Emile Durkheim on morality and Societ"*, by R. Bellah (ed.), Chicago: University of Chicago press.

Goffman, E.

1959 *"The Presentation of Self in Everday Life"*, New York: Anchor Books.

Habermas

1985 *"The Theory of Communicative Action"*, Vol (2), Boston: Beacan Press.

Jacoby, R.

1975 *"Social Amnesia"*, Boston: Beacon Press.

Ricoeur, P.

1976 *"Interpretation Theory"*, Texas: The Texas Christian University Press.

Ricoeur, P.

1987 *"Ideology and Utopias"*, Univerisity of Chicgo Press.

Schutz, A.,

1970 *"Alfred Schutz on Phenomenology and Social Relations"*, Chicago: University of Chicago Press.

Turner, V.

1982 *"From Ritual to Theater"*, New York: Performing Acts Journal Publications.

1985 *"On the Edge of the Bush"*, Tucson, Arizona: The University of Arizona Press.

第八章

國家與社會政策
——臺灣與瑞典的比較

林萬億

　　近代福利資本主義 (welfare capitalism) 的興起，最早可溯及1883年德國俾斯麥 (Bismarck) 的社會政策。雖然，該方案只是提供給一小部分工人的疾病、意外事件與老年保險，但是，已開啓了國家支持社會政策的序幕。而社會安全的全面發展則自二次大戰後的十年內。大部分的工業民主國家的社會立法均通過於此一時期，且至60年代間，迅速擴張。60年代以降，社會政策的起源、擴張，及影響，也成爲社會科學界研究的重點之一。

　　60年代以來，福利國家成爲社會科學家們研究重點的原因之一是因爲福利國家的擴張，已成爲西方工業民主社會戰後的普遍現象。這種現象一方面增進工業資本主義社會的社經安全與公平、擴大其社會權 (social citizenship)，穩定其總體經濟，以及合法化其政治經濟。另一方面也被認爲是導致了70年代以來工業民主國家經濟成長的遲滯、自然支持網絡的解組，以及放任保守政治運動興起的罪魁禍首 (Gough 1979; Flora and Heidenheimer 1981; Offe 1984; Esping-Andersen 1987; King and Waldran 1988; Goodin 1988)。

　　爲了更精緻地詮釋這種近代資本主義社會共同現象的起源、擴

張，及其影響，福利國家發展的理論性詮釋與實證研究紛紛被提出。
例如，工業主義邏輯、擴散論、文化決定論、勞工動員論、新馬克思
主義的資本主義國家論、國家中心論等。這些理論基本上是立基於
西、北歐與北美工業先進國家社會政策發展的經驗為主，但是也逐漸
被運用於解釋新興工業國家，以及第三世界國家社會福利的發展。

　　臺灣的經驗，正如同大部分西方工業國家一樣，早期的學者關注
的只是社會福利的內容與成果，而忽視去探討臺灣社會福利的起源及
其特徵。容或有述及起源與特徵者，也都以想當然耳的固有傳統、政
府德政，或三民主義優越論來說明（邱創煥 1977；劉脩如 1984）。近
十年來，一些由西方工業民主社會所發展出來的理論解釋，已逐漸被
採借來分析臺灣社會福利發展的經驗。然而，常被引用的還是工業
主義邏輯的觀點，例如詹火生（Chan 1979），彭懷眞（1983）。近
年來才有較多元的觀點被用來解析臺灣落後的福利國家發展（Lin
1990, 1991, 1992）。不過，採用跨國比較方法的研究更少。本文即是
一種新的嘗試，企圖導入國家論的模型（statist model）來檢視臺
灣社會政策的發展❶，並與瑞典做一比較。

　　之所以選擇瑞典為比較對象，是因為瑞典屬於小國，工業化、民
主化、外貿依存度均很高，而且也經歷過從貧窮的農業社會轉型到高
度工業化社會，進而後物質主義社會。並且也曾長期由一黨執政。但
是，瑞典卻發展出世界最制度化、最慷慨的福利國家。這是值得去探
討的。

---

❶　在本文中社會政策發展、社會福利發展，以及福利國家發展交互使用，並不
　　刻意區分其所指涉的內容，以方便討論。

一、社會政策發展的理論性解釋

對於國家社會政策發展或福利國家發展的理論性解釋，到目前為止，仍然非常歧異。60年代以前，Saville (1957-8) 從歷史的觀點首先指出福利國家是三個因素互動的結果: (1) 勞工階級反抗剝削，(2) 工業資本主義的必要性，以及 (3) 資產階級認識到政治安全的成本。這三個因素其實就是稍後學者們所概念化的勞工動員模式、工業主義邏輯，以及新馬克思主義國家觀。60年代以後，隨著工業主義邏輯成為解釋福利國家發展的範型之後，許多新的解釋應運而生。

最早對這些對立解釋提出綜合性看法的大概是英國學者 Carrier and Kendall (1973)。他們認為解釋社會政治的發展可以區分為普及心理力 (universal psychological forces)，包括理性與道德決定論；非社會因素的工技決定論(technological determinism)；社會建構 (social constructs)，包括功能論、資本主義社會論，以及他們主張的現象學觀點 (phenomenological perspective)。不過，Carrier and Kendall 並未就這些觀點進行實證研究，倒是後來 Mishra (1977) 用福利社會學的四個主要論點：共識論 (consensus school)、聚合論或技術決定論 (convergence theory or technological determinism)、功能論 (functionalist view)，以及馬克思觀點來詮釋福利國家的發展。而 Gough (1978) 獨鍾馬克思理論，他認為功能論、政府政策的經濟論．以及多元民主論並不能滿意地解釋福利國家的發展。

至此，解釋福利國家發展的途徑已有某種程度的定型。80年代以後，Skocpol 及同僚 (Orloff and Skocpal 1984; Weir and

Skocpol 1983, 1985; Skocpol 1987; Weir, Orloff and Skocpol 1988) 在批判工業主義邏輯、工人階級鬥爭、自由價值觀等不足以解釋福利國家發展之外，發展出宏觀的政治解釋，即歷史的結構與國家中心 (historical structural and state centered) 的解釋。於是，解釋福利國家的發展，大抵圍繞在工業主義邏輯、文化決定論、新馬克思主義、多元民主政治觀、世界政體論，以及國家中心論等六個主要模式上。本節將先就這些觀點一一加以介紹。

(一)工業主義邏輯

工業主義邏輯 (logic of industrialism) 是60年代以來最常被引用來解釋西方工業民主社會的社會福利發展。基本上，這是一種聚合論，透過對西方工業民主國家跨部門、聚集量化資料的收集，得出工業化、都市化、人口老化對社會支出的影響。這個理論的大意是社會方案回應了經濟體制內結構變遷所產生的問題與需求。本質上，這是一種立基於結構功能的社會變遷觀點，強調經濟、人口成長與社會結構分化間的因果相關。也就是說，這種理論嘗試去解釋在工業社會中社會制度的本質與發展，受到兩組力量的推移而產生，一是功能的必要性 (functional necessities) 的拉力；另一是工業化結果的推力。因此，在工業化工技與經濟發展之下，社會機構的出現與發展成為不可或免的結果 (Kerr et al. 1960, 1971; Wilensky and Lebeaux 1965; Wilensky 1975)。換言之，現代工業社會中，社會福利的發展是為了替代宗族、社區與宗教組織在滿足人們需求的功能，而這些需求大多是因工業化而產生。工業主義邏輯的基本關係大致如下：

工業化——→社會經濟與文化變遷——→新的社會需求與社會組織出現——→新的福利服務的結構與供應

自從 60 年代以來，有不少實證研究支持這種觀點。Cutright（1965）發現一個國家的社會安全制度所涵蓋的人口比與該國的經濟發展水平成正相關。亦卽，經濟發展愈好，社會安全受益人口愈多、Pryor（1968）比較七個市場經濟國家指出，經濟發展因素對衛生、福利與教育經費的影響大於經濟體系的差異。Wilensky（1975）也發現福利國家的發展與個人 GNP 的水平有高度相關，而與政治體系和意識型態相關性不高。

雖然，有許多研究支持工業主義邏輯的假設，但是，也有不少學者提出反駁。例如，Goldthrope（1962）認爲這種理論未能解釋爲何在工業先進民主國家裡有如此分歧的社會政策。Carrier and Kendall（1973）更直接指出美國與紐西蘭是工業主義邏輯的例外。這兩個國家的工業化不亞於西、北歐的工業國家，但是確有較落後的福利國家發展。Weed（1979）則從方法論來指出聚合論只能看出某些社會福利指標的表象的相似性，卻不能深究其內涵，例如，社會福利方案內容是什麼？在那些方面成長了？受益人口？給付範圍？抑或行政成本？

更甚者，同是跨部門的研究並非全然支持聚合論。Williamson and Fleming（1977）指出跨部門研究支持聚合論，但是長程資料（longitudinal data）並不盡然。Miller and Clark（1977）使用 Wilensky（1975）的資料再分析，卻發現 1947-1973 年間美國福利投入與 GNP 的關係並無統計上的顯著性。O'Connor（1988）研究 OECD 國家的福利投入，也發現 GNP 並無法解釋 1960-1980 年間這些國家福利經費的變動模式，而階級動員的變數卻清楚地證明與福

利經費的相關。

從歷史的觀點看來，Orloff and Skocpol (1984) 認爲工業主義邏輯基本上是反歷史的研究，其忽略了大多數西歐、北美國家在發展其第一個現代社會福利方案之前，均已邁入先進的城市工業社會之林了。因此，社會福利方案之提出，並不只是爲了解決社會經濟的問題，也是爲了解決政治問題。

關於臺灣的研究方面，詹火生 (Chan 1979)、彭懷眞 (1983) 的研究均支持經濟發展或工業化帶動臺灣的社會福利發展。但是林萬億 (Lin 1991a) 的時間序列研究結論卻發現，影響臺灣社會支出最顯著的變數是非農業勞動力人口的增加，而非 GNP。雖然，非農業部門勞動力的增加也是工業主義邏輯的變數，但是，臺灣的社會支出內涵並非回應這項因素。

(二)新馬克思的資本主義國家論

新馬克思的資本主義國家論 (Neo-Marxist theories of the capitalist state) 與工業主義邏輯在方法上有些相似，其在了解社會政策的發展是透過對資本主義國家發展的邏輯的推演。此派理論重在分析從競爭轉型到壟斷的資本主義生產形式，而不像工業主義邏輯是以從農業社會轉型到工業社會爲分析重點。新馬克思主義者同意社會政策的出現是資本主義國家轉型過程的功能需要（functional demand）。但是，功能需要卻存在一種矛盾，亦即國家既要促進資本累積，又要維持民主合法性 (O'Connor 1973)。因而，福利國家與資本主義國家的矛盾在於資本主義與福利國家不能共存，但資本主義國家卻也不能不與福利國家共存 (Offe 1984)。

在新馬克思主義者眼中，社會政策的產生，在於國家爲了維持先

進資本主義的「社會再生產」(social reproduction) (Gough 1979;
O'Connor 1973; Offe 1984; Adams 1985)，這包括爲了儲備有
動機與技術工人以投入勞動力市場，也爲了使受雇者與其家庭有足夠
的購買力以活絡消費市場；同時，爲了維持經濟與政治秩序，以免因
爲某些不幸事件、傷害、死亡、疾病、老化等因素而被自由經濟市場
淘汰後的不滿產生。這種說法很像工業主義邏輯的推論，只是新馬克
思主義將重點擺在爲了勞動力的控制而推行社會政策。因此，如果
說，工業主義邏輯是一種工技決定論，新馬克思主義則是經濟決定
論。

　　至目前爲止，新馬克思主義的解釋還是很依賴抽象的概念推演，
尤其是以個案研究爲主的分析，較不能獲得跨國共通性的結論。例如
O'Conner (1973) 研究美國，Gough (1979) 研究英國，以及Offe
(1984) 研究德國。此外，新馬克思主義所主張的勞工階級組織的重
要性決定社會政策的發展的說法，在面對另一個常被提到的「社會民
主模式」的福利國家發展解釋時，也是光芒盡失。卽使是輔以「企業
自由主義」的觀點，新馬克思主義的觀點還是不能自圓其說得很好。
例如 Skocopol 與 Amenta (1985) 和 Quadagno (1984) 的對話
卽是。不論如何，新馬克思主義的觀點確實給獨霸市場的工業主義邏
輯一記悶棍。

(三)文化決定論

　　文化決定論也是一種常見的解釋福利國家發展的觀點。這種觀點
又稱爲「道德決定論」(moral determinism)，或是「國家價值說」
(national value approach)。此一觀點立基於假設普及的社會價
值滲入社會行動，並且引導社會解決問題的正義方向。道德主義者認

爲社會政策是一種道德正義的結果，而這種道德正義在西方是指基督教義。

Rimlinger (1971) 認爲早期德國俾斯麥的社會保險政策是受到十九世紀德國微弱的自由主義與堅強的「父權社會理想」和「基督的社會倫理」所激發。在美國方面，則因強烈的放任自由價值，以及對個人主義與自助的承諾，導致對於社會保險的頑強抗拒。Ziderveld (1986)也以類似的觀點來解釋爲何西、北歐的福利國家發展優於美、日。他認爲瑞典、荷蘭等國較具有非道德 (immorality) 的社會思潮，而使其得以發展福利國家。相反地，美國的新教倫理 (Protestant ethic) 與日本的家源 (iemoto) 的道德 (moralism) 思潮抑制了該國社會福利發展的可能性。

除了對歐、美工業先進國家的研究外，亞洲國家的學者也常用此種觀點來解釋該國的社會福利發展。例如印度學者常將該國的社會福利發展與甘地 (M. K. Gandhi) 關連在一起。亦即，甘地的犧牲奉獻精神啓示了印度人民發展福利事業 (Aptekar 1965; Stein 1963; Muzumdar 1964)。這種相信強有力的人道精神對於貧窮與匱乏的關懷，將使社會福利植根於所有文化區域的說法，在第三世界頗爲普及 (Midgley 1984b)。事實上，在香港 (Chow 1983) 與臺灣（林萬億1992) 的中國人社會裡，文化與道德對其主張以家庭爲中心的社會福利發展影響頗大。

然而，這種以國家的主流價值或大人物的高操道德做爲社會福利發展的起源與範圍的解釋，並無法精確地指出到底文化價值的影響力如何在政治衝突或政策爭議中使力，使得政策被制定以反映社會的主流價值與大人物的道德號召 (Orloof and Skocpol 1984)。進一步，這種觀點也無法解釋在反福利的道德主義思潮裡，爲何仍然有一

些社會福利方案被提出，其時機與結構特徵如何。

(四)擴散模型與世界政體觀

擴散模型 (diffusion model) 對福利國家的解釋是認為外部因素的示範效果，才是社會福利方案形成的主要來源。最典型的例子是德國於1883年所建立的國家供應的社會方案模式，影響到歐陸的其他國家 (Collier and Messick 1975)。當德國的疾病與意外災害保險提出之後，許多國家的決策者被吸引去關注德國社會政策的動向，並且指派委員會去研究德國的社會立法，甚至派員去德國取得第一手資料 (Heclo 1974; Kuhnle 1981)。

Tara 與 Kilby (1969) 發現社會安全體系的發展與地理位置有很強的關係。Collier 與 Messick (1975) 更進一步指出，創新的擴散並非只發生於鄰近國家，也會隨著主要的傳播路徑而散播開來。發生於鄰近國家的擴散，稱之為「空間擴散」(spatial diffusion)。例如，德國的社會安全制度被其他歐洲國家所仿傚。雖然，這些國家的社經水平不及德國，但是，由於靠近創新中心的德國而易於被擴散。林萬億 (1990) 發現亞洲四小龍的社會發展遠落後於歐洲的新興工業國家 (NICs)，主要理由之一是因為後者接近社會福利的創新中心。

發生於不同社經發展國家的擴散稱之為「層級擴散」(hierachial diffusion)。也就是創新發生於先進的大中心，而後依序被落後的邊緣小國家所採借。例如，歐洲殖民母國大量將其社會安全制度介紹給拉丁美洲、亞洲、非洲的殖民地。層級擴散的觀念被大量地引用來解釋第三世界落後而不當的社會福利政策 (MacPherson 1982)。尤其與依賴理論的結合，用來解釋社會安全制度也是殖民母國用來維持其與殖民地的不對等交換關係。大部分第三世界的社會福利都建立於殖

民母國滲透殖民地的控制中心的城市，而非被剝削者集中的鄉村。而且，也非所有的社會安全制度均被引進殖民地。

雖然，擴散模式點出了外部因素對社會政策形成的模塑作用。但是，仍然留下諸多疑點。Flora 與 Alber (1981) 認爲擴散過程並無法與內在社會經濟與政治因素截然區隔。Heclo (1974) 從歷史的觀點來看德國的社會保險對歐洲的影響發現，瑞典受到較多影響，但是英國則不然。Kuhnle (1981) 也發現北歐諸國由德國學到的社會保險的內涵也不一致，例如，芬蘭學到意外保險，瑞典則學到老年年金保險，挪威則學到意外與疾病保險，丹麥則與德國無甚瓜葛。他又發現，許多社會保險的原則，事實上是北歐先創於德國。Alber 等人 (1987) 也指出擴散理論並未精確地說明擴散的路徑與因果相關。Thomas 與 Lauderdale (1987) 也指出擴散理論強調國際間的關係，但是，誰模仿誰並不確定。他們主張社會政策的聚合是經由一種制度的環境動力，也就是世界政體的概念。

世界政體 (World polity) 的觀點認爲不論各國的歷史特性如何，各國社會福利制度的變化部分是由於世界政體中國家發展的一般動力 (Thomas and Lauderdale 1987)。世界政體如同其他制度環境般，密度不一。其密度取決於在世界體系中各單位間的互動與互賴的強度。國家單位越多，政治經濟互動的範圍越廣，密度越高，產生較大的採借世界傳統的壓力。進一步，經由對話的增加，助長世界政體合理化。

世界經濟分工的角色構成政治傳統與結構的框架。一些國家，特別是半邊陲國家被吸納入世界體系之中，需要學習新的世界正義的概念，以及發展新型式的政治。而國家福利方案的合理化與擴張，就在這個制度架構下出現。而國家福利方案的變異性不只是受到納入世界

體系的程度的影響，也受到環境滲透與合理化該社會的程度的影響。總之，全球模式的世界政體觀相信國家福利方案的產生是由於環境壓力成為一種儀式後的產物。因此，許多方案被採行、擴張或示範，其實只不過是權充該國置身於世界體系中的制度式緩衝器，而不一定與國家政治條件相搭配。例如，正式的方案擴張了，但是經費、行政與執行卻沒有增加 (Thomas and Lauderdale 1987)。

(五)民主政治模型

上述幾種解釋福利國家發展的觀點都明顯地忽略了政治因素的重要性。而民主政治模型在解釋社會政策的起源與擴張，則認為應歸功於代議政治中社會力的運作。依照這個觀點，社會力可以是個別選民，也可以是選民的結盟。選民為了擴大其偏好，政客為了選票，企業家為了經濟利益，社會改革者為了政治理想，無不透過民主政治競技場，以尋求其偏好被支持。因此，社會政策即在這種選民的壓力下產生。由於強調社會力的角色不同，而這個模型又可分為幾個次模型，茲分述如下：

1.單純民主模式

這個觀點認為正式的民主結構，大眾選舉參與，或者選舉競爭導致社會政策的產生與發展。社會政策的發展並不必然反映階級或意識型態的需要，而是反映選民的偏好。所以，只要具有西方形式的民主選舉，社會政策必然會被提出成為議題，而且被立法執行。

這個觀點也假設選民是理性的，他們會選擇其偏好的政見，支持對其有利的候選人。因此，是一種需要面的理性抉擇解釋 (demand-side rational choice explanation) (Freeman 1988)。從這個角度來看，個別選民或團體選民會因有利於自己的偏好而支持特定的公

共政策。同時，如果社會政策的提出有助於選戰的勝利，政黨也會支持社會政策，政客們也會為了選民的偏好而主張高的社會安全給付標準，低的稅率。而且，每到選舉年，社會政策都會隨著擴張。因此，代議民主制度被認為是社會政策發展的主要動力。

不過，這個解釋看似有理，其實弱點很明顯。首先，選民並非如想像中理性，也不見得有清楚的偏好。因此，社會政策是反映選民的需要並不一定成立。再者，選舉中的政治承諾未必被實現，政見支票與政策的制定常有差距。因此，將選戰的政見訴求當成社會政策的起源也未必貼切。何況，同樣有高度民主制度的社會，並不保證都有相近的社會福利發展。美國落後的社會福利即是一例。

2.大眾抗爭模式

這個觀點認為社會政策是在於回應群眾的抗爭。Piven 與 Cloward (1971, 1977) 對這個觀點支持最力。他們指出社會福利的起源與擴張是統治精英對抗爭的工人與窮人的妥協。通常在政治與經濟危機時，統治精英不易使用鎮壓手段來處理暴動、罷工或示威，那時，社會政策就取而代之。因此，只要有好戰的工會罷工或其他形式的群眾運動，就可能施加壓力給統治精英，以提供社會福利或擴張社會支出。但是，群眾抗爭停止之後，這些社會給付可能隨即被取消 (Piven and Cloward 1971)。

這種觀點受到支持的程度不一，有些學者的實證研究支持 Piven 與 Cloward 的看法（Hicks and Swank 1984; Korpi and Shalev 1980; Swank 1983）。然而，也有相當多人反對這種說法，例如，Trattner 等人 (1983), Skocpol 與 Ikenberry (1983) 等。因此，折衷的看法認為只有在工人階級或其他的社會組織力量在常規的制度管道裡無法影響社會政策時，大眾抗議就能發揮作用 (Skocpol and Amente 1986)。

3.社會民主模式

　　社會民主模式基本上是一種以階級為基礎的政治鬥爭，因此，又稱政治階級鬥爭 (political class struggles) 模式 (Weir, Orloff and Skocpol 1988)。這個模式主要從瑞典福利國家發展經驗中檢驗出來的。勞工階級透過政治動員，以取得國家權力的階級均衡，因而，創造出有利於勞工階級的福利國家 (Castles and Mckinley 1979; Korpi and Shalev 1980; Stephens 1979; Stephens and Stephens 1982; Shalev 1983; Esping-Andersen 1985)。依據 Shalev (1983) 的看法，社會民主模式的福利國家發展觀點的基本邏輯如下：

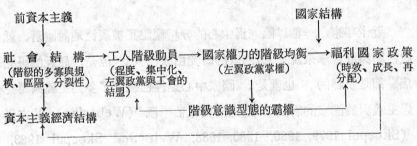

圖1　社會民主模型的福利國家形成過程

　　社會民主模型認為資本家基本上是反對福利國家的。因此，在資本家為統治階級的國家裡，不太可能出現福利國家的形式，若有也只是福利資本主義。所以，為了建立有利於勞工階級的福利國家，工人要組織強有力的工會，且支持一個站在勞工立場的社會民主黨或工黨。如果勞工階級的力量大到在政治與經濟市場裡足以抗衡資本家所支持的政黨，則福利國家的產生越有可能；反之亦然。

　　這個研究得到相當多實證研究的支持 (Castles 1978; Bjorn

1979; Korpi 1983, 1989; Esping-Andersen 1985, 1990; Stephens 1979; Stephens and Stephens 1982; Shalev 1983)。也有學者懷疑其解釋力，Flora 與 Alber (1981) 認爲這個模型並不能解釋歐洲國家社會保險方案的產生。因爲，大多數國家的第一個社會保險方案都是由保守的統治者，或者頂多是自由派的政客所提出。Weir 與 Skocpol (1985) 則指出 1932 年瑞典的社會民主黨與農黨的結盟才是瑞典福利國家的契機，而非單純因工會的力量。不論如何，這個模式在解釋北歐國家較有說服力。在缺乏社會民主黨的國家，因爲沒有相似於瑞典的經驗，吾人很難一口咬定缺乏強有力的工會，是唯一造成落後福利國家的原因。

(六)國家中心途徑

近十年來，一種以國家爲中心的分析觀點正被廣泛地討論著。就政治學與社會學來說，對國家的研究由來已久，但是，最近的研究焦點卻是新鮮的。也就是，國家中心途徑已跳脫了多元主義與馬克思主義對於國家的看法，而走向更韋伯學派 (Weberian) 的主張 (Skocpol 1979, 1980, 1985, 1988; Weir and Skocpol 1983, 1985; Skocpol and Ikenberry 1983: Deviney 1987; Orloff and Skocpol 1984; Devine 1985; King 1987; Quadagno 1987; Freeman 1988; Skocpol and Amenta 1986)。這個主張認爲國家是人們所管理的一種機器，而這些人們擁有清楚的目標、動機，以及技術、知識，以執行其目標或利益 (King 1987)。

Skocpol (1985) 認爲社會科學家有心要將「國家帶回來」解釋社會變遷與政策發展。國家不應被視爲是完全依賴一般的社會結構特徵，或是特定利益團體間政治權力與資源分配 (Skocpol 1979)。毋

寧說國家是一種聲稱控制土地與人民的組織，其形成和追求目標並非
單純為了反映社會團體、階級或結社的利益需要。因此，國家是擁有
「國家自主性」(state autonomy) 的 (Skocpol 1985)。

據此，國家從兩方面來獨立地影響政治。其一是，國家可以是一
個自主性公務員行動的場所，而其活動不必然要回應任何團體的偏好
或需要。其二是國家是一個政體，不祇是由於其公務員與政治家能獨
立地行使其職權，而且也由於其制度化的組織結構能間接地影響政治
意義與方法 (Skocpol, 1985)。而國家結構與政府社會政策間的因素
相關有如下圖所示: (Weir and Skocpol, 1985)

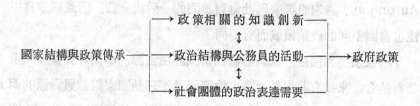

圖 2 國家結構與社會政策形成

國家中心的解釋途徑並非全然取代階級或利益的解釋途徑，也非
以國家決定論 (State determinist) 來取代社會中心 (Society-
centered) 的解釋，而強調國家是一個解釋社會發展的中心變數。
而學者對於國家與社會的關係有不同的見解。首先，國家被認為是一
個可以依自己的利益來行動，無須反映社會利益的行動者。如此，國
家有其自主性來實踐其利益。其次，一些實證研究卻發現，國家並非
如理想中能自主於社會之外，而是要從特殊的社會經濟與社會文化脈
絡中，才能理解國家的角色。最後，有學者主張，國家仍是分析的重
心，但是國家與社會的關係是對抗的。國家與社會力的抗爭擠壓出國
家的自主性與能量 (Barkey and Parikh, 1991)。

不管國家是否可以全然自主於社會之外，對國家的研究，實證上都把國家當成是一個特定的制度與行動者。而國家是可以用「國家強度」(state strength) 加以度量。國家強度通常包含國家自主性與能量，且涵蓋其下層結構與專制權力。自主性是指國家有能力獨立於或對抗歧異的社會利益，而形成自己的利益。能量是指國家有能力執行達成經濟、政治，或社會目標的策略。國家自主性並不必然是全然的自主性。Freeman (1988) 將國家自主性區分為：(1) 非共識自主性 (Non-Consensual Autonomy)，(2) 準共識自主性 (Quasi-Consensual Autonomy)，以及 (3) 共識自主性 (Consensual Autonomy)。端視國家與社會利益間的一致或分歧。而且國家自主性也會因不同的政策領域而有不同。

國家須要靠制度，如科層體制，或經由資源，如與外界資本與企業家結合，來擁有其能量。自主性與能量不只是國家組織與資源的函數，而且也決定國家與社會的關係。而且資源、組織與國家社會的關係是互動的，這個互動關係會再形塑國家的自主性與能量。下層結構與專制權力可以用來區別國家強度。具有專制權力的國家通常有較高的國家強度。但是，其自主性與能量變異性非常大。相反地，擁有下層結構權力的國家有強的國家能量以執行其國家目標 (Barkey and Parikh, 1991)。

簡言之，國家影響社會政策的制定主要來自三方面，一是國家的組成 (state formation)，包括憲法制定、戰爭、選舉民主，以及官僚化等宏觀政治過程；二是國家制度結構，如集中科層制國家，或是分散科層制國家；三是政策的回饋，亦即社會政策也在創造政治 (Skocpol and Amenta, 1986; Weir, Orloff and Skocpol, 1988)。而國家自主性與能量則取決於上述國家制度政治過程的差異。

本文試圖從國家中心的觀點來分析瑞典與臺灣的社會政策發展。

二、瑞典的國家與社會政策

瑞典是世界上工業民主國家中由貧窮落後逐漸邁向均富社會的典範。雖然來自左派教條馬克思主義的信徒與保守主義者均不斷地攻訐它，尤其是 1976 年當瑞典社會民主黨在大選中被擊敗，以及 1991 年的大選，社會民主黨再次挫敗，瑞典福利國家幾乎被批評得體無完膚。來自右派的苛責再次流行，說什麼福利政策使得瑞典變成一個道德敗壞、懶散、自殺率高、生活缺乏意義，以及工作效率低落的國家 (Einhorn and Logue 1989; Moller 1991)。左派馬克思主義者則不屑於這種社會民主的改革，他們驚訝於由勞工所支持的政黨執政了四、五十年，資本主義竟能保持如此驚人的穩定。不過，他們仍認為資本主義的結構矛盾並未消除（江宇應譯1986）。然而，這些來自左右兩派批評，並不能動搖社會民主體制的優越性。一項 1977-78 的國際性調查指出，各國青年認為他們自己的國家最值得驕傲的是社會福利者分別是瑞典 60%，英國 45%，西德 30%，瑞士 25%，美國 24%，法國 11% (Heclo and Madsen 1987)。而該項調查進行時，瑞典正由保守聯盟政黨執政時，可見，社會福利是瑞典人民心目中的最愛。就因為瑞典是少數在資本主義體制下發展社會福利成功的例子，而成為比較社會政策的最佳對照案例。本節將首先介紹瑞典這個國家，再分析其國家與社會政策的關係。

(一)瑞典的政治、經濟與社會

瑞典位居世界上最北方的國家之一，土地45萬平方公里，是歐洲

第四大國，但是人口只有八百四十萬餘，可說是一個地廣人稀的國家。瑞典屬於長條形的國家，南北距離 1600 公里，只有 10％是可耕地，有 9％的土地屬湖泊，半數以上土地覆蓋著森林。不過，糧食生產仍然自給自足。人口中有七百萬住在南方，85％住在城市。首都斯德哥爾摩（Stockholm）一市就有 145 萬人。老年人口佔總人口的17％，是一個高齡化的國家。瑞典兒童七歲以上開始接受九年的強迫教育。高中教育兼採理論與實務兩路線，大學教育則配合職業結構群組設計。整個教育系統均是免費提供。再加上瑞典有全世界最好的成人教育系統，因此，瑞典的識字率高達99％，世界排名第五。

瑞典的失業率很低，大抵盤旋於1.5％～3.5％之間，近二十年來失業率平均 2.2 左右。女性勞動率參與率很高，80％的16歲至64歲的女性擔任有給薪的工作，占勞力市場的48％。勞動力市場中自雇工人32萬餘人，占 7 ％；公共部門雇員 143 萬多人，占33％；私人企業雇用 255 萬餘人，占59％。在工商業部門勞動的人口中有30％屬於製造業，7 ％屬於農林漁牧，50％屬於服務業，13％屬於建築業。瑞典已是一個後工業的社會了，受雇於公共部門的員工有80％在地方政府工作，20％在中央政府工作。

瑞典有52萬多家大小公司，其中有500家左右雇用超過500人以上的員工。最大的公司是製造機械的 Electrolux公司，雇有129,900員工，其次是富豪汽車（Volvo）雇用73,150人，再來是 Ericsson 電子公司、Asea 機械公司，以及 Saab-Scania 公司。這五家大公司也是瑞典營業額最高的前五名企業，其中富豪更是排名第一。因而富豪汽車有瑞典國寶之譽。

瑞典的勞工組織非常緊密，90％以上的藍領工人與85％以上的白領工人加入工會，是世界上工會密集度最高的國家之一。主要有七個

工會：(1) LO：由24個工會，228 萬工人組成的瑞典工聯，(2)
TCO：由20個工會，123 萬工人組成的瑞典受薪員工中央組織，(3)
SACO/SR：由25個工會、27萬專業人士組成的瑞典專業協會聯合
會，(4) SAF：由35個公會，43,000家企業組成的瑞典雇主聯合會，
(5) SAV：由中央政府員工組成的全國公務員組織，(6) SK：由284
個地方政府組成的瑞典地方政府協會，以及(7) 由23個縣議會，3個
都市議會組成的縣議會聯盟。

　瑞典是個均富的國家。1990年的平均每人 GDP 是26,652美元，
世界排名前三。而其計量所得分配不公的吉尼係數 (Gini index)
在 1980年代是 0.202，為所有工業民主國家中最低❷。這種均富現象
可以從其工資政策中得到印證。1988年瑞典的成衣工人粗所得每年瑞
幣94,800 SEK，稅後所得62,800 SEK，而最高所得的資深醫生粗所
得300,000 SEK，稅後所得131,800 SEK。亦卽所得差距維持在 2 到
3 倍之間。這也是瑞典所強調的社會團結 (social solidarity) 以及
打破階層化的重要表徵。

　瑞典是個典型的多黨制的國家。主要政黨有社會民主黨(SDP)、
溫和黨 (Moderate Party 原保守黨)、自由黨 (Liberal Party)、
中間黨 (Center Party，原農黨)、左黨 (Left Party，原左翼共產
黨)、綠黨 (Green Party)、基督民主黨 (Christian Democratic
Party)，以及新民主黨 (New Democratic Party)。前五個政黨
由來已久，後三者是近兩次選舉才加入競爭。社會民主黨自從1932年
執政到1976年才被非社會主義政黨擊敗，6 年後又再執政，1991年大
選，溫和黨為首的非社會主義政黨再度執政。歷史上，瑞典的任一政

---

❷　芬蘭是 0.225，挪威 0.238，德國 0.262，英國 0.276，瑞士 0.296，澳洲
　0.297，加拿大0.298，荷蘭0.306，法國0.309，美國0.324，以色列0.333。

黨很少得票超過50％，最大的社會民主黨得票率五、六十年來一直維持在 40-50％間，1991年的大選降到38.2％，是半世紀以來得票率最低的一次。1994年9月大選社民黨再度以45.6％得票率執政。

瑞典的幾個政黨分別有其支持的群眾，沒有一個政黨屬於全民政黨。社會民主黨成立於1889年，是由勞工階級所組成，原名爲「瑞典社會民主勞工黨」(Swedish Social Democratic Labor Party, SAP)。顧名思義，社會民主黨的主要支持者是勞工，尤其藍領工人。中間黨的前身是農黨，1950年代末期易名迄今，農黨的前身則是鄉村黨 (The Rural Party)，成立於1865年的兩院制議會之後，但是鄉村黨並非全國性組織，不論如何，中間黨是以農民爲支持的重心。自由黨出現於1890年代，正式組織成立於1902年，現今的瑞典自由黨則是再組於1934年，由非社會主義的改革者、小企業主，以及房東組成。溫和黨原名保守黨，於1988年的選舉易名至今。該黨成立於1890年代，代表大企業與高收入家庭的利益。1991年的大選由Carl Bildt領導的溫和黨取得了史上僅次於1982年 (23.6％) 的得票率22.1％，成爲非社會民主政黨的龍頭而再度組閣。左黨是由社會民主黨分裂而出，1917 年蘇聯三月革命之後，瑞典社會民主黨的左翼革命份子脫黨組成瑞典社會民主左黨 (Swedish Social Democratic Leftist Party)，1919 年當列寧組織共產黨國際於莫斯科後，左黨改名爲共產黨。該黨於1990年5月正式改名爲左黨，以代替原名左黨共產主義者。左黨的支持是左翼的改革者，尤其是年輕選民，左黨一直維持在 5％左右的選票。綠黨於 1988 年得票 5.5％而進入國會成爲第六大黨，其支持者是環保人士。1985年選舉，基督民主黨只得2.3％選票，未能進入國會，其附屬於中間黨下活動，1988年該黨提升到 2.9％，1991年則跨過門檻進入國會 (得票7.2％)。其實，早在1960年代，該

黨已活躍於縣級議會。基督民主黨支持家庭、自然與道德，屬於較保守的政黨。最新的一個政黨組成於1990年，稱爲新民主黨，其主張爲反社會主義、反移民、反官僚。該黨初次上陣卽得到 6.8％的選票擠進國會成爲第七個政黨 (Heclo and Madsen 1987; Bjork 1989; Blombery 1989; Wickbom 1991; Hadenius 1990)。七個政黨近18年來的得票率有如下表。

表一　1976-1994 瑞典政黨得票率與席次

政　　黨	1976	1979	1982	1985	1988	1991	1994
社會民主黨	42.7 (152)	43.2 (154)	45.6 (166)	44.7 (159)	43.2 (156)	38.2 (138)	45.6 (162)
左　　黨	4.8 (17)	5.6 (20)	5.6 (20)	5.4 (19)	5.9 (21)	4.5 (16)	6.1 (22)
溫　和　黨	15.6 (55)	20.3 (73)	23.6 (86)	21.3 (76)	18.3 (66)	21.3 (76)	22.2 (80)
自　由　黨	11.1 (39)	10.6 (38)	5.9 (21)	14.2 (51)	12.2 (44)	9.2 (33)	7.1 (25)
中　間　黨	24.1 (86)	18.1 (64)	15.5 (56)	12.4 (44)	11.3 (42)	8.6 (31)	7.7 (25)
綠　　黨	—	—	—	—	5.5 (20)	3.4 (0)	5.0 (18)
基督民主黨	—	—	—	2.5 (0)	2.9 (0)	7.2 (26)	4.1 (15)
新民主黨	—	—	—	—	—	6.8 (25)	2.2 (0)

* 括弧內數字爲席次

資料來源：1.Ulf Wickbom (1991), ＜The Most Important Election Issues in Sweden＞, p. 2.

　　　　　2.1994年大選相關資料。

(二)瑞典的國家與社會政策

1920年代以前，瑞典仍然是個貧窮落後的鄉村國家，其經濟條件遠落後於大部分西方工業民主國家。同時，在歐洲已有許多國家擁有老年、疾病、工作傷害與失業保險，而瑞典卻僅有志願性疾病保險（1891年）、老年年金保險（1913年），以及強制工作意外保險（1916年）。而且，這些保險的保障對象與給付水平均不夠。1920年代失業成爲瑞典社會政策辯論的主題。當1918年通過普及投票權法案後，社會民主黨與其共同爭取投票權普及化的友黨——自由黨各自爲政，從此不再有聯盟的機會。社會民主黨曾三次被邀請組成少數政府，然因缺乏議會主控權而不能推動有效的失業政策（Weir and Skocpol 1983），卽使自從1914年國家失業委員會已經成立。直到 1940 年，國家失業政策的全國性主管機構才成立（Forsberg 1986）。

1932年社會民主黨與左派共產黨在國會取得些微多數，因而組成社會民主政府。對社會民主黨來說，社會方案不在於反映市場的失敗，而在於達到社會權（social citizenship）的擁有（Heclo and Madsen 1987）。前社會民主黨黨魁 Per Albin Hansson 於1928年說道「好的社會像一個好的家庭般，公平、體諒、合作、互助」。因此，社會民主黨所要建立的瑞典社會是「人民之家」（people's home），而且或多或少已經實現（Milner 1990）。不過，當 1932 年社會民主政府組成後，爲了推動其社會政策，逐與當時的農黨妥協，達成所謂的「母牛協議」（Cow Deal）。依據這個協議農黨支持社會民主黨的社會政策以對抗經濟危機，而社會民主黨則保證提高農民的生活條件（Lindblom 1989）。此後二十年間，社會民主黨得以推行其社會改革政策。直到 1950 年代工資相關的國民年金（ATP）法案

爭議，才使社會民主黨與農黨絕裂。不過，社會民主黨似乎已全然掌握了瑞典社會政策的走向 (Heclo and Madsen 1987)。

　　1934年失業保險建立，1935年老年基本年金擴張，1937年母性給付與維生津貼，1938年的每年兩週的帶薪休假，以及一些零星的法案，例如，家俱貸款、建屋補助、家庭補助休假、學校保健方案等均在戰前即已出現。而值得一提的是關係到勞資雙方利益的 Salts-jobaden 協定於1938年達成，使得代表勞資雙方的 LO 與 SAF 有一個規範勞動市場關係的準則，該協定不但使得瑞典的工業關係改善，而且使瑞典人民發現資產階級政府不但代表失業與經濟衰退，而且代表勞工市場的動亂，使得社會民主黨被肯定，在未來三、四十年順利掌權 (Heclo and Madsen 1987)。

　　戰後，瑞典的社會政策發展重點是充分就業。為了保護人民必須透過勞動市場政策、社會保險、社會服務，以及有效率的經濟，才能與國際貿易市場競爭。然而，也為了預防充分就業可能導致的通貨膨脹，瑞典發展了所謂的 Rehn-Meidner 模式。這是由 LO 的兩位幹部 Gøsta Rehn 與 Rudolf Meidner 所發展的策略。他們立基於假設：不可能既維持高度的一般需要，又創造充分就業，因為這將導致通貨膨脹。由於需要水準因不同部門而有差異，因此，政府政策應被用來維持適度的整體需要。同時，為了掌控可能升起的失業率，選擇性的勞動市場政策有必要同時推出。瑞典出名的「積極勞動市場政策」(active labour market policy) 因而出現。這個政策不祇提供工作機會給失業者，而且刺激地域與職別間的流動，以維持勞動力。這種工作策略不是將失業者推向成為請領救濟金的人，而是將他們推向勞力市場 (Korpi 1990; Milner 1990; Tilton 1990)。

　　此外，LO 又發展所謂的「團結工資政策」(solidaristic wages

policy)。工資的決定不以獲利能力來決定，而是取決於工作的本質而且工資差距被縮小。1950年代中期又導入了經濟面的工資議價。這兩個工資有關的政策使得低獲利的企業壓力很大，而高獲利企業得以使用其利潤來再投資。如此，積極的勞力市場政策既維持充分就業，又促進經濟效率 (Korpi 1990; Milner 1990; Heclo and Madsen 1987)。

戰後，社會福利政策又有重大突破。1946年通過免費學校午餐，1947年通過普及兒童津貼。1948年低均一費率的年金取代所得調查的社會救助措施。1959年經過數年爭議的 ATP 通過，早了挪威1年，芬蘭3年。在此法案爭議過程中，社會民主黨主張強制性勞工保險，保守黨堅持私人保險，中間黨要求由國家補貼的保險 (state-subsidized insurance)，而自由黨則未有任何新對策。結果在自由黨的棄權下，社會民主黨的方案低空越過。新的法案是一種強制性、由雇主繳費，且與工資有關的年金計畫 (Korpi 1990; Esping-Amdersen and Korpi 1987)。1955年也通過了普及且強制性的健康保險，以及親職保險 (parental insurance)，合併稱為「國民保險法」(National Insurance Act) (Korpi 1990)。至此，瑞典的制度式福利國家完成建構。這種結合英國式的普及原則與歐陸的所得相關給付 (income-related benefits) 原則，使得瑞典的社會福利不只為貧民而有，而是為全民而存在。

為了支持這個制度，高的稅率是在所難免。瑞典稅收佔 GDP 的百分比高達57%，是目前世界上稅賦最重的國家。高稅率長期以來被指控為不利於工作誘因，因此，1991年元月開始執行的賦稅改革，將降低邊際稅率，削減受薪工人的所得稅，增加貨物與服務稅。而1991年底上臺的保守聯盟更加快稅制改革，以減輕高所得者的稅賦。

　　從上述的瑞典社會政策的發展看來，很容易讓人認爲勞工階級所支持的社會民主黨主導了整個瑞典制度式福利國家的發展（Korpi 1978; Stephens 1979; Korpi and Shalev 1979）。其實，並不盡然。首先，如前所述，社會民主黨早期與自由黨的合作，接著1932年至1959年與農黨的合作，才有可能如其所願地推動社會改革。其次，社會民主黨也並非全然以勞工階級意識型態爲基礎。其實知識分子的政治理念的注入，也扮演了很重要的角色（Weir and Skocpol 1983; Tilton 1990）。因此，理解瑞典福利國家的出現，不能忽略瑞典國家組成與結構的特徵。

　　瑞典是一個還算古老的國家，十世紀卽已建國。歷史上，瑞典並未有過封建時期。立國以來，君主與農民扮演非常重要的角色（Alestalo and Kuhnle 1987）。十八世紀以前，瑞典農民生活在莊園裡，貴族的工作是收稅。稅很重，來自農業剩餘的課徵是維持國家經濟與行政服務的支柱。這個穩定的關係到了十八世紀發生了變化。瑞典國王允許農民買賣土地，以及改變地租。結果小農制度得以發展，獨立的自耕農與無地的農村無產階級的裂痕加大。這種由圈田運動所產生的大轉型，其實是由國家介入以便使農業現代化（Alestalo and Kuhnle 1987）。不像英國的大農場制度，瑞典與其他斯堪地那維亞國家都是小農爲主。獨立農業階級的形成，使得瑞典很早就有鄉村黨，而接續的農黨與工業革命之後的工人階級、上層階級，共同構成瑞典的三角階級結構（Alestalo and Kuhnle 1987）。

　　依據1809年的政府權力分配，國王是唯一的國家統治者。瑞典議會（Riksdag）負責徵稅，以及與國王共享立法權。議會由貴族、市民、農民與神職人員組成，反映了工業革命前的社經結構。1865年，四個階層的國會被兩院制的新國會所取代，以配合大量出現的工商業

新貴族。上院由縣議會與市議會選舉產生。因此成員大都是資深的公務員、地主、農場主人等。下院直接選舉，但是只有少數人能投票。農民掌握下院近二十年。國會的改革動力來自 Karl 十五世，兩院制的產生影響了往後瑞典政治生態結構很深。

　　社會民主黨組成之後，與自由黨人共同推動全民投票權。普及投票權的鬥爭直到1918年始完成。普及的投票權也改變了瑞典下院的政治權力分配，逐漸由農黨與保守黨手中轉移到自由黨與社會民主黨。1932年的「紅綠聯盟」(red-green coalition) 遂造就了穩定的社會民主霸權。基本上，瑞典的政治具有兩項特質：(1) 結構的諮詢：這是由來已久的政策決策方式。中央政府的官僚經常向地方代表諮詢與報告政策事務。而各行各業，各地方的利益團體均樂於組成各種委員會來研討政府的政策草案。瑞典中央政府也就因此可以掌握各地方政府與利益團體。(2) 組合代表制：各社會團體均有全國性組織，代表其利益，透過中央的議價機制 —— 1974年前的兩院，之後的一院制國會，來進行政治妥協。因此，瑞典的政治被說成是「組合多元主義」(corporate pluralism) (Castles 1978)、「社會組合主義」(societal corporatism) (Schmiter and Lehmbruch 1980)，或「社會議價制」(Societal bargaining) (Korpi 1981)。不論如何，瑞典長期以來的集中化的行政結構，以及代表不同利益團體的議會議價體系，再加上專家的政治理念引介，使得瑞典的國家有高度的自主性與能量去執行社會政策。而這樣的國家結構與專家的理念給了社會民主體制建立的可能性。

三、臺灣的國家與社會政策

在討論臺灣的社會政策發展時，學者所強調的經常是 (1) 國民黨實踐民生主義均富社會的結果（邱創煥1977；詹火生1983），(2)工業化或經濟成長的結果 (Chan 1979；彭懷眞 1983；蔡明璋 1986)。除此之外，蔡文輝與張苙雲 (Tsai and Chang 1985) 又導入兩個新的變數 —— 政治因素與國家在世界體系中的位置。其實，這些解釋觀點明顯地暴露了一些缺失。首先，民生主義並沒有被實踐，若有也是微不足道。如果臺灣眞的依循民生主義原則來推動社會政策，臺灣的社會福利理當不會如此落後。其次，經濟成長與社會福利的關係並不如想像中高。林萬億 (Lin 1991a) 指出在時間序列分析中，GNP的成長並不是影響社會福利成長的最主要因素，經濟發展只是臺灣社會福利發展的必要條件，而非充分條件。第三，固然政治因素會影響社會福利發展，但是，在什麼樣的制度過程中發揮其影響力，並未被有系統的揭露。最後，這些觀點所著重的是意識形態、經濟成長與政治因素對社會福利的積極作用，而忽略了導致臺灣社會政策落後的阻力。

最近，林萬億 (Lin 1992, 1991b) 試圖從微弱的勞工階級運動，以及傳統中國文化中道德主義的思潮來解釋臺灣落後的社會福利。然而，微弱的勞工動員可能是不利於社會福利發展的因素之一，但卻不能武斷地說是決定性的因素。而傳統道德主義確實影響臺灣社會政策的走向，但是，道德主義卻無法回答爲何某些人口群得到較多的福利，臺灣社會福利發展的時間因素，以及社會政策對政治的影響。因此，從國家的角度來分析臺灣的社會政策發展變得很重要。

(一)臺灣落後的社會政策發展

臺灣的傳統式社會救濟事業始於清代，而日據時代繼續沿用，包括貧困救濟、醫療救濟、婦孺救濟、災荒救濟，以及行旅救濟。日本人又引進了些許現代概念的社會福利，如兒童托育、就業服務、國民住宅、公共當鋪、低利貸款、感化教育，以及鄰保事業 (Lin 1990)。然而，這些都是殘補的 (residiual) 福利服務，而非制度式的社會福利。像大部分殖民母國一樣，日本並未將現代社會安全制度移植到臺灣，如日本於1922年通過健康保險法，1927年起實施，但實施範圍並未涵蓋臺灣 (Lin 1990)。

光復初期，國民政府為了消除臺人受日本殖民地的「遺毒」，而將日人所留下的社會福利重新整頓。剛光復的頭一、兩年，臺灣的社會福利幾乎停頓。1947年6月1日臺灣省社會處成立之後，為了統一事權，簡化機構，才將舊有縣市之救濟機構裁併或撤消。另於高雄、花蓮、新竹、澎湖、屏東成立五所救濟院。而日人所遺留的鄰保館，以及方面委員會均勒令撤消。國民政府對於日據臺灣的社會救濟事業之鄙視，可見於當時出刊的幾個重要社會服務期刊，如《新社會》、《社會工作》等 (黃彥宜 1991；林萬億 1992)。其實，日據臺灣的社會福利雖比不上日本殖民母國，但其發展比中國大陸進步 (黃彥宜1991；Lin 1990)。

臺灣省社會處成立之後，首要工作是消除那些所謂的「承日皇意旨、宣導皇恩皇權、灌輸皇民思想的變相政治工具」的社會服務 (古善愚，1948)。代之以宣揚三民主義為目的的社會工作。其主要工作內容是：(1) 失業調查與救濟，(2) 社會工作幹部訓練，(3) 加強人民團體組訓，(4) 發動群眾運動，(5) 整頓與增設社會救濟所，(6)

推動職工福利，(7) 成立社會服務處，(8) 災荒救濟，以及 (9) 合作事業推動等。第一項工作相當程度回應了「二二八事件」的官方認知。其餘諸項工作，除了整頓社會救濟院所外，大多是移植中國大陸各省社會處的業務。而這些業務是從民國29年社會部成立時由中國國民黨中央社會部的業務所轉型而來。

國民政府遷臺之後，臺灣社會福利才有較積極的開展。在1965年以前，臺灣的社會福利是以軍公教勞保為主。1950年臺灣開始實施勞工保險，以及軍人保險。最早出現社會保險建議的是在1945年5月中國國民黨第六次全國代表大會通過的政綱政策中有關民生主義的第七項「普遍推行社會保險及社會福利事業，特別著重失業保險與兒童保育」(劉脩如 1984：683)。同時，社會部谷正綱部長亦提出舉辦社會保險的原則：「戰後社會安全設施政府應舉辦社會保險，暫分：1.傷害，2.老廢死亡，3.疾病生育，4.失業。四種分別或合併實施。社會保險之保險費除傷害保險，應由雇主負擔外，均由被保險人與雇主分擔，政府得酌量津貼。社會保險給付，應按被保險人據以納費之梯級報酬為計算標準。」(劉脩如 1984：683) 民國36年公佈之憲法第155條已將國家應實施社會保險納入。

在中國大陸時期，最早實施的社會保險是1943年在川北的三臺縣成立的第一個鹽工保險社。次年再增加9個縣。總計保障五萬鹽工。其實川北的鹽工保險並非強制性，也非國家支持，而是由勞雇雙方共同承擔，國家只補貼行政費用。而且其給付很低。1946年冬社會部成立之「中央社會保險局籌備處」準備辦理社會保險。然而，國共內戰方興，且戰局不利於國民黨政府。因而，除了川北鹽工保險之外，社會保險其實並未在國民政府統治的中國大陸實行。至於為何國民政府一到臺灣，隔年即推動勞工保險？大部分學者均以「政府重視勞工福

利」，或是「勵精圖治，實行三民主義」等一筆帶過（柯木與1991；白秀雄 1979；邱創煥 1977）。其實，恐怕不是那麼一廂情願。如果連同當年同時辦理的軍人保險，以及稍後的公務人員保險（1958年）一起考量，則不難發現政治穩定或社會控制的目的至為清楚。

一般說來，一個國家由農業社會進入工業社會，最常辦理的社會福利首先理應是職業災害、疾病、老年與失業保險，以及兒童營養與津貼。這與國情無關，而是職業結構改變的必要保障。接著就是全民健康保險或服務，這是為了健康的勞動力，以及減輕疾病帶來的家庭經濟負擔。然而，雖然1950年臺灣開始了強制性勞工、軍人保險，但是，對象僅限於特定人口群，且非所有勞工均入保，更離譜的是，遲遲不辦年金保險與失業保險，這是嚴重地違背社會保險的保障勞工生活的原則。而兒童的社會服務一直到1963年聯合國兒童基金援助臺灣之後才稍受重視。至今，我們也沒有普及的學童營養午餐，更沒有兒童津貼。連普及的孕婦產前檢查都沒有，而兒童福利法要等到1973年才通過。一般的看法是此法的通過與退出聯合國有關（張苙雲1983；Tsai and Chang 1985）。

較明顯的社會政策出現，國民黨第九屆中央委員會第二次全體會議通過「民生主義現階段社會政策」，其副標題是「加強社會福利措施增進人民生活實行方針」。依據國民黨的意思是因為當時臺灣經濟情況日趨繁榮，社會福利措施亟待加強，才要以建立社會安全制度來增進人民生活。至於說採用社區發展的方式來達成民生建設，其實是著了當時正好引進聯合國亟力在第三世界推展的社區發展之迷。社區發展方法可以促進落後地區的農業、教育、衛生、社會參與等條件，但幫不上社會保險與就業的忙。經濟富裕與經社失衡可能是促使這個政策的通過（郭登聰 1986）。然而，這個政策並不像英國的貝佛里

奇報告書 (The Beveridge Report 1942)，也不像瑞典 1932 年的
「母牛協議」般對該國的社會政策有劃時代的意義。因為民生主義現
階段社會政策通過後，並沒有尾隨社會立法或社會方案。當然，社會
支出也沒有明顯加速成長 (Lin 1990)。

　　1972年起所推行的小康計畫是較完整的社會改革計畫。這個構想
來自1972年 6 月16日當時的行政院長蔣經國巡視臺灣省政府時指示，
對於貧民的救助方式應以積極輔導其就業或生產為宜，不要養成其依
賴心理，如確無生產之老弱貧民，政府自應負責救助。省府秉持指示
而有小康計畫之執行。其實，當時列冊的貧民只有39萬餘，並不構成
像美國1960年代的種族與經社地位的懸殊差距，而需要一套「對抗貧
窮計畫」。而小康計畫的理想是消滅貧窮，使社會安定，原貧戶均進
入小康局面。當然，貧戶改為低收入戶是很容易做到的文書作業。迄
今，很少學者或政府研究單位對該計畫有詳實的評估報告出土，因
此，很難進一步認定其成效。不過，可以確定的是，貧戶這個概念在
民國69年後即不再被官方使用。同時，也可以確定小康計畫並未對臺
灣的社會政策有太多貢獻。

　　事實上，過去三、四十年左右臺灣社會行政的業務應是社會救
助，包括上述的小康計畫，亦未脫離社會救助之外。民國以來的社會
救助業務初則沿襲前清舊制，直至1921年內政部頒布「救濟院規程」，
才有新的救濟機構設置。而「社會救濟法」則至1943年才公布施行。
國民政府來到臺灣一直使用此法做為社會救助的依據。而國民黨特別
重視受共匪迫害的災胞救濟，於1952年10月的國民黨七次全國代表大
會通過之政綱即特別規定此款。另臺灣省政府於1963年公布「臺灣省
社會救助調查辦法」做為規制貧民的主要法令依據。這也代表從社會
救濟到社會救助的觀念改變。不過，即使往後於1980年所通過的「社

會救助法」也還延續了許多早期歐洲濟貧法與傳統中國救濟院制度的痕跡，很重視院內救濟。由於嚴苛的貧民界定，使得貧民人數一直偏低。所以，社會救助的主要對象幾乎是社會中的最底層，如無依老人、單親女性家庭。然而，由於社會安全體系並不完備，因此，社會救助仍是臺灣社會行政的重要支柱。

如工業先進國家一樣，社會保險與濟貧政策都先於社會服務而有。社會服務主要以特定的人口群，如老人、兒童、殘障、疾病者為對象，常隨著社會權的重視，以及人口結構的轉變而受到重視。而社會服務也由資產調查或所得調查（means-test or income-test）轉變為普及式的良好生活的提供。例如，瑞典1981年的「社會服務法」是用來取代1918年貧民救助法（1956年改為公共救助法）、1924年的兒童福利法（1960年修訂）、1955年的酒精政策（1977年修訂）、1973年的學前教育法、1968年的麻醉藥品管制法案等。新法提供一種結構的、一般的與個別的取向的社會服務原則。而反觀國內的社會服務立法直到1980年才有老人福利法、殘障福利法、社會救助法，再加上1973年的兒童福利法，1989年的少年福利法，社會服務立法才算粗具規模。不過，還是以個別的、特殊的與資產調查的為取向。

綜觀臺灣的社會政策發展，大致上說來，到了1980年代才有較完整的社會福利體系。也就是社會福利最主要的三個系統：社會保險、社會救助、社會服務等三者均已出現。祇是，臺灣的社會政策仍然是極小化的、片斷的，以及選擇式的。整體而言，雖然我們有民生主義做為社會政策的指引，其實，社會政策的發展看不出有民生主義的痕跡。不如說是一種沒有明顯政策的社會福利發展。因此，每一社會方案間互不關連，零零落落。就個別而言，社會保險至少有16種，涵蓋半數的國民。但是，最主要的年金保險、失業保險、都到最近才在討

論。全民健康保險於1995年 3 月 1 日才實施。社會保險系統也是支離破碎、殘缺不全，更不用說普及性、強制性、非保費的保險系統之不可得。社會救助系統之極小化與選擇式已如上述。理論上，社會保險體系越不週延的國家，社會救助系統會趨於忙碌而龐大，如美國者。但是，臺灣是兩者均不全。如同社會救助般，臺灣的社會服務體系也是特定的、極小化的與個別取向的服務，各自為政、支離破碎自不在話下。

如果以比較的觀點來凸顯臺灣的社會福利投入（welfare efforts），上述的極小化、片斷的與選擇式的性格會更具體化。臺灣的社會安全支出佔 GDP 的比值，1990年是 4.9%，而1984年的瑞典是32.0%，簡直不可同日而語。而臺灣1990年的平均每人 GNP 7,954美元，約略相等於先進工業民主國家15年前的水平，而那時候，社會福利較差的日本、美國花在社會支出的金額佔 GDP 的比值分別是13.7% 與 18.7%。而社會福利較好的幾個國家，如德國（27.8%）、荷蘭（29.3%）、瑞典（27.4%）、丹麥（27.1%），更是遠高於臺灣。臺灣目前社會福利支出的水平大概是美國 1930 年代，以及英國1910 年代的水準❸。臺灣自許的均富社會，其實，富是真的，但是均則未必。1990年臺灣的吉尼係數是 0.312，遠差於1980年代的瑞典（0.202），以及大部分工業先進民主國家，除了美國之外。

不過，值得提醒的是社會支出的高低會受到依賴人口與志願部門

---

❸ 1928/29年英國的社會福利預算佔 GNP 的比值是 9.6%，美國是 3.9%；1939/40，則兩國分別升高到11.3%與9.2%。同時，社會福利支出佔政府總支出的比值在1928/29年時，英國為24%，美國為18%。與臺灣1990年(17.3%) 的水準相比略高些。見 H. Glennerster (1975), *"Social Service Budgets and Social Policy: British and American Experience"*. p. 48.

的變異影響。Gilbert 與 Moom（1988）發現日本與美國的志願部門（如家庭與志願服務）較強，且老年人口較歐洲工業民主國家少。所以，社會支出較少，並不意味著該兩國的社會福利一定差。如果以這種觀點來看臺灣的情況，或許可以說明一部分，如老年人口較少而導致社會福利需求較少。但是，臺灣的志願服務部門其實很弱，唯一能解釋的是家庭的福利功能未全面解組，所以被期待承擔大部分的社會福利責任。可是，這絕不等於說明臺灣的社會福祉水平可以比美歐美工業民主國家。

(二)臺灣的國家與社會政策

在討論國家對社會政策的影響時，學者從實證研究中發現有三個主要的成分：(1) 國家科層體制 (state bureaucracy) 才是社會政策形成過程的主要構成要件。(2) 決策者的政治學習 (political learning) 並非立基於外在需要，而是國家行動來模塑國家未來目標。(3) 國家結構的歷史變異決定了社會政策開創的時機 (Quadagno 1987: 118-119)。從美國、瑞典、英國的比較中，研究者已發現美國缺乏強有力的行政國家體制，以及務實的政黨 (programmatic political parties) 而沒有能力建構像瑞典般的社會凱因斯主義的福利國家 (Weir and Skocpol 1983; 1985; Skocpol and Ikenberry 1983)。而英國比美國較早有福利國家的發展，是由於集中的國家科層體制與可信賴的公民服務體系均早於英國的民主化而存在。反之，美國的民主化早於科層化，而美國庇護式的政黨 (patronge-based parties) 也不利於行政改革 (Orloff and Skocpol 1984)。

臺灣是一個擁有較高國家自主性的國家。臺灣國家自主性強被認

為是因為臺灣的國家科層制是來自中國大陸，而非臺灣本土，以致於較容易自主於臺灣社會（Amsden 1985; Gold 1986）。此外，從滿清到日據臺灣的中央集權，也有利於集中化的行政國家形成。從1950年代以來，幾乎不存在的農業精英，使得臺灣的國民黨國家得以輕易地使用農業剩餘來支應工業化，而不必遭致太多的抗拒（Amsden 1985; Gold 1986）。而強有力的國民黨國家被認為主導1980年以前臺灣的經濟成長，以及近年來政治的轉型（Pang 1990）。

在社會政策上，國民黨國家確實擁有相當高的自主性去發展其所偏好的政策。1947年社會處的成立開啟了國家在社會政策制定的自主。基本上，社會處於1947年6月1日成立，或多或少回應了「二二八事件」的善後需要。而「二二八事件」可以說是臺灣國家與社會爭取自主性的重要戰役。對國民黨外來國家的不信任，是導致臺灣市民社會抗拒國家科層體制節制的重要原因之一。社會處的成立是國民黨國家與臺灣社會鬥爭勝利後，在社會政策上擺脫社會壓力的第一步。接著，社會處所進行的工作，如穩定臺灣社會、消除日人遺毒、宣揚三民主義，基本上，都是以國家科層體制的偏好為主，甚少反映社會的需求，甚至是對抗社會，如為了所謂糾正臺灣社會的殖民心態，而停辦日人所遺留下來的社會事業。之後不久，1950年的勞工保險，並非反應任何臺灣勞工的階級動員，而是反映國家科層體制的偏好為多。勞保於1950年3月1日開辦時，承保對象是公營廠、礦、交通、公用事業單位與雇用工人在百人以上之民營廠、礦的勞工。依當時的情況來看，受保障者應是公營事業勞工為多。而這些公營事業的勞工與國家公務員是很難區分的。其次，軍保的對象是現役軍人。在臺灣特殊的政治體制下，軍隊與國民黨幾乎是不可分的，而國民黨又自許是國家的締造者、管理者，所以黨、政、軍三位一體，軍保還是脫離

不了國家科層制的主導。

　　1958年的公務人員保險，又何嘗不是國家自主性再次的展現。公務員通常比任何勞動階級更具組織化，尤其在臺灣，國民黨國家統治初期，大部分上層公務員都是外省籍，與臺灣民間社會關係不深。公務員掌握國家機器，他們太了解社會保險對其個人、家庭的重要性。因而，推動以自己為受益對象的公保是理所當然的。進一步，公務員為了維護自己的利益，如職位、薪資，通常會支持社會保險行政的擴充。如往後的公務人員眷屬疾病保險、退休人員保險、退休人員疾病保險、退休公務人員配偶疾病保險、各級民意代表保險等都是公務員自己決定自己的利益，而不顧社會中有更多人未能進入社會保險的名單。而更進一步，公共部門的雇員並不會因為考慮社會保險的成本，而犧牲自己的職等與薪資。例如，勞保局與銓敍部的員工通常不會同意勞保、公保併入全民健保。同時，勞保局員工也不會同意依公務員敍薪，而必然堅持依金融機構職工敍薪。其實，他們所做的工作與一般公務員無甚差異。這種置身去商品化的部門，卻希望享有商品化部門的利益，正是國家機器掌控者常有的特性。

　　前曾提及1965年的民生主義現階段社會政策是為經社均衡發展而定。其實，這也是襯托國家自主發展其認為有利的經濟政策的伴生物，恐怕是宣示性高於實質性。之後的小康計畫，前曾提及此項方案亦由公務員發動，而非貧民運動的結果。即使，曾在臺灣流行一、二十年的社區發展，也是由上而下的發展方向。即使是理論上牴觸了社區發展的草根性、社會參與，以及過程取向的性格，國民黨國家還是以其強有力的國家機器全面展開 1960/70 年代的社區發展動員。

　　國家在社會政策的自主性推動到了1980年代才稍有改變。1980年代的臺灣民間社會，經過了三十年的沉寂之後，開始活絡，社會力開

始反攻。當國家利益與社會利益不一致時，兩者的對抗是不可避免
的。當很強的國家遇上逐漸增強的民間社會時，國家的內在力量也許
仍高，但是自主性降低。國家必須遷就民間社會的偏好。然而，並非
所有階級都有等量的入口接近國家官僚。通常，資產階級較接受國家
的自主性，而繼續支持國家 (Barkey and Parikh 1991)。這種情
形也發生於1980年以後的臺灣社會。弱勢團體大量出現，為了爭取社
會福利而走向街頭或結盟。但是，他們爭取到的福利卻有限。換來的
是企業界要求行使國家公權力以安定社會的恫嚇。當然，國家公權力
是傾向向右或中間靠攏，以抗拒劇烈的變遷。劇烈變遷被認為對資本
家不利。對資本家不利，同時也是對國民黨國家不利。

　　此外，弱勢團體的社會運動基本上也是一個爭取資源的運動。國
家擁有大量資源，社會團體或族群為了自身的利益而相互競爭。經常
因此而改變各社會運動團體的權力結構。例如，當某弱勢團體太靠近
民進黨時，國民黨國家會提出五套策略來交互使用，其一是「抹黑」
這些團體的領導班底，使得其支持者心生恐懼或埋怨；其二是「利
誘」這些團體中願意與國民黨國家結盟的領導者，誘使其奪權；其三
是「薄懲」這些對抗國家機器的團體，如不給予補助或刻意忽略他們
的意見，包括不邀請與會，以使其意見表達機會減少或音量減小；第
四是鼓勵新的同類型的團體出現，以取代不服從團體的名義代表性，
使社會發生眼花撩亂的障眼效用。最後，玩弄弱勢團體間的族群、年
齡、性別與區域矛盾。如暗示殘障者獲取太多預算而導致其他團體預
算不足。以上五種策略已在殘障聯盟、啟智協會、婦女新知等較進步
的社團身上發生作用。而分裂或自相矛盾的民間社會，是國民黨國家
期欲維持高度自主性與能量的有利條件。因為，社會福利支出是一個
大餅，國民黨國家機器必然不會輕易放棄其自主性的支配權。

如上所述，臺灣的國家是有其自主性來推展社會政策，那為何不像瑞典國家走向社會凱因斯福利國家，而卻走向比美國更落後的邊際福利國家 (marginal welfare state) 呢？臺灣國家的自主性可以帶動頗為成功的經濟成長，卻壓抑了社會政策的發展，這又是為什麼呢？

首先，瑞典與臺灣的國家目標不同。瑞典自從十世紀獨立建國迄今，未曾被殖民過，也沒有被佔領過，只有 1809 年，芬蘭從瑞典獨立，1814年與拿破崙一世戰爭。瑞典失去其在波羅的海波斯尼亞灣 (Gulf of Bothnia) 的土地而換來與挪威的結盟。雖然，瑞典也飽受蘇聯的威脅，但是，芬蘭擋在其間，使得直接受威脅的程度降低。因此，瑞典國家的目標不像臺灣，是為了另一個獨立自主的國家而存在。亦即，臺灣的國家目標是「反攻大陸，解救同胞」為優先。為了達成這個統一大業，國家在選擇其政策優先順序時就以能支持這個至高無上的目標的政策為優先。經濟發展是積累國力的不二法門，軍事國防是反攻的武器，所以，「國防第一、經濟為先」就成為臺灣國家目標的堅持。至於社會政策就只剩有利於國家穩定、經濟繁榮的部分被優先辦理或默許可行。如勞工保險、軍人保險、公務人員保險，以及軍公教相關的福利，如水電補貼、交通半價、免稅，以及福利品採購、住宅等，所以說，臺灣強有力的國家機器也是為反攻大陸而有。

其二，不同的國家結構。瑞典的國家是屬於民主組合式的國家結構。國家機器雖然由社會民主黨掌理了過半世紀。但是，其組合主義的型態並未消失。不同的利益團體組成政黨，代表其成員在國會中競爭，祇要進入國會的政黨均有發言的空間，而且透過政黨間的政治聯盟，以取得他黨的妥協，相互利益可以維持。也正因為如此，沒有一個政黨可以經常維持國會過半數的席次，自然不能做出獨利於一黨的

政策主張。這種集中式的議價結構在臺灣並不存在。臺灣的國會在
1991年以前是有所謂的「職業代表制」的存在，不同的利益團體可以
有機會透過職業別的代表在國會中爭取福利。然而，職業代表的人數
偏低，區域代表爲大多數。區域代表所爭取的是以地方性利益爲主的
議題。通常，社會政策比較是屬於階級性、全民性的話題，而不存在
於區域代表們的政見中。更甚者，在長期一黨獨大的政黨結構中，反
對黨根本不存在，直到1986年才有名副其實的反對黨出現。早年的職
業代表也都由國民黨拔擢而進入國會。因而，不同的利益代表者到底
要代表黨還是職業團體，是很不清楚的。爲了繼續被提名，黨的利益
常高於職業利益。所以，國會中的不同職業代表，其利益常是大同小
異。這種現象與拉丁美洲的情形很像，屬於威權組合式的政權 (au-
thoritarian corportist regime) 的特質。更甚者，長期不改選，
而代表大陸的國會議員並不代表臺灣本地選民的利益。看看臺灣過去
數十年來，社會政策的制定都是國民黨發起，才透過國會給與合法
化，而黨的意旨在國會中不易被更改。因此，只要國民黨決定的社會
政策，就是國家的社會政策。而國民黨的利益結合必然選擇以有利於
其繼續掌控國家的利益代表爲優先考量，如軍人擁有武力，公務員掌
理國家行政，知識份子有筆墨。據此，軍公教人員成爲社會福利最大
的受益者。因爲他們支撐了國家機器之不墜。這也是爲何臺灣微薄
的社會福利支出中一直有三分之二左右是花在這三種人身上，而未見
變革的主因。公務員理應會爭取更多的社會政策 (King 1987)，但
是，遇到以反攻爲主目標的軍事利益團體，要其讓渡一些預算給社會
福利是多麼困難的抉擇。

　　第三，精英的意識形態。瑞典的幾個重要人物的理念，深深地
鑲入決策者的心中，且付諸實現。1913年社會民主黨主席 Hjalmar

Branting 主張普及的年金政策，他反對德國以階級爲基礎的工人年金制度，而堅持工人應與農村貧民共享社會團結的普及年金政策。社會民主黨於 1930年代的財政部長 Ernst Wigförss 建立了社會民主模式的意識形態基礎。Nils Karleby 與 Richard Sandler 在1920年代所主張的社會化市場經濟制度。Gustav Möller 建立了瑞典福利國家的架構。於1928年提出建立瑞典爲一個「人民之家」(People's home) 的 Per Albin Hansson。影響瑞典經濟政策最深的諾貝爾經濟獎得主Gunnar Myrdal 與其夫人 Alva。他們的均等與效率主張成爲瑞典經濟政策的兩大原則。帶領瑞典走向富裕社會的社會民主制的兩位戰後的首相 Tage Erlander 與 Olof Palme。以及前文曾提及的 Gøsta Rehn 與 Rudoff Meidner 都是瑞典福利國家之所以成功的意識形態指導者 (Tilton 1990)。

而臺灣的知識份子與政治精英具有推動制度式福利國家的理念的人士如鳳羽麟趾。大致上，臺灣的經濟學者以支持自由經濟思想者爲多。在社會改革方面，則不主張社會福利的擴張。而幾乎不分黨派的經濟學者均是以自由經濟思想爲圭臬。政府的決策精英也以「福利的煞車器」自居。最典型的例子是 1982 年 5 月當時的經濟部長趙耀東所主張的「經濟發展仍然第一， 社會福利時候未到」(Tsai and Chang 1985: 251)，以及李國鼎先生在 1981年從歐洲參加 Mont Pelerin Society 開會回國即發表強硬的反對臺灣擴張社會福利的言論。

此外，國民黨國家科層體制的社會政策意識形態是民生主義。這一套被認爲淵源於中國固有思想，擷取歐美長處，以及因應中國國情而獨見創獲者，其主要內容是靠平均地權與節制資本兩策略來達到均富的國家目標。而這兩項策略主要受到美國十九世紀末年進步主義

(Progressivism) 年代的影響爲深，再加上德國俾斯麥的社會政策理念。孫中山先生的平均地權理念無疑地受到 Henry George(1879) 的《進步與貧窮》(*progress and poverty*) 乙書的啓發。而發達國家資本與節制私人資本的理念源自 Edward Bellamy(1888) 的《向後看: 2000-1887》(*Looking Backward*: *2000-1887*) (Chang 1982:7)。這兩本書在美國都屬於反資本主義的著作。然而，美國並沒有從這些著作上學到什麼。而它卻成了落後的中國發展政策的理論依據。

　　民生主義本質上是社會主義。是一種強調國家介入經濟與社會改革，以達到均富的社會理想的意識形態，其與當代的福利國家的理念是同一回事，而且更趨近於社會凱因斯福利國家，而非企業自由福利國家。不過，民生主義的福利國家設計有其內在矛盾性。孫中山及其追隨者都以爲中國固有社會慈善觀念是「贊成福利」的，其實不然（林萬億 1990,1992）。中國傳統所主張的以家庭爲中心、以道德教化爲依歸的慈善觀，其實是不利於福利國家發展的。而孫中山先生所雅好的歐美的國家支持的社會政策，是一種社會權的概念。如何來處理兩者並行而不悖的原則與策略，孫中山並未觸及。臺灣國家的官僚們顯然也沒有去處理這個矛盾，而傾向於選擇所謂《黨國資本主義》（陳師孟等 1991）做爲其國家發展策略。將發達國家資本，與資本主義結合，而獨漏社會政策。所以，臺灣國民黨國家這種相對於共產主義的三民主義的堅持，卻又不願去實踐的意識形態，大異於有原則的務實主義 (Principled pragmatism) 的瑞典社會民主主義的國家。

結　論

　　本文從歷史的、制度政治的，以及國家中心的角度來檢視瑞典與臺灣國家與社會政策的關係。這樣的研究在國內算是個起步。過去，臺灣的學者把關注的焦點擺在三民主義與社會政策的關係，或是經濟發展對社會福利的影響，而嚴重地忽略了其他因素對社會政策的模塑作用。國家中心的觀點在過去十年來，被採用來解釋不同國家的經濟發展策略，已有相當炫人的學術累積，而對於社會政策發展的研究則猶待努力。

　　本文選擇瑞典與臺灣做爲比較的對象，在比較研究上有其意義。首先，瑞典與臺灣都是小型的工業國家，兩國的經濟實力均相對地高於其人口與地理的規模，兩國的外貿依存度也都很高，而且也都經歷過從貧窮的農業社會進入富裕的工業社會。祇是，兩國的轉型過程發生在不同的時代，瑞典於1930年代開始步入工業化社會，臺灣則要到1960年代才由農業爲主到工業爲主的社會。其次，兩國都有很強的國家行政體制，都有強有力的國家機器，國家自主性都很高，國家開展社會政策的能量也都很高。

　　然而，兩國的國家自主性與能量都很高，卻發展出不同的社會政策。瑞典擁有世界上發展得最成功的制度式福利國家，而臺灣卻是一個落後殘補式的福利國家。兩者發展上的差異受制於不同的國家組成與結構的影響。瑞典的國家是未被殖民過，國家目標與社會目標較一致，其不但有集中化的行政科層，而且有中央的利益團體議價中心的國會。不同的利益團體的組織均有全國性的組織，代表其成員在國會進行議價。雖然，社會民主黨從 1932 年起到1976年，以及 1982 年到

1991年以及1994年以來的執政，但是，並未因為社會民主霸權的長期執政，而導致其他政黨的消失或成為花瓶。也由於每一政黨均很少超過 50％的得票率，而必須在國會與其他政黨進行政治聯盟或協商，例如，1933年的「母牛協定」造成社會民主黨與農黨四分之一世紀的合作，奠定了瑞典福利國家發展強有力的政治支持。這種結構式的意見諮詢與組合主義的國家特性是臺灣所沒有的。可以說，瑞典強有力的國家機器並未進行對社會的鎮壓，而且也未用之來鎮壓其他在野黨。再加上瑞典的知識份子與決策精英提供了政治的理想，他們被延攬到各種委員會擔任諮詢的工作，提供政策藍圖。這樣的國家結構與政策傳承加上不同利益團體的政治意見表達，以及知識的引介，使得瑞典的國家科層體制創造出制度式的福利國家。

反觀臺灣的國家組成，經歷了被殖民的經驗，以及外來國民黨國家機器的統治。傳統上中國集權式的強有力中央集權體制，加上國家在臺灣光復初期的鎮壓社會成功，國家取得了絕對的掌控權。然而，缺乏不同社會利益團體的政治意見表達。社會利益團體也幾乎被國民黨國家所滲透，唯有靠國民黨拔擢而進入國會。但是，長期未被改選的國會，萬年國會代表們所代表的並非來自臺灣社會的政治表達。如此，政策的形成端賴國民黨的偏好。而國民黨國家所賴以支持的民生主義社會政策傳承，其實也是個意識形態高於務實原則的政治主張。加上，為了統一中國的國家目標，軍事與經濟成為支撐這個不可替代的國家目標的兩大支柱。社會政策變得不重要。唯有在有利於威權組合主義體制的維持必要時，社會政策就被用來做為穩定這個政權的工具。復加上缺乏社會改革的知識引介，自由經濟理論的蔓延，都不利於社會政策的形成。所以，強有力的國家成為不發展制度式社會福利的根源。

　　總之，強有力的國家，並不保證高度發展的社會政策，還得看國家結構的特性，以及政策的傳統和知識的創新。同時，在同一國家之內，強有力的國家也不盡然在不同的政策領域內發揮同一方向的政策形成作用。不論如何，國家確實深深地影響了社會政策的發展，正向或負向地。

參　考　書　目

中文:

古善愚: 1948，〈一年來的臺灣社會工作〉。《新社會》，1:3，5-7。

白秀雄: 1979，《社會福利行政》，臺北: 三民書局。

江宇應譯: 1986，〈瑞典: 困境中的天堂〉，《知識份子》，秋季號，78-83，(Olf Himmelstrand 原著)。

柯木興: 1991，《社會保險》，臺北: 中國社會保險學會。

林萬億: 1990，〈比較福利國家發展: 理論與方法〉，《中山社會科學季刊》，5:3，30-44。

———: 1992，〈我國社會福利事業與研究的發展〉，《中國社會學刊》，15期，74-119。

張苙雲: 1983，〈我國殘障福利法與社會救助法執行之規劃與成效評估之研究〉，行政院研考會專案研究。

彭懷真: 1983，〈我國的工業化與社會福利的演變 (1963-1982)〉，臺大社會學研究所碩士論文。

詹火生: 1983，《民生主義的社會安全理論與實施》，臺北: 中央文物供應社。

邱創煥: 1977，《中國社會福利思想制度概要》，臺北: 臺灣商務印書館。

劉脩如: 1984，《社會政策與社會立法》，臺北: 五南書局。

黃彥宜: 1991，〈臺灣社會工作發展: 1683-1988〉，《思與言》，29:3，119-152。

郭登聰: 1986，〈我國社會福利政策制定因素的探討: 著重經濟因素的分析——以民生主義現階段社會政策為例〉，臺灣大學社會學研究所碩士論文。

陳師孟: 1991，《解構黨國資本主義——論臺灣公營事業之民營化》。臺北: 澄社。

蔡明璋: 1986, ＜臺灣經濟成長與福利發展關係的檢討＞, 《社區發展季刊》, 33期, 52-56。

英文:

Adams, Paul

1985 *"Social Policy and the Working Class"*. Social Service Review, September, 387-042.

Alber, Jens; Gosta Esping-Andersen and Lee Rainwater

1987 *"Studing the Welfare State:* Issues and Queries". in Comparative Policy Research: learning from experience. editors, Meinolf Dierkes; Hans N. Weiler and Ariane B. Antal.
Wissenschaftszentrum, Berlin: WZB-Publication.

Alestalo, Matti and Stein Kuhnle

1987 *"The Scandinavian Route:* Economic, Social and Political Development in Demark, Finland Norway, and Sweden". in The Scandinavian Model, Welfare State and Welfare Research, R. Erikson et al.; M. E. Sharpe Inc., 3-38.

Aptekar, H.

1965 *"Social Work in Cross-cutural Perspective"*. in Social Work in India. ed. S. K. Khinkuka. Allahabad: Kitab Mahal.

Amsden, Alice H.

1985 *"The State and Taiwan's Economic Development"*. in Bringing the State Back in P. Evans et. al., New York: Cambridge University Press. 78-106.

Barkey, Karen and Sunita Parikh

1991 *"Comparative Perspectives on the State"*. Annual Review of Socialogy, 17: 523-49.

Bjork, Kaj

1989 *"The Struggle Between Social Democracy and Communism"*. Inside Sweden, No. 2, May, 12-13.

Blomberg, Anna

1989 *"But on the Social Democrats Still on the Side of the Workers?"* Inside Sweden, No. 2, May, 6-7.

Carrier, John and Ian Kendall.

1973 *"Social Policy and Social Change:* Explanations of the Social policy". Journal of Social Policy, 2:3, 209-24.

1977 *"The Development of Welfare States:* the Production of plausible accounts". Journal of Social Policy, 6:3, 271-90.

Castles, Francis and Robert McKinley

1979 *"Public Welfare Provision,* Scandinavia and the Sheer Futility of the Sociological Approach to Politics". British Journal of Political Science, 9, 152-72.

Chan, Gordon Hou-Sheng

1979 *"the Relationship of Social Security System to Economic* Development with Special Reference to Hong Kong, Singapore and Taiwan". National Taiwan University Journal of Sociology, 13, 139-50.

Chang, Chung-tung

1979 *"Dr. Sun Yat-sen's Principle of Livelihood and American Progressivism".* Chinese Studies in History, XV: 3-4, 4-19.

Chow, Nelson

1983 *"The Chinese Family and Support of the Elderly in Hong Kong".* Gerontologist, 23:6, 584-88.

Collier, David and Richard E. Messick

1975 *"Prerequisites versus Diffusion:* testing alternative explanations of security adoption". The American Political Science Review, 69, 1299-1315.

Cutright, Phillips.

1965 *"Political Structure, Economic Development, and National Social Security Programs".* American Journal of Sociology, 70, 537-50.

Devine, Joel A.

1985 *"State and State Expenditure:* Determinants of Social

Investment and Social Consumption Spending in the Postwar United States" American Sociological Review, 50, 150-65.

Deviney, Stanley
1987 *"Sector Model of the Welfare State: a crossnational analysis"*. Mid-American Review of Sociology.

Einhorn, Eric S. and John Logue
1989 *"Modern Welfare State:* Politics and Policies in Social Democratics Scandinavia". New York: Praeger.

Esping-Andersen, Gosta
1987 *"The Comparison of Policy Regimes:* an introduction". in Stagnation and Renewal in Social Policy: the rise and fall of policy regime., editors, Martin Rein; Gosta Esping-Andersen, and Lee Rainwater. New York: M.E. Sharpe Inc.
1990 *"The Threeworlds of Welfare Capitalism"*. Cambridge: Policy Press.

———— and Walter Korp
1987 *"From Poor Relief to Institutional Welfare State:* The Development of Scandinavian Model". in The Scandinavian Model: Welfare State and Welfare Research, R. Erikson, et al., M.E. Sharpe Inc., 39-73.

Flora, Peter and Jens Alber
1981 *"Modernization, Democratization, and the Development of Welfare States in Western Europe"*. in the Development of Welfare State in Europe and America. editors, Peter Flora and Arnold Heidenheimer. New Brunswick: Transaction Books.

Forsferg, Mats
1986 *"The Evolution of Social Welfare Policy in Sweden"*, The Swedish Institute.

Freenam, Gary
1988 *"Voters, Buneauctats, and the State:* on the Autonomy of

Social Security Policymaking". in Social Security: the first half-century. G. P. Nash, N. H. Pugach and R. F. Tomasson ed, ch. 6.

Gilbert, Neil and Ailee Moon

1988 *"Analyzing Welfare Effort:* an appraisal of comparative methods". Journal of Policy Analysis and Management, 7:2, 326-340.

Gold, Thomas B.

1986 *"States and Society in the Taiwan Miracle".* New York: M. E. Sharpe, Inc.

Goldthrope, J. H.

1964 *"The Development of Social Policy in England, 1800-1914".* in Transactions of the Fifth World Congress of Sociology, 1962. London: International Sociological Association.

Goodin, Robert E.

1988 *"Reasons for Welfare:* the Political Theory of the Welfare State". Princeton: Princeton University Press.

Gough, Ian

1978 *"Theories of the Welfare State:* a critique". International Journal of Health Services, 8:1, 27-40.

1979 *"The Political Economy of the Welfare State".* New York: Macmillian.

Hadenius, Stig

1990 *"Swedish Politics During the 20th Century",* The Swedish Institute, 3rd edition.

Heclo, Hugh

1974 *"Modern Social Politics in Britain and Sweden".* New Haven: Yale University Press.

───── **and Henrik Madsen**

1987 *"Policy and Politics in Sweden: Principled Pragmatism".* Philadelphia: Temple University Press.

Hicks, Alexander and Duane Swank

1984 *"On the Political Economy of Welfare Expansion:* a comparative analysis of 18 advanced capitalist democracies, 1960-1971". Compararative Political Studies, 17:1, 81-119.

Kerr, Clark and Assiciates

1960 *"Industrialism and Industrial Man:* the problem of labor and management in economic growth". Cambridge: Harvard University Press.

1971 *"Postscript to Industrialism and Industrial Man"*. International Labor Review, 103, 519-40.

King, Desmond S.

1987 *"The State and the Social Structures of Welfare in Advanced Industrial Democracies"*. Theory and Society, 16, 841-68.

——— **and Jeremy Waldron.**

1988 *"Citizenship, Social citizenshop and the Defence of Welfare Provision"*. British Journal of Political Science, 18:4, 415-443.

Korpi, Walter

1989 *"Power, Politics, and State Autonomy in the Development of Social Citizenship:* Social Right during Sickness in Eighteen OECD countries since 1930". American Sociological Review, 54:3, 309-28.

1990 *"The Development of the Swedish Welfare State in a comparative perspective"*, The Swedish Institute.

——— **and Michael Shalev.**

1980 *"Strikes Power, and Politics in the Western Nations, 1900-1976"*. Political Power and Social Theory, 1, 301-34.

Kuhnle, Stein

1981 *"The Growth of Social Insurance Programs in Scandinavia:* Outside Influences and Internal Forces". in The Development of Welfare State in Europe and America. editors, Peter Flora and Arnold Heidenheimer. New Brunswick: Transaction Books.

Lin, Wan-I

1990 *"Social Welfare Development in Taiwan: An Integrated Theoretical Explanation"*. Ph. D. Dissertation, University of California at Berkeley.

1990 *"The Chinese Gentry and Social Philanthropy"*. National Taiwan University Journal of Sociology, No. 20, 143-186.

1991a *"The Structural Determinants of Welfare Effort in Postwar Taiwan"*. International Social Work, 34, 171-190.

1992b *"Labor Movement and Taiwan's Belated Welfare State"*. Journal of International and Comparative Social Welfare, 7:1 (31-44).

Lindblom, Paul

1989 *"The Emergence of the Swedish Welfare State"*. Inside Sweden, No. 2, May, 14-15.

MacPherson, Steward

1982 *"Social Policy in the Third World:* the Social dilemmas of under development". Brighton, Sussex: Wheatsheaf Books Ltd.

Midgley, James

1981 *"Professional Imperialism:* Social Work in the Third World". London: Heinmann.

1984a *"Social Welfare Implications of Development Paradigms"*. Social Service Rreview, 58:2, 181-98.

1984b *"Diffussion and the Development of Social Policy:* Evidence for the Third World". Journal of Social Policy, 13, 167-84.

Miller, Leonard S.

1976 *"The Structural Determinants of the Welfare Effort:* a Critique and a Contribution". Social Service Review, 50:1, 56-79.

—— **and Marleen Clark**

1977 *"The Welfare Efforts of the United States:* know then

thyself", Journal of Sociology and Social Welfare, IV: 3&4, 382-400.

Milner, Henry

1990 *"Sweden: Social Democracy in Practice"*, Oxford University Press.

Mishra, Ramesh

1973 *"Welfare and Industrial Man:* a study of welfare in western industrial societies in relation to a hypothesis of convergence". Sociological Review, 21:4, 525-60.

1975 *"Marx and Welfare"*. Sociological Review, May, 287-313.

1976 *"Convergence Theory and Social Change:* the development of welfare in British and the Soviet Union". Comparative Studies in Society and History, 18:1, 29-63.

1981 *"Society and Social Policy:* theories and practice of welfare". 2nd ed. London: the MaCnilland Press.

Moller, David

1991 *"The Nation Tjat Tried to Buy Happiness"*. Reader's Digest. Sept 34-38.

Muxumdar, A.M.

1964 *"Social Welfare in India:* Mahandas Gandhi's Contribution". London: Asia Publishing House.

O'Connor, James

1973 *"The Fiscal Crisis of the State"*. New York: St. Martin's Press.

O'Connor Julia S.

1988 *"Convergence or Divergence?:* Change in Welfare Effort in OECD Countries 1960-1980". European Journal of Political Research, 16, 277-99.

Offe, Claus

1984 *"Contradictions of the Welfare State"*. Cambridge: the MIT Press.

Orloff, Ann S. and Theda Skocpol

1984 *"Why Not Equal Protection?* Explaining the Politics of

Public Social Spending in Britain, 1900-1911, and the United States, 1880's-1920". American Sociological Review, 49, 726-750.

Pang, Chien-Kuo

1990 *"The Changing Relationship between the State and Society in Taiwan during the 1980s"*. Paper Presented at Conference on Structural Change in Developing Countries, June 5-6, 1990, Taipei, Taiwan, R.O.C.

Piven, F.F. and R.A. Cloward

1971 *"Regulation the Poor:* the Functions of Social Welfare". New York: Vintage.

1977 *"Poor People Movements:* Why They Succeed, How They Fail". New York: Pantheon.

Pryor, Frederick

1968 *"Public Expenditures in Communist and Capitalist Nations"*. Homewood, ILL: George Allen and Unwin.

Quadagno, Jill

1984 *"Welfare Capitalism and the Social Security Act. of 1935"*. American Sociological Review, 49, 632-47.

1987 *"Theories of the Welfare State"*. Annual Review of Sociology, 13, 109-28.

Rimlinger, Gaston V.

1966 *"Welfare and Economic Development"*. The Journal of Economic History, XXVI:4, 557-71.

1971 *"Welfare Policy and Industrialization in Europe,* America and Russia". New York: Wiley.

Saville, J.

1957-8 *"The Welfare State:* An Historical Approach". New Reasoner, 3:5-17.

Schmitter, Philippe and Gerhard Lehmbruch

1980 *"Trends Toward Corporatist Intermediation"*. London: Sage.

Shalev, Michael

1983　*"The Social Democratic Model and Beyond:* Two Generations of Comprartive Research on the Welfare State". Comparative Social Research, 6, 315-51.

Skocpol, Theda

1979　*"State and Social Revolutions:* A Comparative Analysis of France, Russia, and China". Cambridge: Cambridge University Press.

1980　*"Political Response to Capitalist Crisis:* Neo-Marxist Theories of the State and the Case of the New Deal". Politics and Society, 10:2, 155-201.

————. **and John Ikenberry**

1983　*"The Political Formation of the American Welfare State:* in Historical and Comparative Perspective". Comparaitve Social Research, 6, 87-148.

1985　*"Bringing the State Back In:* Strategies of Analysis in Current Research". in Bringing the State Back In, editors Peter B. Evans; Dietrich Rueschemeyer and Theda Skocpol. Cambridge: Cambridge University Press.

1987　*"A Society without a State?* Political Organization, Social Conflict and Welfase Provision in the United State". Journal of Public Policy, 7:4, 349-71.

———— **and Edwin Amenta**

1986　*"States and Social Policies"*, Annual Review In Sociology, 12, 131-57.

Stein, H. D.

1973　*"Social Welfare in Relation to Economic Development in India".* Report of the Seminar on Social Welfare in a Development Economy, New Delhi, 25-28.

Stephens John D.

1979　*"The Transition from Capitalism to Socialism"*, London: Macmillia.

Stephens, Evelyne H. and John d. Stephers

1982　*"The Labor Movement, Political Power, and Workers'*

Partcipation in Western Europe", Political Power and Social Theory, 3, 215-4.

Swank, Duane H.

1983 *"Between Incrementalism and Revolution:* group protest and the growth of the welfare state". American Behavioral Scientists, 26:3, 291-310.

Taira, Koji and Peter Kilby

1969 *"Differences in Social Security Development in Selected Countries".* International Social Security Review, 22:2, 139-5.

Thomas, George M. and Pat Lauderdale

1987 *"World Polity Sources of National Welfare and Land Reform.* in Institutional Structures: constituting state, society, and the individual. G.M. Thomas et al., Sage.

Tilton, Tim

1990 *"The Political Theory of Swedish Social Democracy:* through the Welfare State to Socialism". Oxford: Clarendon Press.

Trattren, Walter

1983 *"Social Welfare or Social Control?:* some historical reflection Regulation the Poor". Knoxville: The University of Tenness.

Tsai, Wen-hui and Chang Ly-yun

1985 *"Politics, Ideology and Social Welfare Programs:* a critical evaluation of social welfare legislation in Taiwan". National Taiwan University of Sociology. 17, 133-62.

Weed, Frank J.

1979 *"Industrialization and Welfare System:* a critique of the convergence hypothesis". International Journal of Comparative Sociology, XX: 3-4, 282-92.

Weir, Margaret and Theda Skocpol

1983 *"State Structures and Social Keynesianism:* Response to the Gre Depression in Sweden and the United State".

International Journal of Comparative Sociology, XXIV: 1-2, 4-29.

1985 *"State Structures and the Possibilities for 'Keynesian'* Response to the Great Depression in Sweden, Britain, and the United States". in Bringing the State Back In. editors,

———— **Ann S. Orloff and Theda Skocpol**

1988 *"The Politics of Social Policy in the United States"*. Princeton University Press.

Wickbom, Ulf

1991 *"The Most Important Election Issues in Sweden:* Can anyone form a government this fall?" The Swedish Institute.

Wilensky, Harold L. and Charles N. Lebeaux

1964 *"Industrial Society and Social Welfare"*. New York: The Free Press.

Wilensky, Harold L.

1975 *"The Welfare State and Equality"*. Berkeley: University of California Press.

———— **Gregory M. Luebbert; Susan R. Hahn and Adrienne M. Jamieson**

1987 *"Comparative Social Policy: Theories, Methods, Findings"*. in Comparative Policy Research: Learning from experience. editor Meinolf Dierkers; Hans N. weiler and Ariane B. Antal Wissenschaftszentrum, Berlin: WZB-Publications.

Williamson, John b. and Jeane J. Fleming

1977 *"Convergence Theory and the Social Welfare Sector:* a crossnational analysis". International Journal of Comparative Sociology, XVIII: 3-4, 243-53.

Zijderveld, Anton

1986 *"The Ethos of the Welfare State"*. International Sociology, 1:4, 443-57.

第九章

國家與地方都市的發展[*]
——以板橋爲例

蔡采秀・章英華

一、研究動機

　　社會空間結構的形成對於傳統的人文生態學者而言，是一個無意識而且是非社會的過程 (Saunders 1980: 51)；由於傳統的人文生態學者在分析空間形成過程時，不但 Park 借用生態區域的概念作爲都市的特質 (Mellor 1977: 206)，同時，也引用植物界中「入侵」、「延續」和「取代」的生態過程來描述都市的發展。這樣的解釋傾向於強調，都市結構的形成過程和生物界一樣，是自然而然的在一種無意識、並非社會性的人爲過程的自然狀態下發生的。最近的一個研究個案是 Savitch (1994) 從 New York、Paris, 以及 London 三

---

[*] 這篇論文爲國家科學委員會專案計畫「國家都市政策與臺北衛星都市的發展」（計畫編號 NSC 81-0301-H-001-514）部分的研究成果。
　　這篇文章非常感謝徐正光教授在出版論文集的編輯過程中費心斧正，對本文逐字逐句的提出了鉅細靡遺的意見，使作者能夠重新面對和思考許多寫作過程中忽略的漏洞，特在此致謝。同時，研討會上陳東升教授的評論，以及蕭新煌和朱瑞玲教授在會中提供的寶貴意見，何翠萍女士在百忙中閱讀過初稿，都對這篇文章的寫作有相當大的幫助，也在此一併表示謝意。這篇文章雖然採納他們的意見作了部分修改，但作者當然仍需負起一切的文責。

個都市的重組來說明，這些都市演化的非預期方向。

在這樣的理論前提下，傳統所謂主流的都市研究自然無法再進一步去追問都市過程如何發生的歷史過程，以致受到新都市社會學者批評爲「看不到社會的空間向度，亦即看不到社會生產與再生產過程中的特殊性 …… 呈現著嚴重的非歷史的性格 …… 無法認清這些『知識』的社會立場，逃避了韋伯所謂的『責任倫理』的問題」（張景森 1988:26）❶；對於新都市社會學者而言，社會空間的形成乃是不同社會行動者，包括國家或企業或個體，有意的操弄結果（Walton 1981; 另見 Gottdiener 1985）。這樣的研究取向是否真的更具有解釋效力，仍然有待更多經驗研究的支持；不過，很明顯的，它的限制在西方的都市研究中已經顯現出來；除了是像 Walton（1981:320）所指出的，它無法解釋地方的個別差異之外；這種意志論的研究取向把一切社會行動都看成是具有目的性，自然也不可避免的會和 Marx 一樣，無法解釋發生在許多歷史過程中的非意圖結果。例如，在勞資對立這個議題上，馬克思或馬克思主義者把政府的行動看作只是壓抑勞工階級的暴力過程（Parsons 1971: 108），這樣的立論在後來許多有關國家的研究中已經遭到質疑，甚至連結構馬克思主義者也都承認，國家的干預在歷史過程中經常會產生一些非意圖的效果。

筆者認爲，傳統人文生態學者所強調的無意識和非社會的過程，可以用來彌補新都市社會學的都市分析難以面對的非意圖結果的問題。將社會過程中非意圖結果的歷史層面呈顯出來，一方面可以跳

---

❶ 我們這裡對於臺灣的新都市社會學者所引用的韋伯的「責任倫理」這概念，保留質疑的態度。不過，所幸的是，他們自己可能也意識到這個問題，因而用了引號；只是，這種用法有什麼特殊的意義，似乎應該更清楚的加以說明。

脫理論和概念的生硬框架，把社會現實的分析還原到一種更自然的情境；同時，另一方面在重塑社會結構的能動性時，可以更完整的看到社會過程的主客對立。在這篇文章中，我們希望能結合西方這兩個都市研究的主要範型，修正新都市社會學者的分析單位，透過板橋的例子來檢視臺灣都市發展的經驗。

二、文獻回顧

　　1980年代以來的都市研究最主要的典範轉變，是把都市化和都市的研究直接和世界經濟的發展關聯起來 (King 1990: 3)。這樣的關聯基本上是從馬克思主義的政治經濟學角度出發，強調都市是社會形構 (social formation) 的物質展現。在現代資本主義社會的生產方式中，國家對於社會的經濟生活有愈來愈大的干預權力，因而，他們的都市分析通常都會涉及到國家理論。Clark 和 Dear (1981:46) 就指出：國家理論的產生，乃是由於資本主義的經濟競爭自我調節的機制已經不足以再製社會的生產關係。因為當國家在現代社會中不斷擴張，其權力已經足以控制投資、知識和公共服務部門及設施的設置時，就讓它能有超越以往附屬和工具性的角色 (Pahl 1977: 160)。因此，在現代的資本主義社會中要討論都市發展時，國家很明顯的是一個必要加以考慮的重要變項。在這樣的基礎上，很多都市研究已經都把分析的單位擴展到全球的經濟生產。他們指出，全球的生產和市場體系在空間上的聯結是透過全球的都市網絡 (例如 Friedmann and Wolff 1982; King 1989)。而國家在這種全球都市網絡當中就是最基本的聯結單位。

　　國家和資本之間的關係，在都市發展中經常是一個重要的探討課

題。資本主要是透過國家權力的代理機構(agency of state power)，經由四種途徑來取得都市的內建環境 (built environment)，包括勞工階級在私有財產和家的擁有權 (homeownership)、勞動力的居住成本和價值、以資本的持續累積出發的節制勞工的集體消費，以及實施勞工的社會化訓練 (Harvey 1985b: 41)。由一些新都市社會學的一些研究可以發現，這四種途徑主要是透過國家在權力運作過程中，對(1)社會剩餘的再分配；(2)都市利益的創造；(3)集體消費和社區權力的運作；(4)資本的累積，而影響到一個都市的發展過程。

(一)社會剩餘的再分配

首先，在現代的資本主義國家中，社會剩餘的分配最主要是透過稅收結構，將個體的剩餘集中到國家手上，再透過整個國家的財政規劃和公共建設的投資，重新分配給每個個體。因此，稅收結構與公共投資是現代國家干預市民日常生活最有效的兩個手段。

稅收結構有時是國家和私人資本建立合作關係的重要手段。國家為了要刺激都市發展，建立新的商業和行政設施來取代中心都市的零售業和居住區域，保持都市在不斷擴張的都會空間的中心位置，通常都會提供私人資本，例如房地產業者不同的促因，例如像州的稅收利潤、地方稅的減免，讓土地的成本降低，提高他們投資地方都市開發的意願 (Gottdiener 1985:67)。

(二)都市利益的創造

國家的公共建設投資對都市最直接的影響是，都市中不同區域由於土地利用所帶來的利益。因此，有學者指出，就某個層面而言，都市根本是一些有土地的菁英他們利益的區域展現 (Molotch 1976:

309)。每一幅地理圖，不論是一小塊的土地、整個都市、一個區域或者是一個國家，都不只是在勾勒它們在法律上、政治上或形態學上的特徵而已，它們同時也是相互競爭的土地利益透過策略性的結盟和行動所產生出來的一幅拼圖 (Molotch 1976: 311)。從這個角度來看，都市或空間的規劃對地方都市的土地利用所創造的潛在利益，最直接的展現是土地價格和租金的上揚，這在本質上雖然是整體的社會剩餘再生產出的利益，但這些都市利益卻不是一般的都市民眾可以享受得到的，而是那些擁有土地的地方都市菁英。也因此，在都市利益的創造過程中，不但會對地方上的菁英結構造成衝擊，同時，這些菁英也會積極的投入這個過程，以確保或鞏固他們的都市利益。

(三)集體消費和社區權力的運作

創造都市利益的都市社會建設，像大眾運輸、教育、保健和國民住宅等公共財，主要是國家透過都市政策來進行社會剩餘的生產和分配的集體消耗，以解決都市問題 (Smith 1988: 63-64)。這也是 Castells (1977, 1978) 所謂的「集體消費」。這些集體消費的座落地點和優先順序所呈現出來的空間形式，是在不同的歷史時空下的界定過程 (Castells 1983: 311-312)，它並不全然為國家與資本的權力所支配；而是必須面對來自社會底層的各種挑戰（夏鑄九 1993: 266)。這些挑戰也包括了都市菁英的介入。

都市菁英在介入都市利益的創造過程中，通常並不是以個人的身分來運作，而是以群體或結盟的方式進行。由於都市中的土地可以創造出可觀的利潤，因此，每一個有土地的人都會關心和他自己本身財富有關部分的土地利用，如何增加潛在的利潤，增加自己的財富。於是一些土地在空間上有相鄰近的一致利益的人，利益所產生的聯帶

感甚至會使他們集結起來推動或對抗土地利用的政策。Gottdiener
(1985) 將這些人稱之爲「成長結合」(growth coalition) 或「成
長網絡」(growth network)。Lipton (1982:68) 指出，這些擁有
權力的都市菁英，包括商人、政客、官僚、工會領袖和其幕僚，他們
透過有組織並且集中和控制的方式，來極大化自己對於地方政治的議
程和決策的影響。在另一方面，由於國家在推動各項政策時，通常也
需要這些地方「成長結合」的支持和運作。因此，他們和國家在某些
層面上的利益是相一致的。政策的制定和執行經常也必須考慮到這些
結合的利益和要求，甚至，有時候一旦這些成員透過參政的方式，躋
身成爲政府官員時，那麼都市政策根本是由這些結合的成員來制定和
執行。

(四)資本累積的任務

地方都市的發展在結構馬克思主義學者的都市理論中，不但反映
了世界資本主義內在的累積矛盾，同時也充滿了資本和勞力在分享社
會剩餘時無法調和的緊張關係。都會區也一直都被看作是加速資本累
積的手段之一 (Smith 1988: 62-65)。都會區所需要的科學技術投資
和與勞力再生產過程有關的社會支出，於是成爲 Harvey (1985a:7)
所謂的資本的第三度流通手段。這些投資由於爲時長而且規模大，必
須依賴貨幣供應和信用制度所提供的虛擬資本 (fictitious capital)
來推動所需的生產和消費，因此，國家和金融制度在這過程中也就扮
演了相當重要的角色，成爲控制和調節資本一度和二度流通的集體中
樞所在❷。Harvey (1985a: 8) 並且指出，這種第三度流通不是個

---

❷ Harvey (1985: 3-5) 所謂的資本第一度流通是指資本讓一般的勞動生產力
　　運用生產工具，加入價值和剩餘價值的生產，透過奢侈品來刺激奢侈的消

體的資本家所能負擔的，於是個體的資本家被迫必須透過國家這樣的
代理機構而形成一個階級，這一方面可以透過國家在內部進行資本的
累積，同時，也可以把資本累積擴張爲全球化的規模。

　　國家究竟是根據什麼樣的邏輯在運作，而影響到都市的發展？傳
統的馬克思主義者、結構馬克思主義者以及韋伯學者，都有不同的看
法。傳統的馬克思主義者認爲，國家根本是資本家的統治機器，因
此，國家基本上是受到私人資本的控制，爲資本在進行統制；但是，
結構馬克思主義者卻意識到，有些歷史的結構性因素會影響到國家的
角色；韋伯學者則認爲，國家是有本身的自主性邏輯。這些看法雖然
多少都是根據經驗資料分析而來的，但是，它們之間的分歧卻說明
了，不同歷史時空下的國家性質。因此，即使同樣是資本主義社會，
也有很大的變異，也很難發展出一個唯一有關資本主義國家的理論
（Saunders 1981:122）。

　　在義大利，國家的行動邏輯並沒有那麼清楚的「資本邏輯」或
「累積／合法化的邏輯」；很多行動似乎只是一個具有酬庸關係的「腐
敗的分贓體系」（spoils allotment system）（O'Connor 1981:
47）。美國也是如此，國家機關和國會議員、司法體系一樣，都是進
行分贓的完善體系（Gottdiener 1985: 212）。就這些資本主義國家
的情形來看，國家並不是爲了私人資本在控制社會的日常生活，而
是有它本身的目的（Pahl 1977: 161）。它雖然是個體資本家藉以
形成一個階級的代理機構，但它並不因此而完全成爲資本家的附庸

費，並且以薪資物資來刺激勞動力的再製，再重新加入生產行列。其次，所
謂的第二度流通是指資本爲暫時解決過度累積，而流入固定設備和消費投資
的部分（頁6-7）。第三度流通則是指對科學和科技的投資以及從事和勞動力
的再生產過程有關的社會支出（頁7-8）。

(Harvey 1985a:8)； 資本家雖然會想要利用和生產過程有關的社會支出投資，來形塑進一步累積所需要的社會基礎，但由於國家是一個階級鬥爭的場域，因此，這些社會支出的流向是會受到階級鬥爭的影響。此外，不管國家是為了資本或它本身的目的，必須主動的介入社會結構的塑造以順利達成其統治目標；這樣的塑造都必須依賴在原有的社會結構之上。巴西的《現代主義都市》Brasilia 的規劃和建立是一個最好的例子。國家原先是希望透過 Brasilia 來轉化巴西社會的不平等特質；但到最後，卻因為既有社會居住習慣，反而複製並且加深了原來巴西社會不平等的特質 (Holston 1989: 17,21)。因此，社會結構是處理國家干預時一個必須面對的重要議題。

社會結構會影響到國家的都市發展決策。像美國這種福利資本主義國家，國家的都市發展政策多半會把問題集中在「集體消費」活動究竟會產生統合危機或是都市危機的影響。這個議題同樣也是歐洲的都市分析者一個最主要的議題 (Smith 1988:70)。即使是 Gottdinner (1985) 的分析，也都不忘強調所謂後期資本主義的階段。這是因為在資本主義的資本累積前提下，都市危機的議題才有意義，才能夠反映出已開發國家的社會生產現實的；但是，這種議題對於那些從未經歷社會生產力已經充分解放的資本主義階段的共產國家，像蘇聯和中國，根本沒有意義。許多學者都發現，影響開發中國家都市體系發展一個較特殊而重要的因素是殖民歷史的影響。

Sjoberg (1965:220) 分析前工業都市的轉型就指出，這些國家的都市轉型大部分都是西方殖民統治的結果；Berry (1977: 122) 稱之為所謂的「殖民效果」；而 King (1989a, 1989b) 甚至更直接稱之為「殖民都市」，他指出，南亞、非洲、東南亞、澳洲以及拉丁美洲等現代殖民都市中的非正式經濟和「後」(post) 殖民經濟，事實

上可以提供資本主義和前資本主義社會在社會、政治和經濟各方面制度，特別是已發展和低度發展經濟的對立和互動等層面的分析。殖民都市 (colonial cities) 正由於有正式和非正式的帝國國家霸權的存在，才能看得到都會和被殖民都市之間，歐洲和非歐洲社會之間的互動 (1990:x)。

殖民歷史或殖民效果對於開發中國家的內部都市結構最直接的影響，是如 Lipton (1982,1984) 所謂的「都市偏差」(urban bias)，亦卽資源的分配既不平等又沒效率，造成區域間的極化和不均衡的發展，出現傳統都市社會學中的所說的首要現象 (urban primacy) (Linsky 1969; Smith 1985a, 1985b; Walters 1985)。其次，殖民歷史的第二個影響是對被殖民國家社會內部階級結構的衝擊。都市階級在殖民時期和殖民政府的對抗或合作的過程，對社會資源的掌握已取得優勢，因此當這些殖民勢力撤出被殖民國家時，他們很輕易的就取得社會的決策權。

雖然韋伯學者和結構馬克思主義者都已經意識到，國家在不同的生產階段會扮演不同的角色，但他們並沒有清楚的指出，不同生產階段的國家會有什麼樣不同的統治邏輯。而且，雖然他們也看出了殖民歷史的影響，卻始終把討論的焦點只放在西方的殖民都市和經濟領域的剝削。像臺灣這樣一個社會，不只在形式空間上曾經被西方的荷蘭和西班牙部分殖民過，而且也被日本這樣的一個東方政府和來自大陸本土文化的殖入；更重要的是，這種多重政權殖入的特殊經驗，是目前已知的殖民社會少有的個案❸。因此，在考慮國家對都市發展的影響，不能只考慮資本主義的經濟層面影響，而是必須同時注意到像

---

❸ 這裡的修正是根據何翠萍女士對筆者所提出的意見，她認為，Java (爪哇) 也是一個多重殖入政權的社會。

Habermas 所謂的合法性危機, 或是像現代新馬克思主義者所強調
的權力壟斷等政治結構或意識形態層面的影響。這些政治或意識形態
的需要在開發中國家的都市發展過程中, 顯然不可忽略。

三、分析架構

在這篇文章中, 我們最主要的分析對象基本上有兩個: 卽國家和
地方的都市菁英。 鎖定這兩個分析對象至少有下列的理論意義: 首
先, 這裡以社會集體, 而不以個體為分析單位, 可以清楚的呈現出國
家作為一個社會代理機構的集體性意義; 其次, 把國家和政策分開,
可以有助於釐清行動者和行動意圖之間的差距, 呈現出行動者在落實
其意志的歷史過程中的非意圖結果。

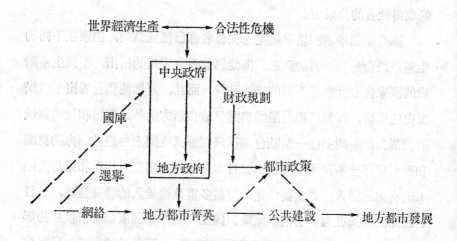

這個架構中的社會行動者有兩個: 卽國家和地方都市菁英。 其
中, 國家包括中央和地方政府; 而選舉、財政規劃、公共建設和都市

政策則是這些行動者用以介入地方都市發展的個別中介過程。無論是日據時代或光復後，臺灣社會的個體成員大多無法直接影響都市政策的制定，除非是透過選舉選出能為他們說話的民意代表或政府官員，或是透過網絡反映給地方的都市菁英，間接的影響都市政策。這些中間的機制過程限於時間和篇幅，不是我們在此所能夠作細部討論的。

本文的分析重心是在國家和地方上的都市菁英，因為國家和地方上的都市菁英才是能夠直接影響到都市政策的釐訂和實施。這裡，所謂的「都市菁英」是引用 Lipton (1982:68) 的概念，指的是出身於地方上的商界、政界或工會等社會組織的領袖和其幕僚等，對地方事務有某種程度的影響力或決策權的這一群人。雖然國家可分為中央和地方政府，但由於臺灣社會中一些特殊政治現實的關係，至少在解嚴以前，地方政府經常是中央政府政策的直接代理者，其本身的利益上或行政上的自主性都必須依附在這些政策之下，或是寄生在其夾縫中，因此，這兩個社會行動者在某個程度上是可以視為一個有共同運作邏輯的分析對象。

在這篇文章中，所謂的都市發展基本上是指，新建立的商業和行政設施取代中心都市的零售和居住地區 (Gottdiener 1985: 67)。因此，在都市計劃變更方向的分析，主要也是著重在土地使用分區的規劃，透過這些分區設計來探討其背後的成因和國家之間的關係。

四、板橋的例子

(一)板橋從日據到光復以來的都市變化

1.行政區劃沿革

　　根據板橋市志（1988）的說法，日本政府在1895年從清廷手中接管臺灣時，板橋隸屬於擺接堡；當時的擺接堡一共分為枋橋、社後、番仔園、深坵、江仔翠、中坑、漳和、南勢角、龜崙蘭溪洲、土城、頂埔、冷水坑十二區；這些地方除了枋橋、社後、番仔園、深坵和江仔翠外，其餘分佈在今天的中和、永和和土城三個地方。1990年，日本人為了徵收房屋稅，乃再更改地方計劃，將原來的十二區改為六區，今板橋地方包括枋橋區、江仔翠區和頂埔區。1901年，日本人改革地方制度，把全島分為二十廳，廳下設支廳，板橋隸屬於臺北廳枋橋支廳。1905年，日本人再調整各地的區界分割，全擺接堡併為三區，仍隸枋橋支廳，今板橋市地區都屬於枋橋區。1920年，日本人改革臺灣的地方制度，併全島西部十廳為五州，州下廢支廳為郡，廢區為街、莊，枋橋區遂改為板橋莊，隸屬於臺北州海山郡。

　　1946年，國民政府接管臺灣，為避免接收時有脫節現象，暫時延續日本人舊制，以維持政務。1946年，接收就緒後，廢除臺澎的五州三廳為八縣，廢郡為區，廢莊為鄉，廢街為鎮，廢保甲為村里，村里下置鄰。板橋於是改為板橋鎮，隸屬於臺北縣海山區，分為二十里，兩百二十五鄰。1947年，臺北縣政府遷治板橋，裁撤海山區，由縣政府直轄。1972年，板橋升格為市。

2.人口成長與空間分佈的變遷

　　板橋內部都市結構的發展受日據時期板橋對外交通的發展影響甚大。日本政府在板橋的交通發展除了讓縱貫鐵路由臺北、經萬華南下貫穿今天的板橋舊市區外，並且以板橋（這裡的板橋是狹義的板橋，亦即今的板橋舊市區）為交通放射網的中心，聯絡整個臺北都會區各主要道路（《板橋街誌》1933：180-183）。當時，板橋和臺北、土

城、枋寮、新莊和員山之間的道路，是臺北州的指定道路；而整個板橋街的內部交通所需的街道興建也相當積極，包括板橋滿子道、板橋樹林道、板橋江子翠道、江子翠埔墘道、板橋四汴頭道、後埔員山道、江子翠港子嘴道、江子翠社後道、深丘新埔道、滿子西盛道和溪州員山道等。1933年，昭和橋興建完成後，由於臺北南下的交通增加，更拓寬臺北萬華、板橋、土城等地方有關的道路。

光復後，國民政府在板橋的交通發展規模始終沒有超出日據時代；都市發展和自然環境類似，主要是沿交通線成長，與臺北市有高度的依存關係（江文顯 1988a：113）。

如果我們把人口的成長情形當作都市發展的一個重要指標來看，不同地區的人口密度事實上可以反映出這些都市結構的變化。民國51年時，板橋的人口分佈是以舊市區為主；到了民國73年，雖然舊市區還是人口密度最高的集中點，但是靠近臺北的交通沿線附近卻很明顯的也聚集了大量的人口。其中民國58年是個明顯的轉捩點，其人口的社會增加在58年以前只有 6％以下，58年以後的增加率則都在10％以上。

板橋幾個從清末、日據到光復後較具歷史的里從民國51年到73年的人口成長情形，大致如下：

(1) 舊市區的五個里，即留侯、流芳、赤松、黃石、挹秀的人口成長速度相較於其他的里要慢，甚至在民國60到65年之間都是負成長；65到73年雖有回升，但增加率仍相當低。反倒是附近的社後里竄起，人口成長在51到65年迅速，年增加率為126.99％，60到65年更快，為254.05％。

(2) 深丘和埔墘一帶在民國51到60年的成長速度很快，65年以後趨緩。埔墘的發展又較深丘快；港嘴里的成長集中在51到60年，年增

加率為211.69%，66年以後趨緩。

(3) 江翠一帶在 60 到 65 年的成長速度非常高，尤其是江翠竟達 615.36%， 其中如松翠、嵐翠雖然比江翠慢， 但較之其他里也還算快。新埔從51到65年的成長很快，但65到73年也突然下降。

(4) 鄉雲、景星、廣福等里屬以前的後埔地區，其人口成長以廣福的成長最大。51到60年的增加率為 244.25%，60到65年為 108.24%，65到73則為 84.63%。鄉雲和景星在51到60的成長還好，60年以後則驟降，其中鄉雲甚至在65到73年呈現負成長。

(5) 崑崙、溪洲和浮州一帶，溪州的成長集中在51到60年，60到65年，65到73年又迅速成長。浮洲則是在60年以後，60到65年的增加率為208.89%，65到73年則為119.67%。

江文顯 (1988a:128-30) 指出，江翠的人口成長在60到65年高達615.35%，乃是由於：(1) 華江橋通車，(2) 江子翠十二埒等洪患地區在58年重新規劃開放建築，加上受臺北都會區較大的影響，人口乃大量移入，而後埔和新埔這兩個副中心地區在民國65到73年間出現，以及通新莊、板橋的社後里人口密度高達每公頃 455 人，乃是受許多公共設施投資的影響。

上述的人口成長情形很清楚的顯示，板橋不同地區的消長，舊市區在民國58年以後的衰退，深丘、埔墘、江翠和後埔地區在民國58年以後的快速成長。江子翠和浮洲在板橋就都市發展的過程來看，應該算是屬於新興開發的地區；江子翠的開發雖然遠比浮洲地區來得慢，但是由於它緊臨著臺北市，反而分配到的資源要比前者來得多，開發也要來得快。民國 58 年，江翠地區禁建令解除後， 發展更是一日千里。

就這樣的都市發展軌跡來看，板橋的人口空間分佈在光復後的發

展是由舊市區向東（卽往臺北的方向）擴展，這樣的擴展方向主要是受到民國58年所頒佈的兩個都市計劃影響。有關這兩個都市計劃，我們將在下節中討論。

3.板橋都市規劃的改變

　　臺灣都市有計畫的發展乃是始自於日據時代；而光復後的都市計畫也是繼承日據時期的規劃（卓堅萍 1978: 6-7）；板橋的都市規劃基本上可以分爲兩個層次來看：首先是整個臺北都會區的規劃；其次是板橋本身的規劃。這些都市規劃都是在日本人手中完成，國民政府沿襲了四十幾年雖然有增補卻沒有更新（《板橋市志》1988:471；江文顯 1988b:84）。

　　板橋在日本佔領以前已經成爲擺接堡的商業中心，當時遠至文山的居民都來板橋購買日用品（《板橋街誌》1933:38-39）。這樣的商業性質到日據時代還是存在，但板橋也逐漸成爲地方的行政中心。日本人在1938年所公佈的臺北地域都市計劃書中（臺北市役所1941:25-30），板橋、新莊、蘆洲、淡水、枋寮等地是依照土地的分區使用原則，被規劃賦與不同的功能（黃世孟等 1986:2-25）。當時主要分爲工業用地、住宅用地和商業用地三種類型的都市用地，工業用地在求效率，住宅用地爲確保安寧，而商業用地則是求便利和繁榮；當時，新莊、八里、五股和鷺洲（今蘆洲）被劃歸爲工業用地（頁20），從東門町錦町以東、中崙附近的住宅用地和圓山町宮前町一帶被劃歸爲居住用地，臺北市的三市街和新莊、蘆洲、板橋、枋寮、士林、北投、新店、松山和淡水等市街地則被劃歸爲商業地區用地，臺北的三市街爲商業大中心，其餘則爲地方中心（頁28-29）。

　　這都市計畫的總面積，只佔目前板橋市範圍的兩成。如前所述，日據末期的臺北市都市計畫中，已考慮大臺北地區工業的發展。在淡

水河西岸，工業機能主要設定在大科崁溪（今大漢溪）以北，如今的板橋市區並沒有被賦與工業機能。板橋地區都市計畫以外的範圍，大都是農業用地。民國36年時，板橋全面積的六成是水田和旱田（《板橋市志》1988:570）。在日據時期，用在農業的土地比率，應該更高。與新莊相較，新莊同樣被規劃爲地方中心，而同時也被設定爲主要的工業發展地區；板橋舊市區在如此的規劃下，只是被設計爲淡水河以西、大科崁溪以南農業地帶的地方商業中心之一，以致居家、交通以及地方商業機能成爲設計的重點。

事實上，臺灣從十七世紀以來一直是當時歐洲幾個主要資本主義國家，像英國、西班牙、荷蘭所覬覦的對象，他們所著眼的主要是臺灣的商業利益（參見蔡啓恆譯 1972）。因此，日本人一取得臺灣，首要的重點也是擺在經濟利益的開發（Myers et al. 1984:30-38）。但是，日本對於臺灣的期望又比西方的殖民國家要多；最大的差別在於，日本人還希望移住臺灣，因此，他們對於島內的建設相當積極。首先，在整體的環境規劃，1902 年，日本人首先讓縱貫鐵路改線經過，使板橋的交通日益方便；此外，再加上日本人把臺北市的建設和一切重要的行政與金融機構都設在城內（相當於今天臺北市的城中區附近）（陳正祥 1959:287），這些措施對於和臺北只相隔新店溪的板橋商業的發展，應有相當幫助。這一點，我們從板橋的商業活動深受臺北的影響，可見一斑。根據《板橋街誌》（1933: 159-161）的記載，板橋當時由於在首都臺北的附近，又是街役場的所在地，因此商業頗爲興盛，無論是在商店的擺設、商品陳列的方式以及經營方法上都相當現代化，幾乎都可以和臺北的商人分庭抗禮。在當時不景氣，板橋的商人爲對抗臺北的商人靠大拍賣吸引顧客，也曾舉辦聯合大拍賣；而臺北在昭和橋（即光復後的光復橋）完成後由於交通便利對於

板橋商業的威脅更大時，板橋的商人也在各種廣告宣傳下功夫、採取薄利多銷的策略，以求生存❹。由此可見，板橋在當時的商業活動上應該是相當活躍的。

其次，在板橋內部的都市規劃上，日本人是以垂線型、斜線型及放射型的道路系統所形成的街廓式規劃整個原有聚落區（林世股1991:25）。1938年，日本所公佈的板橋都市計畫，整個都市計畫的總面積共 461 公頃，其中，住宅用地面積占了53.8%，為 247.9 公頃；交通用地（包括道路和鐵路用地）占14.6%，有 67.38 公頃；公園、學校、機關和市場用地占13.7%，占62.96公頃；工業用地占9.5%，有 43.9 公頃；商業用地占 8.4%，為 38.7 公頃（《板橋市志》1988:471；另見林世股1991:22-23）。就這樣的都市規劃來看，板橋在日本人的設計中，居家和交通應該是最主要的都市機能，產業機能反而是較其次的。

但儘管如此，板橋在光復以後的擴展並沒有能夠延續這樣的結構位置。1949年以後，板橋附近雖然也和臺北市外圍地區的市鎮一樣，受工業發展之惠，人口迅速成長，設立了許多紡織業的工廠（陳正祥1961: 1094-95）；但這並未能動搖到臺北市的霸權地位。根據林瑞穗的研究（1988: 24-25），這些工業衛星都市只是扮演專業化的角色，控制和協調的角色主要還是由臺北市這個首要都市來執行。板橋在國民政府的規劃下，其都市機能有了明顯的轉向。

板橋新的擴大都市計畫與日據時期規劃的地區相較，基本上對於日據時期所規劃的地區大部分都沒有加以變動和調整，只是把日據都

---

❹ 《板橋市志》（1988:601）也指出，在縱貫鐵路桃園段經板橋之後，板橋和臺北市的交通大為便利，板橋居民的日用品多往臺北市購買，對於板橋的商業造成了威脅。

市計畫所未包含的部分地方作進一步的規劃。這個新的擴大計畫在規劃上有以下的幾個特色：第一，在板橋的擴大都市計畫中，列入了農業生產機能，與工業用地幾乎占同樣的比率。其次，商業機能只占1.74%，遠不如日據計畫的8.4%。第三，工業用地的比率占15.3%，比舊都市計畫中的 9.5%高。埔墘工業區接近跨往臺北市的孔道光復橋，是最早發展的工業區，而四汴頭工業區，是行政院編定工業區政策之下，在民國52年時所設置。因此，58年的擴大都市計畫的工業機能，很大部分只是納入既成的工業地帶。江子翠十二埒都市計畫的特色，是住宅、公園綠地和學校用地的分量特別重，占全部計畫面積的近八成，沒有工業用地，商業用地只占1.75%，這個計畫純粹只是在塑造一個住宅地區。這個地區整體而言，比擴大都市計畫中的埔墘和四汴頭地區更接近臺北市。

以上的都市設計，相當程度是以板橋作為臺北市的直接腹地為考慮的基礎。板橋的舊都市計畫是以都會附近農業地帶的地方商業中心為設計的著眼。在整個板橋市都市計畫區擴大之下，雖顧慮到農業機能，但基本上著重工業和住宅的機能，可是板橋舊都市計畫，仍沿用日據時的規劃，未曾因如此性質的轉變而進行調整。光復後所規劃的三個工業區，都是沿著銜接光復橋的中山路和四川路兩側分佈（江文顯 1988a: 132-138）。這些改變和臺北市民國43年以來一連串所謂的「防空疏散計畫」，多少是相連續的。江子翠地區的解禁和新社區計畫雖然是反映了前述疏散政策的需要（許阿雪 1989: 20-25），但是這樣的疏散計畫在1950和60年代，並沒有為臺北市解決嚴重的人口居住問題。民國57和58年陸續公佈江子翠十二埒鄉街計畫和板橋擴大都市計畫，就是準備容納臺北市被擠壓出來的人口和工業。

4.板橋產業結構的變化

在討論板橋的產業結構之前，必須先指出的是，板橋作為居住地的性質逐漸增強。林瑞穗（1972: 52-56）比較民國55年的人口和工商普查的資料，板橋當地居住的製造業員工數少於當地工廠雇用的員工數，居住的從商人數多於在當地從商的人數。由於當地居住和當地從業人數間的差距，製造業的遠超過商業，顯示板橋在55年時，在吸納外來的通勤就業人口上，屬入超的情形。但是20年後的資料卻呈現不同的狀況，我們以75年的戶籍與工商普查資料相比較，各業當地從業人數與當地居住人數的比率，製造業是66.03％，營造業61.89％，商業50.58％，服務業14.68％。很明白的，板橋在通勤就業人口的吸納上，已是出超，特別是在民國55年時吸收就業人口主力的製造業，在提供當地就業的能量仍然最強，但同樣落入出超的境地。

在居住性質的擴張中，板橋的產業結構亦有所變化。在民國43年，板橋的製造業和商業場所單位數分別為180和183。我們缺乏雇用員工數的資料，不過當年工商普查臺北縣的製造業每場所單位的平均雇用人數為十一人左右，而商業的為一點八人，據此推估，板橋的製造業員工數大約為1980，而商業為324，製造業員工數約為商業的六倍，而在民國60年，倍數約為十❺。這意味著40和50年代，製造業在板橋產業的擴張中，仍明顯的增加。民國60年，板橋的製造業員工數占全板橋各行業總雇用人數的 83.25％。我們可以說，60年時，板橋的產業構造是以製造業為主。板橋在60年以後，製造業在二、三級產業中仍占優勢，到70年還占二、三級產業總雇用人數的五成五左右，

---

❺　家數的資料引自民國43年工商普查初步報告（臺灣省工商普查執行小組 1945:42）；員工數則是以普查總報告的資料計算而得（臺灣省工商業普查執行小組 1956:234-508,620）。

不過與60年占八成以上的優勢相較，已經減弱不少。營造業、商業和服務業在60年以後的成長率，都遠超過製造業（見表二）。這種情形在民國60年代尤其突出，到70年代前半才緩滯下來。

表二　歷年板橋產業結構平均年成長率的變化：民國60-75年

（員工數目）

年　　度	產業別	礦土	製造	營造	商業	服務	合計
60　　年		0	29130	748	2865	2247	34990
70　　年		286	44301	6137	15784	9823	76331
60～70年的平均年成長率			4.2%	21.0%	17.1%	14.8%	
75　　年		124	53689	7576	18852	14221	94462
70～75年的平均年成長率			3.9%	4.2%	3.6%	7.4%	

資料來源：中華民國60、70、75年臺灣省工商普查報告

雖然板橋在民國42年到55年的這段期間，其人口成長的速度要高於臺北市（王大立 1981:27-28），但是它的產業結構卻沒有因為人口或行政區劃上升格為縣轄市而有更好的發展。王大立也比較1971年前後全產業發展情形（見圖二）（這裡的產業包括營造業、製造業、商業、服務業），結果發現：板橋在人數成長到足以升格後，其產業的級數不升反降，從民國55年到60年的產業發展地區變成民國60到65年的級數下降地區。這種發展事實上也不見得是負面的，因為我們可以發現，板橋的產業雖然發展得不好，但資本卻不虞匱乏。在民國43年時，板橋的製造業和商業所占的比例不相上下。

在表二中，民國年 60 到 70 年板橋各產業的成長狀況以營造業最高，商業次之；製造業的成長最低。這樣的成長模式除了直接反映出

江子翠地區開放禁建後帶動營造業的發展外，也可以看出板橋商業和服務業這些第三級產業的活力。

板橋快速發展的商業，基本上是以零售業爲主，零售業在民國70年占全商業單位數的八成以上（行政院主計處 1983b: 312），同時60年代末期，板橋在高級品的消費上，對臺北市有著相當高的依存度（江文顯 1988a: 138-139），因此其商業機能大部分是以周遭鄰里或本市爲服務的範疇。我們雖然指出了板橋商業機能的地方性，但是它相對於臺北縣的其他鄉鎮市，商、服務業的機能仍然較高。板橋的遠東百貨是臺北縣早期僅有的幾個大型百貨公司之一，而最近一些大型量販店也在板橋設立分店。

板橋在臺北都會區內，一直是個資金相當充沛的地方都市。以板橋的信用合作組合在1922年的盈餘來看，那一年盈餘爲10,462日元，而當年的街稅才37,938日元，由此可見，它的盈餘相當可觀（板橋街誌 1933: 166-171）。板橋在日據時期只有彰化銀行的一個分支的存在，光復後幾個主要的銀行，都在板橋設立分行，甚至分行的分支機構。板橋從日據時代便已經有信用合作社和農會的信用部，因此這兩個機構有相當強的地方性質，對於地方發展應該有相當影響；這種性質在民國70年仍可以見到。這一點除了表現在板橋的信用合作社全年盈餘高居全臺北縣之冠（《民眾日報》80,1,13），以及板橋市農會的盈餘也僅次於新莊，兩者的差距從78年的八千四百千萬而縮小爲79年的五百萬，有直追新莊，成爲全臺北縣基層農會之冠的趨勢（《工商時報》80,1,21）之外，這種現象也特別呈現在板橋金融業的放款業務上。以民國70年的存放款總額來看，板橋在臺北縣內僅次於三重。板橋信用合作社與農會的信用部在板橋的金融上仍有相當的分量。70年普查的資料中，板橋的金融業總存款數爲15,515,111,000元（行政院

主計處 1983:442-43)，我們推估的板橋信用合作社和農會信用部存款總額爲 7,659,537,985 元❻，約占其中的五成左右。而臺北市信用合作社與農會信用部同年占全市總存款的比率，才占3.53％（行政院主計處 1983a: 438-439）。

但是，這種資金充沛的特質在光復後並沒有被政府加以重視或發展，相反的，國民政府在 50、60 年代臺灣工業開始起飛時，卻把許多的紡織和化學工廠都設立到板橋（另見陳正祥 1961: 1095），並且在板橋設置了三個工業區，包括四汴頭工業區、新埔深丘工業區以及埔墘工業區。最近，新埔深丘工業區和埔墘工業區卻有轉爲住宅和商業用地，工業面積急劇減少的趨勢（江文顯 1988a: 138）。民國80年板橋的都市計畫公佈新板橋車站特定區，計畫將板橋火車站移至中山路，中山路和三民路一帶未來將成爲板橋最重要的對外交通要道，這三個地方被看好卽將興起爲新的商圈，因此，吸引了許多金融機構紛紛計畫移至中山路。目前附近的土地價格已喊至一坪六十萬，直追臺北縣最高市價區，再加上中山路和民生路的商圈腹地廣大，人口衆多，能吸引臺北縣市往來的客源，後勢潛力甚爲可觀。

（二）國家對板橋都市發展的影響

以上的分析顯示，板橋從日據以來到光復後，無論是在行政區劃、內部人口的空間分佈、都市規劃以及產業結構的變化，都和政權的轉變有一種「選擇性的親近」。因此，要了解板橋從日據以來到現在的各種變化，事實上必須注意到國家對於這些變化的影響。以下，我們將從統治邏輯、經濟發展和國家和地方都市菁英之間的關係三個

---

❻　此數值係依據《板橋市志》（1988）第419和423頁，民國69年存款數乘以68到69年成長率推估而得。

層面來討論:

1.國家的統治邏輯

　　板橋在日據時代的都市計畫雖然在光復後也獲得認可，但是都市土地利用政策的規劃事實上已經有了非常大的轉變。首先，板橋作爲地方商業中心的地位有了改變，光復後的擴大都市計畫將日據原有的都市計畫中的部分區域進一步設計爲工業區，並且加強這些區域的居住性質，已經迥異於日據時代的設計; 第二是，板橋淪爲臺北市的發展腹地，失去本身地方都市發展的自主性。這些改變最根本的癥結，乃是由於國民政府在二二八事件以及遷臺後，不得不面對合法性危機的威脅，使他們對臺灣有完全不同於日據時代的統治邏輯。以下，我們將一一討論這些不同統治邏輯所造成的社會效應。

　　我們在前面所談到的板橋行政區劃方式的變革，已經相當程度的反映出這兩個不同政權的統治邏輯: 日本統治臺灣的期間，大正九年以後的行政區域劃分有範圍愈來愈大的趨勢; 相對的，國民政府則有愈來愈小的趨勢。如果是以較簡潔的方式來描述這兩種不同的地方統治政策，可以說，日本是採取一種整體化的統治，而國民政府則是採取零細化的統治。前者最具體的現象是，臺北都會區早在1920年代開始就已經融爲一體 (黃順二 1976; 宋光宇 1990)。1970年代的研究顯示，臺北都會區和臺北市在通勤和購物的依存率相當高，顯示臺北都會區在經濟發展和日常生活的一體性，可能是有增無減 (江文顯 1988b)。但是在行政區劃上，日據末的臺北市隸屬於臺北州之下，州治與市治都同樣座落於臺北市區內 (《臺北州要覽》 1936:8-12)。光復後的臺北市先是成爲省轄市，與臺北縣立於平等的地位，同樣都是省政府下的直屬行政單位。當時臺北縣治則遷至板橋。民國57年，臺北市升格爲院轄市，高於臺北縣而與臺灣省在行政系統上立於同等

的位置，於是板橋和臺北市在政治地位的差距愈來愈大，都市資源的分配也愈來愈懸殊。

日本政府在貫徹對臺灣的殖民統治上，是採循序漸進的原則，相當有計畫的進行。這在都市計畫上也是一樣。他們一直等到各項全島的開發逐步成熟後，才配合經濟政策，使地方政務由簡而繁（陳朝興 1984:58；葉肅科 1987:94）。因此，他們遲至1936年才公佈「臺灣都市計畫令」及「臺灣都市計畫令施行規則」，1937年召開都市計畫講習會。相對的，國民政府一到臺灣，卻立刻將地方「複雜化」。這種「複雜化」表現最明顯的是在行政區劃上，1946年7月，先是增設南港鄉；8月1日，又將鶯歌、樹林分鎮而治；1947年4月，新莊區鷺洲鄉劃分為三重、蘆洲兩鄉鎮，新設三重為二等鎮，淡水區內湖鄉大湖村劃分為大湖、碧山二村；1950年3月1日，劃分新莊鎮為泰山、新莊兩鄉鎮；深坑鄉劃分為景美、木柵、深坑三鄉鎮（臺北縣文獻委員會 1956）；結果，臺灣的行政區域從日據的五州三廳分化為光復後的二十一個縣市，日據時代所形成的臺北經濟體，也由於原有的臺北州不斷的分割而打散。

其次，在國家的統治邏輯中，直接影響到都市資源分配的是國家和臺灣的空間配置：日本政府和臺灣的空間關係是一種「分離式的移植」；而國民政府和臺灣的空間關係則是一種「深入式的移植」❼。由

---

❼ 這裡所謂分離式或深入式的移植是指國家的統治中心和當地社會之間在某種空間關係下的權力運作形態。前者指的是，日本人雖然取得臺灣合法的統治權力，但是他們全國的統治中心完全留在日本，「分離」在臺灣之外；相對的，國民政府轉進臺灣，是整個中央政府遷臺，全國的統治中心完全「深入」臺灣。分離式的移植並不一定是異族統治臺灣的方式，深入的移植也不一定是同族的統治方式；例如，清末時，國家和臺灣社會之間的空間關係也是一種分離式的移植。因此，這樣的概念純粹用以描述現象，沒有任何價值

於空間關係的分離，日本從一開始佔領臺灣，就想讓臺灣「財政獨立」，惟恐臺灣成為日本的財政負擔。因此，臺灣在當時一方面無需負擔日本官僚體系的經費，另一方面，日本人在臺灣的建設，例如地方治安和築路，經常都是以服勞役的方式，讓當地的民眾自己來負責這些相關建設所需的人力和物力。這兩個條件在國民政府「深入式的移植」關係中是不可能獲得延續的，因為這樣的空間關係造成兩個截然不同的社會情境：首先是，國民政府從大陸轉進到臺灣後，整個中央官僚體系完全移植到臺灣的結果，臺灣以一個「省」的地方資源必須負擔整個架構在大陸三十五省的官僚體系經費；其次，由於國民政府把所有的行政機構都座落在臺北市，因此使得臺北市在資源的分配上取得絕對的優先位階。中央政府座落在臺北市以及臺北市行政地位的不斷提高，為臺北市集中了可觀的社會財政資源。臺北市改制以後，國稅和市稅的徵收均迅速上升（臺北市政府主計處 1977：48）。

2.國家危機與地方都市的規劃

雖然許多學者的研究都顯示，交通位置的優勢在北部的發展中經常是一個地方興起的最主要原因。例如，新莊、艋舺和大稻埕在清代固然是由於河流的自然變化造成水運的需要而興起的（溫振華1978a：

判斷的色彩。但是，筆者在此所要強調的是，這些不同形態的空間關係下所形成的權力運作形態也必然會產生不同的社會性效果。這證諸臺灣的歷史經驗，是有相當的解釋效力的。葉振輝（1985：261）的研究，發現清末外國商業資本侵入臺灣，支配臺灣經濟活動的結果，削弱了國家（中國）對臺灣的經濟影響力，這基本上可以看作是國家分離式移植的影響；相對的，蕭全政（1989：47-48）有關臺灣戰後的研究則發現，國民政府被迫遷到臺灣後，使得臺灣脫離了中國的「邊陲」角色。這種邊陲角色的脫離事實上和國家深入移植到臺灣社會有非常密切的關係。

106,1978b:245; 廖春生 1988; 宋光宇 1990:7); 但是, 從日據的例子, 我們可以發現, 國家對於一個地方的交通位置優勢有一定的主導地位和操控能力。

(1) 日本政府的經濟發展策略

許多學者在談到日本人對於臺灣的開發, 都會提及政治和經濟兩個主要目的: 第一是大東亞共榮圈的夢想; 其次才是臺灣豐富的農產資源對於日本「內地」的支援 (張宗漢 1980: 253-54)。但是除了上述的兩個目的之外, 日本國土幅員狹小, 使得移住到臺灣, 擴張他們的居住空間事實上也是他們統治臺灣積極努力的一個目標。這一點從日本人一到臺灣就積極的改善臺灣的衞生條件 (1899年首先公佈「臺灣下水道規則」及「施行細則」, 以統一污水處理)、從日本招募農民到臺灣東部進行移墾, 以及他們在都市計畫講習會上所發表的各種觀點, 都歷歷可證。因此, 日本人在臺灣實行都市計畫的理念是基於

......要把臺灣經營得讓內地人 (按: 這裡係指日本人) 也好、朝鮮人也好, 來到臺灣居住之後, 便覺得很舒適, 而且一點也不覺得不習慣, 如此才能說完全達成了臺灣日本化的目標。

因而, 都市計畫的擬定和發展是日本人要達到完全統治臺灣的最主要手段, 其目的在 「使都市能充分發揮產業活動之效率」 (葉肅科 1987:78-79)。

在日本政府南進政策的主導下, 臺灣西岸於是成為日本對內和對外輸出入的重要廊道; 板橋在這樣的區域生產體系下, 由於臺北市成為臺灣島內的第一重心, 為了聯結全島行政機能和生產機能, 日據時

代對板橋的規劃，賦與它在臺北盆地中相當重要的交通機能，扭轉了臺灣北部的重要都市自清代以來都是逐漸往淡水河東岸發展的軌跡，板橋讓這樣的軌跡往淡水河西岸移動。

臺灣北部在清代的發展由新莊、艋舺而大稻埕，都是由淡水河岸逐漸往內陸延伸發展（葉倩偉、卞鳳奎譯 1991：74）。日本人一方面在行政區劃上把板橋和今天臺北市及周圍的市鎮統合起來，另一方面也積極發展臺灣對外的國際路線，貫串臺灣整個西岸的南北交通。日本人對於淡水河以東的臺北盆地的規劃，是讓臺北市整個向東擴展，在淡水河以西則是以地方中心來聯結工業和農業地帶；板橋在這樣的規劃中，被賦與集結附近生產品的地方商業中心地位。同時，日據末期由於戰爭的軍事需要，臺北都會地帶才逐漸有工業的發展規劃。這些規劃在後來都因為戰爭的關係，沒有來得及實現落實其經濟利益的算盤。

(2) 國民政府的政治考慮

日據時代的這種發展軌跡到了光復以後又有全新的變化。國民政府的意識形態成為決定臺灣發展的主要力量（夏鑄九 1987：66）。民國40和50年代，地方都市的發展並不取決於地方的都市計畫，而是受中央政府特定考慮的影響。首先，在1955年6月，臺北市劃定禁建區域，九月公布「防空疏散建築管制細則」（臺北市政府〈臺北市都市發展紀要初稿〉），議會通過禁止他鄉人口遷入臺北市的決議，甚至翌年打算遷北一女到新店，北二女到汐止。市區內除政府特許外，不准新建或增建房屋，新興建築都移到郊區，頒佈市內禁建區域；1956年將省政府「疏散」到中興新村（許阿雪 1989：21）。

其次，國民政府一到臺北市所要面對的一個最嚴重問題是，民國38年隨著政府來臺而流離失所的軍籍人口。他們不但對治安形成威

脅，以致國民政府在 1949 年 8 月 1 日，為了取締散兵游民而成立收容所（臺北縣文獻委員會，1956）；同時，也對於集所有黨政要員於一身的臺北市的規劃造成阻礙；他們構成臺北市違建的大部分主要成員（許阿雪 1989:27；陳正祥 1959），以致到了60年代，國民政府必須改變限制臺北市發展的政策，興建國民住宅和發展新社區。江子翠十二坿計畫就是這時候規劃的（許阿雪1989:20；另見王月鏡1972）。其中，最具體的成果便是外省人口在40、50年代被疏散到臺北市以外

表四　板橋歷年人口成長率　　　　　（%）

年　　成　長　率　度	總人口成長率	外省人口成長率	本省人口成長率
民　國　40　年			
民　國　45　年	6.3	21.9	3.9
民　國　50　年	8.4	18.9	4.6
民　國　55　年	4.2	0.8	5.7
民　國　60　年	9.9	10.4	9.7
民　國　65　年	16.0	8.3	18.4
民　國　69　年	8.9	5.4	9.7
民　國　75　年	3.3	0.6	3.8

資料來源：各年度臺北縣統計要覽

的臺北都會區。由表四，我們可以看到，板橋歷年外省人口在民國45年和50年有大幅的成長，甚至遠超過總人口成長率；這基本上應該是反映了臺北市疏散政策的效果。

光復後至民國50年代，地方的都市計畫對於地方都市發展並沒有扮演積極的角色，而是受國民政府在行政院直接主導下的工業發展政

策很大的影響。民國52年，國民政府在淡水河以西的臺北縣轄各鄉鎮
規劃了八個工業區（許松根、莊朝榮 1991：42）；淡水河以東則只有
汐止一個工業區。這樣的工業發展政策，無形中已經將臺北盆地的東
西兩半作了定位。臺北縣最大的四汴頭工業區在民國52年計畫開發、
板橋在民國58年公告實施的擴大都市計畫，事實上都是在中央這些既
定工業發展政策下產生的。但儘管如此，中央政策未曾考慮到的地方
還是有它們自發性的成長，一個明顯的例子是，埔墘工業區的發展並
非中央所指定，而是由於和臺北市的地緣關係成為工廠聚集之處，發
展後才被納入後來的都市計畫當中。

　　因此，就某個程度而言，臺北市聚集了臺灣全省絕大部分的政治
經濟資源，連帶的也帶動了附近都會區的發展。臺北市在民國40、
50年代以來，產業（尤其是製造業）和人口疏散的結果，使得臺北淡
水河以西的發展並不亞於臺北市。1980年，板橋人口已近四十萬，
居全省第五位，超過基隆、新竹和嘉義等傳統的區域都市（章英華
1986：262）。但是，在另一方面，它和臺北市附近的其他市鎮一樣，
被迫成為臺北市的「產業垃圾場」，吸收臺北市所不樂於接受的工
廠。加上，50、60年代，政府為求經濟發展所高倡的「家庭即工
廠」，使板橋市區內的地下工廠高達三千餘家，居全省之冠（《民眾
日報》，1991,4,14；《中時晚報》，1991,7,13），其都市環境品質
的低劣自不待言。

　　臺北縣如此快速的發展，卻由於臺北市縣之間政治地位的差異，
而使得其諸縣轄市的財務狀況遠不如臺北市優越。以民國71年臺北縣
的各類社會指標與臺北市和臺灣省相較，臺北縣在都市整體的公共設
施上，例如住宅的密集度、環境衛生狀況、污染情形、大眾安全程
度、公園與綠地的比率以及其他公共設施建設，甚至不如臺灣全區的

平均，地方政府的財政收支與建設規劃上受限於制度，公共建設與措施不能反映產業和人口的快速增加（林忠正，1984）。作為臺北縣的最大都市，板橋也適用以上的論斷。地方都市的環境權力並沒有受到中央政府的尊重。行政院長郝柏村還指示將大漢溪流域兩側的鄉鎮級垃圾場遷填於板橋的湳仔溝（《臺灣新生報》，1991,1,8），而長期以來水資源和垃圾處理的問題，也是臺北縣市之間最大的爭議。

板橋的都市計畫，一方面沿襲日據時代的計畫，一方面也納入非地方政府主導的工業與住宅發展政策。這樣的規劃相當程度的是反映了臺北市中心主義的決策特徵： 只單單考慮板橋和臺北市之間的關係，並沒有設想到板橋舊市區和板橋全市之間的關係。最近所提出的大臺北地區的整體規劃，所謂「三環、六軸、六心」的構想，把板橋重新納入「居住環境內環」，成為「六心」之一，並充當臺北市對外六大運輸走廊之一的「六軸」之一。在這樣的規劃下，板橋似乎有重振其地方商業中心地位的希望；但是，它和臺北市由於行政位階的落差以及由此而來的資源分配落差，如果無法及時作適當調整，這構想實現的可能並不樂觀。

(三)地方都市菁英對板橋都市發展的影響

儘管臺北市壟斷整個臺北都會區的種種資源多少會激起地方都市菁英的不滿，例如，臺北市想要在高中聯招中保障臺北市學生的就學機會， 就讓臺北縣的議員很明顯的感覺到「殖民地的待遇」（臺北縣縣議會 1988: 609）， 但是他們卻沒有因此而質疑國家的合法性，只是積極的要讓臺北縣市合併。板橋浮洲地區第三防洪道工程可以讓我們看到，國家在都市土地利用政策中的絕對主導權，民眾，甚至地方菁英幾乎沒有任何可監督的正式管道。例如修築堤防的禁建範圍究竟

應該多大，缺乏一個合理的依據；以至於政策法令反覆搖擺，頻頻造成民眾和政府的糾紛。

在這樣的社會環境下，地方都市菁英只能透過非正式或正式但空間有限的途徑，來影響都市發展。這其中就涉及到這些地方都市和國家之間有一種強制性的共生關係。在分析板橋的地方都市菁英和國家之間的這層共生關係之前，　先了解國家對於地方都市菁英的統治策略，也許有助於我們了解兩者的關係。

很顯然的，國家在日據時代和光復後，對於地方菁英是兩種完全不同的統治態度。日本人對於地方士紳基本上是採取懷柔、攏絡的政策（參見陳豔紅 1989a,1989b）；日據時代，日本政府除了有意的和地方的都市菁英建立私人交情之外，例如板橋林家在當時就經常是招待日本總督或高級官員的場所（司馬嘯青 1988；另見臺北縣文獻委員會 1956）；日本政府也透過一些制度化的管道來攏絡當地的地方都市菁英，像頒發紳章給當地的士紳，板橋林家的林熊徵、林鶴壽和林祖壽都得過這樣的紳章。相對的，國民政府則是將統治和被統治關係的位階劃分得非常明顯。光復後，國民政府的最高統治當局從來不曾去拜訪地方的士紳，更不用說是表揚他們。國民政府透過各種制度化的安排或非正式的管道削弱地方都市菁英的勢力，也盡量避免他們壯大到足以威脅國家「治安」，使他們必須臣服在國家的控制下。三重幫的老大陳萬富在民國71年縣市議長副議長的賄選案中，獨獨他被偵辦，也是國家壓抑地方派系的一個最好例子（李達 1988: 6；另參見張俊宏 1989；趙永茂 1978）。

在日據的部分，我們目前仍缺乏更詳細的細部資料，僅能從板橋街誌的記載，知道日本人可能非常鼓勵地方組織各種志願性組合，例如產業方面有養豚組合、畜產組合、業佃會以及信用組合等等；至於

這些地方都市菁英和這些志願性組合之間的關係如何，如何運作這些組合，日本政府又如何來規範他們之間的關係，如何避免他們對國家的治安形成威脅等等，都有待更進一步資料的說明。相對的，國民政府在光復後和地方菁英或地方的關係，由於至今仍然普遍存在，在事實的重建上較沒有困難，因此，這裡僅以國民政府和地方菁英之間的關係來說明。

基本上，國民政府和板橋的地方都市菁英之間的關係，乃是建立在以下的機制之上：

1.地方建設經費的操控

板橋信用合作社和板橋市農會豐厚的盈餘，雖然顯示地方有充裕的資金，但市公所的市庫卻無法受惠。因為信用合作社所繳納的所得稅為國稅，而不是像一般銀行繳納營業稅，因而無法依財政收支劃分法，分配一半給縣庫作為地方建設財源使用，根本無法回饋地方。而農會則屬於公益性社團法人，所得盈餘都必須放在農業推廣作業上。縣庫財政困難也連帶的影響到板橋的地方建設在預算中一再遭到刪減，連年出現赤字，以致被逼到要變賣市產挹注市庫，甚至要以公用房地向金融機構抵押貸款，被縣府駁回。這種現象的肇因實際上和中央一手獨攬絕大多數的財政資源和規劃大權有關。

1950年2月，縣稅捐稽徵處奉令由縣屬改隸財政廳管轄；國家對於地方財政的控制正式制度化，地方都市的建設從此完全得仰賴中央的補助。這有別於日據時代希望將財政權力交與地方政府，由地方自行來負擔各種費用支出的作風❽。這種地方建設經費的全面操控，使

❽ 日本政府對臺灣的財政態度，從一佔領臺灣不久就出現的「賣臺論」最能清楚的看出來。此外，臺灣總督府從大正九年開始就賦與州、街、庄相當於法人的地位，具有收稅的權力，也是具體落實地方財政自主的最明顯作法。

得地方的人事和各方面的發展完全都受中央的控制。這種操控在屬於民進黨的尤清當臺北縣縣長之後才浮現出來。

最明顯的例子是民進黨的尤清擔任臺北縣縣長以後，中央對於地方的財政補助減少，同時，縣治所在地的板橋也開始和縣政府之間出現以往執政黨掌政從來沒有過的緊張。相對的，被推崇爲對板橋的市政建設最有貢獻的張馥堂在任內八年一共向上級爭取了九十多億的建設經費（《板橋市公所》，1990：58）。其所以能如此，和他有良好的黨政關係應有相當密切的關係，例如，他和中央政策會副主委陳金讓也私交甚篤（上引書頁65的經歷）。這相較於吳清池接任市長後，板橋的市庫經常鬧空，每年初編的二十億市公所預算最後只能刪減到十二、三億，被刪減的部分多爲地方建設工程，以致地方建設工程幾近停擺（《臺灣新生報》，1991，4,21）。或者，即使好不容易爭取到中央對於公共建設的補助，還是必須爲市公所自籌的配合款部分傷神（《民眾日報》，1991，4,4）。而板橋每年六億的稅收根本無法負擔數億的建設經費，以致有想以公用房地產向金融機構抵押貸款的作法產生（《臺灣時報》，1991，1,12）。

2.政治利益的分配

光復後，國民政府實行所謂的地方自治，開始進行選舉，對於地方政治利益的分配掌握了絕大部分的操控權。透過行政區劃，國民政府在歷年的選舉中都能夠掌握絕大多數的票源。就以最近板橋行政區域的調整案來看，板橋目前人口有五十四萬多人，一百個行政區之間大小里相差懸殊，小里小到只有六、七百人，而大里則大到兩、三千人，行政業務量的差別甚大。其行政區域相較於臺北縣第二大縣轄市的三重顯然落後許多，因此，行政區域調整從78年年底就開始蘊釀；但卻一再延宕的原因，有人傳聞是和一連串的選舉有關（《臺灣時

報》, 1991, 7,17)。

選舉事實上是對於地方菁英在取得各種政治經濟資源和參與都市決策最直接的管道，其成敗甚至會影響一個家族的興衰。以板橋新興的三大派系來看，目前劉家的政治實力似乎是最被看好的，他們不但在地方政壇有民意代表，同時，其姻親網絡上達中央級的人脈。這些板橋的新興派系在政治資源的取得，事實上是非常依賴國民黨的。例如，郭家的郭政一在上屆立委的選舉中，輔選黨部臨時抽腿就選不上了；以至於他在78年的這次選舉中，只有在黨部授意才轉而積極爭取初選，獲得提名。

3.都市規劃中潛在的經濟利益

臺北市東區的興起過程，讓我們很清楚的看到，都市規劃和地方利益之間的糾結：「東區的建設可以完全照遷臺後的政府所期望的方式發展，西區有太多的地方色彩。」(夏鑄九 1987: 64) 負責整個計畫執行的高玉樹雖然為了照顧大同、延平、建成、龍山等臺北西區舊市區的選民，而堅持把市政中心放在中山北路，但政府卻不斷的改善東區的實質條件，像快捷的交通路線、完善的公共設施和豐富的學校教育資源等等，形成東區的中心地位。臺北市中心的東移，也影響到板橋內部的都市發展；在華江橋通車以前，板橋的都市核心在舊市區；通車以後，江子翠地區形成另一個重要的商業地帶。

板橋的舊市區在日據時代被規劃為地方的商業中心，在光復後並沒有因為板橋的擴大都市計畫而作適當的規劃調整。因而其商業機能並沒有因為人口大量的湧入，超過原有規劃所預期容納的規模而提昇，仍然是以服務周遭鄰里和板橋市本身為主。舊市區邊緣的工廠由於地價逐漸攀昇，再加上新的大臺北地區的規劃打算把板橋酒廠附近規劃為交通運輸的腹地，實施禁建而有遷廠的考慮。埔墘工業區由於

板橋這些新湧入人口的住宅需求，許多廠地有轉變爲住宅區的趨勢。民國58年的板橋擴大都市計畫所設計的工業機能似乎有調整的必要。這些規劃和實際需要不能符合的落差，經常是地方上的都市菁英得以介入地方都市發展過程的重要機制。

同樣的，板橋新興的地方都市菁英和國民政府在都市規劃上握有絕對權力，卻沒有根本的指導方針，以致搖擺不定，可以任意變更，有非常密切的關係。根據板橋一些在地人士表示，板橋的新興派系幾乎多少都和建築業有關，他們不是本身開設有建設公司，就是有投資建設公司（田野訪問）。他們最常用的方法，就是在早期透過地方的行政權力將各種都市規劃用地作變更，從中獲取暴利。前不久，板橋的一位卸任市長還公然的出現在媒體上爲某家建設公司的淡水開發案作廣告；同樣的，也就是這位市長被指控「出賣」浮洲。可見，地方都市菁英在經濟利益上是必須仰賴國家權力的庇護。

國家權力有意無意的一些行政疏失，結果都是有利於財團。例如，都市土地利用的測量技術經常導致政府與民眾的爭執，但是政府對於這方面爭執的處理方式，和都市菁英在某個程度上有他們在結構上的利益一致性。例如，板橋三民路的道路拓寬工程的測量中心樁嚴重偏頗，民眾指責政府圖利他人，明知有偏頗還讓有關單位將他們的房子拆除，而「臺北新大陸大廈」卻照常施工。由於三民路的地段佳，屬於商業區，道路用地上的地上物也已拆除完畢，成爲既定事實，政府最後「只能」將錯就錯，承認既定事實，成立專案小組作合理賠償。事實上，這樣「將錯就錯」的方式總難免讓民眾揣測是先強行造成既定事實後，再將錯就錯的予以承認；如果政府真有貫徹執法的決心，那麼，除了嚴懲失職官員之外，就應該將「臺北新大陸大廈」的建築也強行拆除，否則就難避免民眾對官商勾結、圖利他人的

指責。當然，民眾的猜測可能也並非事實，但政府「將錯就錯、承認既定事實」相當於是保全了地方都市菁英的利益，犧牲了一般民眾的利益，因為政府的補償再怎麼合理都無法跟得上市價，更遑論讓這些因被誤拆家園而無家可歸的民眾以這些補償再去購置自己的家園。

在地方建設經費全面的被控制，而政治和經濟利益又必須和中央政府相依存的情形下，地方都市菁英能介入並干預都市發展的空間事實上也相當有限。但儘管如此，選舉和本身的土地資產也迫使他們在客觀發展的利益上必須和地方結為一體。板橋的現任市長是一個最好的說明。

板橋現任市長吳清池出身浮洲地區的吳家，以建築起家，財力不錯，因此，一方面，他的選票是來自地方的支持，在競選市長的過程對於板橋的社團，包括板橋青年聯誼會、義勇刑警、義警交通隊、義警消防隊、民防中隊及彰化同鄉會等等，都曾積極參與；因此，地方的要求對他也會構成壓力的來源；而另一方面，他本身也是以建築起家，在浮洲當地有相當的土地資產；雖然我們手邊沒有他或他的家族確切的土地資產資料，但是一般在建築業要能立足通常是需要本身就有充裕的生產原料來源，亦即要有足夠的土地才行；而且，我們從他在擔任縣議員的任內即積極的爭取浮洲地區的各項建設，也可以看出他為鄉梓打拼的熱忱。這樣的背景使他在面對浮洲違建的拆遷案時，其立場很明顯的是和浮洲的民眾相一致的。

浮洲地區的堤防在民國57年內規定七百五十公尺內屬於禁建，民國67年縮減為四百五十公尺，由板橋前任的張姓市長核發建照開放興建，這批工程是由板橋劉家所經營的建設公司興建出售；但到了民國75年，又重新規定為七百五十公尺的範圍內全面禁建；幾乎所有當時開放興建的房子都被迫要拆除，犧牲了從外地到板橋來置產的外來人

口的家園。吳清池在這次的事件中為浮洲的民眾仗義直言，甚至不惜帶領民眾去向中央、省、縣政府請命的態度，和在80年年底的國代選舉中的一位候選人所指控的「出賣」浮洲的板橋前任市長，實在有天壤之別。

五、結論與討論

板橋在日據時代是臺北都會區的地方商業中心，但是到了光復後的擴張卻變成臺北的工業與居住的腹地。在日據時代的二元模式對於空間資源的壟斷重點在居住環境；但光復後，由於中央政府座落於臺北，臺北無論是在居住空間的品質或是社會經濟資源上，都握有相當的優勢；土地價格和租金的上揚，以及戰後工業發展所需要的工廠用地，只能往四周的鄰近都市發展，板橋的工業機能也就是在這樣的情形下擴張了，使它從原來日本人所規劃的地方商業中心和居住地區的設計，有了不同的發展方向。就這一點來看，板橋在光復後的發展雖然由於國家的不同需求而有些規劃上的轉向，但日本時代的規劃所形成的先決結構，對於這樣的轉向卻有相當的限制。

板橋從日據和光復兩個時期的都市發展變化，其間的歷史轉折不但是反映出這兩個不同時期的社會生產需要，同時，也說明了國家的統治邏輯對一個都市發展的影響，這些統治邏輯並不只是為了經濟上的資本邏輯需要，而是有其政權維繫的純粹政治考量。誠如 Smith (1988:18) 所指出的，政治和經濟過程完全是糾結在一起的，國家的公共政策乃是政治經濟的產物，它一方面可以為資本節省許多累積過程所需要支付的成本，另一方面，也是要透過這樣的過程來維繫其本身的存在。因此，我們要檢視國家對於地方都市發展的影響時，勢

必要同時從這兩個層面切入。

臺灣比大陸更早捲入資本主義的生產需要， 商品化程度的加深遠從清末開始就已經主導了臺灣內部都市結構重心的發展 （章英華1986）。 以米糖生產爲主的南部在失去國際市場之後的衰落，以及由於茶葉生產而興起的北部， 事實上並不只涉及到南北港口的淤積與否，而是反應了世界市場對於臺灣生產品的需要。而臺灣的統治政權在社會生產需要和生產關係，具有決定性的主導地位。日本政府1903年，指定淡水、基隆爲樟腦、腦油輸出港，並積極發展臺北和基隆之間的交通。1928年，臺北、基隆縱貫公路通車。1933年，臺北、淡水間，臺北、新竹間和臺北、基隆間的局營公共汽車也開始營業。這時候，臺北確立在整個全島都市體系的交通樞紐地位，板橋在這樣的都市體系中所具有以及所能具有的功能也因此已經多少被「無意識性」或「非社會性」的決定了。日本政府基於經濟利益的考慮，把板橋規劃成一個地方的商業中心，有系統的發展其所需要的相關設施，這對於光復後的板橋都市發展形成一種結構條件。因而，光復後，雖然國民政府在臺北市獨大的政治考慮下對於板橋所作的規劃，仍沒有扭轉這樣的結構趨勢。光復後的區域計畫中，板橋與其他淡水河以西被日本人設計爲地方商業中心的市鎮，也都定位爲臺北的衛星城鎮。

臺灣在日據和光復後兩個時期的都市發展政策，正好反映出國家的兩種不同社會生產需要； 不過， 這兩種不同的社會生產需要並不是來自像馬克思學者所說的社會發展階段，而是一個社會有不同外來權力植入的結果。日本從明治維新以來積極的要納入整個世界經濟體系，例如確立金本位制度、統一度量衡等等，這些措施在日本接收臺灣後也一如日本國內的實施。就這一點而言，臺灣的資本主義化可以說和日本是同步的，被日本強制移植到世界的經濟體系當中。但是，

日本統治的大半時間採取以農爲主的發展策略，臺北盆地是在日據後期才被規劃出工業發展的機能。在地方的政治運作上，全島的自治和周邊的地方中心都統轄在臺北州下。日據末期有關大臺北的規劃，地方政府體制和經濟擴展之間是相呼應的。但是，光復後，從大陸轉進來臺的國民政府一到臺灣所面臨的合法性危機，使得都市的規劃和發展不再像日據時代以資本邏輯的考慮爲優先，反而強調中央在都市資源統籌上的絕對優勢。人口的防空疏散政策、工業區的規劃集中在淡水河以西的非臺北市地區，以及板橋和其他鄰近的縣轄市和臺北市行政地位差距的擴增，多少都與上述的合法性危機考慮有關。

不過，板橋在光復後的發展過程之中，許多結果並不是國家能夠透過政策作全面操弄的。從地方都市來看，在民國58年地方都市計畫未定案之前，中央政府的作爲並不是以板橋本身的發展爲考慮的重心。而58年的擴大都市計畫之中，雖然想以板橋作爲臺北市工業與住宅的腹地❾；但是，板橋的人口成長、工業的擴張，以及隨之而起的土地利用機能的轉變，卻不是中央政府和地方政府所預期的；它多少延續了日據以來的地方商業中心結構。國民政府對於板橋的都市計畫上缺乏整體的考量，在舊市區的部分直接承接日據時期的規劃，但是在舊市區以外的機能卻作了另一種全然不同的規劃，以致造成實際發展的落差。再加上合法性危機高於一切的考慮，國民政府爲了鞏固地方的統治基礎，刻意培植新的地方菁英，讓板橋的新興勢力得以乘機介入都市發展，攫取都市發展的利益。

最後要提的是，這篇文章仍有一些問題需要進一步的處理：首先

---

❾　在研討會中，蕭新煌教授曾提到，光復後兩個擴大都市計畫，不是針對板橋的發展而來的。在擴大計畫之前的一些措施，很明顯的並非針對板橋而設定的，但是擴大計畫的標的爲何，是值得進一步思索的問題。

是，歷史變遷的問題。這篇文章雖然多少呈現了日據時期和光復以後兩個時期的不同現象，但基本上並未能很有系統的說明這兩個時期內較細緻的變化❿。同時，其中有簡化很多問題的危險。這些都是未來在處理板橋的都市發展過程必須繼續面對的問題。其次，有關國家和地方都市菁英對於地方都市發展的影響，只能作間接的印證。對於地方都市菁英在地方上的利益分佈，以及他們如何推動地方都市的發展，受限於資料的性質和取得的困難，無法有更細部的資料來呈現這些都市菁英和地方都市發展之間的直接關係；同時，許多有關日據時代的部分，尤其是稅收制度和都市計畫的決策過程也需要更具體的資料，來印證日本政府當時對臺灣地方都市發展的各項經費規劃和限制等等；這些都有待日後進一步的研究來補充。

參 考 書 目

中文：

官方文獻及報紙

行政院主計處編印

　　1983a，中華民國七十年臺閩地區工商業普查報告第九卷——臺北市。臺北：編者。

　　1983b，中華民國七十年臺閩地區工商業普查報告第十二卷——臺灣省臺北縣。臺北：編者。

板橋市公所

　　1988，板橋市志。臺北：板橋市政府。

---

❿ 在研討會中，陳東升教授指出的，國家不同部會之間的內部衝突、光復後不同時期（解嚴前後）對於國家都市政策的影響等等，在這篇文章被化約到一個很一致的國家邏輯之下。同樣的，徐正光教授建議筆者應該將國家介入都市發展的四個機制依不同時期來討論。

臺北市政府主計處

1977，臺北市十年來施政統計。臺北：該處。

臺北州

1937，臺北州要覽。臺北：編者。

臺北縣文獻委員會

1956，臺北縣文獻叢輯（二）。臺北：臺北縣文獻委員會。

臺北縣議會

1988，臺北縣議會第十一屆第九、十、十一次臨時會議事錄。臺北：臺北縣議會。

《**中時晚報**》：民國八十年七月十三日。

《**民衆日報**》：民國八十年四月四日。

《**民衆日報**》：民國八十年四月十四日。

《**臺灣時報**》：民國八十年一月十二日。

《**臺灣時報**》：民國八十年七月十七日。

《**臺灣新生報**》：民國八十年一月八日。

《**臺灣新生報**》：民國八十年四月二十一日。

　一般論述

王大立：1981，＜臺北都會區之發展及其產業變遷之研究＞，國立臺灣大學土木工程學研究所碩士論文。

王月鏡：1973，＜臺灣人口移動及地域發展之研究＞（續編），社區發展叢書之二四，臺北：中華民國社區發展研究訓練中心。

司馬嘯靑：1987，＜臺灣五大家族＞（下），臺北：《自立晚報》。

江文顯：1988a，《臺北都會區衛星市鎮都市化過程之研究（上）》，臺北文獻直字第82號：81-143。

　　＿＿：1988b，《臺北都會區衛星市鎮都市化過程之研究（下）》，臺北文獻直字第83號：81-121。

李達（編著）：1988，《臺灣財團秘史第七集》，香港：廣角鏡出版社。

卓堅萍：1978，《臺灣五大都市計劃發展史研究》，私立中國文化學院實業計劃工學門研究所碩士論文。

宋光宇：1990，《霞海城隍與臺北大稻埕的發展》，筆者初稿。

林瑞穗：1972，＜臺北高雄二都會地區形成之比較研究＞，《臺灣文獻》23(1)：37-75。

_____: 1988，<臺灣地區都市結構與分類之研究>，《臺大社會學刊》19:23-75。

林世殷: 1991，<從家的聚落到單元化的住宅區 —— 板橋後埔一帶變遷之研究>，東海大學建築研究所碩士論文。

林忠正: 1984，<臺北縣居住環境問題及其改善之道>，臺北縣政府、中國社會學社合辦「臺北縣當前都市化地區的社會問題及其對策」研討會。

夏鑄九: 1987，<一個都市中心的興起: 臺北市忠孝東路四段的個案研究>，《當代》第十五期: 60-72。

孫義崇: 1988，<臺灣的區域空間政策>，《臺灣社會研究季刊》第二、三期: 33-96。

章英華: 1986，<清末以來臺灣都市體系之變遷>，瞿海源、章英華主編《臺灣社會與文化變遷》上冊，頁233-273。

許松根、莊朝榮: 1991，《我國工業用地政策之探討》，臺北: 中央研究院經濟研究所。

許阿雪: 1989，<光復後臺北市都市政策之研究>，國立臺灣大學土木工程學研究所碩士論文。

黃順二: 1975，<萬華地區的都市發展——萬華社會變遷研究之一>，《民族學研究所集刊》第三十九期: 1-18。

黃世孟、張景森: 1986，<日據時代臺灣城市規劃理論範型之分析>，中華民國區域科學學會第二次學術研討會論文集（三）。

陳正祥: 1959，《臺灣地誌(上)》，臺北: 敷明產業地理研究所研究報告第94號。

_____: 1960，《臺灣地誌(中)》，臺北: 敷明產業地理研究所研究報告第94號。

_____: 1961，《臺灣地誌(下)》，臺北: 敷明產業地理研究所研究報告第94號。

陳艷紅: 1989a，<後藤新平在臺殖民政策（上）>，《臺北文獻》直字第89期，頁117-159。

_____: 1989b，<後藤新平在臺殖民政策（下）>，《臺北文獻》直字第90期，頁77-109。

葉倩偉著，卡鳳奎譯: 1991，<清代臺灣的都市化——以臺北市為例>，《臺北文獻》直字第95:51-77。

葉振輝: 1985，《清季臺灣開埠之研究》，臺北: 著者。

葉肅科: 1987，＜日據時代臺北都市發展與臺人日常生活＞，私立東吳大學社會學研究所理論組碩士論文。

溫振華: 1978，＜清代臺北盆地經濟社會的演變＞，國立臺灣師範大學歷史研究所碩士論文。

傅仰止譯，Claud Fischer 原著: 1991，＜論馬克思學派對都市社會學的質疑＞，《思與言》第二十九卷第二期: 185-202。

張俊宏（編）: 1989，《到執政之路——地方包圍中央的理論與實際》，臺北: 南方叢書出版社。

張宗漢: 1980，《光復前臺灣之工業化》，臺北: 聯經出版事業公司。

張景森: 1988，＜戰後臺灣都市研究的主流範型: 一個初步的回顧＞，臺灣社會研究季刊第一卷第二、三期: 9-31。

趙永茂: 1978，《臺灣地方派系與地方建設之關係》，臺北: 德馨室出版社。

廖春生: 1988，＜臺灣之都市轉化——以清代三市街（艋舺、大稻埕、城內）為例＞，國立臺灣大學土木工程學研究所碩士論文。

蕭全政: 1989，《臺灣地區的新重商主義》，臺北: 國家政策資料研究中心。

英文:

Berry, Brain J. L.

1971 *"City Size and Economic Development"*: Conceptual Synthesis and Policy Problems, with Special Reference to South and Southeast Asia, in pp. 111-153 Leo Jakobson and Ved Prakash (eds.) Urbanization National Development. Beverly Hills, CL.: Sage Publications.

Clark, C. and M. Dear

1981 *"The State in Capitalism and Capitalist State"*, in M. Dear and A. Scott (ed.) Urbanization and Urban Planning in Capitalist Society. New York: Methuen.

Friedmann, John and Goetz Wolff

1982 *"World City Formation: An Agenda for Research and Action"*, International Journal of Urban and Regional Research 6: 309-344.

Gamer, Robert E.

1972 *"The Politics of Urban Development in Singapore"*, Ithaca and London: Cornell University.

Gottdiener, M.

1985 *"The Social Production of Urban Space"*. Austin: University of Texas Press.

Harvey, David

1982 *"The Limits to Capital"*. Chicago: The University of Chicago Press.

1985a *"The Urbanization of Capital":* Studies in the History and Theory of Capitalist Urbanization. Baltimore, Maryland: The Johns Hopkins University Press.

1985b *"Consciousness and the Urban Experience":* Studies in the History and Theory of Capitalist Urbanization. Baltimore, Maryland: The Johns Hopkins University Press.

1989 *"The Condition of Post-Modernity"*. Oxford: Basic Blackwell.

Holston, James

1989 *"The Modernist City":* An Anthropological Critique of Brasilia. Chicago and London: The University of Chicago Press.

Khan, Shakeeb Adnan

1989 *"The State and Village Society":* The Political Economy of Agricultural Development in Bangladesh. Dhaka: The University Press.

King, Anthony

1990 *"Global Cities":* Post-Imperialism and the Internationalization. London: Routledge.

Linsky, Arnold S.

1969 *"Some Generalizations Concerning Primate Cities"* in pp. 285-295 Gerald Breese (eds.) The City in Newly Developing Countries. Princeton: Princeton University Press.

Lipton, Michael

1982 *"Why Poor People Stay Poor"*, in J. Harris (eds.) Rural

Development: Theories of Peasant Economy and Agrarian Change. London: Hutchinson.

1984 *"Urban Bias Revisited"*, Journal of Development Studies 20(3): 139-166.

Molotch, Harvey

1976 *"The City as a Growth Machine: Toward a Political Economy of Place"*. American Journal of Sociology 82 (2): 309-332.

Myers, Ramon H. and Mark R. Peattie (eds)

1984 *"The Japanese Colonial Empire, 1895-1945"*. Princeton: Princeton University Press. "Introduction".

O'Connor, J.

1981 *"The Fiscal Crisis of the State Revisited"*. Kapitalistate 9: 41-61.

Pahl, R.

1977 *"Collective consumption and the state in capitalist and state socialist societies"*, in R. Scase (ed.) Industrial Society: Class, Cleavage and Control. London: Tavistock.

Parsons, Talcott

1971 *"The Structure of Social Action (I)"*. Taipei: Rainbow-Bridge.

Saunders, Peter

1981 *"Social Theory and the Urban Question"*. N. Y.: Holmes & Meier Publishers, Inc.

Savitch, . V.

1988 *"Post-industrial Cities, Political and Planning in New York"*. Paris, London:Princeton University Press.

1994 *"Reorganization in three Cities-Explaining the Disparity Between Intended Actions and Unanticipated Consequences"*. Urban Affairs Quarterly 29(4):565-595.

Sjoberg, Gideon

1965 *"Cities in Developing and in Industrial Societies: A Cross-*

       Cultural Analysis", in pp. 213-263 Philip M. Hauser and Leo F. Schnore (eds.) The Study of Urbanization. N.Y.: John Wiley & Sons.

Smith, Carol A.

    1985a *"Theories and Measurements of Urban Primacy: A Critique"*, in chap. 6 Michael Timberlake (eds.) Urbanization in the World-Economy. N. Y.: Academic Press, Inc..

    1985b *"Class Relations and Urbanization in Guatemala"*, in chap. 7 Michael Timberlake (eds.) Urbanization in the World-Economy. N. Y.: Academic Press, Inc..

Smith, Michael Peter

    1988 *"City, State and Market"*: The Political Economy of Urban Society. Oxford: Basil Blackwell Inc..

Tuan, Yi-Fu

    1982 *"Segmented Worlds and Self"*: Group Life and Individual Conciousness. Minneapolis: University of Minnesota Press.

Walters, Palmela Barnhouse

    1985 *"Systems of Cities and Urban Primacy"*: Problems of Definition and Measurement, in chap. 5 Michael Timberlake (eds.) Urbanization in the World-Economy. N.Y.: Academic Press, Inc..

Walton, John

    1981 *"The New Urban Sociology"*, in pp. 319-342, Baldassare (eds.) Cities and Urban Living.

第十章

多元化過程中
社會與國家關係的重組

蕭 新 煌

一、契機：解嚴前後社會力的集結（1980至1987）

　　截至目前爲止，有關解嚴（1987年7月15日）之所以成爲「事實」的解釋，在嚴肅的學術討論範疇裡，大致上已形成某種共識，不再天眞的歸因於執政黨權力中心的主動改革意願；也不再樂觀的視此一政治變革爲經濟成長的自然外溢結果。而至少會關照到另外四個極爲重要的解釋脈絡，　一是政治反對勢力的壯大以及對解嚴訴求的升高；二是來自國外，尤其是美國的壓力（其中還涉及海外臺灣人政治團體之影響力）；三是執政黨內部若干菁英對儘早結束「戒嚴體制」逐漸形成某種試探性的嘗試；四是民間社會自80年代以來已儼然形成的求變心態。

　　不管是來自執政黨內部若干菁英、黨外政治勢力、民間社會，或是海外、美國，在80年中期，都已對戒嚴長期存在的事實以及它所導致的種種壓抑民主和自由的後果，紛紛加以質疑和挑戰。這幾個內、外在的壓力，說實在的，在86年中期都已形成，並轉變成爲一股整體全面求變的「結束戒嚴」訴求。而蔣經國於1986年10月7日對《華盛

頓郵報》訪問中所公開宣佈即將解嚴的行動，便應可視爲在承受莫大壓力下所做出來的決定。再怎麼說，都是回應客觀局勢的一種「被動」調適。

值得注意的是，蔣經國公開表示取消戒嚴是在政治反對勢力「貿然」組成民主進步黨（1986年9月28日）之後的十天內。執政黨決定不採取箝制行動而循「寬容應對之策」，蔣經國更在10月5日的中常會上做了一段歷史性的談話，也就是「時代在變，環境在變，潮流也在變。因應這些變遷，執政黨必須以新的觀念、新的作法……推動革新措施。唯有如此，才能與時代潮流相結合，才能和民眾永遠在一起」這一段話。這更充分顯示：在當時，執政黨的權力中心，尤其是蔣經國本人，事實上已感到整個臺灣社會求變的民意無法再抗拒和逆轉。這在在說明，解嚴是「因應」時代、環境、潮流根本變遷的「革新措施」，絕非當年若干媒體或部分學者所說的「主動」、「自願」甚或「帶領」之作法。

儘管解嚴是客觀局勢求變壓力下的結果，但卻是明智的抉擇。說它是被動的宣布解嚴，並不損及此一決定本身的正確和果敢。說它是以強人手腕有意結束強人政治體制，也不傷及此一動作所蘊含的重大歷史意義。就這點而言，蔣經國在1986年中後期能夠以強人姿態排除黨內保守和鷹派之反對意見，其主觀意志固然必須予以肯定，但這種主觀的判斷和決心，若非客觀早已存在了某種「不可逆」的社會求變壓力，就期待有自願放棄戒嚴體制所鞏固的威權統治之作法，恐怕只是違反歷史定律的一種一廂情願想法而已。

在這裡所想強調的論點是，1986年末的口頭承諾和1987年中的實際終止戒嚴令，都不該被誤解爲只是一偶發的強人主觀意志表現，而是應該正視到在此之前臺灣社會所存在的客觀條件，才是解嚴背後的

眞正驅力。質言之，解嚴此一極端政治性的現象，實亦蘊含著豐富的社會性意義。不只是迫使解嚴後一連串政治自由化的背後，有著回應民間社會要求的基礎；解嚴後一旦政治獲得自由化的進一步進展，則更有助於民間社會做更深一層的要求。這種解嚴前後民間社會所發出的要求訊息，便是它一直就具有的「反支配、求自主」的訴求❶。解嚴的決定，就此一角度而言，實可被理解爲一種政治威權體制在面對民間社會反支配、求自主性格日趨成熟後的「理性」回應。而解嚴一旦明示有成爲可能事實之後，民間社會的各群體便馬上在獲得此一訊息後，以更大空間去展現上述「反支配」的具體行爲。

　　一時之間，在正式解嚴的前後，民間那種反支配的「氣」難免會因長期積壓的「怨」一旦在獲得放膽發洩的機會後，便出現「亂」的現象，1987年的社會情勢，相當程度就是解嚴前後「亂」的寫照❷。然而，若只刻意注意到政治解嚴後一時的「亂」，而故意無視長期政治戒嚴體制所積壓的「怨」源，那就不是負責任和持平的論點。同時，若只從解嚴「斷代」，不願探前因，只觀察後果，從而過分凸顯解嚴的立即效應，那也不甚周延。

　　1987年的「亂」，包括它的經驗事實（如街頭抗議事件的頻繁）和它背後的社會心理的確值得關切。但如果進一步的冷靜加以分析和理解，當可發現，長期的「怨」才是一時的「亂」的原因。而此種「亂」在那一年裡，也似乎有著一種發洩與根除怨源而企圖重新建立「無怨」社會的社會心理，更是有著「求序」的期待。不過，現在回

---

❶　蕭新煌，＜民間社會的反支配性格＞，蕭新煌著，《臺灣未來的趨勢》，臺北：社會大學文教基金會，民國78年，頁45至58。

❷　蕭新煌、張曉春、徐正光編，《怨・亂・序》，臺北：敦理出版社，民國77年。

顧起來，解嚴前後的那一年，「怨」、「亂」俱全，而「序」則尚未覓得。但民間社會力的勃興與胎動卻已異常明顯。

正式解嚴半年後，亦卽「破蛹」而出的社會力進一步展現其反支配性格的半年之後，臺灣經歷了另一個重大轉折，那就是國喪──以強人手腕企圖結束強人政治的人治總統蔣經國於 1988 年 1 月 13 日去世，而由平民總統李登輝繼任。1988年將是臺灣很值得往後歷史學家重視的一年，其理由亦卽在此。四十年的強人和人治政治體制似乎隨著「最後一個」強人的離開人間，開始被整個社會公開而理直氣壯的質疑，而急迫著期待平民化與法治規範的早日建立。李登輝的繼任在當時也多少象徵著這種期待得以實現的另一契機。

至此，要求法治的訴求更已成為社會各界共同的訴求。

二、轉折：「後蔣經國時代」的不確定性格 (1988 至1989)

1988年，也出現了許多新生事物和新的社會形勢。經過國喪短暫期間的平息氣勢之後，臺灣的民間社會力又恢復了前一年所呈現的熱絡和為了消怨而生亂的局面。有更多的社會成員及群體，以集結組織的方式發抒了他們的「反支配」訴求，而凸顯出一種「要求甚苛」甚至「盛氣凌人」的態勢。

但是，正當這些社會力勃興，以各種方式繼續向「後蔣經國時代」的殘餘威權體制進行抗爭，要求更多、更具體的自主性之際，李登輝政權此一代表解嚴後臺灣由第一個平民總統領政的新體制在匆促而戲劇化的情況下成立了。政權的轉移幸運地是在和平的方式下進行。

　　1988年也是四十年來有過完整「非戒嚴」經驗的第一個年頭，更是臺灣社會上下終於有機會去努力恢復平常狀態的第一遭。很多的新生事務在「新社會」的雛形裡也就特別顯得生澀和未能適應，紛雜有之，亂中有序亦有之，其背後也透露了社會各種「民意」在解嚴第一年裡的多樣、矛盾和混亂。而面對這種急速變化中的新社會卻又是一個才剛剛終於被迫自覺必須自我改造的老舊政治機器和一個初掌大權的「新總統」。不但「新社會」裡依舊有著太多「戒嚴次文化」扭曲過的成分，本身即未能完全轉換調整過來，解嚴後的正常規範和秩序自然也尚未建立。只有新總統的舊政體更是殘餘著有更多的戒嚴元素和成分，解嚴後一年內，政權脫胎換骨的進程裡也處處遭到一波三折的命運。一方面是因為這個習慣於戒嚴體制的威權政治機器，一時之間注入的新成分在量上不足，在質上更有缺憾，很難轉型成為一個真正的解嚴新政府。因此，當這個舊成分居多的政府機器在面對一個被動員過後而又「盛氣凌人」的社會時，難免就時時暴露出「方寸大亂」的窘境。

　　「後蔣經國時代」的第一年相當程度的是由一個活力充沛，但旺氣亂闖的新社會在直逼著一個背負過重歷史包袱而已呈老態，但又自覺不能不重振的新舊交替（青黃不接）的政府，其間的相互激盪和混亂關係當是不難理解。最根本的癥結乃在於社會與政府兩者之間實在無暇重新認清對方，也無足夠時間來重新調整彼此應有的新關係與新規範。舊的遊戲規則已被深深的懷疑，甚而捨棄，但新的遊戲規則卻又未能即時建構。1988年以來的不確定性格是非常明顯的！

　　而其間，　強人政治下的戒嚴體制雖然逐漸已有形式上崩潰的跡象，但長期以來已經模塑成型的「戒嚴次文化」卻早已自成一個生命體在支配著整個國家機器的運作邏輯。原先是因為戒嚴令而產生的這

個次文化叢結，但近四十年來卻多半有了自主的生命循環，而「獨立」於戒嚴令之外，衍生爲另外一個頗具自主的「社會事實」。因此，如何打破這個叢結，就不能光期待戒嚴令的終止，或是國安法的頒布，就以爲會自然而順利的完成。也因此，在1988年，重新扭轉、改造社會秩序的警覺，亦開始滋生。這多少又產生了某種矯枉必須過正的認識，「矯枉」總是要費很大的心神，「過正」一時之間也難免有不適的情節發生，但也必須忍受。在改正社會秩序的訴求裡，國家（政府）的作爲及其與社會的關係，就成爲主要的改造對象，在戒嚴體制下國家對社會「不該緊而過緊」的不當限制和約束，就必須去除或放鬆；同樣的，原來國家對社會秩序的維護，應負的責任卻未履行，或是「該緊而過鬆」的正當規範，就必須建立或加強。這兩類秩序的改造，必須齊頭並進，雙管齊下，才能眞正奏效。

前者的改造工作，亦卽國家應該放鬆對社會在思想與結社上控制的部分，包括有「結社秩序」、「勞資秩序」、「言論及傳播秩序」、「校園與教育秩序」等，國家都應立卽重新調整，改變過去國家對這些秩序所加諸的宰制關係，而讓社會有較大的自主空間去型塑正當的秩序。後者的改造工作，亦卽國家應該加緊對社會民主秩序加以維護的部分，包括有「公共秩序」、「社會治安」、「消費秩序」、「環境秩序」等，國家理應立卽給予正視，從速確立公信力，以重振國家在過去已大幅喪失的公權力❸。

然而，如今回顧起來，解嚴後的兩整年裡，「新總統」所領導的「舊政府」體制，似乎尚未能完全施展出以具魄力和遠見的作爲來扭轉上述的種種社會秩序。因此，改造社會秩序的工作，也就同樣呈現

---

❸ 蕭新煌，＜解嚴後社會新秩序的改造＞，蕭新煌著，《社會力》，臺北：自立晚報文化出版部，民國78年，頁73至77。

不確定的困境。

在解嚴之後的兩年歲月裡，臺灣的民間社會場域也另外浮現出四種令人感到深深憂慮的社會現象。這四種社會現象本身的產生未必與解嚴有因果的關係，但是卻由於解嚴後政府角色的調整未能卽時達成，以致政府在面對與處理這些問題時的表現，往往不是認識不深，以致不夠果敢明快去解決問題；就是依然受制於戒嚴體制下特權作祟之遺毒而不能壯士斷腕的來自我改造，導致舊勢力、舊心態仍然支配著雖有新總統但仍是老舊的政府機器，而不能以新政府、新政策的形象來面對重大社會問題❹。

一是所得分配持續惡化：就相對的觀點而言，目前臺灣社會的所得分配狀況在經過1960和1970年代長期改善之後，到了1980年代卻又逆轉倒退。1988和1989正是這種持續惡化的第八年和第九年，而戰後臺灣經濟成長經驗中最令我們自豪與世人矚目的「成長與公平」楷模，似乎到了80年代後期已被此一逆轉的惡質趨勢，劃下了嚴重的問號。這種「遲來的陷阱」（相對於顧志耐當年所指稱的經濟成長與分配惡化並生之陷阱），對臺灣而言，在過去這兩年裡已造成了社會大眾愈發無法忍受的社會心理反彈。因為社會公平的理念已隨著過去的發展經驗深植在社會心理的認知裡頭，也因此對過去九年來貧富不均逆轉回升的現象，就特別會產生一種嚴重的「相對剝奪」心理反應。這對長期以來，政府一再標榜追求的社會公平、安和樂利發展目標，也無異蒙上一層陰影。

---

❹　《聯合報》社論，＜所得分配持續惡化第八年的觸目驚心＞，民國78年9月1日；蕭新煌，＜投機與賭風的社會診斷＞，《民眾日報》，民國78年9月17日；《聯合報》社論，＜馬年談富庶中的貧困＞，民國79年1月31日；蕭新煌，＜亂世？重典？＞，《工商人》，72期，民國78年11月25日。

認真檢討起來，政府的財政、金融和賦稅政策過於保守、陳舊，並且早已失調、錯置，應該要負相當大的責任。因為這些偏失的政策才導致了社會資源分配的扭曲和社會公平的傷害。然而，面對今天臺灣經濟體質已呈現整體病態的癥結，新總統下的舊政府機器似乎還無能提出一個全盤性的診斷和治療對策。

二是投機和賭風演變成為狂潮：1988年以來臺灣社會已被投機和賭風嚴重的支配著絕大多數人的精神狀態。原有對投機和賭風的防禦性規範和抵制，已遭到破壞和扭曲，再也不能有效的發揮約束的作用。此一狂潮進而演變成為另一種具有強迫性的壓力和價值，結果是在不同階級和不同的地域，都有為數驚人的個人或團體投入這種充斥投機和賭博色彩的「金錢遊戲」。於是為金錢而焦慮、緊張和冒險的亢進精神狀態乃成為過去兩年來對臺灣社會最深刻、也最無奈的寫照。在這種亢進精神狀態的背後，更隱藏著另一種嚴重的社會心理，那就是缺乏安全感和缺少遠見，於是唯有以擁有金錢來做為獲得短期安全和立即滿足的途徑。其他的社會價值都完全被矮化和漠視，務實守本分和勤儉賣力被視為迂腐和不切實際，前所未有的功利、短視、唯錢是圖心態卻儼然成為新的傳統。

然而，政府機器在面對這種日趨庸俗和腐化的社會規範之際，卻也未能拿出具體對策，對房地產、股市和地下投資公司這三個充斥投機和賭風炒作的民間金融機構，也毫無具體作為，使之導入正途，恢復常態。同樣的，政府與黨國機器也依然無決心放棄長期以來對經濟資源的壟斷，民間經濟部門也還建立不起來公平競爭的規範，結果只會一味透過高官的口中，怨嘆世風日下、責怪人民唯利是圖。殊不知，在這股「金錢遊戲」歪風背後，事實上，是由前述房地產、股市、地下投資公司內部的惡勢力所操縱著，許許多多人加入金錢遊戲

的動機，是「自我防衞」的反應，爲的只是保護自己不被這股歪風所掃蕩掉；既然擋不住，只有隨風波動，也捲進這股金錢遊戲的狂潮了。因此，責怪人心、怨嘆世風是毫無意義的舉動，政府一再錯失良機，一再延誤其重新整頓當前民間金融體系的決心，這種失誤難道也要整個社會來承擔責任嗎？

三是富庶中的貧困日益凸顯：在中、高的所得群正熱衷於「金錢遊戲」之際，屬於社會低所得和經濟劣勢者低收入戶、殘障人家、無依老人、孤兒、智障者、植物人、精神病患、無家遊民，甚至偏遠山胞、孤獨老兵、基層臨時工人，卻日益被發現已陷入極端貧困和無助的絕境。屬於有錢人的「金錢遊戲」和造成中產階級焦慮的所得分配惡化問題，更明顯的加深了他們內心的創傷，原已窮苦的人家在上述投機和賭風狂潮之下，其基本生活條件的維持都開始面臨威脅。

然而，這兩年來，政府的反應及作爲當中，除了由高位者即興的發抒感性的同情和關切之外，也看不到有任何具體，更無深遠改革意義的社會福利政策在被嚴肅考慮採行。「社會福利暨衞生部」的正名爭議聲當中，也聽不到有發抒較深刻的反省和建議。就這樣，富庶中的貧困問題依然停留在感性的關懷層面，而尙未進入政府嚴肅理性的政策改革議題當中。「後蔣經國時代」的新政府似乎還無「人文政府」的深刻體認，此一新生社會問題的解決對策，在過去兩年裡，依然了無頭緒。

四是社會治安的惡化：近年來，臺灣社會治安惡化的問題確實亮起了紅燈，從各種民意調查的結果，也都可以發現當前社會大衆最爲關心和敏感的社會問題當中，治安一定名列前幾位。黑道猖獗的背後暴露出黑白道掛勾的內幕，坊間更不時流傳出警察如何逃避與盜匪正面衝突與迎擊的笑話，綁票、撕票濫行。企業界人士更不禁人人自

危。曾經以治安良好自得的臺灣，目前卻淪為犯罪者的天堂。不少地方政治派系與黑道兄弟的長期掛勾更使得幾次的選舉一再使得候選人蒙上被槍殺和勒索的恐懼。經濟犯罪、集團犯罪亦屢屢逍遙法外，更有形的傷害了司法正義的公信。可是，這幾年來，政府又有什麼較具體的作為或解決方案呢？只見高官的重申和呼籲，對警力數量與品質的增加和提高卻未見有對策；對肅清端正警察與黑道的不正當關係也沒有任何令人振奮的作法。更令人遺憾的是，政府動輒祭上「亂世」的警告來作為「重典」的依據（藉口），而不肯深自檢討警力的正當配備運用和破案能力，原先擬訂出來的「危害治安治罪暫行條例」，更是暴露了這種亂世用重典心態。

政府對治安惡化問題的政策回應，採治標而非治本的途徑，固然令人失望；這還是歸因於政府能力與心思依然有著過多「泛政治化」的顧慮，不敢以法律的正義來打擊既存的政治及經濟特權，以致不少犯罪集團依附在這種共犯結構下得以坐大。但是人民的生命、財產及自由的保障又把它置於何地呢？

結果，呈現在我們眼前的「後蔣經國時代」（1988至1989），是一個社會有著太多對未來遠景期待和希望，國家卻又無力解決眼前重大問題的時代。雖只是短短兩年，政府（國家）機器自我改造的認識或許有之，但決心和能力卻仍嫌不足。看在社會眼裡，也就難免在依然願意給予深深期待的心中，不得不逐漸的產生疑問。他們不禁要問，解嚴前後所承諾的重大政治社會改革，何時能真正實現？兩代強人雖然已去，但真正的法治又何在？結果是，戒嚴形式已去，但遺留在政府裡的陰影卻未完全解除，但社會追求開放和自由的浪潮卻更加猛烈衝擊，這種在有著高度希望的民心反應裡，亦隱然存在著對解嚴後國家自我改造的莫大壓力和刺激。

　　社會對解嚴後「一切回復原狀」的期待，更展現在對下列諸項政治民主化建構上的高度企求：一是國會的全面改造；二是地方自治的確實落實；三是司法獨立的不移樹立；四是政府體制（內閣制抑總統制）的確切肯定；五是政黨體制的健全發展；六是新聞及言論自由的無條件保障；以及七是軍隊國家化的最高規範不容置疑等。倘若這七項民主工程不能穩固建設，「公民權」亦就不能得到完全的保障，解嚴的眞諦也就無法獲得實踐[5]。從解嚴啓動臺灣政治自由化的步調，恐怕也就將因此徘徊更多時日，而離眞正的民主化仍將還有一大段距離。李登輝政府今後所要面臨來自臺灣社會的壓力勢必會以要求徹底民主化的浪潮爲最明顯，其次便是提高社會大衆對新政府重建社會規範和秩序的信心，以及遏止社會投機與賭風狂潮的漫延與惡化。

　　而唯有在政府以果敢、負責，和謙虛的態度，大力實施全盤改革，讓臺灣的政治更自由、更民主；社會更有秩序和福祉；經濟更有公平和正義，那麼「後蔣經國時代」的不確定性格才能算是順利的轉進到穩定而有成的「李登輝時代」！而臺灣民間社會在解嚴後所呈現的「盛氣凌人」態勢也才會早日沉潛而成熟的與國家共同塑造一個動而不亂、有力又有序的理性多元社會秩序。

　　在找尋如何能夠儘速塑造如此的理性多元社會秩序時，我們除了更要嚴格地督促和逼使國家機器去進行大幅度改造之外，我們也更應該設法將民間社會已散發出來的「氣」與「力」凝聚成爲一股眞正能夠自我規範的改革力源，亦即轉化「求變」的期待成爲「求序」的作爲。

---

[5]　蕭新煌，〈對臺灣政治變革的思辨〉，《臺灣春秋》，民國78年10月號，頁132至139。

三、沉潛：社會與國家關係的解構與重組(1990年代)

事實上，80年代的臺灣社會一直都在表現出它對長期以來「國家VS.社會」不平衡關係有著強烈求變的動機，社會力的動員和凝結也紛紛以組織化的形式集結在各種新興社會運動的勃興過程之中。社會運動在過去十年的歲月裡，不論是解嚴前或解嚴後，都深具有在亂中求序的性格。亂的難免造成，是因為社會運動基本上便是針對國家關係的解構，序則是社會運動所想追求兩者關係的重組。之所以持這種分析的觀點是基於社會運動並非脫序、失序、解組、反制、破壞等現象的表徵，而是民間社會中的成員重新建構他們集體社會認同的過程，隱含的用意即是在向現存的國家控制體制和被扭曲了的社會規範和秩序挑戰，其終極目標必然是重建新的規範、認同和價值。就這點而言，視社會運動的勃興為80年代中臺灣民間社會力求變、求序的一種長期性掙扎和努力，應是合理的解釋角度。

為了驗證前述的論點，並說明社會運動與近年政治變革（解嚴與政治自由化）之間確實存在著相互推動的辯證關係，同時也體認到社會運動不能孤立於80年代整體政治社會變遷的脈絡之外。如今，有必要對發展至今的各種新興社會做一番審視和評估❻。

---

❻ 其他相關的討論及評估文章，請參閱：張茂桂，＜社會運動與政治轉化＞，臺北：國策中心，民國78年；王振寰，＜詭譎的九〇年代社會圖像＞，《中國論壇》，第343期，民國79年1月10日，頁19至25；杭之，＜社會運動之本質＞，《中國論壇》，第341期，民國78年12月10日，頁39至43；以及＜如何看待民間社會＞座談會，《中國論壇》，第336期，民國78年9月25日，頁7至22；徐正光、宋文里編，《臺灣新興社會運動》，臺北：巨流圖書公司，民國78年；徐正光，＜解構與重構中的臺灣社會＞，《卓越》，民國78年12月號，頁142至144。

到1990年代初爲止，在臺灣蔚然成形的新興社會運動，一共有十九種。在這十九種社會運動當中，依其勃興開展的年代與前面討論的三個時期，亦即解嚴前(1980至1986)，解嚴前夕與解嚴初期(1987)，和解嚴後（1988至1989）是否對應相稱，則又可分成三組社會運動。

1.解嚴前便已出現的社會運動（七種）

㈠消費者運動（1980—）

㈡反污染自力救濟運動（1980—）

㈢生態保育運動（1981—）

㈣婦女運動（1982—）

㈤原住民人權運動（1983—）

㈥學生運動（1986—）

㈦新約教會抗議運動（1986—）

2.解嚴前後出現的社會運動（七種）

㈧勞工運動（1987—）

㈨農民運動（1987—）

㈩教師人權運動（1987—）

(十一)殘障及福利弱勢團體抗議運動（1987—）

(十二)老兵權利自救運動（1987—）

(十三)政治受刑人人權運動（1987—）

(十四)外省人返鄉運動（1987—）

3.解嚴後出現的社會運動（五種）

(十五)臺灣人返鄉運動（1988—）

(十六)反核電運動（1988—）

(十七)客家母語文化運動（1988—）

(十八)無住屋者團結運動（1989—）

㈩民間司法改革運動 (1990—)

光從這十九種社會運動在不同時期先後出現的事實看來，就有幾點重要的意義值得強調：

第一、社會運動的產生與勃興不能全然歸因於政治變革或視爲解嚴的結果：在解嚴前出現的社會運動已多達七種，其中包括有高度組織化的消費者運動、政治衝擊力甚巨的地方性反污染自力救濟，和對思想文化體制有深遠反思效果的學生運動。這七種社會運動不但不是具體政治變革 —— 解嚴的後果，更應視爲促使政治解嚴成爲事實的社會壓力來源與原因之一。就這點而言，社會運動實不該被貶低其原本就內孕「反支配、求自主」的獨立性格。

第二、一旦國家機器宰制機制開始鬆動，此一訊息和事實則更有助於促成社會運動的開展與動員：單單解嚴前後 (1987年) 那一年，竟然又有多達七種社會運動形成，這一事實是非常值得重視的現象。這些可以說是與政治解嚴同時出現的社會運動，其象徵意義非同小可。這無疑的是社會力在獲得政治控制即將鬆動的訊息之後，所做的即時強勢反應。因此，也不難察覺，這後七種社會運動已較前七種社會運動帶有更明顯的政治意念，它所訴求的改革，雖同樣各有具體的社會議題，但它觸及的政治敏感度，則亦不容忽視，它們對國家機器的立即衝擊自然也就較前七種爲烈，諸如勞工運動、農民運動、老兵運動、外省人返鄉運動等爲其典型例子。而這幾種社會運動的抗爭對象又都更明顯的直指國家機器及其支配下之行政官僚體系，其抗爭主題也更直接涉及長期威權主義下對某特定民眾部門的控制。

第三、正式解嚴後，亦即 1988 到 1990 年內新出現的社會運動共有五個，這五個社會運動的訴求雖已不如1987年出現的那些社會運動來得政治色彩強，但卻更多樣化，且已涉及文化與經濟的主題（如客

家母語文化運動與無住屋者團結運動）。而這五種社運所欲改變的又都有更明確的政策內涵（如兩岸政策、核電政策、方言及母語的政策、住宅政策和司法獨立等）。

　　從上面這個簡史看來，80 年代的社會運動確實有它承先啓後的連續性，以及一波接一波的韌性。在 80 年代初期出現的社運基本上有開創和試探的功能。中期出現的社運則隨著政治自由化的事實而提昇了它們的政治敏感度，而且一年之間就紛紛產生了七個社運，這絕不是偶然的。至於後期出現的社運，數量上已減少（1988年有三個，1989年和 1990 年則各只有一個），三年之內才出現了五個新生社運。這可能說明了三個值得注意的事實。一是社會運動動員畢竟需要人力和物力，更需組織力，及內外在資源。經過八年的發展，具備這種能力和可用的資源大多早已投入前兩期的社運裡，可用資源可能也已被運用，而新資源又尚未被開發，因此難有多餘的人力及物力投入新的運動。二是臺灣民間社會對國家的抗衡訴求，到了解嚴之後，各類社會運動也逐漸從直接的「反支配」的抗爭目的，轉移到提出具體的政策改革，以與政府對話。因此，原有社運也在這三年之內紛紛研擬新的運動策略，所需要的又是另一批不同人才和資源，訴求主題也有所轉變。這種從直接抗爭（反對的意義較大）轉變到政策對話的層次，也使得可能有意組成社運的個人或團體察覺到今後的社運不能只靠「動作」、「造勢」而已，更需「說理」和「遊說」。因此新社運出現的緩慢，不但代表著原有社運策略從「激情」到「沈潛」的轉變，也代表著新社運出擊必須更加謹慎。三是涉及社會與國家關係在重組過程中，到底能同時容納多少「訴求」的問題，短短十年已出現了十九種社運，爲數已很可觀，到底還有那些訴求是目前所缺少，但卻是重組兩者關係所必須有的呢？

再進一步探討，若從整體社會運動發展的歷程來看，解嚴後三年內的臺灣新興社運，雖是個別新運動出現的數量減緩，但整體的力量卻增加，這也就是在沈潛之中仍有潛伏累積實力的作用，而非沈寂消失。這可從下面四個質的發展趨勢看得出來這種沈潛的積極效果。

(一)社會運動趨向專業化

進入90年代以來，有兩股社運專業化的力量在滋長著。第一個專業化現象是草根運動積極參與者的出現，他們是一群「專業的社會運動者」，分屬在不同的社會運動團體，他們主要是從各種社運的「當事人經驗」裡磨練出來的地方性人物，這在工運、農運、反污染自力救濟運動、教權運動、原住民運動等尤其明顯。在消費者運動中，消基會裡的專業工作者也是屬於這一類的社運專業者。

第二個專業化現象則是社會運動專業聲援者（團體）的日趨組織化。他們未必是社運的當事人，卻是社運的支持者；他們認同該社運的目標與理念，而且進一步提供專業的諮詢及協助，或擔任較制度化的顧問工作。比較突出的包括消費者運動裡的社會科學家和專業人才；環保運動（反污染及生態保育兩種運動均包括在內）中的環工學者、物理化工教授及法學專才；婦運裡的社工及律師人才；殘障福利運動裡的社會福利專家、心理學家和法律專家；以及頗具制度化的「都市改革專業者組織」對無住屋者運動之協助等。

地方型專業運動者和跨地區型的專業聲援者的出現和增加，是解嚴後新興社運發展的重大指標。這也清楚說明了今後社會運動在與國家進行持續重組兩者關係的策略上勢必會脫離早期一時鬥力和造勢的局部抗爭，而進入長期鬥智和講究政策改革的全面改革訴求階段。這對社運的未來固然是一大挑戰，對國家而言，更會形成另一種前所未

有的壓力。國家機器在今後如何回應這種社運發展的新趨勢，是非常值得給予密切注意的問題。

(二)社會運動提升政策對話的層次

三年來，　社運的走向相當程度上有愈來愈趨向於政策對話的變化，這固然是受到1988年農運的刺激（五二〇事件後，農運轉向對農業政策之批判，並提出相對之農政方向芻議），　以及消費者運動致力於推動「消保法」之立法有關。但最根本的是受到前述專業化趨勢的影響。1989年年底的選舉，也製造了各社運團體開始認真思考如何運用選舉場合以推動政策改革之可能性，亦即透過公職人員之改選，推出各種社運之政見給候選人，以形成壓力，要求候選人採納與認同，以便提昇社運之訴求。

在選前，下述社運團體便曾提出所謂的「聯合政見」，　向社會各界公布，並邀請候選人表示意見與接受。最早提出如此社運政見的是婦女運動，在他們提出的「婦女十大政見」裡，對許多現存的婦女政策及法律條文都有所批評並提出政策改革之看法。其次是由幾個環保運動團體共同所提出的「環保十大聯合政見」，　針對環保政策、環保行政，及現有經濟發展政策均有所討論。接著，殘障運動團體、消費者運動團體（消基會）及無住屋者（無殼蝸牛）運動組織、原住民運動組織，也都紛紛透過組織內的討論，提出總體或個體的政策改革看法。這些社運政見都是具有相當豐富的公共政策意涵，加上1988年農運所提出的政策意見，到1989年底，已有七個社運已進入與政府展開政策對話的階段。這也是過去幾年所未曾有過的新生現象。

(三)社會運動開始反省「主體性」的問題

在1989年之前，社會運動從未面臨「主體性」的思考問題。因為大多數社會運動都還在形成階段，它們唯一的訴求抗爭，也只有一個共同的對象亦卽國家（政府）。同時也並沒有什麼特別的其他明顯政治勢力足以吸引社運團體以形成任何結盟之形勢。但在1989年裡，由於正好碰上大選季節，一時之間出現了許許多多新舊的政治吸引力。於是如何維持社運與政治團體或個人適當關係，便頓時成為社運必須面臨思考和選擇的課題。

一般說來，大多數社運在選舉期間的造勢動作是可以發揮某些作用的，但直接參選的社運人物卻大都遭淘汰。此一經驗與教訓到底告訴了社運人物什麼樣的訊息？這相當地說明了社運畢竟是要靠長期的運動，旨在改變現有社會體制中的若干特定問題或關係，而非卽時短程地獲得什麼特定的政治權力或位置。社運團體也應記取，選舉可以被視為社會運動的一個策略運用而已，但千萬不能被選舉的漩渦所捲入，而易客為主，忘了社運的長程目標。

大選結束了，社會運動也該是回到本位上再出發的時候，許多政治人物想利用社運造勢的機會也將暫時過去。也許選舉完後，正是讓臺灣的社運重新認識那些企圖藉社運之名而實圖政治權力的團體和個人的時候，在今後的運動策略及手段上，能更精明、更成熟。

(四)社會運動共同主題的找尋與結盟的契機

1988年底的世界人權日紀念活動裡就已出現了社運團體之間相互聲援與結盟的契機，相當多的社運都曾被匯集在「人權」的共同主題下，發揮整體的訴求。可惜的是在1989年，這個「人權」主題並未被

持續的發揮，或形成更大的動員力量，這可能與年底的選舉已吸收掉太多的社會運動人力及資源，而無法在這個策略上做應有之思考。

但是，在1989年的社運記錄上，卻有另一個值得提的便是爲抗議「人團法」而進行的一次社運團體結合動作，甚而有意組黨，以諷刺政府及立法院「重政黨輕社團」之錯誤心態。在一次街頭抗議行動中，亦發生了與警察衝突之事件。但是，此一組黨行動，至今則尚未有進一步之發展。社運團體之間的結盟意圖亦表現在1989年因殘障團體欲推出劉俠女士競選立委，但因資格不符後受挫，而引發的團結結盟反應上。當時一個定名爲「新社會同盟」之組織，曾呼之欲出，但後來因爲結盟組織之性質過於雜亂，難獲有一致之社會目標及策略認同，而擱置下來。未來社運之間之串聯或是具體結盟發展走向爲何，倒是另一很值得注意的可能新生現象。但卽使在未來有進一步的結盟行動，很可能也將會縮小範疇，以同一類運動訴求性質的社運團體才會真正組成能夠發生相互聲援提攜作用之同盟組織。

過去三年曾有過兩次這類結盟之契機，雖都未能成功的展現，但社運團體之間卻開始體察到，在未來類似的結盟恐怕是非常有必要的一個發展。

總而言之，80年代民間社會透過社會運動的形成，已步步展現出它對國家的影響和壓力，從直接抗爭、示威等鬥力的手段，也逐漸轉變到以集結更多社會資源、政策對話等鬥智的策略。不管是鬥力或是鬥智，民間社會對於國家而言，都已構成一個要求愈嚴苛的挑戰者，國家也勢必得愈來愈認真的來面對社會的種種訴求。如果再一味的採取鴕鳥的態度，逃避社會的挑戰，以反制的手腕頑強對抗，或只知利誘，甚或找代罪羔羊來頂罪而不誠懇對待社會運動所提出的種種訴求，社會的不滿勢必增加，國家或政府在人民心中的形象亦將再次受

損， 而更不幸的是 90 年代國家與社會新關係的重塑工程亦將難免受挫、拖延。

這顯然不是我們所樂於想見到的結局。

四、期待：從「破」到「立」

1980年代對臺灣的民間社會來說，是一個可圈可點的年代。來自民間社會的全面改革籲求 —— 政治的自由化和民主化、經濟的自由化和公平化， 也已逐漸形成某種全民的共識。 在此強大求變的壓力之下， 在80年代結束的前幾年裡， 國家機器與黨國體制終於逐步被迫調整其「威權統合主義」的控制形態。於是乎， 有所謂「政治自由化」和「經濟自由化」的雛形出現， 而政治力的宰制才在80年代末有了較具體的收斂， 一些在過去被視為禁忌的政治及經濟藏結， 也才一個個曝光出來， 接受民間社會的檢視和批判。

一時之間， （民間）社會是多少有「盛氣凌人」之勢， 而國家（政府）也一再出現「方寸大亂」之窘態。在這種「破」的過程中， 於是有人擔憂， 政府的公權力長此受到社會力量的干擾， 勢必導致政府公信力的衰微， 而公共政策的推動也將難上加難。甚至於， 是非公理都將錯亂， 私利和公益之間的分際亦難判斷。這種憂慮在我們看來， 雖不盡然沒有意義， 但卻反映了幾點不切實際的錯置論點：

第一， 過分淡化了長久以來政治威權控制體制對民間社會的深遠影響。對民間社會求自主的求變心理， 也就不能深加體會和尊重。

第二， 過分苛求民間社會的自律和自制， 而有意無意放棄了對國家機器的進一步監督， 對一時的「亂」也就不太能以容忍的態度來處理。

　　第三，過分的急切和倉促要求縮短「破」的工夫，誤以為解嚴後一切均可恢復常態，而忽視「戒嚴次文化」的遺毒依然潛伏在整個社會體制之中，總需要一段時間才能將毒素消除掉。如果一味地片面苛責民間社會，而忘掉了「破」的積極功能卽在於驅毒的作用，終將「破」的工程過早夭折而終止，「立」的工程亦將難有榮實的基礎。

　　我們認為，1980年代，民間社會力向國家政治力的挑戰過程，固然是「破」大於「立」，但「破」的過程中亦浮現了對未來「民間社會」與「國家」應有關係的理想建構。也就是說，唯有讓民間社會獲得充分的自主地位，爭得足夠的尊重，而國家的公權力行使又能有所規範不再濫用之後，這兩者的互動範域才能有較理性的界定，而兩者之間理想的關係，諸如平等與公平的價值才能展現出來。在90年代開啓之日，我們依然預測這種「破」的工夫將會再持續下去，但「立」的標的則將也會比80年代更明顯而突出。我們固然期待「立」能儘早來臨，也應儘快地以各種更具建設性的作法來引導「立」的完成，但也應珍惜在過去幾年裡，「破」的正面貢獻，不能輕率的批評、苛責，甚而侮辱了民間力量求變求新的正當理由。或者以暫時的「亂」的枝節來否定民間社會在80年代所做的種種追求自由、民主和公平目標的努力。

　　基於此，我們願在此建議，在步入90年代的今天，李登輝政府亦已逐步成型之際，國家機器應嚴肅的調整它對社會態度和面對社會的作法，以下是兩個基本的原則：

　　第一、在態度上，應確實體察到近年社會運動之所以產生，有其結構背景：一是對過去權威式統治體制的反動；二是對諸多新興社會問題的嚴重關切；三是對現有政府政策措施及作法之不滿。有了這樣的了解之後，才不會對社會運動有錯誤的敵對態度。很遺憾的是，過

去幾年來，政府始終不能真正的體認到這三個原因，以至於每每暴露出「困惑」或「抗拒」的心態。事實上，社會運動的產生是健康而正常的現象，它不但對政府可以發揮預警的功能，還可以透過運動訴求改變的內容，找到政府應興應革的對象。因此，我們希望政府在這一新的一年裡能夠完全去除掉以往對社會運動偏差而消極的看法，而能以積極正面的態度去面對社會運動。更要認識清楚，上述那些社會運動都各有其社會基礎和產生的主客觀因素。除非那些背後的促成條件改變了，否則社會運動一旦勃興了，就難以遏止。

第二、在作法上，首先應認真針對上述已興起的社會運動 —— 加以深入探討其原因及其訴求，然後設法以明快的作法，用政策的改變、措施的補救、作法的改善，來回應社會運動所提出來的諸多訴求。我們願更進一步呼籲，對已發生的問題及社會問題，當只有「因勢利導」，加速改革步調來處理。對於可能會但未發生的問題，更應「防微杜漸」，先發制人，展開改革的作法。唯有如此才能算是善處社會運動此一新興的重大課題。

當然我們也更期待在90年代的歲月裡，民間的社會運動功能更理性、更健全、更成熟，也更能發揮「社會力」制衡「政治力」和「經濟力」的積極功能，好讓臺灣真正能夠建立一個動而不亂，有力也有序的新規範。

我們這麼評論和分析，既是務實的，也是理想的。務實的著眼點在於我們非常看重在 80 年代裡所累積的一些社會民主化初步成果，我們絕不允許任何極端保守的勢力以任何要求穩定或秩序的藉口來打擊這些成果。我們更認為唯有繼續給予黨國體制壓力，使其就範於真正民主的規範之下，民間社會和國家的新關係才能確實落實和有健全的發展。至於理想的立場則在於我們堅信，臺灣的本土民間社會本質

基本上是講究和平和秩序的，一旦威權的政治體制能夠有較具體的轉變，而表現在國會改造、司法獨立、軍隊國家化、新聞自由等制度變革上，民間社會求變過程所引發的「亂局」亦將逐漸化解，而其看似分散的力量亦將集結起來，轉而形成另一股重整社會秩序和重建文化理想的訴求。

　　我們有理由以樂觀的態度來展望90年代民間社會和國家新關係的建構，而且也相信80年代，「破」的努力終將在90年代中期以後可望完成它「立」的建樹。

滄海叢刊書目 (一)

國學類

中國學術思想史論叢㈠～㈧	錢 穆	著
現代中國學術論衡	錢 穆	著
兩漢經學今古文平議	錢 穆	著
宋代理學三書隨劄	錢 穆	著
論語體認	姚式川	著
西漢經學源流	王葆玹	著
文字聲韻論叢	陳新雄	著
楚辭綜論	徐志嘯	著

哲學類

國父道德言論類輯	陳立夫	著
文化哲學講錄㈠～㈥	鄔昆如	著
哲學與思想	王曉波	著
內心悅樂之源泉	吳經熊	著
知識、理性與生命	孫寶琛	著
語言哲學	劉福增	著
哲學演講錄	吳 怡	著
後設倫理學之基本問題	黃慧英	著
日本近代哲學思想史	江日新	譯
比較哲學與文化㈠㈡	吳 森	著
從西方哲學到禪佛教——哲學與宗教一集	傅偉勳	著
批判的繼承與創造的發展——哲學與宗教二集	傅偉勳	著
「文化中國」與中國文化——哲學與宗教三集	傅偉勳	著
從創造的詮釋學到大乘佛學——哲學與宗教四集	傅偉勳	著
中國哲學與懷德海	東海大學哲學研究所主編	
人生十論	錢 穆	著
湖上閒思錄	錢 穆	著
晚學盲言(上)(下)	錢 穆	著
愛的哲學	蘇昌美	著
是與非	張身華	譯

— 1 —

邁向未來的哲學思考	項退結 著
逍遙的莊子	吳怡 著
莊子新注（內篇）	陳冠學 著
莊子的生命哲學	葉海煙 著
墨子的哲學方法	鐘友聯 著
韓非子析論	謝雲飛 著
韓非子的哲學	王邦雄 著
法家哲學	姚蒸民 著
中國法家哲學	王讚源 著
二程學管見	張永儁 著
王陽明——中國十六世紀的唯心主義哲學家	張君勱著、江日新譯
王船山人性史哲學之研究	林安梧 著
西洋百位哲學家	鄔昆如 著
西洋哲學十二講	鄔昆如 著
希臘哲學趣談	鄔昆如 著
中世哲學趣談	鄔昆如 著
現代哲學述評㈠	傅偉勳 編譯
中國十九世紀思想史(上)(下)	韋政通 著
存有·意識與實踐——熊十力體用哲學之詮釋與重建	林安梧 著
先秦諸子論叢	唐端正 著
先秦諸子論叢（續編）	唐端正 著
周易與儒道墨	張立文 著
孔學漫談	余家菊 著
中國近代新學的展開	張立文 著
近代哲學趣談	鄔昆如 著
現代哲學趣談	鄔昆如 著
哲學與思想——胡秋原選集第二卷	胡秋原 著
從哲學的觀點看	關子尹 著
中國死亡智慧	鄭曉江 著
道德之關懷	黃慧英 著

宗教類

天人之際	李杏邨 著
佛學研究	周中一 著

佛學思想新論	楊	惠	南 著
現代佛學原理	鄭	金	德 著
絕對與圓融——佛教思想論集	霍	韜	晦 著
佛學研究指南	關	世	謙 譯
當代學人談佛教	楊	惠	南編著
從傳統到現代——佛教倫理與現代社會	傅	偉	勳主編
簡明佛學概論	于	凌	波 著
修多羅頌歌	陳	慧	劍譯註
佛教思想發展史論	楊	惠	南 著
佛家哲理通析	陳	沛	然 著
禪話	周	中	一 著
唯識三論今詮	于	凌	波 著

自然科學類

異時空裡的知識追逐			
——科學史與科學哲學論文集	傅	大	為 著

應用科學類

壽而康講座	胡	佩	鏘 著

社會科學類

中國古代游藝史			
——樂舞百戲與社會生活之研究	李	建	民 著
憲法論集	林	紀	東 著
憲法論叢	鄭	彥	棻 著
國家論	薩	孟	武 譯
中國歷代政治得失	錢		穆 著
先秦政治思想史	梁啟超原著、賈馥茗標點		
當代中國與民主	周	陽	山 著
釣魚政治學	鄭	赤	琰 著
政治與文化	吳	俊	才 著
世界局勢與中國文化	錢		穆 著
海峽兩岸社會之比較	蔡	文	輝 著
印度文化十八篇	糜	文	開 著
美國的公民教育	陳	光	輝 譯
美國社會與美國華僑	蔡	文	輝 著
宗教與社會	宋		光宇 著

— 3 —

文化與教育		錢	穆	著
開放社會的教育		葉	志貴發發仁	著
大眾傳播的挑戰		石	永	著
傳播研究補白		彭	家	著
「時代」的經驗	汪	琪、高	發尚兆光政	著
書法心理學		高	尚仁	著
清代科舉		劉	兆璸	著
排外與中國政治		廖	光生	著
中國文化路向問題的新檢討		勞	思光	著
立足臺灣，關懷大陸		韋	政通	著
開放的多元化社會		楊	國樞	著
臺灣人口與社會發展		李	文朗	著
財經文存		王	作榮	著
財經時論		楊	道淮	著

史地類

古史地理論叢		錢	穆	著
歷史與文化論叢		錢	穆	著
中國史學發微		錢	穆	著
中國歷史研究法		錢	穆	著
中國歷史精神		錢	穆	著
憂患與史學		杜	維運	著
與西方史家論中國史學		杜	維運	著
清代史學與史家		杜	維運	著
中西古代史學比較		杜	維運	著
歷史與人物		吳	相湘	著
共產國際與中國革命		郭	恒鈺	著
抗日戰史論集		劉	鳳翰	著
盧溝橋事變		李	雲漢	著
歷史講演集		張	玉法	著
老臺灣		陳	冠學	著
臺灣史與臺灣人		王	曉波	著
變調的馬賽曲		蔡	百銓	譯
黃帝		錢	穆	著
孔子傳		錢	穆	著
宋儒風範		董	金裕	著

増訂弘一大師新譜　　林子青　編著
精忠岳飛傳　　李安　著
張公難先之生平　　李飛鵬　著
唐玄奘三藏傳史彙編　　釋光中　著
一顆永不殞落的巨星　　釋光中　著
新亞遺鐸　　錢穆　著
困勉強狷八十年　　陶百川　著
困強回憶又十年　　陶百川　著
我的創造・倡建與服務　　陳立夫　著
我生之旅　　方治　著

語文類

文學與音律　　謝雲飛　著
中國文字學　　潘重規　著
中國聲韻學　　潘重規、陳紹棠　著
詩經研讀指導　　裴普賢　著
莊子及其文學　　黃錦鋐　著
離騷九歌九章淺釋　　繆天華　著
陶淵明評論　　李辰冬　著
鍾嶸詩歌美學　　羅立乾　編著
杜甫作品繫年　　李辰冬　著
唐宋詩詞選——詩選之部　　巴壺天　編
唐宋詩詞選——詞選之部　　巴壺天　編
清眞詞研究　　王支洪　著
苕華詞與人間詞話述評　　王宗樂　著
元曲六大家　　應裕康、王忠林　著
四說論叢　　羅盤　著
漢賦史論　　簡宗梧　著
紅樓夢的文學價値　　羅德湛　著
紅樓夢與中華文化　　周汝昌　著
紅樓夢研究　　王關仕　著
中國文學論叢　　錢穆　著
牛李黨爭與唐代文學　　傅錫壬　著
迦陵談詩二集　　葉嘉瑩　著
翻譯散論　　張振玉　著
西洋兒童文學史　　葉詠琍　著

一九八四	George Orwell 原著　劉紹銘　譯
文學原理	趙滋蕃　著
文學新論	李辰冬　著
分析文學	陳啟佑　著
學林尋幽——見南山居論學集	黃慶萱　著
解讀現代・後現代 　　——文化空間與生活空間的思索	葉維廉　著
中西文學關係研究	王潤華　著
魯迅小說新論	王潤華　著
比較文學的墾拓在臺灣	古添洪、陳慧樺主編
從比較神話到文學	古添洪、陳慧樺主編
神話即文學	陳炳良等譯
現代文學評論	亞菁　著
現代散文新風貌	楊昌年　著
現代散文欣賞	鄭明娳　著
實用文纂	姜超嶽　著
增訂江皋集	吳俊升　著
孟武自選文集	薩孟武　著
藍天白雲集	梁容若　著
野草詞	韋瀚章　著
野草詞總集	韋瀚章　著
李韶歌詞集	李韶　著
石頭的研究	戴天　著
留不住的航渡	葉維廉　著
三十年詩	葉維廉　著
寫作是藝術	張秀亞　著
讀書與生活	琦君　著
文開隨筆	糜文開　著
印度文學歷代名著選（上）（下）	糜文開編譯
城市筆記	也斯　著
歐羅巴的蘆笛	葉維廉　著
移向成熟的年齡——1987～1992詩	葉維廉　著
一個中國的海	葉維廉　著
尋索：藝術與人生	葉維廉　著
山外有山	李英豪　著
知識之劍	陳鼎環　著

還鄉夢的幻滅	瑚娳社	著編
葫蘆・再見	柏柏武邨時心瑩瑩 詩	著
大地之歌	景明地	著
往日旋律	昌杏邊	著
鼓瑟集	鄭大幼幼孫李任耕	著
詩與禪	時心瑩瑩	著
禪境與詩情	心瑩瑩	著
文學與史地	謝冰瑩	著
耕心散文集	謝冰瑩	著
女兵自傳	謝冰瑩	著
抗戰日記	謝冰瑩	著
給青年朋友的信(上)(下)	謝冰鈞	著
冰瑩書束	謝冰起煌煌	著
我在日本	謝張冰秀秀	著
大漢心聲	何何令	著
人生小語㈠～㈥	何羊野陽	著
記憶裏有一個小窗	羊向華文	著
回首叫雲飛起	向繆天山山	著
康莊有待	繆蕭周傳玉煙煙	著
湍流偶拾	蕭周周玉玉源貫雄	著
文學之旅	葉葉海海源源	著
文學邊緣	王張海讚惠志	著
文學徘徊	王王玉文志天	著
種子落地	王王鄭邦覺勇	著
向未來交卷	王法覺華	著
不拿耳朵當眼睛	費文	著
古厝懷思	王宏	著
材與不材之間	潤	著
忘機隨筆——卷一・卷二		著
忘機隨筆——卷三・卷四		著
詩情畫意——明代題畫詩的詩畫對應內涵		著
文學與政治之間——魯迅、新月、文學史		著
劫餘低吟		著
洛夫與中國現代詩		著
老舍小說新論		著

美術類

音樂人生　　　　　　　　　　　　黃友棣著
樂圃長春　　　　　　　　　　　　黃友棣著
樂苑春回　　　　　　　　　　　　黃友棣著
樂風泱泱　　　　　　　　　　　　黃友棣著
樂境花開　　　　　　　　　　　　黃友棣著
樂浦珠還　　　　　　　　　　　　黃友棣著
音樂伴我遊　　　　　　　　　　　趙　琴著
談音論樂　　　　　　　　　　　　林聲翕著
戲劇編寫法　　　　　　　　　　　方　寸著
戲劇藝術之發展及其原理　　　　　趙如琳譯著
與當代藝術家的對話　　　　　　　葉維廉著
藝術的興味　　　　　　　　　　　吳道文著
根源之美　　　　　　　　　　　　莊　申著
扇子與中國文化　　　　　　　　　莊　申著
從白紙到白銀　　　　　　　　　　莊　申著
水彩技巧與創作　　　　　　　　　劉其偉著
繪畫隨筆　　　　　　　　　　　　陳景容著
素描的技法　　　　　　　　　　　陳景容著
建築鋼屋架結構設計　　　　　　　王萬雄著
建築基本畫　　　　　　　陳榮美、楊麗黛著
中國的建築藝術　　　　　　　　　張紹載著
室內環境設計　　　　　　　　　　李琬琬著
雕塑技法　　　　　　　　　　　　何恆雄著
生命的倒影　　　　　　　　　　　侯淑姿著
文物之美——與專業攝影技術　　　林傑人著

滄海美術叢書

儺ㄋㄨㄛˊ史——中國儺文化概論　　林　河著
挫萬物於筆端——藝術史與藝術批評文集　郭繼生著
貓。蝶。圖——黃智溶談藝錄　　　黃智溶著
中國美術年表　　　　　　　　　　曾　堉編
美的抗爭——高爾泰文選之一　　　高爾泰撰
萬曆帝后的衣櫥——明定陵絲織集錦　王　岩撰